경찰형사법 특강

윤동호 저

목제품

망치질을 한다.
엄청난 집중력으로
그러다가...

앗 !!!!
삐뚤어졌다.
짜증나는 사람을
생각했더니...

국민대학교 출판부
KOOKMIN UNIVERSITY PRESS

서문

변호사시험의 과목 중 형사법은 형법과 형사소송법(형소법)으로 구성된다. 형법과 형소법의 중요 쟁점들이 출제된다. 올해부터 경찰공무원시험도 형사법이라는 이름으로 치러진다. 이에 따라 형사법의 중요 쟁점들을 한눈에 볼 수 있는 책이 있으면 변호사시험이 경찰공무원시험을 준비하는 사람들에게 좋을 것 같다는 생각을 했다.

이 책은 형사법의 전반과 본질 및 핵심 쟁점을 이해하는 데 도움을 주고자 기획되었다. 특히 이해가 쉽지 않지만, 이해하지 못하면 시험에 합격하기 어려운 쟁점을 기출문제를 통해서 선별했다.

이렇게 선정한 쟁점을 20개의 주제로 분류했다. 각 주제가 담긴 사례를 제시하고 사례와 관련된 학설과 판례를 자세하게 설명한 후 이 내용을 제대로 이해했는지 확인해 볼 수 있게 하기 위해서 기출문제를 풀어 볼 수 있는 기회를 갖도록 했다. 그리고 해당 주제와 관련된 논의를 생각해볼 수 있는 시간을 갖도록 하기 위해서 탐구과제를 제시했다. 형사법에 대한 비판적인 안목을 갖길 기대하는 마음이 있기 때문이다.

이 책을 통해 형사법의 본질을 깨닫고 형사법의 핵심 쟁점에 대한 이해가 수월해져서 경찰공무원시험이나 변호사시험에 쉽게 합격하고, 이후 실력있는 형사법전문가로 활동할 수 있기를 진심으로 바란다. 지금의 우리 시대는 경찰공무원에게도 변호사와 같은 법률전문가의 역량을 기대하고 있기에 책의 제목을 경찰형사법 특강으로 정했을 뿐이다.

혹시 이 책에 오류가 있거나 의견이 있으면 이메일(pdhyun@kookmin.ac.kr)로 연락주시길 바란다.

CONTENTS

목 차

CONTENTS

CONTENTS

1강 형사법의 본질과 개관

현대판 장발장 사건을 소재로 형사법을 개관하고 형사법의 의의와 목적 및 원칙을 이해한다. 이로써 형사법의 본질을 이해하고 전체적인 모습을 파악한다.

• 사례 •

아버지 甲이 배고품을 호소하는 12살 아들 乙과 함께 마트에 가서 약 1만원 상당의 식료품을 아들이 매고 있던 가방에 넣은 후 마트 주인에게 적발되었다. 마트 주인의 신고를 받고 출동한 경찰은, 이들의 딱한 사연에 공감한 마트 주인이 처벌의사를 철회하자 이들을 훈방 조치하고 근처 식당에서 국밥을 사주었다. 경찰은 행정복지센터를 통해서 甲의 일자리를 알선해주고 乙에게는 무료급식카드를 받을 수 있도록 돕기도 했다.

– 甲과 乙의 행위는 어떤 범죄에 해당하는가?
– 甲에게 국가는 어떠한 형벌을 줄 수 있을까?
– 甲에게 형벌을 주려면 어떠한 절차를 거쳐야 할까?

• 해설 •

1. 형사법의 의의

형사제재권은 국가에게 있다. 그 행사는 범죄행위에 대해서만 가능하다. 법치국가이면 범죄의 성립요건 등을 비롯하여 형사제재 여부를 결정하는 요건을 법으로 정해놓아야 한다. 그런 규정을 총칭하여 형법이라고 한다. 무엇이 범죄이고, 이에 대해서는 어떠한 형사제재가 이루어질 수 있는지 규정한 법이 형법인 것이다.

어떤 행위가 형사제재가 부과될 수 있는 범죄에 해당한다는 사실을 적법한 절차에 따라 증거로써 판단하는 과정을 형사절차라고 한다. 이를 규정한 법률이 형사소송법이다. 형사법은 국가의 형사제재권 행사의 요건과 절차를 규정한 법이라고 할 수 있다.

2. 형사법 개관

형사법을 흔히 형법과 형사소송법 두 분야로 구별한다. 전자는 실체형법으로, 후자는 절차형법으로 각각 부르기도 한다. 그래서 형법과 형사소송법을 포함하여 형법이라고 부를 수도 있다. 형법이라고 부르면 이는 흔히 실체형법을 말한다. 형사정책은 형법과 형사소송법의 바람직한 방향을 모색하는 분야이다.

형법은 흔히 범죄와 형사제재를 규정한 일반 법률인 형법전(법률 제17571호)을 의미하지만, 이에 한정되지 않는다. 이 밖에도 범죄와 형사제재를 규정한 많은 법률이나 규정이 있다. 이들을 총칭하여 흔히 특별형법이라고 부르지만, 형법전에 견줘 모두 특별한 것은 아니다. 형법전은 형법총칙과 형법각칙으로 구성된다. 형법은 형법총칙과 형법각칙 및 특별형법 3가지 분야로 구별할 수 있다.

가. 형법총칙 개관

형법총칙은 형법각칙에 규정된 범죄와 형벌에 공통적으로 적용되는 내용을 규정한 것이다. '제1장 형법의 적용범위'는 형법각칙의 범죄와 형벌이 언제, 어디에서, 누구에게 적용되는지 규정한 것이다. '제2장 죄'는 형법각칙의 범죄에 공통하는 개념인 고의, 과실, 부작위, 인과관계는 무엇이고, 이들 범죄의 위법성이나 책임이 어떤 경우에 부정될 수 있으며, 이들 범죄의 미수에는 어떤 형태가 있고 어떤 형벌을 받는지, 또 이들 범죄에 다수인이 가담하는 형태에는 어떤 것들이 있고 어떤 형벌을 받는지(정범 및 공범), 나아가 1인이 다수의 범죄를 저지른 때에는 어떤 형벌을 받는지(죄수 및 경합) 규정하고 있다. '제3장 형벌'과 '제4장 기간'은 이런 범죄의 형벌을 어떤 방식으로 선고하고 집행하는지 규정하고 있다.

아래 표는 흔히 형법총칙으로 불리는 형법전의 총칙과 흔히 보는 형법총칙 교과서를 비교한 것이다. 이 표에서 보면 형법전의 총칙은 크게 4개의 장(章)으로 이루어져 있다. 제1장과 제2장의 조문의 수가 제3장과 제4장의 조문의 수보다 적지만, 형법총칙에 관한 논의의 약 80%는 제1장과 제2장에 관한 내용이다.

형법전의 총칙			형법총칙 교과서	
제1장 형법의 적용범위 (제1조-제8조)			제1편 서론	형법의 의의 · 기능 · 역사, 형법의 적용범위, 행위론 죄형법정주의, 형법이론
제2장 죄 (제9조-제40조)	제1절 죄의 성립과 형의 감면	책임	제2편 범죄론	구성요건론
		구성요건		위법성론
		위법성		책임론

<table>
<tr><td rowspan="4">제2장 죄
(제9조-제40조)</td><td>제2절 미수범</td><td rowspan="4">제2편 범죄론</td><td colspan="2">미수론</td></tr>
<tr><td>제3절 공범</td><td colspan="2">공범론</td></tr>
<tr><td>제4절 누범</td><td colspan="2"></td></tr>
<tr><td>제5절 경합범</td><td colspan="2">죄수 및 경합론</td></tr>
<tr><td rowspan="8">제3장 형
(제41조-제82조)</td><td>제1절 형의 종류와 경중</td><td rowspan="9">제3편 형벌론
또는
형사제재론</td><td rowspan="8">형벌</td><td>형벌의 의의</td></tr>
<tr><td>제2절 형의 양정</td><td>형벌의 종류</td></tr>
<tr><td>제3절 형의 선고유예</td><td>양형</td></tr>
<tr><td>제4절 형의 집행유예</td><td>형의 유예</td></tr>
<tr><td>제5절 형의 집행</td><td>형의 집행</td></tr>
<tr><td>제6절 가석방</td><td>형의 시효와 소멸</td></tr>
<tr><td>제7절 형의 시효</td><td></td></tr>
<tr><td>제8절 형의 소멸</td><td></td></tr>
<tr><td>제4장 기간
(제83조-제86조)</td><td></td><td></td><td>보안처분</td></tr>
</table>

나. 형법각칙 개관

형법각칙은 아래 표에서 보듯이 모두 42개의 장(章)으로 이루어져 있는데, '국가적 법익-사회적 법익-개인적 법익'의 순서로 되어있다. 이런 체계에서 개인보다는 국가나 사회를 중시하는 국가주의 또는 전체주의적 경향을 읽을 수 있다. 흔히 보는 형법각칙 교과서는 '개인적 법익-사회적 법익-국가적 법익'의 순서로 이루어져있다.

보호법익		형법전의 각칙	
공공적 법익 (공익)	국가적 법익	제1장 내란의 죄(제87조 –) 제2장 외환의 죄 제3장 국기에 관한 죄 제4장 국교에 관한 죄	제7장 공무원의 직무에 관한 죄 제8장 공무방해에 관한 죄 제9장 도주와 범인은닉의 죄 제10장 위증과 증거인멸의 죄 제11장 무고의 죄
공공적 법익 (공익)	사회적 법익	제5장 공안을 해하는 죄 제6장 폭발물에 관한 죄 제12장 신앙에 관한 죄 제13장 방화와 실화의 죄	제17장 아편에 관한 죄 제18장 통화에 관한 죄 제19장 유가증권, 우표와 인지에 관한 죄
공공적 법익 (공익)	사회적 법익	제14장 일수와 수리에 관한 죄 제15장 교통방해이 죄 제16장 음용수에 관한 죄	제20장 문서에 관한 죄 제21장 인장에 관한 죄 제22장 성풍속에 관한 죄 제23장 도박과 복표에 관한 죄

개인적 법익(사익)	인격적 법익	提24장 살인의 죄 提25장 상해와 폭행의 죄 提26장 과실치사상의 죄 提27장 낙태의 죄 提28장 유기와 학대의 죄 提29장 체포와 감금의 죄 提30장 협박의 죄	提37장의 권리행사방해죄 중 강요의 죄 提31장 약취와 유인 및 인신매매의 죄 提32장 강간과 추행의 죄, 提33장 명예에 관한 죄 提34장 신용, 업무와 경매에 관한 죄 提35장 비밀침해의 죄 提36장 주거침입의 죄
	재산적 법익	提37장 권리행사를 방해하는 죄 提38장 절도와 강도의 죄 提39장 사기와 공갈의 죄	提40장 횡령과 배임의 죄 提41장 장물에 관한 죄 提42장 손괴의 죄(– 提372조)

다. 특별형법 개관

폭력행위 등 처벌에 관한 법률(이하 폭처법), 특정범죄가중처벌 등에 관한 법률(이하 특가법), 특정경제범죄가중처벌 등에 관한 법률(이하 특경법), 성폭력범죄의 처벌 등에 관한 특례법(이하 성폭법), 가정폭력범죄의 처벌 등에 관한 특례법(이하 가폭법), 아동 · 청소년의 성보호에 관한 법률(이하 아청법), 정보통신망 이용촉진 및 정보보호 등에 관한 법률(이하 정보통신망법), 도로교통법(이하 도교법), 교통사고처리특례법(이하 교특법) 등이 특별형법에 해당한다. 특별형법의 범죄는 폭처법의 폭력범죄, 소년범죄, 가정폭력범죄, 아동학대범죄, 교통범죄, 의료범죄, 보건범죄, 성범죄, 문화예술체육범죄, 지적재산범죄, 경제범죄, 산업범죄, 조세범죄, 관세범죄, 노동범죄, 뇌물범죄, 부패범죄, 안보범죄, 선거범죄 등으로 분류할 수 있다.

형법전에 없는 새로운 구성요건을 가진 특별형법도 있지만, 형법각칙의 범죄에 특별한 구성요건을 추가한 것이거나 단지 형벌을 가중한 경우도 있다. 그래서 구성요건이 중복되는 경우가 많아서 어느 법을 적용할지 많은 논란이 되고 있고, 죄수 및 경합론의 비중이 커졌다. 범죄행위 중 형법전으로 처벌되는 경우는 대략 50%에 불과하고, 그 나머지 50%는 특별형법으로 처벌된다. 특별형법을 만들 때는 형법전에 대한 충분한 검토를 한 후에 가능하면 형법전에 규정하여 법적용의 혼란을 최소화할 필요가 있다.

라. 형사소송법 개관

형사절차는 형법이 규정한 범죄를 저질렀다고 의심되는 사람이 형사제재를 받기까지 거쳐야 하는 과정이다. 정식의 형사절차는 크게 ①흔히 사법경찰관(수사하는 경찰을 형소법은 이렇게 부름. 이하 경찰)이 담당하는 수사절차, ②흔히 검사가 담당하는 공소절차, ③법원이 담당하는 공판준비 및 공판절차 세 단계로 구별할 수 있다.

피고인의 유 · 무죄를 판단하기 위해 법관 앞에서 진행되는 공판절차만을 가리켜 형사소송이라고도 한다. 따라서 형사소송법전(법률 제16924호)은 형사소송만이 아니라 이를 포함하는 형사절차 전체를 규율하는 법이므로 형사절차법이라고 해야 하지만, 흔히 이런 구별을 하지 않고 형사절차법과 형사소송법을 혼동해서 쓴다. 공판절차는 '모두절차 → 심리절차(증거조사와 피고인신문) → 판결선고'의 순서로 진행되는데, 2007년 개정형소법에서 그 순서가 다음 2가지 점에서 바뀌었다. 하나는, 인정신문에 앞서 진술거부권의 고지가 이루어진다는 것이다. 다른 하나는, 증거조사 후에 피고인신문이 이루어진다는 것이다. 전자는 인정신문도 진술거부권의 대상이 됨을 분명히 한 것이라고 볼 수 있고, 후자는 피고인의 무죄추정권을 실질화하고 예단배제원칙을 강화하기 위한 것으로서 피고인의 지위강화를 의미한다고 볼 수 있다.

종전	2007년 개정형소법
모두절차 ○ 인정신문(제284조) ○ 진술거부권 고지(제289조) ○ 검사의 기소요지 진술(임의적) ○ 피고인의 이익사실 진술(제286조)	모두절차 ○ 진술거부권 고지(제283조의2) ○ 인정신문(제284조) ○ 검사의 공소장 낭독의무(제285조) ○ 피고인의 공소사실 인정여부 진술, 이익사실 진술(제286조) ○ 재판장의 쟁점질문 및 검사, 변호인의 주장 · 입증계획 진술 가능(제287조)
심리절차 ○ 피고인신문(제287조) ○ 증거조사(제290조)	심리절차 ○ 증거조사(제290조) 증거조사의 순서(검사쪽 증거→피고인쪽 증거→직권) 규정신설(제291조의2) ○ 피고인신문(제296조의2)
판결선고 ○ 최종의견 – 검사의 논고와 구형(제302조) – 변호인의 최종의견과 피고인의 최후진술(제303조) ○ 결심과 변론재개(제305조) ○ 판결선고	판결선고 ○ 최종의견 – 검사의 논고와 구형(제302조) – 변호인의 최종의견과 피고인의 최후진술(303조) ○ 결심과 변론재개(제305조) ○ 판결선고(변론종결 당일, 제318조의4)

그러나 이런 정식의 형사절차만 있는 것은 아니다. 국민의 형사재판 참여에 관한 법률(이하 국민참여재판법)의 국민참여재판절차, 형사소송법 제448조의 약식절차, 즉결심판에 관한 절차법(이하 즉결심판법)의 즉결심판절차 등의 특별한 형사절차도 있다. 국민참여재판절차는 정식의 형사절차보다 복잡하지만, 약식절차와 즉결절차는 정식의 형사절차보다 훨씬 단순하다.

3. 형법의 목적과 원칙

가. 법익보호원칙

형법의 본질과 임무는 사회의 존립과 유지에 필요불가결한 기본가치를 보호하는 데 있다(2010도14328전합). 그런 기본가치는 사람들이 공존하기 위한 최소조건으로서 이를 법익이라고 한다. 형법을 둔 목적은 법익을 보호하는 데 있다. 이를 법익보호원칙이라고 한다. 형법의 법익보호원칙은 "국가는 개인이 가지는 불가침의 기본적 인권을 확인하고 이를 보장할 의무를 진다"는 헌법 제10조 제2문에 근거한다.

앞서 보았듯이 법익은 개인적 법익과 공공적 법익으로 구별할 수 있다. 개인적 법익은 다시 인격적 법익과 재산적 법익으로 구별할 수 있다.

나. 비례성원칙

형사제재는 여러 가지 제재수단 가운데 가장 가혹하다. 형법은 법익보호를 위해 범죄혐의자의 자유와 권리를 제한한다. 오 · 남용시 시민들이 입는 인권침해의 폐해는 크고 돌이킬 수 없다. 따라서 법익보호라는 형법의 목적과 형사제재라는 수단 사이에 비례성이 인정되어야 한다. 이를 비례성원칙이라고 한다. "국민의 모든 자유와 권리는 국가안전보장, 질서유지, 공공복리를 위하여 필요한 경우에 한해 법률로써 제한할 경우에도 자유와 권리의 본질적인 내용을 침해할 수 없다"는 헌법 제37조 제2항에 근거한다.

비례성원칙은 적합성, 필요성, 균형성 3가지 의미를 갖는다.[1] 적합성은 형법이라는 수단이 법익보호라는 목적을 달성하는데 적합해야 한다는 의미이다. 형법이 실효성이 없이 상징적으로만 존재하는 경우 형법은 적합성이 없는 것이다. 그런 형법을 상징형법이라고 한다. 낙태죄를 예로 들 수 있다. 필요성은 형법이 사회통제의 최후수단으

---

1) 이상돈, 형법강론, 박영사, 2017, 8면 이하.

로 사용되어야한다는 원칙이다. 형법의 규율 대상은 다른 규범이나 사회적 통제수단으로는 해결할 수 없는 중대한 사회유해적 행위 또는 법익침해 행위에 한정되어야 한다(2010도14328전합). 이를 형법의 보충성(ultima ratio) 또는 최후수단성이라고 한다. 예컨대 채무불이행에 대해서는 민법의 책임으로 충분하므로 이를 사기죄로 처벌하는 것은 형법의 보충성원칙에 어긋난다고 할 수 있다. 그러나 형법의 보충성이 형사제재와 민사제재가 동시에 부과될 수 있는 경우에 민사제재가 부과된다면 형사제재가 배제됨을 의미하는 것은 아니다. 만일 이렇게 되면 형사제재규정을 둔 의미가 없어진다. 예컨대 사기죄가 성립할 경우 민법의 손해배상책임도 발생할 수 있다. 균형성은 형법(수단)과 법익보호(목적) 사이에 균형을 이루어야 한다는 원칙이다. 법익보호(목적)를 이루기 위한 형법(수단)이 개인의 기본권을 지나치게 침해해서는 안 된다는 의미이다. 균형성원칙에 따르면 범죄행위로 실현된 불법을 초과해서 책임을 물을 수 없다. 책임은 불법과 같거나 그것보다 낮게 정해져야 하고 책임이 없이는 형벌도 없다. 이를 책임원칙이라고 한다.

다. 죄형법정주의

법익을 침해하는 행위일지라도 형법이 정한 범죄에 해당하지 않으면 처벌할 수 없다. 이를 죄형법정주의라고 한다. 예컨대 군형법의 적용을 받지 않는 사람의 동성애는 처벌할 수 없다. 이를 처벌하는 규정이 없기 때문이다. 이는 '법률없으면 범죄없고 형벌없다(nullum crimen, nulla poena sine lege)'고 표현된다. "범죄의 성립과 처벌은 행위시의 법률에 의한다"는 형법 제1조 제1항은 형법의 시간적 적용범위에 관한 규정이지만, 죄형법정주의를 의미하기도 한다. 1992년 형법개정안[2]은 이를 명문화한다.[3] 헌법 제12조 제1항의 "법률과 적법한 절차에 의하지 아니하고는 처벌 · 보안처분 또는 강제노역을 받지 아니한다"는 것과 제13조 제1항의 "모든 국민은 행위시의 법률에 의하여 범죄를 구성하지 아니하는 행위로 소추되지 아니하며"라는 것도 이를 규정한 것이다.

죄형법정주의는 권력분립사상과 심리강제설에 이론적 기초를 두고 있다. 형벌법규의 마련은 입법부의 몫으로서 사법부나 행정부가 새로운 형벌법규를 제정할 수 없다는 논리는 권력분립사상을 전제로 한 것이다. 또 심리강제설은 형벌법규를 명시적으로 명확

2) 1992년에 법무부가 내놓은 형법개정법률안(법무부, 형법개정법률안 제안이유서, 1992. 10)으로서 입법으로 이어지지는 않았지만 현행 형법에 의미가 있는 내용을 많이 담고 있다.

3) 제1조 (죄형법정주의) 법률에 의하지 아니하고는 누구든지 형벌 또는 보안처분을 받지 아니한다.

하게 규정해두면 공리적이고 합리적인 인간에게는 심리적인 범죄예방효과를 가질 수 있다는 이론으로, 일반예방이론의 논리적 근거가 된다. 이런 인간상은 근대의 계몽사상을 전제로 한 것이다.

죄형법정주의의 기능은 시민의 자유와 권리보장에 있다. 헌법재판소는 이를 '이미 제정된 정의로운 법률에 의하지 아니하고는 처벌되지 아니한다는 원칙으로 무엇이 처벌될 행위인가를 국민이 예측가능한 형식으로 정하도록 하여 개인의 법적 안정성을 보호하고 성문의 형벌법규에 의한 실정법질서를 확립하여 국가형벌권의 자의적 행사로부터 개인의 자유와 권리를 보장하려는 법치국가 형법의 기본원리이다'라고 하고 있다(91헌가4).

죄형법정주의의 파생원칙에는 법률주의, 명확성원칙, 유추금지원칙, 소급효금지원칙 4가지가 있다.

라. 소결

형법의 (법익)보호적 기능과 (인권)보장적 기능이 긴장관계에 있다고 보는 견해도 있다. 이에 따르면 예컨대 형법에 "건전한 국민감정에 반하는 행위는 … 처벌한다"는 규정을 두면 이로써 형법의 법익보호적 기능은 강화될 수 있지만, 인권보장적 기능은 현저히 약화된다. 그러나 형법의 원칙을 준수하며 형법의 목적을 추구해야 한다. 법익보호원칙은 비례성원칙과 죄형법정주의의 한계 안에서 추구해야 한다. 열 명의 범인을 잡지 못해도 무고한 피해자는 한 명도 만들지 말아야 한다.

4. 형사소송법의 목적과 원칙

가. (실체적) 진실주의

형사절차의 목적은 범죄의 성립 여부 또는 범죄 성립을 전제로 형벌의 종류나 양형 등 구체적 법률관계의 확정에 있다. 그런데 이는 사실관계의 확정(사실의 인정)을 전제로 한다. 이렇게 인정된 사실이 진실인 경우, 그 진실을 흔히 실체적 진실이라고 부르며, 형사절차의 목적을 실체적 진실 여부를 밝히는데 두는 입장을 가리켜 실체적 진실주의라고 한다.

이는 민사소송이 추구하는 형식적 진실과 구별된다. 형식적 진실은 민사소송에서는 당사자의 공격과 방어를 통해 얻어진 사실이 진실이 아닐지라도(예컨대 원고의 주장이 거짓일지라도 피고가 다투지 않는 경우) 법률관계 확정의 전제가 될 수 있다는 의미를 가진 개념이다. 또 민사소송에서는 당사자가 자백한 사실은 증명을 요하지 않지만(민사소송법 제288조) 형사소송에서는 공판정 자백일지라도 자백만으로는 유죄를 인정할 수 없고 보강증거가 필요한데, 이를 자백보강법칙이라고 한다.

나. 적법절차원칙: 인권보장

이미 과거의 일이 된 사건의 실체적 진실을 밝히는 데는 여러 가지 제약이 따른다. 과거의 일을 다시 복원해내는 데는 인간의 인식능력과 기억력의 한계가 있을 수 있다. 또 실체적 진실보다 더 중요하게 다루어야 하는 다른 가치나 사회적 요청 때문에 진실을 묻어 두어야 할 때도 있다. 예컨대 피해자가 성범죄를 공론화하고 싶지 않을 수도 있다. 또한 어떠한 수단과 방법을 통해서라도 실체적 진실만 발견하면 그만인 것은 아니며, 일정한 절차를 준수하여 발견해야 한다. 이것이 바로 적법절차원칙이다. 헌법 제12조 제1항도 "법률과 적법한 절차에 의하지 아니하고는 처벌 · 보안처분 또는 강제노역을 받지 아니한다"고 규정하고 있다. 적법절차란 '법률이 정한 절차 및 그 실체적 내용이 모두 적정한 것'을 의미하고, 여기서 적정성은 공정하고 합리적이며 상당성이 있어 정의관념에 합치되는 것을 뜻한다(88초60).

적법절차원칙의 하부원칙에 관해서 다툼이 있을 수 있지만, 크게 공정한 재판의 원칙, 비례성원칙, 피고인보호원칙, 신속한 재판의 원칙 4가지를 들 수 있다.

다. 소결

두 이념 내지 목적의 관계에 관해 대립이 있다. 이원적 목적설은 형사절차는 실체적 진실주의와 적법절차원칙 두 목적을 동시에 추구하지만, 두 이념은 갈등관계에 있다고 보는 입장이다. 이에 따르면 예컨대 수사기관은 어떤 수단을 이용해서라도 실체적 진실을 발견하기만 하면 되는 것이 아니라 적법절차원칙에 따른 제한을 받으면서 실체적 진실을 발견해야 한다. 형사소송의 목적을 '적정절차에 의한 신속한 실체적 진실의 발견'으로 이해하는 판례(90도1229)가 이에 해당한다.

그러나 위 두 이념은 대립적인 갈등관계에 있지 않다고 보는 절차주의설이 옳다. 형사절차에서 진실은 인간의 인식능력이나 기억력의 한계를 전혀 고려하지 않은 실체적 진실이 아니라, 인간과 사회의 현실을 고려하고 적법절차에 따라 발견되는 절차적 진실이다. 이는 진실개념을 절차주의적으로 이해한 것이다. 이에 따르면 형사절차에서 진실은 발견되는 것이 아니라 구성되는 것이다. 인간의 인식능력의 한계로 인해 사건을 정확하게 복원하여 진실을 완벽하게 발견한다는 것은 불가능한 작업이고, 참여자들이 가능한 인식능력을 최대한 발휘하여 형사절차라는 무대에서 진실에 가깝게 재현하고 사건을 재구성할 수 있을 뿐이다.

5. 형법의 전반적인 이해

위 甲과 乙의 행위가 범죄에 해당하는지, 어떠한 형사제재를 부과할 수 있는지 검토함으로써 형법을 전반적으로 이해한다.

가. 범죄성립요건

범죄성립 여부의 판단은 흔히 3단계로 이루어진다. 첫째는 구성요건해당성 여부를 판단하는 단계이다. 위 甲과 乙은 식료품을 훔치다가 발각되었으므로 절도죄에 해당할 수 있는데, 구체적으로 형법각칙의 다양한 절도죄의 구성요건 중 어디에 해당할까.

제329조 (절도) 타인의 재물을 절취한 자는 6년 이하의 징역 또는 1천만원 이하의 벌금에 처한다.
제330조 (야간주거침입절도) 야간에 사람의 주거, 관리하는 건조물, 선박, 항공기 또는 점유하는 방실(房室)에 침입하여 타인의 재물을 절취(竊取)한 자는 10년 이하의 징역에 처한다.
제331조 (특수절도) ① 야간에 문이나 담 그 밖의 건조물의 일부를 손괴하고 제330조의 장소에 침입하여 타인의 재물을 절취한 자는 1년 이상 10년 이하의 징역에 처한다. ② 흉기를 휴대하거나 2명 이상이 합동하여 타인의 재물을 절취한 자도 제1항의 형에 처한다.
제332조(상습범) 상습으로 제329조 내지 제331조의2의 죄를 범한 자는 그 죄에 정한 형의 2분의 1까지 가중한다.
제342조 (미수범) 제329조 내지 제341조의 미수범은 처벌한다.
제29조 (미수범의 처벌) 미수범을 처벌할 죄는 각 본조에 정한다.
제25조 (미수범) ①범죄의 실행에 착수하여 행위를 종료하지 못하였거나 결과가 발생하지 아니한 때에는 미수범으로 처벌한다. ②미수범의 형은 기수범보다 감경할 수 있다.

甲과 乙 두 명이 타인의 재물을 절취한 것이므로 형법 제331조 제2항의 '2명 이상이 합동하여 타인의 재물을 절취'한 구성요건을 충족한 것이고, '1년 이상 10년 이하 징역'으로 처벌될 수 있다. 다만 절도죄의 기수인지, 미수인지가 문제될 수 있고, 만일 미수라고 보면 형법 제342조가 적용되고, 형법 제29조와 제25조를 근거로 감경할 수 있다.

둘째는 이런 합동절도죄의 구성요건해당행위가 위법성조각(阻却)사유(달리 말해 정당화사유)에 의해 위법성이 조각 또는 배제되는지 여부를 판단하는 단계이다. 구성요건해당성이 인정되고 위법성조각사유에 해당하지 않는 행위만을 불법행위라고 할 수 있다. 형법총칙은 위법성조각사유로 정당행위(제20조), 정당방위(제21조), 긴급피난(제22조), 자구행위(제23조), 피해자의 승낙(제24조) 다섯 가지를 규정하고 있다. 형법각칙에 명예훼손죄에 대해서만 적용되는 특별한 위법성조각사유(제310조)가 있다.

셋째는 이런 합동절도죄의 불법행위를 한 행위자의 책임을 조각 또는 배제시킬 만한 책임조각사유가 있는지 여부를 판단하는 단계이다. 불법행위를 한 사람일지라도 그 사람을 비난할 수 없는 경우도 있기 때문이다. 쉽게 말해 '죄가 있어도 미워할 수 없는 경우'도 있다. 예컨대 형사책임능력이 없거나 행위자에게 그런 행위를 할 수밖에 없는 사정이 있는 경우이다. 이런 경우에는 행위는 나쁘지만 그 행위자에게 책임을 물을(귀속시킬) 수 없다. 형법은 책임조각사유로 책임무능력(제9조, 제10조 제1항), 강요된 행위(제12조), 위법성의 착오(제16조) 세 가지를 규정하고 있다.

나. 처벌조건 및 소추조건

범죄의 성립요건을 갖추었어도 인적 처벌조각사유(소극적 처벌조건)에 해당하면 처벌할 수 없다. 이를 흔히 처벌조건이라고 한다. 근친간 친족상도례[4]가 이에 해당한다. V의 혼인외 출생자 甲이 V의 지갑에서 돈을 훔쳤는데, V가 甲을 민법 제855조에 따라 혼인 중의 출생자로 인정, 곧 인지(認知)한 경우, 민법 제860조에 따라 인지의 소급효가 인정되므로 甲에게 친족상도례가 적용되어 甲을 처벌할 수 없다(96도1731).

검사의 공소제기 여부에 피해자의 의사가 영향을 미치는 범죄도 있다. 친고죄와 반의사불벌죄가 이에 해당한다. 이런 피해자의 의사를 소추조건이라고 한다. 친고죄는 피해자의 처벌희망의사표시가 있어야 기소할 수 있는 반면, 반의사불벌죄는 피해자의 처벌불원의사표시가 없어야 기소할 수 있다. 범죄의 성립요건과 처벌조건을 갖추었어도 소추조건을 갖추지 못하면 처벌할 수 없다.

4) 제328조(친족간의 범행과 고소) ① 직계혈족, 배우자, 동거친족, 동거가족 또는 그 배우자간의 제323조의 죄는 그 형을 면제한다. ②제1항 이외의 친족간에 제323조의 죄를 범한 때에는 고소가 있어야 공소를 제기할 수 있다. 제361조(친족간의 범행, 동력) 제328조와 제346조의 규정은 본장의 죄에 준용한다.

6. 형사제재의 의의와 본질

형사제재는 크게 형벌과 보안처분 2가지로 분류할 수 있다. 형법 제41조가 규정하고 있는 형벌은 9가지 밖에 없다. 이는 크게 ㉮생명박탈형(사형), ㉯자유제한형(징역, 금고, 구류), ㉰자격제한형(자격상실, 자격정지), ㉱금전납부형(벌금, 과료, 몰수) 4가지로 구별할 수 있다. 보호처분의 예로는 소년법의 보호처분, 형법총칙의 사회봉사나 수강명령, 독일 형법의 원상회복(Wiedergutmachung) 등을 든다. 형법의 보호관찰, 치료감호법의 치료감호[5]나 치료명령, 보안관찰법의 보안관찰 등도 보안처분에 해당하는데, 앞의 두 처분은 법원이 결정하는 사법처분인 반면, 보안관찰은 행정처분이다. 보안관찰처분은 보안관찰처분심의위원회의 의결을 거쳐 법무부장관이 결정하기 때문이다.

형벌의 목적이 범죄예방에 있다는 관점도 있으나 형벌은 그 자체에 주된 목적이 있다. 과거의 행위에 대한 응보이기 때문이다. 다만 이로써 부수적으로 예방효과를 거둘 수 있다. 여기서 예방은 일반예방과 특별예방(재사회화) 두 가지 의미를 갖는다. 일반예방은 또다시 소극적 일반예방(잠재적 범죄인에 대한 겁주기)과 적극적 일반예방(일반인에 대한 규범의식의 강화 또는 내면화)으로 구별된다. 이와 달리 보안처분의 목적은 장래 재범의 위험성이 있는 범죄인의 치료나 교육 또는 사회방위를 통한 범죄예방에 있다. 그래서 다수견해와 판례(97도703)는 형벌과 보안처분을 구별한다. 형벌이 과거적이라면, 보안처분은 미래적이라는 것이다. 형법의 통제대상은 법익을 침해하는 행위이다. 행위에 대한 책임인 것이다. 행위형법인 것이다. 이와 달리 보안처분은 행위자형법이다. 행위자의 인격이나 생활 또는 장래의 위험에 대한 통제이다. 행위가 아니라 행위자에게 문제가 있다고 보는 것이다. 보안처분은 행위형법의 관점에서 보면 문제이다. 따라서 행위형법의 한계 내에서 보안처분을 부과하는 것이 옳다. 행위에 대한 책임의 범위 안에서 행위자의 위험성 여부를 판단하여 보안처분을 부과해야 한다.

• 기출문제 •

형법의 기능에 관한 설명 중 옳은 것은? [2007년 사법시험 형법 문1]

① 만일 형법이 "건전한 국민감정에 반하는 행위는 … 으로 처벌한다"라고 규정한다면

---

5) 제18조(집행 순서 및 방법) 치료감호와 형(刑)이 병과(倂科)된 경우에는 치료감호를 먼저 집행한다. 이 경우 치료감호의 집행기간은 형 집행기간에 포함한다.

이로써 형법의 법익보호적 기능이 심각하게 손상당하게 된다.

② "강자(연방검찰)와 약자(피고인)간의 재판을 할 때 어느 쪽에도 기울지 않겠다고 한 재판은 지금 생각해 보면 강자 측에 기운 재판이었고, 약자 측에 조금 기울었다고 생각하며 한 재판은 지금 생각해 보면 오히려 중립적이었음을 알게 되었다"는 어느 미국 연방대법관의 고백은 피고인의 인권보장보다는 일반인보호의 상대적 우위를 인정해야 함을 강조한 것이다.

③ "법은 도덕의 최소한이며, 형법은 도덕의 등뼈이다"라는 표현과 관련된 형법의 기능은 불법관(不法觀)에 있어서 결과반가치론으로 등장한다.

④ "국가형벌의 과제는 규범승인훈련에 따른 일반예방에 있다"는 주장은 형법의 소극적 일반예방기능과 관련된 것으로 단순한 규범승인훈련은 반사회윤리적 수단에 의해서도 추구될 수 있다는 비판이 제기된다.

⑤ 위험형법은 위험사회에서 등장한 새로운 위험에 적극적으로 대처함으로써 인간의 공동생활을 보호하는 사회보호적 기능을 충실히 수행할 수 있다.

【해설】 ①×(인권보장적 기능이 침해된다.) ②×(미국 연방최고재판소 판사로 재직했던 Benjamin Nathan Cardozo의 말이라고 한다.) ③×(행위반가치론이 등장한다.) ④×(규범승인훈련은 적극적 일반예방과 관련이 있다고 봐야 한다. 또한 이 보기에서 '반사회윤리적 수단'이라는 표현이 문장에서 사용된 의미는 '형법이 아닌 다른 수단'이라고 생각하는데, 이 표현은 마치 '폭력적 수단'이라는 의미로 이해될 수 있으므로 적절하지 않다고 본다.) **【정답】** 공지된 답은 ⑤ 그러나 ⑤도 옳은지 의문이다. 위험형법은 이론적으로는 사회보호적 기능을 충실히 수행한다고 하지만, 현실적으로 그런 기능을 수행하지 못하고 집행이 잘 되지 않는 상징적 의미에 그쳐서 상징형법이라는 비판을 받기 때문이다.

형사소송의 이념에 대한 설명 중 가장 적절하지 않은 것은? (다툼이 있는 경우 판례에 의함) [2020년 제1차 순경시험 형소법 문1]

① 형사소송의 목적은 적정절차에 의한 신속한 실체진실의 발견이다.

② 실체진실주의란 소송의 실체에 관하여 객관적 진실을 발견하여 사안의 진상을 명백히 하자는 원칙으로 적극적 실체진실주의와 소극적 실체진실주의로 구별할 수 있다.

③ 헌법 제12조 제1항 후문이 규정하고 있는 적법절차란 법률이 정한 실체적 내용이 아니라 절차가 적정하여야 함을 말하는 것으로서 적정하다고 함은 공정하고 합리적이며 상당성이 있어 정의관념에 합치되는 것을 뜻한다.

④ 구속사건에 대해서는 법원이 구속기간 내에 재판을 하면 되는 것이고 구속만기 25일

을 앞두고 제1회 공판이 있었다 하여 헌법에 정한 신속한 재판을 받을 권리를 침해하였다할 수 없다.

【해설】 ③×(88초60: 적법절차란 '법률이 정한 절차 및 그 실체적 내용이 모두 적정한 것'을 의미하고, 여기서 적정성은 공정하고 합리적이며 상당성이 있어 정의관념에 합치되는 것을 뜻한다. 92헌가8; 2000헌마138: 적법절차란 형사절차상의 영역에 한정되지 않고 입법, 행정 등 국가의 모든 공권력의 작용에는 절차상의 적법성 뿐만 아니라 법률의 구체적 내용도 합리성과 정당성을 갖춘 실체적인 적법성이 있어야 한다는 원칙이다.) ①○(90도1229) ②○(94헌바1; 2017재고합4: 형사소송의 기본이념인 실체진실주의란 법원이 사건의 실체적 진실을 밝혀냄으로써 죄를 저지른 자에게는 그에 상응한 형벌을 부과하는 한편, 무고한 자를 국가의 형벌권 행사로부터 지켜주는 것을 말한다. 통상 그중 전자를 적극적 실체진실주의라 하고, 후자를 소극적 실체진실주의라 칭한다. 관념적으로는 실체진실주의의 두 요청이 서로 모순된다할 수 없겠지만, 인간은 전지전능한 존재가 아닌 까닭에 사건의 실체를 규명하는 능력에 한계가 있을 수밖에 없고, 따라서 현실에 있어서는 두 개의 요청은 언제나 서로 갈등하고 저촉하는 형태로 발현되게 마련인바, 인류의 이성과 역사적 경험은 그중 소극적 실체진실주의를 형사소송의 기본이념으로 채택하도록 하였다. 이는 흔히 "백 명의 죄인을 놓치더라도 한 명의 무고한 자를 처벌하여서는 아니 된다."라는 명제로 표현되고, 형사소송을 담당한 법관들에게 주어진 화두이자 무엇에도 양보할 수 없는 일차적 임무이다. 소극적 실체진실주의는 적법절차원칙 안에서 진실을 발견하자는 입장이고, 반면 적극적 실체진실주의는 적법절차보다는 진실발견에 더 우위를 두는 입장이라고 할 수 있다.) ④○(90도672) 【정답】 ③

공판기일의 절차 진행을 순서대로 바르게 나열한 것은? [2019년 9급 국가직 형소법 문4]

①인정신문－진술거부권 고지－모두절차－피고인신문－증거조사

②인정신문－모두절차－진술거부권 고지－증거조사－피고인신문

③진술거부권 고지－인정신문－모두절차－증거조사－피고인신문

④진술거부권 고지－인정신문－모두절차－피고인신문－증거조사

【정답】 ③

• 탐구과제 •

– 소년 乙에게도 국가가 형벌을 줄 수 있을까? 乙에게 어떠한 형사제재를 할 수 있을까?

– 소년 乙에게 형사제재를 하려고 하면 어떠한 절차를 거쳐야 할까?

– 甲과 乙을 훈방 조치한 경찰의 활동은 적법한가?

– 행위반가치(행위불법)와 결과반가치(결과불법)은 어떤 의미인가?

2강 보라매병원사건과 부작위범 및 연명의료결정법

보라매병원사건 판결(2002도995)을 통해서 법원이 형법을 어떻게 해석하고 적용하는지 보고, 이후 발생한 이와 유사한 김할머니사건을 계기로 제정된 연명의료결정법을 본다. 이 과정을 보면 형법이 어떻게 해석되고 정책에 반영되는지 알 수 있다.

• 사례 •

1997. 12. 4. 14:30 술에 취한 채 화장실을 가다가 중심을 잃어 기둥에 머리를 부딪치고 시멘트 바닥에 넘어지면서 다시 머리를 바닥에 찧어 경막외출혈상을 입고 보라매병원으로 응급후송된 환자 V는 신경외과 전문의 甲, 수련의 3년차 주치의(레지던트) 乙, 수련의 1년차 인턴[6] 丙을 포함한 의료진에 의해 수술을 받고 중환자실로 옮겨져 의식이 회복되고 있었으나 뇌수술에 따른 뇌부종으로 자가호흡을 할 수 없는 상태에 있었으므로 호흡보조장치를 부착한 채 계속 치료를 받고 있었고, 회생가능성이 전혀 없지는 않았다. 그런데 더 이상의 치료는 큰 의미가 없는 반면 치료비는 큰 부담이 되고, 17년 동안 무의도식하면서 술만 마시고 가족들에게 구타를 일삼아 온 V가 차라리 사망하는 것이 낫겠다고 생각한 V의 처는 의학적 권고에도 불구하고 V의 퇴원을 강청하여 乙은 甲의 지시에 따라 丙에게 V의 퇴원조치를 하도록 지시했다. 丙은 1997. 12. 6. 14:00경 환자에게 부착된 인공호흡기를 제거한 후 V의 처와 함께 병원 구급차로 환자를 후송하면서 인공호흡보조장치를 사용하여 수동으로 호흡을 보조하다가 V의 주거지에 도착한 후 V의 처에게 인공호흡보조장치를 제거하면 사망하게 된다는 사실을 고지한 후 인공호흡보조장치를 제거했다. V는 丙이 떠난 후 5분도 안되어 목 부위에서 꺽꺽거리는 등의 소리를 내며 불완전하게 숨을 쉬다가 뇌간압박에 의한 호흡곤란으로 사 망했다(약칭하여 보라매병원사건). V의 처와 甲, 乙, 丙을 살인죄로 처벌할 수 있는가?

• 해설 •

1. 살인죄의 성립 여부

가. 살인죄의 성립요건

6) 인턴은 수련의로, 레지던트는 전공의로 각각 부르기도 하지만, 이런 구별없이 모두 전공의로 부르기도 한다. 펠로우 또는 임상강사로도 불리는 전임의는 전문의가 된 이후에도 수련기관에 남아서 진료 및 연구를 하는 의사를 말한다.

살인죄가 성립하려면 범죄성립요건 3가지인 구성요건해당성, 위법성조각사유의 부존재, 책임조각사유의 부존재를 충족해야한다.

살인죄의 구성요건해당성이 인정되려면 고의에 의한 살해행위가 있어야하고, 이 행위와 V의 사망 사이에 인과관계가 인정되어야 한다. 또한 하나의 살인죄에 다수가 참여하고 있으므로 누가 정범이고, 누가 공범인지 문제된다.

> 제250조 (살인, 존속살해) ①사람을 살해한 자는 사형, 무기 또는 5년 이상의 징역에 처한다.
> ②자기 또는 배우자의 직계존속을 살해한 자는 사형, 무기 또는 7년 이상의 징역에 처한다.
> 제13조 (고의) 죄의 성립요소인 사실을 인식하지 못한 행위는 벌하지 아니한다. 다만, 법률에 특별한 규정이 있는 경우에는 예외로 한다.

나. 부작위범의 구성요건

그런데 V의 처와 甲과 乙 및 丙의 행위가 작위인지, 부작인지 문제되고, 부작위이면 제18조의 구성요건도 충족할 필요가 있다.

> 제18조 (부작위범) 위험의 발생을 방지할 의무가 있거나 자기의 행위로 인하여 위험발생의 원인을 야기한 자가 그 위험발생을 방지하지 아니한 때에는 그 발생된 결과에 의하여 처벌한다.

제18조의 부작위범의 구성요건은 아래 4가지이다. ㉮형법이 금지하고 있는 법익침해의 결과발생을 방지할 법적인 작위의무를 지고 있는 자가 ㉯그 의무를 이행함으로써 결과발생을 쉽게 방지할 수 있었음에도 불구하고 ㉰그 결과의 발생을 용인하고 이를 방관한 채 그 의무를 이행하지 않았고, ㉱그 부작위가 작위에 의한 법익침해와 동등한 형법적 가치가 있는 것이어서 그 범죄의 실행행위로 평가할 만한 것이면, 부작위범도 작위범과 동일하게 처벌할 수 있다(91도2951).

부작위로 작위범의 구성요건을 실현하는 범죄를 부진정부작위범이라고 부른다. 이와 달리 구성요건에 "…하지 아니한 자"처럼 부작위가 실행행위로 명시된 경우는 판례(2007도482전합)가 진정부작위범이라고 부르고, 퇴거불응죄가 이에 해당한다고 본다. 구성요건의 형식에 따라 진정부작위범과 부진정부작위범을 구별한 것이다. 형식설에 따르면 의료법의 진료거부죄[7]도 진정부작위범이다. 그런데 이 진료거부죄는 원칙적으로 폐지되어야한다는 견해[8]도 있다. 진료인수의무는 형법적 의무가 아니라 순수한 직업윤리적 의무에 불과하므로 이 의무위반을 형법으로 처벌하는 것은 옳지 않다는 것이다.

다. 작위와 부작위의 구별기준

작위와 부작위의 구별기준에 관해 다툼이 있는데, 크게 존재론적(또는 자연과학적) 관점과 규범적 관점으로 구별할 수 있다. 먼저 존재론적 관점에는 ⓐ신체거동설, ⓑ에너지투입설,[9] ⓒ작위를 통한 부작위범설 등이 있다. 작위를 통한 부작위범설은 예컨대 의사의 치료중단(의사가 인공호흡기의 스위치를 내리는 경우)처럼 부작위범이 작위로도 이루어질 수 있다는 견해다.

다음은 규범적 관점에는 ⓐ사회의미성설, ⓑ법익관련설(법익침해 및 위태화 관련성), ⓒ비난중점설(비난가능성의 중점), ⓓ작위범이 성립하지 않는 경우에 한해 부작위범의 성립을 검토하는 보충관계설, ⓔ의심이 있으면 작위로 추정하는 작위추정설, ⓕ위 견해들은 처벌필요성, 입증편리성 등과 같은 형사정책적 결정에 따른 부작위나 작위의 선택을 근거짓는 논증의 도구에 불과하고, 부작위범은 논증에 더 큰 어려움을 지므로 민주적 법치국가에서는 의심스러울 때에는 부작위범으로(in dubio pro imissio) 봐야한다는 부작위추정설[10]이 있다.

라. V의 처와 甲과 乙 및 丙의 행위는 작위인가, 부작위인가

丙이 인공호흡보조장치로 연명하고 있는 환자에게서 인공호흡보조장치를 떼어내서 그 V가 사망한 경우, 丙의 행위는 인공호흡보조장치를 떼어낸 작위로 봐야하는가, 아니면 치료를 하지 않은 부작위로 봐야하는가. V의 사망은 V의 처의 퇴원요구행위, 甲의 퇴원결정 · 지시 행위, 乙의 퇴원지시행위 등 작위로 인한 것인가, 아니면 그들이 V를 치료하지 않은 부작위로 인한 것인가.

---

7) 의료인은 진료나 조산 요청을 받으면 정당한 사유 없이 거부할 수 없고, 이를 위반하면 1년 이하 징역이나 500만원 이하 벌금으로 처벌된다(의료법 15조 1항, 89조).

8) 정현미, "의료법상 의사의 진료거부금지와 응급조치의무", 형사판례연구 [5], 박영사, 1997, 477면; 이상돈, 의료형법, 법문사, 1998, 69면 이하.

9) 이석배, "형법상 이중적 의미를 가지는 행위의 작위 · 부작위 구별과 형사책임의 귀속", 형사법연구 25호(2006년 여름), 67면 이하.

10) 이상돈, 형법강론, 박영사, 2017, 170면.

검사는 V의 처와 甲과 乙 및 丙 모두를 작위에 의한 살인죄의 공동정범으로 기소하였으나, 1심은 V의 처와 甲과 乙의 형사책임을 먼저 검토한 후 부작위에 의한 살인죄의 공동정범을 인정하고, 丙은 무죄로 본다. 丙의 행위는 의료행위의 중지로서 부작위에 해당하나 의료행위를 보조하는 역할을 담당할 뿐 자신의 판단에 따라 독자적으로 결정하거나 그 결정에 관여할 수 있는 지위에 있지 않다는 이유로 부작위범의 보증인지위를 인정할 수 없다는 것이다. 그러나 만일 부작위로 본다면 丙에게 작위의무의 개별적 행위가능성이 없다고 보는 것이 옳다는 견해[11]도 있다. 丙은 치료를 계속 할 것인지, 퇴원시킬 것인지 결정할 수 가능성이 없다는 의미이다.

> 제30조 (공동정범) 2인 이상이 공동하여 죄를 범한 때에는 각자를 그 죄의 정범으로 처벌한다.

그러나 항소심은 V의 처는 부작위에 의한 살인죄, 전문의 甲과 주치의 乙은 작위에 의한 살인죄의 방조범, 인턴의사 丙은 살인고의를 인정할 수 없다는 이유로 무죄라고 보고, 대법원은 이를 지지한다(2002도995). 대법원은 "행위자가 자신의 신체적 활동이나 물리적 · 화학적 작용(퇴원결정 · 지시를 의미)을 통해 적극적으로 타인의 법익상황을 악화시킴으로써 결국 그 타인의 법익을 침해하기에 이르렀다면 (작위로 봐야하고), 작위에 의해 악화된 법익상황을 다시 돌이키지 아니한 점에 주목하여 이를 부작위범으로 볼 것은 아니며, 악화되기 이전의 법익상황이 그 행위자가 과거에 행한 또 다른 작위(치료를 의미)의 결과에 의해 유지되고 있었다 하여 달리 볼 이유가 없다"고 본다. 대법원은 작위와 부작위의 구별에 관한 존재론적 관점을 따르고 있다고 볼 수 있는데,[12] 특히 신체거동설 내지 에너지투입설의 입장이라고 할 수 있다.

마. 학계의 평가 소개

甲의 퇴원결정 및 지시행위, 乙의 퇴원지시 행위, 丙이 V의 집에 가서 인공호흡장치를 제거한 행위 모두 작위로서 살인죄의 구성요건해당성이 인정되고 위법성도 인정되나 乙과 丙의 행위는 상관의 위법한 명령에 따른 행위로서 乙과 丙은 甲의 퇴원지시를 거

---

11) 류화진, "上告審을 맞이한 소위 "보라매병원 사건"에 관한 연구", 부산대학교 법학연구 제45권 제1호, 2004. 12., 159면.

12) 이에 대한 평석으로는 이정원, "의학적 권고에 반한 퇴원으로 사망한 환자에 대한 형사책임", 비교형사법연구 6권 2호, 2004, 361면 이하.

부할 수 없는 명령복종관계에 있으므로 형법 제12조의 강요된 행위에 해당하여 책임이 부정된다고 보는 견해[13]도 있다.

> 제12조 (강요된 행위) 저항할 수 없는 폭력이나 자기 또는 친족의 생명 신체에 대한 위해를 방어할 방법이 없는 협박에 의하여 강요된 행위는 벌하지 아니한다.

위 견해는 V의 처의 퇴원요구행위는 작위에 의한 살인교사행위로서 V의 처는 살인죄의 교사범에 해당하고, 甲의 퇴원결정 · 지시행위는 작위에 의한 살인교사행위로서 살인죄의 특수간접정범에 해당한다고 본다.[14]

> 제31조 (교사범) ①타인을 교사하여 죄를 범하게 한 자는 죄를 실행한 자와 동일한 형으로 처벌한다. ②교사를 받은 자가 범죄의 실행을 승낙하고 실행의 착수에 이르지 아니한 때에는 교사자와 피교사자를 음모 또는 예비에 준하여 처벌한다. ③교사를 받은 자가 범죄의 실행을 승낙하지 아니한 때에도 교사자에 대하여는 전항과 같다.
>
> 제34조 (간접정범, 특수한 교사, 방조에 대한 형의 가중) ①어느 행위로 인하여 처벌되지 아니하는 자 또는 과실범으로 처벌되는 자를 교사 또는 방조하여 범죄행위의 결과를 발생하게 한 자는 교사 또는 방조의 예에 의하여 처벌한다. ②자기의 지휘, 감독을 받는 자를 교사 또는 방조하여 전항의 결과를 발생하게 한 자는 교사인 때에는 정범에 정한 형의 장기 또는 다액에 그 2분의 1까지 가중하고 방조인 때에는 정범의 형으로 처벌한다.

그러나 판례는 국가정보원과 같은 엄격한 상명하복관계에 있는 조직일지라도 상관의 위법한 명령에 따른 행위를 강요된 행위로서 적법행위에 대한 기대가능성이 없다고 보지는 않는다(99도636, 同旨: 2007도1373). 그 이유는 하관은 상관의 불법한 직무명령에 따를 의무가 없다는 것이다.

13) 류화진, "上告審을 맞이한 소위 "보라매병원 사건"에 관한 연구", 부산대학교 법학연구 제45권 제1호, 2004. 12., 172면 이하.

14) 류화진, "上告審을 맞이한 소위 "보라매병원 사건"에 관한 연구", 부산대학교 법학연구 제45권 제1호, 2004. 12., 177면.

2. 무의미한 연명치료 중단과 연명의료결정법

가. 김할머니사건과 무의미한 연명치료 중단

무의미한 연명치료 중단이란 환자의 생명이 인공생명연장조치로 유지되고 있을 뿐 소생가능성도 의식도 없는 환자에게서 인공생명연장조치를 제거하거나 치료를 중단하여 사망에 이르게 하는 경우이다. 세브란스 병원에서 발생한 이른바 김할머니사건[15]을 계기로 등장했다. 소극적 안락사처럼 육체적 고통이 문제되는 것이 아니라 의미없는 치료와 생명연장 그 자체에서 오는 정신적 고통에 주목한다는 점에서 이를 존엄사나 자비사(慈悲死)로 부르기도 한다. '무의미한 연명치료 중단'이라는 용어를 사용하자는 주장도 환자 자신이 명시적인 의사를 밝힐 수 없다는 것도 소극적 안락사와 다른 점인데, 그래서 이 경우에는 생전의사(living will)나 추정적 의사 또는 보호자의 의사가 문제되는 것이다. 소극적 안락사처럼 허용해야한다는 견해, 뇌사상태에 이르렀을 때 한해서 사회상규에 해당한다는 견해 등이 있다.

소극적 안락사란 불치나 난치의 질병으로 죽음의 단계에 들어선 환자에게 고통이 계속되지 않도록 하기 위해 생명연장을 위한 조치나 치료를 중단하여 죽음에 이르도록 하는 경우를 말한다. 소극적 안락사는 ㉮환자가 참을 수 없는 육체적 고통에 시달리고 있고, ㉯의학적으로 죽음의 단계에 들어섰고, ㉰생명연장조치거부에 대한 환자의 진지한 의사가 있으며, ㉱의사의 조치가 환자의 육체적 고통을 제거하는데 있다는 것을 조건으로 촉탁 · 승낙살인죄의 위법성이 조각된다는데 견해가 일치한다.

> 제252조 (촉탁, 승낙에 의한 살인등) ①사람의 촉탁 또는 승낙을 받어 그를 살해한 자는 1년 이상 10년 이하의 징역에 처한다. ②사람을 교사 또는 방조하여 자살하게 한 자도 전항의 형과 같다.

판례는 김할머니사건에서 인공호흡기의 도움으로 생명을 연장하고 있는 의식불명의 지속적 식물인간 상태인 환자의 의사에 대한 인공호흡기제거 청구는 정당하다고 본다(2009다17417전합). 그 이유는 ㉮생명과 직결되는 진료 중단은 생명 존중의 헌법이념

---

15) 김할머니는 기관지 내시경 검사를 하다 과다출혈이 발생해 뇌손상을 입었고, 이로 인해 고소된 의사를 검찰은 무혐의처분을 했는데, 그 이유는 과다출혈의 원인은 의사가 발견하지 못한 희귀병인 다발성 골수종으로 밝혀졌고, 이를 내시경 검사과정에서 발생한 의료과실로 볼 수는 없다는 것이다(한겨레신문 2010. 9. 28).

에 비춰 신중히 판단해야하지만, 짧은 시간 안에 사망에 이를 수 있음이 명백할 때는 회복 불가능한 사망 단계에 진입한 것으로 평가할 수 있고, 이 경우도 ㉯연명치료를 강요하는 것은 오히려 인간 존엄을 해치므로 환자의 결정을 존중하는 게 인간 존엄과 행복추구권을 보호하는 것이며, ㉰환자는 사전의료지시서 등의 방법으로 미리 의사를 밝힐 수도 있지만 그렇지 않더라도 평소 가치관, 신념 등에 비춰 객관적으로 환자의 이익에 부합된다고 인정되면 연명치료를 중단할 수 있다는 것이다.

나. 이른바 웰다잉(Well-Dying)법으로 불리는 연명의료결정법

이른바 웰다잉(Well-Dying)법으로 불리는 호스피스 · 완화의료 및 임종과정에 있는 환자의 연명의료결정에 관한 법률(약칭하여 연명의료결정법)에 따라 소극적 안락사나 존엄사가 명시적으로 합법화된다. 말기환자나 임종과정의 환자가 연명의료를 받지 않겠다는 내용의 연명의료계획서를 주치의와 함께 작성하거나 '회복불가능한 상태가 됐을 때 연명의료 중단을 희망한다'는 내용의 사전연명의료의향서를 미리 작성해둔 경우 치료효과 없이 임종과정의 기간만을 연장하는 연명의료를 중단할 수 있는데, 여기에는 심폐소생술, 혈액투석, 항암제 투여, 인공호흡기 착용 등이 포함되지만 영양공급, 수분공급, 산소공급은 포함되지 않는다.[16] 연명의료계획서나 사전연명의료의향서가 없는 경우에도 가족과 의료진의 판단으로 연명의료 중단이 가능하다(제18조).

• 기출문제 •

부작위범에 관한 설명 중 옳은 것은? (다툼이 있는 경우에는 판례에 의함) [2014년 변호사시험 형사법 문11]

① 생존가능성이 있는 환자를 보호자의 요구로 치료를 중단하고 퇴원을 지시하여 사망하게 한 의사의 경우에는 치료중단이라는 부분에 비난의 중점이 있기 때문에 부작위범으로 평가된다.

② 부진정 부작위범의 성립요건과 관련하여 보증인지위와 보증의무의 체계적 지위를 나누는 이분설에 따르면, 부작위 행위자의 보증의무에 관한 착오는 구성요건적 착오에 해당한다.

16) 노환규, 골든타임, 한겨레출판, 2016, 117면 이하.

③ 미성년자를 유인하여 포박 · 감금한 자가 중간에 살해의 고의를 가지고 계속 방치하여 사망케 하였다면 감금 행위자에게도 보증인지위 내지 보증의무가 인정되어 부작위에 의한 살인죄의 성립을 인정하여야 한다.
④ 과실에 의한 교사와 방조가 모두 불가능하듯이, 부작위에 의한 교사와 방조도 모두 불가능하다.
⑤ 매매 대상 토지에 대하여 도시계획이 입안되어 협의 수용될 것을 알고 있는 매도인이 이러한 사실을 모르는 매수인에게 이 같은 사실을 고지하지 아니하고 매도하였더라도 매수인에게 소유권이전등기가 완료되었다면 부작위에 의한 사기죄가 성립하지 않는다.

【해설】 ③ㅇ(82도2024) ④×(판례는 부작위에 의한 방조를 인정한다. 또한 과실에 의한 교사와 부작위에 의한 교사 모두 가능하다는 견해도 있다) ⑤×(93도14) **【정답】** ③

부작위범에 관한 설명 중 옳은 것을 모두 고른 것은? (다툼이 있는 경우에는 판례에 의함) [2013년 변호사시험 형사법 문16]

가. 하나의 행위가 작위범과 부작위범을 동시에 충족할 수는 없다.
나. 중고 자동차 매매를 하면서 자신의 할부금융회사에 대한 할부금 채무가 매수인에게 당연히 승계되는 것이 아니라는 이유로 그 할부금 채무의 존재를 매수인에게 고지하지 아니한 매도인에게는 부작위에 의한 사기죄가 성립하지 않는다.
다. 전담의사가 중환자실에서 인공호흡기를 부착하고 치료를 받던 환자의 처의 요청에 따라 치료를 중단하고 퇴원조치를 함으로써 귀가 후 수련의의 인공호흡기 제거로 환자가 사망한 경우, 전담의사에게 작위에 의한 살인방조죄가 성립한다.
라. 모텔 방에 투숙 중 담배를 피운 후 담뱃불을 제대로 끄지 않은 중대한 과실로 화재를 일으킨 투숙객에게도 화재를 소화할 의무가 있음에도 모텔 주인이나 다른 투숙객에게 아무 말 없이 도망쳐 나와 다른 투숙객이 사망했다면, 비록 소화하기는 쉽지 않았더라도 부작위에 의한 현주건조물방화치사죄가 성립한다.
마. 법무사가 아닌 사람이 법무사로 소개되거나 호칭되는 데도 자신이 법무사가 아니라는 사실을 밝히지 않은 채 법무사 행세를 계속하면서 근저당권설정계약서를 작성해 준 경우, 법무사가 아님을 밝힐 계약상 또는 조리상 법적 의무가 있기는 하나, 이는 법무사 명칭을 사칭하는 경우와 동등한 형법적 가치가 있다고 할 수 없으므로 부작위에 의한 법무사법위반죄(법무사명칭사용금지)가 성립하지 않는다.

①가, 다 ②나, 다 ③라, 마 ④가, 나, 다 ⑤나, 다, 마

【해설】 "가"를 옳지 않은 지문으로 처리한 이유는 '어떤 행위가 작위범과 부작위범의 구성

요건을 동시에 충족하는 경우 후자만 기소할 수 있다'는 판례(2005도4202)의 표현을 근거로 한 것이다. 그러나 이 판례의 취지는 '작위범과 부작위범이 경합하는 경우 법조경합이어서 부작위범은 성립할 수 없다'는 것인데, 이런 취지에 따르면 '어떤 행위가 작위범과 부작위범의 구성요건을 동시에 충족할 수 있다'라는 표현은 적절하지 않고, 판례의 취지에 따르면 오히려 "가"와 같은 표현이 옳다. 이런 방식의 출제는 판례의 취지를 생각하게 하는 것이 아니라 판례의 표현을 그대로 외우라는 것으로서 옳지 않다. 라: ×(2009도12109: 이런 사정만으로는 화재를 용이하게 소화할 수 있었다고 보기 어렵기 때문이다) **【정답】** 공지된 답은 ②

부작위범에 관한 설명 중 옳은 것은? (다툼이 있는 경우에는 판례에 의함) [2012년 변호사 시험 형사법 문10]

① 신의성실의 원칙이나 사회상규 혹은 조리상 작위의무가 기대되는 경우에는 법적인 작위의무가 인정되지 않는다.

② 법적인 작위의무를 지고 있는 자가 결과발생을 쉽게 방지할 수 있었음에도 불구하고 이를 방관한 채 그 의무를 이행하지 아니한 경우에, 그 부작위가 작위에 의한 법익침해와 동등한 형법적 가치가 있는 것이어서 그 범죄의 실행행위로 평가될 만한 것이라면, 부작위범으로 처벌할 수 있다.

③ 부작위에 의한 방조범은 성립하지 않는다.

④ 행위자가 자신의 신체적 활동이나 물리적 · 화학적 작용을 통하여 적극적으로 타인의 법익상황을 악화시킴으로써 결국 그 타인의 법익을 침해하기에 이르렀더라도 작위에 의하여 악화된 법익상황을 다시 돌이키지 아니한 이상 부작위범이 성립하는 것이 원칙이다.

⑤ 진정부작위범의 경우 다수의 부작위범에게 부여된 작위의무가 각각 다르더라도 각각의 작위의무에 위반되는 행위를 공동으로 하였다면 부작위범의 공동정범이 성립할 수 있다.

【정답】 ②

• 탐구과제 •

– 진정부작위범의 미수는 인정되는가?

3강 과수원실화사건과 문언해석의 한계 및 형사재판의 상소제도

과수원실화사건을 통해서 방화(放火)죄와 실화(失火)죄의 구성요건과 체계를 이해하고, 형법에서 해석이 갖는 의미와 문언해석의 한계를 인식하며, 형사재판의 형태와 상소제도도 간략하게 본다.

• 사례 •

甲은 다른 사람의 사과나무 밭에서 바람이 세게 불어 담뱃불이 붙지 않자 마른 풀을 모아놓고 성냥불을 켜 담뱃불을 붙인 뒤, 그 불이 완전히 소화(消火)되었는지 여부를 확인하지 않은 채 자리를 이탈해서, 남은 불씨가 주변에 있는 마른 풀과 잔디에 옮겨 붙어 사과나무 217주등 671만원 상당이 불태워졌고[17] 공공의 위험이 발생했다(이른바 과수원실화사건).[18] 실수(失手)로 불을 내서 다른 사람의 사과나무를 태워버려 공공의 위험을 발생시킨 甲에게 형사책임을 물을 수 있을까?

• 해설 •

1. 과실범은 예외적 처벌규정

甲의 실수 내지 부주의한 행위가 ①형법 제14조가 말하는 '정상적으로 기울여야 할 주의(注意)를 게을리하여 죄의 성립요소인 사실을 인식하지 못한 행위', 곧 과실(過失) 행위에 해당하고, ②과실로 화재를 일으키는 행위, 곧 실화(失火)행위를 처벌하는 '특별한 법률 규정'이 있어야만 처벌할 수 있다. 형법은 원칙적으로 고의범만 처벌하고,[19] 과실범은 예외적으로 처벌하고 있기 때문이다.

따라서 甲의 행위가 과실행위에 해당한다는 점이 인정되더라도 이를 처벌하는 규정이 있어야 甲을 처벌할 수 있다. 만일 그런 규정이 없다면 甲을 처벌할 수 없다. 바로 이

17) 소훼(燒燬)가 불태워짐으로 개정되었다. 아래 논의는 2020. 12. 8. 개정 이전 제170조에 관한 것이다.

18) 유사사건: 甲은 2021. 3. 17. 09:47 편의점 앞에서 흡연 후 담배꽁초의 불씨 끝부분을 손으로 튕기는 방법으로 뒤처리를 하였는데, 이때 떨어진 불씨가 편의점 창고 앞 종이컵 등에 붙었고, 09:52 그 불이 다시 창고 내 종이상자로 옮겨붙는 등 건물 지하 1층에 번져서 817만 원 상당의 물품 등이 타버렸다.

19) 제13조(고의) 죄의 성립요소인 사실을 인식하지 못한 행위는 벌하지 아니한다. 다만, 법률에 특별한 규정이 있는 경우에는 예외로 한다.

대목에서 죄형법정주의가 적용되는 것이다.

2. 실화죄의 구성요건해당성과 방화죄의 구성요건의 구조와 체계

가. 실화죄의 구성요건해당성

甲의 실화행위를 처벌하는 규정이 있는가. 甲의 실화행위가 그 규정이 요구하는 요건(이를 흔히 구성요건이라고 부름)에 해당하는지, 곧 구성요건해당성 여부를 판단해야 하고, 이를 충족하면 위법성조각사유의 부존재와 책임조각사유의 부존재 여부를 따져서 두 조각사유가 부존재하면 실화죄의 성립요건을 갖춘 것으로서 원칙적으로 그 구성요건에서 규정하고 있는 법정형의 범위 안에서 처벌할 수 있다. 실화행위를 처벌하는 규정이 형법각칙 제170조에 있다.

제170조 (실화) ① 과실로 제164조 또는 제165조에 기재한 물건 또는 타인 소유인 제166조에 기재한 물건을 불태운 자는 1천500만원 이하의 벌금에 처한다. ② 과실로 자기 소유인 제166조의 물건 또는 제167조에 기재한 물건을 불태워 공공의 위험을 발생하게 한 자도 제1항의 형에 처한다.

2020. 12. 8. 개정 이전 제170조(실화) ① 과실로 제164조 또는 제165조에 기재한 물건 또는 타인의 소유에 속하는 제166조에 기재한 물건을 소훼한 자는 1천500만원 이하의 벌금에 처한다. ② 과실로 자기의 소유에 속하는 제166조 또는 제167조에 기재한 물건을 소훼하여 공공의 위험을 발생하게 한 자도 제1항의 형에 처한다.

그런데 실화죄 규정은 방화죄에 관한 제164조부터 제167조의 조문을 활용해서 구성요건화하고 있으므로 甲의 실화행위가 제170조의 구성요건에 해당하는지 판단하려면 방화죄에 관한 제164조부터 제167조의 구성요건의 구조와 체계를 이해할 필요가 있다.

나. 형법의 방화죄의 구성요건의 구조와 체계

제164조 (현주건조물 등 방화) ① 불을 놓아 사람이 주거로 사용하거나 사람이 현존하는 건조물, 기차, 전차, 자동차, 선박, 항공기 또는 지하채굴시설을 불태운 자는 무기 또는 3년 이상의 징역에 처한다. ② 제1항의 죄를 지어 사람을 상해에 이르게 한 경우에는 무기 또는 5년 이상의 징역에 처한다. 사망에 이르게 한 경우에는 사형, 무기 또는 7년 이상의 징역에 처한다.

제165조 (공용건조물 등 방화) 불을 놓아 공용(公用)으로 사용하거나 공익을 위해 사용하는 건조물, 기차, 전차, 자동차, 선박, 항공기 또는 지하채굴시설을 불태운 자는 무기 또는 3년 이상의 징역에 처한다.

제166조 (일반건조물 등 방화) ① 불을 놓아 제164조와 제165조에 기재한 외의 건조물, 기차, 전차, 자동차, 선박, 항공기 또는 지하채굴시설을 불태운 자는 2년 이상의 유기징역에 처한다. ② 자기 소유인 제1항의 물건을 불태워 공공의 위험을 발생하게 한 자는 7년 이하의 징역 또는 1천만원 이하의 벌금에 처한다.

제167조 (일반물건 방화) ① 불을 놓아 제164조부터 제166조까지에 기재한 외의 물건을 불태워 공공의 위험을 발생하게 한 자는 1년 이상 10년 이하의 징역에 처한다. ② 제1항의 물건이 자기 소유인 경우에는 3년 이하의 징역 또는 700만원 이하의 벌금에 처한다.

형법의 방화죄의 기본범죄는 제167조의 일반물건방화죄이다. 객체에 따라 불법이 크다고 봐서 법정형을 무겁게 한 일반건조물방화죄(제166조), 공용건조물방화죄(제165조), 현주건조물방화죄(제164조 제1항) 등은 불법가중범죄라고 볼 수 있다. 결과에 따라 법정형을 높인 현주건조물방화치사상죄도 불법가중범죄이다.

형법 제167조의 일반물건방화죄의 객체는 현주건조물 · 공용건조물 · 일반건조물 이외의 물건이고, 이런 객체가 타인소유이건 자기소유이건 관계없이 공공의 위험을 구성요건으로 규정하고 있는데, 타인소유인 경우는 그 법정형이 1년 이상 10년 이하 징역인 반면(제1항), 자기소유인 경우는 그 법정형이 3년 이하 징역 또는 700만원 이하 벌금이다(제2항). 제167조 제1항의 죄는 타인소유일반물건방화죄이고, 제167조 제2항의 죄는 자기소유일반물건방화죄인 것이다.

형법 제166조의 일반건조물방화죄의 객체는 건조물, 기차, 전차, 자동차, 선박, 항공기 또는 지하채굴시설(종전에는 광갱) 중에서 제164조와 제165조에 해당하지 않는 것, 달리 말해 현주 또는 현존하지 않거나 공용 또는 공익이 아닌 것을 말한다. 그런데 객체가 타인소유냐(제1항) 자기소유냐(제2항)에 따라 법정형을 달리하고 있으므로 공공의 안전 외에 명시적으로 재산도 부차적 보호법익으로 한다고 볼 수 있다. 다만 객체가 자기소유인 경우는 '공공의 위험 발생'을 구성요건으로 하고 있고, 그래서 흔히 구체적 위험범으로 이해한다. 반면에 객체가 타인소유인 경우는 흔히 추상적 위험범으로 이해한다. '공공의 위험 발생'이라는 구체적 위험이 발생하지 않더라도 방화로 인해 추상적 위험이 발생하면 타인소유일반건조물방화죄의 구성요건을 충족한다고 본다. 예컨대 타인소유일반건조물에 방화를 하면 그 자체로 공공의 안전에 위험이 발생한다고 보는 것이다. 따라서 자기소유일반건조물에 방화를 하여 추상적 위험을 발생시켰을지라도 안전장치를 설치하여 구체적 위험이 발생하지 않았다면 자기소유일반건조물방화죄의 구성요건해당성을 충족하지 않는 반면, 안전장치를 설치하여 타인소유일반건조물에 방화하였더라도 공공의 안전에 대한 추상적 위험이 발생하면 타인소유일반건조물방화죄의 구성요건해당성이 인정된다. 물론 추상적 위험 조차 발생하지 않았는지, 아니면 추상적 위험이 발생했는지, 더 나아가서 구체적 위험이 발생했는지 판단하는 것은 어려운 일이다.

다. 형법의 실화죄의 구성요건의 구조와 체계 및 해석적 논란

형법 제170조 제1항의 실화죄의 구성요건은 '과실로 인하여 제164조 또는 제165조에 기재한 물건 또는 타인의 소유에 속하는 제166조에 기재한 물건을 소훼'하는 것이다. 따라서 현주건조물실화죄, 공용건조물실화죄, 타인소유일반건조물실화죄를 규정한 것으로 볼 수 있다.

제170조 제2항의 실화죄의 구성요건은 '과실로 인하여 자기의 소유에 속하는 제166조 또는 제167조에 기재한 물건을 소훼하여 공공의 위험을 발생하게' 하는 것이다. 제170조 제1항의 실화죄와 달리 '공공의 위험 발생'을 요건으로 하고 있다. 그런데 '자기의 소유에 속하는'이라는 문언이 제166조만 수식한다고 볼 것인지, 아니면 제167조까지 수식한다고 볼 것인지에 따라 제170조 제2항이 어떤 실화죄를 규정하고 있는지가 달라진다. 전자로 보면 제170조 제2항은 자기소유일반건조물실화죄, 타인소유일반물건실화죄, 자기소유일반물건실화죄를 규정하고 있다고 봐야 한다. 후자로 보면 제170조 제2항은 자기소유일반건조물실화죄, 자기소유일반물건실화죄만 규정하고 있고, 타인소유일반물건실화죄는 규정하고 있지 않다고 봐야 한다. 따라서 甲의 실화행위에 대한 처벌규정이 전자로 보면 존재하는 것이고, 후자로 보면 부존재하는 것이다.

3. '자기의 소유에 속하는 제166조 또는 제167조에 기재한 물건'이라는 문구에서 "또는"의 의미

'자기의 소유에 속하는 제166조 또는 제167조에 기재한 물건'이라는 문구에서 "또는"이라는 문언을 전자는 분리어의 의미로 본 것(이하 분리어설로 부름)인 반면, 후자는 연결어의 의미로 본 것(이하 연결어설[20] 부름)이다.

---

20) 김영환, "형법해석의 한계–허용된 해석과 금지된 유추와의 상관관계", 법률해석의 한계, 법문사,

가. 재판의 경과

검사는 과수원은 물건이고, 공공의 위험도 발생했다는 것을 전제로, 분리어설에 따라 甲을 제170조 제2항의 타인소유일반물건실화죄로 기소하였다.

그러나 1심은 '공소장에 기재된 사실이 진실하지만 범죄가 될 만한 사실이 없다'는 이유로 형사소송법 제328조 제1항 제4호에 따라 공소기각결정을 내린다. 유죄인지, 무죄인지 따져볼 필요도 없이 공소장에 기재된 사실만으로도 범죄에 해당하지 않음이 명백한 경우에 공소기각결정을 내리는데(90도174), 甲의 실화행위가 이에 해당한다고 본 것이다. 그래서 재판의 형식이 판결이 아니라 결정인 것이다.

> 형소법 제328조(공소기각의 결정) ①다음 경우에는 결정으로 공소를 기각하여야 한다.
> 1. 공소가 취소 되었을 때
> 2. 피고인이 사망하거나 피고인인 법인이 존속하지 아니하게 되었을 때
> 3. 제12조 또는 제13조의 규정에 의하여 재판할 수 없는 때
> 4. 공소장에 기재된 사실이 진실하다 하더라도 범죄가 될 만한 사실이 포함되지 아니하는 때
>
> ②전항의 결정에 대하여는 즉시항고를 할 수 있다.

이에 검사는 형소법 제328조 제2항을 근거로 즉시항고를 한다. 이에 대해 2심도 원심을 지지하여 항소기각결정을 내리자, 검사는 형소법 제415조[21]를 근거로 대법원에 즉시항고를 하는데, 이를 재항고를 한다. 1심과 2심은 연결어설에 따른 것이다.

나. 대법원의 판단

그런데 대법원은 분리어설에 따라 형법 제170조 제2항의 타인소유일반물건실화죄가 인정된다는 취지로 1심과 2심의 결정을 모두 취소하고 재판을 다시 하라고 사건을 1심 법원에 환송하는 결정을 한다(94모32전합). 대법원의 다수의견은 '관련조문을 전체적, 종합적으로 해석할 필요가 있고, 이 해석이 법규정의 가능한 의미를 벗어난 법형성이나 법창조행위도 아니므로 죄형법정주의원칙상 금지되는 유추해석이나 확장해석에 해당한다고 볼 수는 없다'고 본다.

2000, 37면.

21) 제415조(재항고) 항고법원 또는 고등법원의 결정에 대하여는 재판에 영향을 미친 헌법 · 법률 · 명령 또는 규칙의 위반이 있음을 이유로 하는 때에 한하여 대법원에 즉시항고를 할 수 있다.

이와 달리 대법원의 반대의견은 연결어설에 따라 다음과 같이 말한다. 형법 제170조 제2항은 명백히 '자기의 소유에 속하는 제166조 또는 제167조에 기재한 물건'이라고 되어 있을 뿐 '자기의 소유에 속하는 제166조에 기재한 물건 또는 제167조에 기재한 물건'이라고는 되어 있지 아니하므로, 우리말의 보통의 표현방법으로는 '자기의 소유에 속하는'이라는 말은 '제166조 또는 제167조에 기재한 물건'을 한꺼번에 수식하는 것으로 볼 수밖에 없고, 같은 규정이 '자기의 소유에 속하는 제166조에 기재한 물건 또는 아무런 제한이 따르지 않는 단순한, 제167조에 기재한 물건'을 뜻하는 것으로 볼 수는 없다. 이어 반대의견은 이렇게 말한다. '형벌법규의 해석은 문언해석으로부터 출발하여야 하고, 문언상 해석 가능한 의미의 범위를 넘어서는 것은 법창조 내지 새로운 입법행위 바로 그것이라고 하지 아니할 수 없으며, 이는 죄형법정주의의 중요한 내용인 유추해석 금지원칙상 쉽게 허용되어서는 안 될 것이다. 과실로 인하여 타인의 소유에 속하는 일반물건을 소훼하여 공공의 위험을 발생하게 한 경우 그 처벌의 필요성이 있다는 점에는 의견을 같이 할 수 있으나, 그 처벌의 필요성은 법의 개정을 통하여 이를 충족시켜야 할 것이고 법의 개정에 의하지 아니한 채 형법의 처벌규정을 우리말의 보통의 표현방법으로는 도저히 해석할 수 없는 다른 의미로 해석하는 것에 의하여 그 목적을 달성하려고 한다면 그것은 죄형법정주의의 정신을 훼손할 염려가 크다고 아니할 수 없다.'

다. 2003년 국회의원이 발의한 제170조 제2항 개정안

제170조 제2항의 해석적 논란 때문에 2003년 국회의원의 발의로 '제166조에 기재한 자기의 소유에 속하는 물건 또는 제167조에 기재한 물건'으로 개정하는 형법법률안이 나오지만, 국회를 통과하지는 못했다.

앞서 보았듯이 2020. 12. 8. 제170조가 개정되어 '자기의 소유에 속하는'은 '자기 소유인'으로, '타인의 소유에 속하는'은 '타인 소유인'으로 각각 바뀌었고, '또는'이란 문언 앞에 '의 물건'이 들어갔다. 따라서 2020 12. 8. 개정 형법은 위 결정의 다수의견을 따른 것으로 볼 수 있다. 위 결정의 반대의견은 '자기의 소유에 속하는 제166조 또는 제167조에 기재한 물건'이란 말을 '자기의 소유에 속하는 제166조에 기재한 물건 또는 제167조에 기재한 물건'이라고 해석할 수 없다고 보기 때문이다. 2020. 12. 8. 개정의 취지는 단순히 용어의 순화에 있었으나 의미에 변화를 가져왔고, 94모32 결정의 다수의견에 따라 위 해석적 논란은 해결되었다고 볼 수 있다.

4. 유사사건

가. 형법 제62조의2 제1항의 "또는"의 의미

과수원실화사건에서 '또는'의 의미에 관해 연결어설과 분리어설의 대립이 있었는데, 아래에서 보듯이 '또는'이 연결어나 분리어 모두의 의미를 가질 수 있다고 본 판례[22]도 있다. 이는 과수원실화사건에서 '또는'을 분리어로 본 것에 견주면 의미의 확장이다.

> 제62조의2 (보호관찰, 사회봉사 · 수강명령) ① 형의 집행을 유예하는 경우에는 보호관찰을 받을 것을 명하거나 사회봉사 또는 수강을 명할 수 있다. ② 제1항의 규정에 의한 보호관찰의 기간은 집행을 유예한 기간으로 한다. 다만, 법원은 유예기간의 범위 내에서 보호관찰기간을 정할 수 있다. ③ 사회봉사명령 또는 수강명령은 집행유예기간 내에 이를 집행한다.

형법 제62조의2는 '보호관찰, 사회봉사 · 수강명령'라는 제목 아래 제1항에서 '형의 집행을 유예하는 경우에는 보호관찰을 받을 것을 명하거나 사회봉사 또는 수강을 명할 수 있다.'고 규정하고 있다.

그런데 판례는 집행유예를 선고할 때 보호관찰과 사회봉사를 동시에 명할 수 있다고 본다(98도98). 예컨대 보호관찰, 사회봉사, 수강 3가지 모두를 명령하거나 2가지를 명령하거나 또는 이 가운데 하나만을 명령하는 것 등이 가능하다는 것이다. 그 이유는 첫째, 이 규정을 문리해석하면 보호관찰과 사회봉사는 각각 독립하여 명할 수 있다는 것이지, 반드시 그 양자를 동시에 명할 수 없다는 취지는 아니고, 둘째, 소년법과 성폭법 및 가폭법은 보호관찰과 사회봉사를 동시에 명할 수 있다고 명시적으로 규정하고 있는데, 형법에 따른 경우를 특별히 달리 취급할 만한 이유가 없으며, 셋째, 제도의 취지에 비추어 보더라도, 범죄자에 대한 사회복귀를 촉진하고 효율적인 범죄예방을 위하여 양자를 병과할 필요성이 있는 점 등을 종합해보면 그렇다는 것이다.

나. 게임산업진흥에 관한 법률(게임산업법)의 '및'

게임산업진흥에 관한 법률(게임산업법)은 '게임산업의 기반을 조성하고 게임물의 이

---

22) 이런 입장: 이상돈, "형법해석의 한계", 법률해석의 한계, 법문사, 2000, 63면.

용에 관한 사항을 정하여 게임산업의 진흥 및 국민의 건전한 게임문화를 확립함으로써 국민경제의 발전과 국민의 문화적 삶의 질 향상에 이바지함'에 목적이 있다. 그런데 게임산업법의 '및'을 두고 아래와 같이 해석적 논란이 있다.

제44조 (벌칙) ①다음 각 호의 어느 하나에 해당하는 자는 5년 이하의 징역 또는 5천만원 이하의 벌금에 처한다.

1. 제28조제2호의 규정을 위반하여 도박 그 밖의 사행행위를 하게 하거나 이를 하도록 방치한 자

1의2. 제28조제3호의 규정을 위반하여 사행성을 조장한 자

제28조 (게임물 관련사업자의 준수사항) 게임물 관련사업자는 다음 각 호의 사항을 지켜야 한다.

1. 제9조제3항의 규정에 의한 유통질서 등에 관한 교육을 받을 것
2. 게임물을 이용하여 도박 그 밖의 사행행위를 하게 하거나 이를 하도록 내버려 두지 아니할 것

2의2. 게임머니의 화폐단위를 한국은행에서 발행되는 화폐단위와 동일하게 하는 등 게임물의 내용구현과 밀접한 관련이 있는 운영방식 또는 기기 · 장치 등을 통하여 사행성을 조장하지 아니할 것

3. 경품 등을 제공하여 사행성을 조장하지 아니할 것. 다만, 청소년게임제공업의 전체이용가 게임물에 대하여 대통령령이 정하는 경품의 종류(완구류 및 문구류 등. 다만, 현금, 상품권 및 유가증권은 제외한다) · 지급기준 · 제공방법 등에 의한 경우에는 그러하지 아니하다.

제2조 (정의) 이 법에서 사용하는 용어의 정의는 다음과 같다.

1. "게임물"이라 함은 컴퓨터프로그램 등 정보처리 기술이나 기계장치를 이용하여 오락을 할 수 있게 하거나 이에 부수하여 여가선용, 학습 및 운동효과 등을 높일 수 있도록 제작된 영상물 또는 그 영상물의 이용을 주된 목적으로 제작된 기기 및 장치를 말한다. 다만, 다음 각 목의 어느 하나에 해당하는 것을 제외한다.

가. 사행성게임물

나. 「관광진흥법」 제3조의 규정에 의한 관광사업의 규율대상이 되는 것. 다만, 게임물의 성격이 혼재되어 있는 유기시설(遊技施設) 또는 유기기구(遊技機具)는 제외한다.

다. 게임물과 게임물이 아닌 것이 혼재되어 있는 것으로서 문화체육관광부장관이 정하여 고시하는 것

영상물의 이용을 주된 목적으로 제작되지 않은 '크레인 게임기'(일명 인형뽑기)도 게임산업법의 게임물에 해당한다고 판례는 본다(2010도3358). 게임산업법 제2조 제1호가 "게임물"을 '… 제작된 영상물 또는 그 영상물의 이용을 주된 목적으로 제작된 기기 및 장치'로 정의하고 있는데, 이 문구는 ① … 제작된 영상물, ②영상물의 이용을 주된 목적으로 제작된 기기, ③장치 3가지를 의미한다고 해석한 것이다. "및"은 '그 밖에'나 '그리고'의 의미 모두를 가질 수 있지만, '기기 및 장치'는 하나의 의미 묶음이므로 '영상

물의 이용을 주된 목적으로 제작된'이라는 문구는 '기기 및 장치'를 수식한다는 견해[23]에 따르면 크레인게임기는 게임물이 아니다. 또한 컴퓨터 본체, 모니터, 키보드 및 마우스 등은 영상물의 이용에 활용될 수 있지만 영상물의 이용을 주된 목적으로 하여 제작되었다고 할 수 없는 기기 및 장치로서 게임산업법의 '게임물'이 아니므로 동법 제44조 제2항을 근거로 몰수할 수 없다고 본 판례(2009도13435)와 모순된다.

5. 형사재판의 형식과 상소제도

재판기관은 크게 수소(受訴)법원과 수소법원 이외의 재판기관 2가지로 구별된다. 수소법원이란 공소제기 후에 구체적 피고사건에 대한 심리와 재판을 하게 된 재판기관을 말한다. 수소법원 이외의 재판기관에는 고소 · 고발인의 재정신청을 담당하는 고등법원이나 수임판사(예컨대 영장을 발부하는 판사) 등이 있다. 재판이란 재판기관이 하는 법률행위적 소송행위를 말한다. 재판은 그 형식에 따라 크게 판결, 결정, 명령 3가지로 구별되는데, 상소(상급법원에 대한 불복)의 허용 여부와 그 방법에 관한 차이가 있다.

가. 재판의 형식

수소법원이 내리는 종국재판의 원칙적인 형식은 판결이다. 판결에는 실체판결(유죄판결, 무죄판결)과 형식판결(관할위반의 판결, 면소판결, 공소기각의 판결)이 있다. 판결은 법률에 다른 규정이 없으면 구두변론에 따라야 하고(형소법 제37조 제1항), 법관이 작성한 재판서로 해야 한다(형소법 제38조, 제42조).

보석허가결정(형소법 제95조, 제96조)처럼 수소법원이 내리는 종국전 재판(중간재판)의 기본형식은 결정이지만, 앞의 실화죄사건에 관한 공소기각결정처럼 종국재판도 있다. 판례는 명령을 수소법원이 아니라 그 구성원(재판장이나 수명법관) 또는 수탁판사 등 법관이 내리는 종국전 재판(중간재판)으로 이해한다. 형소법이 명령이라고 부르지 않더라도 수소법원이 아닌 1인의 법관이 하는 재판은 그 성질상 명령이다. 명령은 모두 종국전 재판이다. 그러나 약식명령은 이와 다르다. 약식명령절차에서 내리는 독립된 형식의 재판으로서 확정된 약식명령은 유죄의 확정판결과 동일한 효력을 가진다.

---

23) 황승흠, "크레인 게임기는 게임물인가? : 대법원 2010. 6. 24. 선고 2010도3358 판결의 게임물 정의 조항에 대한 문리해석과 그것에 대한 비판적 검토", 국민대 법학논총 24권 2호, 2011. 10., 28면 이하.

결정과 명령은 구두변론에 따르지 않을 수 있고(형소법 제37조 제2항), 필요한 때는 사실을 조사할 수 있다(형소법 제37조 제3항). 또 결정은 재판서를 작성하지 않고 조서에만 기재하여 할 수 있고(형소법 제38조), 상소를 불허하는 결정의 경우에는 이유를 명시하지 않을 수 있다(형소법 제39조).

나. 상소 허용 여부와 방법

판결에 대해서는 언제나 상급법원에 불복할 수 있고, 그 방법은 항소(형소법 제357조)나 상고(형소법 제371조)이다.

결정에 대해서는 항고할 수 있으나(형소법 제402조), '관할이나 판결전의 소송절차에 관한 결정'에 대해서는 즉시항고할 수 있는 경우를 제외하고 항고하지 못하는데, 다만 '구금, 보석, 압수나 압수물의 환부에 관한 결정, 감정유치결정'에 대해서는 항고가 허용된다(형소법 제403조). 즉시항고는 법률에 규정이 있는 경우에만 할 수 있는데, 즉시항고의 제기기간이 3일이었으나 지나치게 짧다는 이유로 헌법불합치결정(2015헌바77)을 받아서 2019. 12. 31. 형소법 개정 때 7일로 변경되었는데,[24] 이때 준항고의 청구기간도 같은 이유로 3일에서 7일로 변경되었다.[25]

형소법은 명령에 대해서는 항고를 허용하지 않고, 일정한 사유가 있는 경우 이의신청(제304조)이나 준항고(제406조)를 허용한다. 준항고는 상급법원에 대한 불복이 아니라는 점에서 엄밀히 말하면 항고와 다르다. 또한 본래 준항고란 공소제기 이후 형사절차에서 이용되는 제도로, 공소가 제기되어 사건을 심리 중인 수소법원을 전제로 하여, 그 수소법원의 구성원인 재판장 또는 수명법관이 내린 재판에 대해 불복하는 경우 그 법관이 소속한 법원에 재판의 취소 또는 변경을 청구하는 제도를 말한다(형소법 제416조). 그러나 아래의 형소법 제417조에서 보듯이 검사나 사법경찰관의 처분에 대한 수사절차상 준항고제도가 있으므로, 준항고의 개념을 넓게 이해하면, 형소법의 준항고에는 본래

---

24) 제405조(즉시항고의 제기기간) 즉시항고의 제기기간은 7일로 한다.

25) 제416조(준항고) ①재판장 또는 수명법관이 다음 각 호의 1에 해당한 재판을 고지한 경우에 불복이 있으면 그 법관소속의 법원에 재판의 취소 또는 변경을 청구할 수 있다.
1. 기피신청을 기각한 재판
2. 구금, 보석, 압수 또는 압수물환부에 관한 재판
3. 감정하기 위하여 피고인의 유치를 명한 재판
4. 증인, 감정인, 통역인 또는 번역인에 대하여 과태료 또는 비용의 배상을 명한 재판
② 지방법원이 전항의 청구를 받은 때에는 합의부에서 결정을 하여야 한다.
③ 제1항의 청구는 재판의 고지있는 날로부터 7일 이내에 하여야 한다. 〈개정 2019. 12. 31.〉
④ 제1항제4호의 재판은 전항의 청구기간 내와 청구가 있는 때에는 그 재판의 집행은 정지된다.

의 준항고와 수사상 준항고가 있다.

제417조(동전) 검사 또는 사법경찰관의 구금, 압수 또는 압수물의 환부에 관한 처분과 제243조의2에 따른 변호인의 참여 등에 관한 처분에 대하여 불복이 있으면 그 직무집행지의 관할법원 또는 검사의 소속검찰청에 대응한 법원에 그 처분의 취소 또는 변경을 청구할 수 있다.

• 기출문제 •

방화와 실화의 죄에 대한 설명 중 옳은 것은 모두 몇 개인가? (다툼이 있는 경우 판례에 의함) [2020년 경찰간부후보생시험 형법 문33]

가. 「형법」은 방화죄의 객체를 소유권 귀속에 따라 자기소유물과 타인소유물 및 무주물로 구분하고 법정형에 차등을 두고 있다.
나. 「형법」 제13장(방화와 실화의 죄)은 구체적 위험범을 규정하고 있고, 구체적 위험의 내용으로는 '공공의 위험'만을 규정하고 있다.
다. 자기소유물에 대한 방화죄는 모두 구체적 위험범의 형태로 규정되어 있으며, 구체적 위험의 발생은 구성요건요소로서 고의의 인식대상이 된다.
라. 구체적 위험범으로 규정된 구성요건에서 구체적 위험이 발생하지 않은 경우 미수가 되며, 「형법」 제13장에 규정된 구체적 위험범들은 모두 미수범 규정을 두고 있다.
마. 연소죄는 자기소유물에 대한 방화가 확대되어 타인소유물 또는 현주건조물 등의 소훼라는 중한 결과를 야기한 경우를 처벌하기 위한 결과적 가중범이다.

① 1개 ② 2개 ③ 3개 ④ 4개

【해설】 가: ×(일반건조물방화죄와 일반물건방화죄의 경우에만 자기소유물과 타인소유물로 구별하고 있고, 무주물을 법정형 차등의 기준으로 삼고 있지는 않다.) 나: ×(「형법」 제13장(방화와 실화의 죄)에는 방화죄나 실화죄 외에 폭발성물건파열죄 등도 규정되어 있고, 자기소유 일반건조물방화죄(제166조)나 일반물건방화죄(제167조)는 '공공의 위험'을 요건으로 하는 구체적 위험범이나, 폭발성물건파열죄는 '생명 · 신체 · 재산에 대한 위험'(제172조, 제173조)을 구성요건으로 규정하고 있다.) 다: ×(현주건조물방화죄는 그 건조물이 자기소유인 경우에도 추상적 위험범이다.) 라: ×(방화죄에 관한 구체적 위험범의 경우 미수범 처벌규정이 없다.) 마: ○(소훼[燒燬]가 2020. 12. 8. 형법 개정 때 용어순화 차원에서 '불태움'으로 변경되었다.)
【정답】 공지된 답은 ②번, 그러나 ①번이 정답

형법의 원칙	형법 제170조 제2항에서 말하는 '자기의 소유에 속하는 제166조 또는 제167조에 기재한 물건'에 대하여 '자기의 소유에 속하는 제166조에 기재한 물건 또는 자기의 소유에 속하든, 타인의 소유에 속하든 불문하고 제167조에 기재한 물건'을 의미하는 것이라고 해석하는 것은 죄형법정주의의 원칙상 금지되는 유추해석이나 확장해석에 해당한다고 볼 수 없다. [2005년 사법시험 형법 문6] [2006년 사법시험 형법 문3]

【정답 및 해설】 ㅇ(94모32)

위험범에 관한 설명 중 옳은 것을 모두 고른 것은? [2012년 사법시험 형법 문39.(배점 2)]

> ㄱ. 구체적 위험범에서의 위험은 구성요건표지이며 객관적 구성요건은 그 위험이 발생하였을 때 비로소 충족된다.
> ㄴ. 구체적 위험범에서의 위험은 고의의 인식대상이다.
> ㄷ. 중상해죄, 중유기죄, 중손괴죄, 중감금죄는 구성요건의 충족을 위해 구체적 위험의 발생을 요구하는 범죄이다.
> ㄹ. 형법상 구체적 위험범은 고의범뿐만 아니라 과실범의 형태로도 존재한다.

①ㄱ, ㄴ ②ㄱ, ㄹ ③ㄴ, ㄷ ④ㄱ, ㄴ, ㄹ ⑤ㄱ, ㄷ, ㄹ

【해설】 ㄷ:×(중체포 · 감금죄는 체포 · 감금하여 가혹행위를 하는 범죄이다) ㄹ:ㅇ(형법 제166조 제2항의 자기소유일반건조물방화죄는 '공공의 위험'을 구성요건으로 하며, 제170조 제2항이 이 죄의 과실범도 처벌한다.) **【정답】** ④

현행 형법상 형의 집행유예를 선고하면서 명할 수 있는 것을 모두 고른 것은?

[2014년 사법시험 형사정책 문12]

> a. 보호관찰 b. 사회봉사명령 c. 수강명령

①a ②a, b ③a, c ④b, c ⑤a, b, c

【정답 및 해설】 ⑤ㅇ(98도98)

불복절차	준항고의 청구는 재판의 고지 있는 날로부터 5일 이내에 하여야 한다. [2019년 9급 국가직 형사소송법 문9]

【정답 및 해설】 ×(즉시항고와 준항고의 청구는 재판의 고지 있는 날로부터 3일 이내에 해야 했으나 지나치게 짧아서 실질적으로 즉시항고 제기를 어렵게 하고 제도를 단지 형식적이고

이론적인 권리로서만 기능하게 하므로 재판청구권을 침해한다고 하여 2018년 12월 27일 헌재의 헌법불합치결정을 받아서 2019년 12월 31일 형소법이 개정되어 7일로 변경되었다.)

• 탐구과제 •

- 미필적 고의와 인식있는 과실의 구별기준은?
- 구체적 위험범의 경우 구체적 위험은 고의의 인식 대상인가?
- 공소기각판결을 할 수 있는 경우는?
- 면소판결을 할 수 있는 경우는?

4강 부진정결과적 가중범 개념과 미수의 성부

부진정결과적 가중범 개념을 이해하고, 부진정결과적 가중범의 성부가 문제된 사건에 대한 대법원의 판단을 봄으로써 사형제도에 대한 정책이 형법규정과 그 해석에 미치는 영향을 이해한다. 논란이 있는 결과적 가중범의 미수의 성부를 본다.

• 사례 •

甲이 V를 살해하기 위하여 V가 잠든 틈을 이용하여 V가 거주하는 주거에 방화하였고, V가 미처 빠져나오지 못한 채 질식하여 사망하였다. 甲에게는 현주건조물방화죄와 살인죄의 상상적 경합이 성립할까, 현주건조물방화치사죄만 성립할까, 아니면 현주건조물방화치사죄와 살인죄의 상상적 경합이 성립할까?

• 해설 •

1. 결과적 가중범

가. 개념

예컨대 다치게만 할 생각으로 야구방망이로 옆구리를 때렸는데 사망한 경우처럼 신체만 상해하려다가 사망에 이르게 하는 일은 흔히 발생할 수 있으므로 그 처벌을 무겁게 하는 것이 옳다는 견해도 있다. '사람의 신체를 상해하여 사망에 이르게 한 경우'에 성립하는 상해치사죄(제259조 제1항)는 이를 반영한 것이다. 상해치사죄의 법정형(3년 이상 유기징역)은 상해죄(7년 이하 징역, 10년 이하 자격정지 또는 1천만원 이하 벌금)와 과실치사죄(2년 이하 금고 또는 700만원 이하 벌금)의 상상적 또는 실체적 경합에 의한 처단형보다 무겁다. 이처럼 고의의 기본범죄와 중한 결과에 대한 과실의 결합형태로 구성요건을 만들고 그 법정형을 무겁게 한 범죄를 결과적 가중범이라고 한다.

형법은 사실의 착오라는 제목 아래 제15조 제2항에서 규정하고 있지만, 1992년 형법 개정안은 결과적 가중범이라는 제목 아래 별개의 조문으로 하고 있다.[26)]

---

26) 제14조 (결과적 가중범) 결과로 인하여 형이 무거운 범죄에 있어서 그 결과의 발생에 대하여 과실이 없는 때에는 무거운 범죄로 벌하지 아니한다.

제15조 (사실의 착오) ② 결과 때문에 형이 무거워지는 죄의 경우에 그 결과의 발생을 예견할 수 없었을 때에는 무거운 죄로 벌하지 아니한다.
2020. 12. 8. 개정 이전 제15조 (사실의 착오) ②결과로 인하여 형이 중할 죄에 있어서 그 결과의 발생을 예견할 수 없었을 때에는 중한 죄로 벌하지 아니한다.

나. 성립요건

상해행위자가 피해자의 사망을 예견할 수 없었던 경우에도 무겁게 처벌하는 것은 책임원칙에 어긋난다. 그래서 제15조 제2항은 중한 결과에 대한 예견가능성, 곧 '과실'이 있는 경우에만 무겁게 처벌하도록 한 것이다. 따라서 행위자가 행위시에 그 결과의 발생을 예견할 수 없을 때에는 비록 그 행위와 결과 사이에 인과관계가 있다 하더라도 중한 죄로 벌할 수 없다(88도178). 고의행위와 중한 결과 사이에 인과관계도 인정되어야 한다. 따라서 (진정)결과적 가중범의 성립요건은 ①고의에 의한 기본범죄, ②중한 결과에 대한 과실범, ③이 둘 사이에 인과관계 3가지이다.

4일 가량 물조차 제대로 마시지 못하고 잠도 자지 않아서 거의 탈진 상태에 이른 정신병자의 손과 발을 17시간 이상 묶어 두고 좁은 차량 속에서 움직이지 못하게 감금한 결과, 묶인 부위의 혈액 순환에 장애가 발생하여 혈전이 형성되고 그 혈전이 폐동맥을 막아 사망에 이른 경우, 감금치사죄[27]가 성립한다(2002도4315). 강간을 당한 피해자가 자신의 집에 돌아가 수치심과 장래에 대한 절망감 등으로 인해 음독자살한 경우, 판례는 강간치사죄(제301조의2)를 부정한다(82도1446). 그 이유는 자살행위가 바로 강간행위로 인해 생긴 결과라고 볼 수 없어서 강간행위와 자살 사이에 인과관계를 인정할 수는 없다는 것이다.

2. 부진정결과적 가중범

가. 현주건조물방화치사죄

甲이 V를 살해하기 위하여 V가 잠든 틈을 이용하여 V가 거주하는 주거에 방화하였고, V가 미처 빠져나오지 못한 채 질식하여 사망한 경우 甲에게는 어떤 죄가 성립할까.

27) 제281조 (체포 · 감금등의 치사상) ①제276조 내지 제280조의 죄를 범하여 사람을 상해에 이르게 한 때에는 1년 이상의 유기징역에 처한다. 사망에 이르게 한 때에는 3년 이상의 유기징역에 처한다.

현주건조물방화치사죄는 살인의 고의 없이 현주건조물에 방화하여 과실로 사망의 결과를 초래한 경우를 처벌하기 위한 규정이다. 예컨대 乙은 자신보다 좋은 집에 살고 있는 V에게 질투심을 느끼고 V의 집을 불태울 의도로 V가 살고 있는 집에 방화를 하였는데, V가 외출하여 없는 것으로 알았으나 V가 잠을 자고 있었고, 이 사실을 예견할 수 있는 상황에서, V가 미처 빠져나오지 못한 채 질식하여 사망한 경우 乙에게 현주건조물방화치사죄가 성립한다. 따라서 살인의 고의로 현주건조물에 방화한 甲에게는 현주건조물방화죄와 살인죄의 상상적 경합이 성립한다고 보는 것이 옳다.

제164조 (현주건조물 등 방화) ① 불을 놓아 사람이 주거로 사용하거나 사람이 현존하는 건조물, 기차, 전차, 자동차, 선박, 항공기 또는 지하채굴시설을 불태운 자는 무기 또는 3년 이상의 징역에 처한다. ② 제1항의 죄를 지어 사람을 상해에 이르게 한 경우에는 무기 또는 5년 이상의 징역에 처한다. 사망에 이르게 한 경우에는 사형, 무기 또는 7년 이상의 징역에 처한다.

제174조 (미수범) 제164조제1항, 제165조, 제166조제1항, 제172조제1항, 제172조의2제1항, 제173조제1항과 제2항의 미수범은 처벌한다.

그러나 판례는 甲에게 현주건조물방화치사죄가 성립한다고 본다(82도2341). 만일 甲에게 현주건조물방화죄와 살인죄의 상상적 경합이 성립한다고 보면 처단형이 살인죄의 법정형인 '사형, 무기 또는 5년 이상 징역'이 되는데, 이는 현주건조물방화치사죄의 법정형인 '사형, 무기 또는 7년 이상 징역'보다 낮게 되고, '고의(현주건조물방화)와 고의(살인)'가 결합된 범죄가 '고의(현주건조물방화)와 과실(과실치사)'이 결합된 범죄보다 그 불법이 낮은 것으로 평가되는 모순이 발생한다는 것이다. 쉽게 말해 甲이 乙보다 더 나쁜 짓을 했는데, 乙보다 가벼운 법정형을 적용하는 것은 옳지 않다고 본 것이다. 따라서 현주건조물방화치사죄는 고의에 의한 현주건조물방화로 사망이라는 중한 결과를 과실로 발생시킨 경우는 물론 고의로 발생시킨 경우에도 인정된다. 그래서 현주건조물방화치사죄를 부진정결과적 가중범이라고 부른다. 결과적 가중범 중에서 중한 결과에 대해 과실이 있는 경우뿐만 아니라 고의가 있는 경우도 인정되는 결과적 가중범이다.

나. 부진정결과적 가중범과 중한 결과에 대한 고의범의 죄수 및 경합관계

부진정결과적 가중범을 인정하면 이 죄와 중한 결과에 대한 고의범의 죄수 및 경합관계가 문제된다. 다시 말해 현주건조물방화치사죄를 부진정결과적 가중범으로 보면 현주건조물방화치사죄와 살인죄의 죄수 및 경합관계에 관해 다툼이 있다.

죄수(罪數)판단이란 어떤 행위가 하나의 죄(일죄)인지, 수개의 죄(수죄)인지 판단하는 것이고, 경합(競合)판단은 수죄를 전제로 그 수죄가 상상적 경합인지, 실체적 경합인지 판단하는 것이다. 구성요건해당행위가 다수일지라도 일죄인 경우도 있는데, 학설과 판례가 인정하는 '포괄일죄(84도1139)'와 '법조경합(2001도1429)'이 이에 해당한다. 상상적 경합과 실체적 경합을 구별하는 기준은 '한 개의 행위'이다. 한 개의 행위로 수죄가 발생한 경우 상상적 경합으로서 가장 무거운 죄의 법정형을 적용한다(형법 제40조).

현주건조물방화치사죄와 살인죄의 상상적 경합을 인정해야 한다는 견해는 부진정결과적 가중범은 중한 결과에 대한 고의범의 인정을 전제로 한 예외적인 현상이므로 중한 결과에 대한 고의범의 불법평가를 유지시켜야 한다는 입장이다. 이와 달리 법조경합설 또는 부진정결과적 가중범설은 위 견해는 중한 결과에 대한 고의를 이중 평가한 것이어서 이중평가금지원칙에 어긋나므로 부진정결과적 가중범만 인정해야 한다는 입장이다. 판례는 부진정결과적 가중범의 법정형과 중한 결과에 대한 고의범의 법정형을 비교하여 ⓐ 중한 결과에 대한 고의범의 법정형이 부진정결과적 가중범의 법정형보다 무거운 경우에만 두 죄의 상상적 경합을 인정하고(96도485), ⓑ그렇지 않으면, 다시 말해 동일하거나(2008도7311) 부진정결과적 가중범의 법정형이 중한 결과에 대한 고의범의 법정형보다 무거우면 법조경합의 특별관계에 해당하여 부진정결과적 가중범만 성립한다고 본다.

그렇다면 자기의 직계존속을 살해할 목적으로 그 존속이 현존하는 건조물에 방화하여 사망에 이르게 한 경우 무슨 죄가 성립할까. 판례는 현주건조물방화치사죄와 존속살인죄의 상상적 경합이라고 보았다.[28] 그런데 당시에는 존속살인죄의 법정형이 사형 또는 무기징역이었다. 그러나 1995. 12. 29. 제5057호로 형법이 개정되면서 존속살인죄의 법정형이 지나치게 무겁다고 봐서 여기에 7년 이상 징역이 추가되었고, 이것이 현재까지 유지되고 있다.

> 제250조 (살인, 존속살해) ①사람을 살해한 자는 사형, 무기 또는 5년 이상의 징역에 처한다. ②자기 또는 배우자의 직계존속을 살해한 자는 사형, 무기 또는 7년 이상의 징역에 처한다. 1995년 12월 29일 개정 이전 제250조 (살인, 존속살해) ①사람을 살해한

28) 대법원 1996. 4. 26. 선고 96도485 판결. 甲이 1995. 8. 7. 03:15경 자신의 집 안방에서 잠을 자고 있던 자신의 아버지와 동생을 살해하기 위해 그 곳에 있던 두루마리 화장지를 말아 장롱 뒷면에 나 있는 구멍을 통해 장롱 안으로 집어넣은 다음, 1회용 라이터로 화장지에 불을 붙여 장롱으로 불이 번지자 그 곳을 빠져 나와서, 아버지와 동생은 연기로 인해 질식사하고 건조물은 소훼된 사건으로, 동생에 대해서는 현주건조물방화치사죄만 성립하고, 아버지에 대해서는 존속살해죄와 현주건조물방화치사죄의 상상적 경합을 인정했다.

자는 사형, 무기 또는 5년 이상의 징역에 처한다. ②자기 또는 배우자의 직계존속을 살해한 자는 사형 또는 무기징역에 처한다.

현재도 존속살인죄의 법정형이 무겁다고 볼 수 있다. 현주건조물방화치사죄와 존속살인죄의 법정형은 동일하게 '사형, 무기 또는 7년 이상 징역'이지만, 존속살인죄의 경우에는 제256조에 따라 '10년 이하 자격정지'를 병과할 수 있기 때문이다. 그런데 이런 차이 때문에 현행 형법도 여전히 존속살인죄의 법정형이 현주건조물방화치사죄의 법정형보다 무겁다고 봐서 직계존속에 대한 현주건조물방화살인의 경우 종전 판례처럼 판단할지, 현주건조물방화치사죄만 인정할지 다툼이 있을 수 있다. 이런 점에서 아래 2020년 1차 순경시험 문제 4번의 보기 ④번을 거짓(×)으로 처리한 것은 옳지 않다.

자기의 존속을 살해할 목적으로 존속이 현존하는 건조물에 방화하여 사망에 이르게 한 경우는 현주건조물방화치사죄만 성립하고 고의범에 대하여는 별도로 죄를 구성하지 않는다. [2020년 1차 순경시험 문4]

다. 현주건조물일수치사죄도 부진정결과적 가중범인가?

형법 제177조 제2항의 현주건조물일수치사죄도 결과적 가중범으로서, 현조건조물에 일수(溢水)하여, 곧 물을 넘치게 해서 사람을 사망에 이르게 하는 범죄이다. 그럼 현주건조물일수치사죄도 부진정결과적 가중범으로 해석해야 할까. 예컨대 살인의 고의로 현주건조물에 일수하여 사람이 사망한 경우 현주건조물일수치사죄를 인정해야 할까.

제177조 (현주건조물등에의 일수) ①물을 넘겨 사람이 주거에 사용하거나 사람이 현존하는 건조물, 기차, 전차, 자동차, 선박, 항공기 또는 광갱[29]을 침해한 자는 무기 또는 3년 이상의 징역에 처한다. ②제1항의 죄를 범하여 사람을 상해에 이르게 한 때에는 무기 또는 5년 이상의 징역에 처한다. 사망에 이르게 한 때에는 무기 또는 7년 이상의 징역에 처한다.
제182조 (미수범) 제177조 내지 제179조제1항의 미수범은 처벌한다.

그럴 필요가 없다. 현주건조물일수치사죄는 부진정결과적 가중범으로 해석할 필요가 없다. 현주건조물에 일수하여 과실로 사람을 사망하게 한 경우에 견줘 처단형의 불합리가 생기지 않기 때문이다. 현주건조물방화치사죄의 법정형은 사형, 무기 또는 7년 이상 징역인 반면, 현주건조물일수치사죄의 법정형은 무기 또는 7년 이상 징역이기 때문이다. 이 경우에는 현주건조물일수죄와 살인죄의 상상적 경합을 인정하면 된다.

왜 현주건조물방화치사죄의 법정형은 사형, 무기 또는 7년 이상 징역인데, 현주건조물일수치사죄의 법정형은 무기 또는 7년 이상 징역일까.

1995년 12월 29일 형법 개정 이전 제164조 (현주건조물등에의 방화) 불을 놓아 사람의 주거에 사용하거나 사람의 현존하는 건조물, 기차, 전차, 자동차, 선박, 항공기 또는 광갱을 소훼한 자는 무기 또는 5년 이상의 징역에 처한다. 이로 인하여 사람을 사상에 이르게 한 자는 사형, 무기 또는 7년 이상의 징역에 처한다.

1995년 12월 29일 형법 개정 이전 제177조 (현주건조물등에의 일수) 물을 넘겨 사람의 주거에 사용하거나 사람의 현존하는 건조물, 기차, 전차, 자동차, 선박, 항공기 또는 광갱을 침해한 자는 무기 또는 3년 이상의 징역에 처한다. 이로 인하여 사람을 사상에 이르게 한 자는 사형, 무기 또는 7년 이상의 징역에 처한다.

1995년 12월 29일 형법 개정 이전에는 현주건조물방화치사죄의 법정형과 현주건조물일수치사죄의 법정형은 동일했다. 모두 '사형, 무기 또는 7년 이상 징역'이었다. 그런데 1995년 12월 29일 형법을 개정하면서 사형폐지론의 입장을 반영하여 사형이 법정형으로 규정된 일부 범죄에서 사형을 폐지하면서 현주건조물일수치사죄의 법정형에서 사형이 삭제된 것이다. 따라서 현주건조물방화치사죄의 법정형에서 사형이 삭제되면 현주건조물방화치사죄를 부진정결과적 가중범으로 해석할 필요가 없다. 바꿔 말하면 현주건조물방화치사죄를 부진정결과적 가중범으로 해석할 필요성은 현주건조물방화치사죄의 법정형을 지나치게 무겁게 규정했기 때문에 발생한 것이다. 부진정결과적 가중범 개념을 인정하는 해석은 피고인에게 불리한 유추이다. 살해 의도로 현주건조물에 방화하여 사람을 사망하게 한 경우를 무겁게 처벌하려면 이를 처벌하는 명확한 규정이 있어야 한다. 현주건조물방화살인죄를 신설함으로써 다시 말해 입법적으로 해결해야 한다. 이런 점에서 부진정결과적 가중범 개념은 부정하는 것이 옳다.

---

29) 2020. 12. 8. 형법을 개정하면서 제164조 이하의 방화죄와 관련하여 광갱을 지하채굴시설로 바꾸면서 일수죄에 관해서는 광갱을 그대로 두었다.

2. 결과적 가중범의 미수범 처벌규정의 존부

가. 진정결과적 가중범: 강도치상죄의 미수범 처벌규정의 존재 여부

甲이 날치기 수법으로 가방을 탈취하면서 가방을 놓지 않고 버티는 V를 5m 가량 끌고 가다 가방을 빼앗아 달아나던 중 아파트경비업체 직원에게 붙잡혔고, 이 과정에서 V가 무릎 등에 상해를 입은 경우, 甲에게 성립하는 죄는 강도치상죄의 미수인가, 기수인가?

위 사건에서 甲에게 강도치상죄의 미수가 인정되려면 강도치상죄의 미수범 처벌규정이 존재한다고 볼 여지가 있어야 한다.

> 제337조 (강도상해, 치상) 강도가 사람을 상해하거나 상해에 이르게 한때에는 무기 또는 7년 이상의 징역에 처한다.
> 제338조 (강도살인 · 치사) 강도가 사람을 살해한 때에는 사형 또는 무기징역에 처한다. 사망에 이르게 한 때에는 무기 또는 10년 이상의 징역에 처한다.
> 제342조 (미수범) 제329조 내지 제341조의 미수범은 처벌한다.

위 사건에서 甲에게 강도치상죄의 미수를 인정하는 견해는 위에서 보듯이 강도치상죄 · 강도치사죄 · 해상강도치상죄 · 해상강도치사죄는 미수범 처벌규정을 둔 것이라고 볼 수 있고, 강도치상죄의 기수가 아니라 강도치상죄의 미수로 처벌하는 것이 '책임은 불법에 상응해야한다'는 책임원칙에 부합한다고 본다.

그러나 위 사건의 甲에게 강도치상죄의 미수를 부정하는 견해는 미수범 처벌규정은 강도상해죄처럼 두 개의 고의가 결합된 범죄에만 적용된다고 본다. 그 이유는 강도치상죄에 미수범처벌규정을 둔 것이라고 해석하는 것은 아래에서 보듯이 강간치상죄의 미수범처벌규정을 두지 않은 것과 통일성이 없고, 이런 점은 양형에서 고려하면 충분하다는 것이다. 판례도 이 입장이다. 위 사건의 甲에게 강도치상죄의 기수가 성립한다고 본다(2007도7601).

> 제300조 (미수범) 제297조, 제297조의2, 제298조 및 제299조의 미수범은 처벌한다.
> 제301조 (강간 등 상해 · 치상) 제297조, 제297조의2 및 제298조부터 제300조까지의 죄를 범한 자가 사람을 상해하거나 상해에 이르게 한 때에는 무기 또는 5년 이상의 징역에 처한다.

그런데 진정결과적 가중범의 미수범 처벌규정이 없더라도 기본범죄가 미수에 그친 점을 정상참작감경형법(제53조, 2020. 12. 8. 개정 이전에는 작량감경)규정을 적용하여 양형에 반영하자는 견해[30]도 있다. 그래야 책임원칙에 부합한다는 것이다.

나. 부진정결과적 가중범: 현주건조물일수치상죄의 미수범 처벌규정은 입법 오류

현주건조물방화치사죄의 미수범 처벌규정은 존재하지 않는다. 위 제174조는 제164조 제1항만 지시하고 있기 때문이다. 그러나 현주건조물일수치사상죄는 미수범 처벌규정은 존재한다고 볼 수 있다. 제182조가 제177조의 제1항과 제2항 모두를 지시하고 있기 때문이다. 다만 앞서 보았듯이 현주건조물일수치사죄는 부진정결과적 가중범이 아니나, 현주건조물일수치상죄는 부진정결과적 가중범으로 봐야한다. 현주건조물일수치상죄를 부진정결과적 가중범으로 보지 않으면 현주건조물일수죄를 범하면서 상해의 고의를 가진 경우 현주건조물일수죄(무기 또는 3년 이상 징역)와 상해죄(7년 이하 징역이나 10년 이하 자격정지 또는 1천만원 이하 벌금)의 상상적 경합으로 봐야하는데, 이는 현주건조물일수치상죄(무기 또는 5년 이상 징역)의 법정형보다 가벼운 것이어서 처벌이 불합리하다고 볼 수 있기 때문이다. 따라서 부진정결과적 가중범인 현주건조물일수치상죄의 미수범 처벌규정은 존재한다고 말할 수 있다.

그런데 왜 제174조는 제164조 제1항만 지시하고 있는데, 제182조는 제177조의 제1항과 제1항 모두를 지시하고 있을까. 후자는 입법 오류라고 본다. 1995년 12월 29일 형법을 개정할 때 제164조를 제1항과 제2항으로 분리하여 전자에는 현주건조물방화죄를 후자에는 현주건조물방화치사상죄를 각각 규정한 후 다시 후자는 현주건조물방화치상죄와 현주건조물방화치사죄로 분리하고 그 법정형도 다르게 규정한다. 제177조의 죄도 이런 방식으로 개정하면서, 현주건조물일수치사죄의 법정형을 낮춘 것이다. 그런데 이때 미수범 처벌규정을 정리하면서 제174조는 제164조 제1항만 지시하는 것으로 개정하였으나 제182조는 그렇게 하지 못한 것이다. 전문과 후문의 형태로 된 제177조를 제1항과 제2항으로 개정하면서 실수로 이 점을 반영하지 못한 것이다. 마치 2020. 12. 8. 형법을 개정하면서 제164조 이하의 방화죄와 관련하여 광갱을 지하채굴시설로 바꾸면서 일수죄에 관해서는 광갱을 그대로 두는 오류를 범한 것과 같다. 교통방해치사상죄에도 미수범 처벌규정이 없다. 부진정결과적 가중범은 처벌을 무겁게 하기 위한 예외적 개념인데 다

30) 이상돈, 형법강론, 박영사, 2017, 139면.

시 이런 개념을 두고 처벌을 가볍게 하기위해서 미수를 인정하는 것은 모순이다.

다. 부진정결과적 가중범의 미수 긍정설은 실제는 미수 부정설

부진정결과적 가중범은 기본범죄의 고의범과 중한 결과의 고의범의 결합범이므로 이론적으로는 ㉮기본범죄는 미수이나 중한 결과가 발생한 경우, ㉯기본범죄는 기수이나 중한 결과가 발생하지 않아서 미수인 경우, ㉰기본범죄도 미수이고 중한 결과도 발생하지 않은 경우 3가지 유형이 있을 수 있으므로, 부진정결과적 가중범의 경우는 ㉮의 경우는 물론 ㉯와 ㉰의 경우도 미수의 성부를 논의할 수 있다. 그러나 현주건조물일수상해죄는 부진정결과적 가중범이 아니라 고의범인 현주건조물일수죄와 또 다른 고의범인 상해죄가 결합된 범죄라는 점에서 ㉮의 경우만 부진정결과적 가중범의 성부를 논의하는 것이 옳다. 한국 형법에서 결과적 가중범은 중한 결과의 발생을 전제로 한 과실범이므로 이런 중한 결과의 발생을 전제로 하지 않는 미수범과는 어울릴 수 없기 때문이다.

그런데 부진정결과적 가중범의 미수를 인정하는 견해는 ㉯와 ㉰의 경우 현주건조물일수치상죄의 미수를 논의할 때는 현주건조물일수치상죄가 아니라 현주건조물일수상해죄의 미수의 성부를 논의하고, 이 두 경우가 현주건조물일수상해죄의 미수이며,[31] 정작 ㉮의 경우는 현주건조물일수치상죄의 기수라고 본다. 결국 결과적 가중범의 미수를 부정하는 판례의 입장과 다르지 않은 것이다.

라. 결과적 가중범의 미수범 처벌규정은 존재하는가?

아래에서 보듯이 이 물음은 형법 공무원시험과 변호사시험에서 여러 차례 출제되었다.

> 결과적 가중범은 중한 결과가 발생하여야 성립하는 범죄이므로 「형법」에는 결과적 가중범의 미수를 처벌하는 규정이 존재하지 않는다. (×) 2020년 경찰간부후보생시험 형법 문4 보기 ②
>
> 해상강도치사상죄, 현주건조물일수치사상죄, 강도치사상죄, 인질치사상죄 모두 형법상 미수범 처벌규정이 있다. (○) 2019년 경찰간부후보생시험 형법 문5 보기 ④
>
> 결과적 가중범은 중한 결과가 발생하여야 성립되는 범죄이므로 「형법」에는 결과적 가중범의 미수를 처벌하는 규정을 두고 있지 않다. (×) 2015년 변호사시험 형사법 문3 보기 ①

---

31) 손동권, "결과적 가중범에서의 기본범죄유형-「성폭력범죄의 처벌 및 피해자보호 등에 관한 법률」에 관한 입법론을 중심으로-", 형사정책 제20권 제1호, 2008, 117면 이하.

형법에는 결과적 가중범의 미수에 관한 규정이 없지만 성폭력범죄의처벌및피해자보호등에관한법률에는 결과적 가중범의 미수범 처벌규정이 있다. (×) 2006년 사법시험 형법 문14 보기 ⑤
부진정결과적 가중범을 인정하는 견해에 따를 때, 이론적으로는 중한 결과의 미수형태의 결과적 가중범의 미수를 인정할 수 있으나, 우리 형법상 그와 같은 규정은 존재하지 않는다. (×) 2011년 모의변호사시험 형사법 문3 보기 바

형법에 결과적 가중범의 미수범 처벌규정은 존재하는가? 결과적 가중범에 관한 조문의 형식만 보면 '그렇다(○)'고 말할 수 있다. 이에 따르면 위 시험에서 제시된 정답은 옳다고 볼 수 있다.

그러나 진정결과적 가중범의 미수는 인정할 수 없다는 것이 판례의 입장이다. 따라서 '다툼이 있으면 판례에 따름'이라는 전제에서 진정결과적 가중범의 미수범 처벌규정의 존재 여부를 판단해야 한다면, '아니다(×)'라고 말하는 것이 옳다. 아래 2005년 사법시험 형법 문제 22번은 이 점을 분명히 하여 출제한 것이다.

결과적 가중범의 미수를 부정하는 견해에 의하면 미수범 처벌규정(형법 제342조)에 결과적 가중범이 포함되어 있지만 이 규정은 강도치사죄에는 적용되지 않고 강도살인죄에 적용된다. (○) 2005년 사법시험 형법 문22 보기 ④

그렇다면 부진정결과적 가중범의 미수범 처벌규정은 존재하는가? 이 또한 조문의 형식만 보면 '그렇다(○)'고 말할 수 있다. 그러나 이는 입법의 오류이다. 부진정결과적 가중범의 미수를 인정하는 견해도 그 내용을 보면 결과적 가중범의 미수를 부정하는 판례와 다르지 않다.

결국 '형법에 결과적 가중범의 미수범 처벌규정은 존재하는가?'라는 질문은 아쉽지만 선택형 문제로는 부적절하다고 생각한다. 아니면 위의 2005년 사법시험 형법 문제 22번 보기 ④처럼 출제하는 것이 적절하다고 본다.

• 기출문제 •

결과적 가중범에 관한 설명으로 가장 적절하지 않은 것은? (다툼이 있는 경우 판례에 의함) [2020년 1차 순경시험 형법 문4]

① 부진정결과적 가중범이란 고의에 의한 기본범죄에 기하여 중한 결과를 과실뿐만 아니라 고의로 발생케 한 경우에도 성립하는 결과적 가중범을 말한다.
② 진정결과적 가중범만 인정하면 과실로 중한 결과를 발생시킨 경우가 고의로 중한 결과를 발생시킨 경우보다 형이 높아지는 경우가 있으므로 형량을 확보하여 형의 불균형을 시정하기 위해서 부진정결과적 가중범을 인정하고 있다.
③ 만약 부진정결과적 가중범의 개념을 인정하지 않는다면 현주건조물에 방화하여 사람을 살해할 고의가 있었던 경우 현주건조물방화죄와 살인죄의 상상적 경합범이 된다.
④ 자기의 존속을 살해할 목적으로 존속이 현존하는 건조물에 방화하여 사망에 이르게 한 경우는 현주건조물방화치사죄만 성립하고 고의범에 대하여는 별도로 죄를 구성하지 않는다.

【해설】 ④를 옳지 않다고 본 것은 앞서 보았듯이 존속살인죄와 현주건조물방화치사죄의 상상적 경합범 관계에 있다는 판례(96도485)에 근거한다. 그런데 이 판례는 현재의 시점에서는 달라질 수 있다. 왜냐하면 당시에는 존속살인죄의 법정형이 사형, 무기징역이었으나 현재는 사형, 무기, 7년 이상 징역이기 때문이다. 따라서 위 96도485판결을 ④를 옳지 않다고 단정하는 것은 적절하지 않다. **【정답】** 공지된 답은 ④

죄수 및 경합론	1. 부진정 결과적 가중범의 처벌은 고의로 중한 결과를 발생케 한 경우에 무겁게 벌하는 구성요건이 따로 마련되어 있는 경우에는 당연히 무겁게 벌하는 그 구성요건에서 정하는 형에 의하고, 결과적 가중범의 형이 더 무거운 경우에는 결과적 가중범에서 정한 형에 의한다. [2006년 사법시험 형법 문14]
	2. 직계존속이 아닌 사람을 살해할 목적으로 현주건조물에 방화하여 사망에 이르게 한 경우에는 현주건조물방화치사죄로 처벌하여야 하고 이와 더불어 살인죄와의 상상적 경합범으로 볼 것은 아니다. [2005년 사법시험 형법 문22]

【정답 및 해설】 1. o(94도2842: 부진정결과적가중범의 경우 고의로 중한 결과를 발생케 한 경우에 무겁게 벌하는 구성요건이 따로 마련되어 있는 경우에는 당연히 무겁게 벌하는 구성요건에서 정하는 형으로 처벌하여야 할 것이고, 결과적가중범의 형이 더 무거운 경우에는 결과적가중범에 정한 형으로 처벌할 수 있도록 하여야 할 것이므로, 기본범죄를 통하여 고의로 중한 결과를 발생케 한 부진정결과적가중범의 경우에 그 중한 결과가 별도의 구성요건에 해당한다면 이는 결과적가중범과 중한 결과에 대한 고의범의 상상적 경합관계에 있다고 봐야한다.) 2. o(96도485)

인과관계에 관한 견해 〈보기1〉과 그 내용 〈보기2〉 및 이에 대한 비판 〈보기3〉이 바르게 연결된 것은? [2022년 변호사시험 형사법 문1]

【보기1】
가. 행위와 결과 사이에 그 행위가 없었더라면 결과가 발생하지 않았다고 볼 수 있는 모든 조건에 대하여 인과관계가 인정된다는 견해

나. 행위가 시간적으로 뒤따르는 외계의 변화에 연결되고, 외계변화가 행위와 합법칙적으로 결합되어 구성요건적 결과로 실현되었을 때에 인과관계가 인정된다는 견해
다. 결과발생을 위해 경험칙상 상당한 조건만이 원인이 되고 이 경우 인과관계가 인정된다는 견해

【보기2】
A. 사실적 측면과 규범적 측면을 모두 고려하여 행위와 결과 사이의 높은 가능성이라는 개연성 관계를 판단한다.
B. 행위와 결과 간의 전개과정이 이미 확립되어 있는 자연과학적 인과법칙에 부합하는가를 심사하여 인과관계를 판단한다.
C. 중요한 원인과 중요하지 않은 원인을 구별하지 않고 모든 조건을 동일한 원인으로 파악한다.

【보기3】
a. 당대의 지식수준에서 알려진 법칙적 관계의 내용이 명확하게 제시되어 있지 않고, 인과관계를 인정하는 범위가 너무 넓어 결과책임을 제한하려는 형법의 목적을 실현하는 데에 문제가 있다.
b. 단독으로 동일한 결과를 발생시킬 수 있는 수개의 조건이 결합하여 결과가 발생한 경우에 행위자의 책임을 인정해야 함에도 인과관계를 부인하게 되는 불합리한 결과가 발생한다.
c. 인과관계와 결과귀속을 혼동한 잘못이 있을 뿐 아니라 인과관계의 판단척도가 모호하여 법적안정성을 해칠 우려가 있다.

①가-A-b, 나-B-a, 다-C-c　②가-B-b, 나-C-a, 다-A-c
③가-C-b, 나-A-a, 다-B-c　④가-C-b, 나-B-a, 다-A-c
⑤가-C-c, 나-B-b, 다-A-a

【해설】 '가'는 조건설, '나'는 합법칙적 조건설, '다'는 상당인과관계설이다. 【정답】 ④

• 탐구과제 •

- 과실의 결과적 가중범이란?
- 특수공무집행방해치상죄는 부진정결과적 가중범인가?
- 인과관계의 판단기준에 관한 조건설, 합법칙적 조건설, 상당인과관계설은?

5강 긴급피난과 정당방위의 구별

구성요건해당성이 인정되는 행위에 대해 위법성이 인정되는지 판단하는데, 이는 위법성조각사유가 있는지 여부를 판단하는 소극적 판단이다. 대표적인 위법성조각사유인 정당방위와 긴급피난의 본질과 차이점을 이해한다.

• 사례 •

甲녀는 12살 때부터 의붓아버지 A로부터 강간을 당한 후 지속적으로 성관계를 강요받아 왔고 행동의 자유를 간섭받아 왔으며 甲녀의 남자친구인 乙은 甲녀로부터 A와의 관계를 듣고 甲녀와 함께 A를 살해하고 강도로 위장하기로 공모한 후 술에 취해 잠들어 있는 A의 양팔을 눌러 꼼짝 못하게 한 후 A를 깨워 제대로 반항할 수 없는 상태에서 甲녀를 더 이상 괴롭히지 말고 놓아 주라는 취지의 몇 마디 이야기를 하다가 칼로 A의 심장을 찔러 살해한 후 강도살인을 당한 것처럼 위장하였다(김보은김진관사건). 甲과 乙에게 인정될 수 있는 위법성조각사유는 무엇인가?

• 해설 •

1. 위법성과 형법총칙의 5가지 위법성조각사유

위법성은 구성요건해당행위가 법에 어긋난다는 판단으로서, 어떤 행위가 구성요건에 해당하면 위법성이 추정된다. 위 甲과 乙이 공모 아래 역할을 분담하여 한 행위에 대해서는 살인죄의 구성요건해당성이 인정되고 위법성이 추정된다. 그런데 그 행위가 위법성조각사유에 해당하면 추정된 위법성이 깨진다.

> 제20조 (정당행위) 법령에 의한 행위 또는 업무로 인한 행위 기타 사회상규에 위배되지 아니하는 행위는 벌하지 아니한다.
> 제21조 (정당방위) ① 현재의 부당한 침해로부터 자기 또는 타인의 법익(法益)을 방위하기 위하여 한 행위는 상당한 이유가 있는 경우에는 벌하지 아니한다. ② 방위행위가 그 정도를 초과한 경우에는 정황(情況)에 따라 그 형을 감경하거나 면제할 수 있다. ③ 제2항의 경우에 야간이나 그 밖의 불안한 상태에서 공포를 느끼거나 경악(驚愕)하거나 흥분하거나 당황하였기 때문에 그 행위를 하였을 때에는 벌하지 아니한다.
> 제22조 (긴급피난) ① 자기 또는 타인의 법익에 대한 현재의 위난을 피하기 위한 행위는 상당

한 이유가 있는 때에는 벌하지 아니한다. ②위난을 피하지 못할 책임이 있는 자에 대하여는 전항의 규정을 적용하지 아니한다. ③전조 제2항과 제3항의 규정은 본조에 준용한다.

제23조 (자구행위) ① 법률에서 정한 절차에 따라서는 청구권을 보전(保全)할 수 없는 경우에 그 청구권의 실행이 불가능해지거나 현저히 곤란해지는 상황을 피하기 위하여 한 행위는 상당한 이유가 있는 때에는 벌하지 아니한다. ② 제1항의 행위가 그 정도를 초과한 경우에는 정황에 따라 그 형을 감경하거나 면제할 수 있다.

제24조 (피해자의 승낙) 처분할 수 있는 자의 승낙에 의하여 그 법익을 훼손한 행위는 법률에 특별한 규정이 없는 한 벌하지 아니한다.

위 甲과 乙의 구성요건해당행위에 대해서는 어떤 위법성조각사유가 적용될 수 있을까. 일단 정당방위와 긴급피난의 적용 여부 검토가 필요하다. 자구행위는 재산적 청구권의 경우에 허용되고, 살인의 경우에는 피해자의 승낙이 있더라도 촉탁승낙살인죄가 성립하며, 살인행위를 정당행위로 보기는 어렵기 때문이다. 위 5가지 위법성조각사유 중 '사회상규에 위배되지 않는 행위'는 일반적 · 포괄적 위법성조각사유이다.

2. 긴급피난

가. (정당화적) 긴급피난의 요건

위 살인행위가 자기 또는 타인의 법익에 대한 현재의 위난을 피하기 위한 행위로서 상당한 이유가 있는가. 계속적으로 강요된 성관계는 위난에 해당하고 현재성을 인정하더라도 상당성을 인정하기 어렵다. 판례에 따르면 ㉮피난행위가 위난에 처한 법익을 보호하기 위한 유일한 수단이어야 하고(보충성원칙), ㉯피해자에게 가장 경미한 손해를 주는 방법을 택하여야 하며(최소침해원칙), ㉰피난행위에 의해 보전되는 이익은 이로 인해 침해되는 이익보다 우월해야 하고(우월한 이익원칙), ㉱피난행위 그 자체가 사회윤리나 법질서 전체의 정신에 비추어 적합한 수단일 것(적합성원칙) 등의 요건을 갖추어야 상당성이 인정되기 때문이다(2005도9396). 현재의 위난을 피하기 위한 행위로서 만일 상당성이 인정되면 위법성이 조각된다.

나. 면책적 긴급피난과 구별

2005. 1. 16. 히말라야 촐라체 북벽(6440m) 등정에 성공한 甲(70㎏)과 乙(78㎏)은 이른바 '자일파티(한 줄로 몸을 연결한 등반 동료)'로서 산을 내려오던 중 乙이 23m 아래 크레바스(빙하의 갈

라진 틈새)에 빠져서, 두 사람은 자일 하나에 생명을 의지한 채 필사적으로 버티다가 9일 만에 구출되었다(약칭하여 조난사건). 만일 甲이 자일을 끊었다면 국가는 甲을 살인죄로 처벌할 수 있는가? 甲에게 기대가능성이 없다는 이유로 처벌할 수 없다면, 그런 기대가능성의 형법적 근거는 무엇인가?

이 조난사건처럼 피난행위로 보전되는 이익(생명)이 피난행위로 침해되는 이익(생명)보다 우월하다고 할 수 없는 경우에도 상당성이 부정되므로 위법성이 조각되지 않는다. 그런데 甲이 자일을 끊지 않고 버텨서 乙을 살릴 것을 甲에게 기대할 수 없다는 이유로 甲을 처벌할 수 없다는 견해도 있다. 다시 말해 적법행위에 대한 기대가능성이 없으므로 책임을 물을 수 없다는 것이다.

이처럼 기대가능성을 책임조각사유로 보고, 위 조난사건에서 甲을 처벌하지 않을 경우 어떤 조문을 적용할 것인지 다툼이 있다. ㉮책임을 조각시키는 면책적 긴급피난을 인정하고, 이것과 위법성을 조각시키는 정당화적 긴급피난과 구별하여, 제22조의 긴급피난을 정당화적 긴급피난과 면책적 긴급피난으로 2가지로 이해하는 입장(이분설, 이원설, 면책적 긴급피난설)은 제22조를 적용한다. 긴급피난의 3번째 요건인 '상당성'을 기대가능성의 의미도 가진 것으로 해석한 것이다. 이원설은 제22조가 기대불가능성에 따른 면책적 긴급피난도 규정한 것이라고 해석하므로, 초법규적 책임조각사유를 별도로 인정할 필요가 없다. 초법규적 책임조각사유를 인정하면 형법의 보장적 기능을 약화시킬 위험이 있으므로 부당하다는 것이 그 이유다. 초법규적으로 형법차원을 넘어서려면 상위의 법률인 헌법으로부터 규범적 타당성에 대한 근거가 도출되어야 하는데, 헌법에 명문규정이 있는 것도 아니고 헌법적으로 근거지우려는 시도도 보이지 않는다. 기대불가능성은 책임개념에 대한 명백한 내용과 기준을 제시하는 것이 아니므로 경우에 따라 법적용의 형평성을 잃게 되어 책임주의를 침해하게 된다. 과실범과 부작위범의 경우는 기대불가능성이 책임조각사유가 될 수 있어도 고의작위범의 경우는 특히 실정형법의 규정을 떠나서 책임을 조각시킬 수 없다. 고의작위범의 경우 기대불가능성은 책임귀속의 구성원칙이라기보다는 책임의 범위와 한계를 명백히 해 주는 '규제적 법원칙'으로 파악한다. 이분설에 따르면 예컨대 날아오는 총알을 피하기 위해 甲이 자신의 옆에 있던 V의 가방을 총알을 향해 던져서 총알의 방향을 바꾼 경우 甲이 V의 가방을 손괴한 행위는 정당화적 긴급피난인 반면, 날아오는 총알에 甲이 V를 대신 밀어서 V가 맞게 해서 V가 사망한 경우 甲이 V를 사망하게 한 행위는 면책적 긴급피난이다. 정당화적 긴급피난은 위법성이 조각되는 합법적 행위인 반면, 면책적 긴급피난은 불법적 행위이지만 책임이 조각되는 행위이다.

이와 달리 ㉯제22조의 긴급피난은 정당화적 긴급피난만 의미한다고 보는 입장(일원설, 위법성조각설, 초법규적 책임조각사유설)은 기대불가능성을 원인으로 한 초법규적 책임조각사유를 인정하고, 甲은 이에 근거해서 책임이 조각된다고 본다. 이 입장은 독일의 면책적 긴급피난과 같은 규정이 우리 형법에는 없어서 책임조각규정이 불충분하므로 초법규적 책임조각사유를 인정하여 구체적 타당성을 얻을 필요가 있다고 본 것이다.

3. 정당방위

가. 현재의 부당한 침해

위 살인행위가 현재의 부당한 침해로부터 자기 또는 타인의 법익을 방위하기 위한 행위로서 상당한 이유가 있는가.

정당방위의 경우는 그 대상이 '현재의 부당한 침해'이어야 하지만, 방위행위가 침해행위를 격퇴하기 위한 유일한 수단 내지 최후수단일 필요가 없다. 곧 보충성 원칙이 적용되지 않는다. 또 방위행위에 의해 보호되는 법익과 침해되는 법익 사이에 균형이 유지될 필요도 없다. 곧 이익균형의 원칙도 적용되지 않는다.

그러나 판례는 김보은김진관사건에서 '계속적으로 강요된 성관계가 이후에도 계속 반복될 염려가 있다면 현재의 부당한 침해가 이루어지고 있다고 볼 수 있으나 그렇더라도 정당방위나 과잉방위로 볼 수는 없다'고 본다(92도2540). 그 이유는 방어행위에는 순수한 수비적 방어뿐 아니라 적극적 반격을 포함하는 반격방어의 형태도 포함되지만, 침해행위로 침해되는 법익의 종류, 정도, 침해의 방법, 침해행위의 완급과 방위행위로 침해될 법익의 종류, 정도 등 일체의 구체적 사정들을 참작하면 방위행위에 대해 '사회적 상당성'을 인정하기 어렵다는 것이다.

나. 예방적 정당방위

판례는 김보은김진관사건에서 과잉방위도 될 수 없다고 보았으나 만일 과잉방위로 볼 수 있다면 정황에 따라 책임을 감면할 수 있고, 야간이나 그 밖의 불안한 상태에서 공포를 느끼거나 경악(驚愕)하거나 흥분하거나 당황하였기 때문에 과잉방위를 한 경우라면 책임이 조각된다.

그런데 판례가 김보은김진관사건에서 방위행위로서 성질과 부당한 침해의 현재성을 모두 인정할 수 있다고 보면서 과잉방위를 부정한 것은 옳지 않다. 부당한 침해의 현재성을 인정할 수 없기 때문에 과잉방위를 부정한 것으로 이해해야 한다.

바로 이 대목에서 예방적 정당방위 개념이 등장한다. 이에 따르면 침해의 현재성이 부정되지만, 과거에서 현재에 이르기까지 계속적 · 반복적 부당한 침해가 있어 왔기 때문에 장래의 부당한 침해가 확실히 예상되는 경우에도 정당방위가 인정된다.

그런데 폭처법은 아래에서 보듯이 현재성 요건을 완화하여 예방을 위한 정당방위를 인정하고 있다.

> 제8조 (정당방위 등) ① 이 법에 규정된 죄를 범한 사람이 흉기나 그 밖의 위험한 물건 등으로 사람에게 위해(危害)를 가하거나 가하려 할 때 이를 예방하거나 방위하기 위하여 한 행위는 벌하지 아니한다. ② 제1항의 경우에 방위 행위가 그 정도를 초과한 때에는 그 형을 감경한다. ③ 제2항의 경우에 그 행위가 야간이나 그 밖의 불안한 상태에서 공포 · 경악 · 흥분 또는 당황으로 인한 행위인 때에는 벌하지 아니한다.

• 기출문제 •

甲녀는 12살 때부터 의붓아버지 A로부터 강간을 당한 후 지속적으로 성관계를 강요받아 왔고 행동의 자유를 간섭받아 왔으며 甲녀의 남자친구인 乙은 甲녀로부터 A와의 관계를 듣고 甲녀와 함께 A를 살해하고 강도로 위장하기로 공모한 후 술에 취해 잠들어 있는 A의 양팔을 눌러 꼼짝 못하게 한 후 A를 깨워 제대로 반항할 수 없는 상태에서 칼로 A의 심장을 찔러 살해한 후 강도살인을 당한 것처럼 위장하였다. 이에 대한 설명으로 옳지 않은 것은? (다툼이 있는 경우 판례에 의함) [2011년 변호사모의시험 형사법 문33]

① 판례에 의하면 정당방위의 성립요건으로서의 방어행위에는 순수한 수비적 방어뿐만 아니라 적극적 반격을 포함하는 반격방어의 형태도 포함되므로 甲의 행위는 정당방위의 방어행위에 해당한다고 할 수 있다.

② 과거부터 계속되어 온 침해행위가 언제든지 반복될 현실적 가능성을 지니고 있는 경우라면 정당방위의 침해의 현재성을 인정할 수 있다는 견해에 의하면 甲과 乙의 범행 당시 甲에 대한 신체나 자유 등에 대한 A의 현재의 부당한 침해상태가 있다고 볼 수 있다.

③ 위험상태가 일정기간 계속되어 앞으로도 동일한 침해가 예상되는 경우 침해의 급박성을 인정할 수 없으므로 정당방위의 침해의 현재성을 인정할 수 없다는 견해에 의하면 甲과 乙의 범행 당시 甲에 대한 신체나 자유 등에 대한 A의 현재의 부당한 침해상태가 있다고 볼 수 없다.

④ 판례에 의하면 甲과 乙의 살해행위가 있을 때 A의 甲에 대한 침해행위가 그 후에도 반복하여 계속될 염려가 있었다 하더라도 A의 침해행위의 현재성을 인정할 수 없다고 본다.

⑤ 판례에 의하면 정당방위가 성립하려면 침해행위에 의하여 침해되는 법익의 종류, 정도, 침해의 방법, 침해행위의 완급 등 구체적 사정들을 참작하여 방위행위가 사회적으로 상당한 것이었다고 인정될 수 있는 것이어야 하므로 甲과 乙의 행위는 상당성을 인정하기 어렵다.

【해설】 판례는 이른바 김보은 · 김진관사건에서 ⓐ甲의 신체나 자유 등에 대한 현재의 부당한 침해상태가 있다고 볼 여지가 있고, 또 ⓑ방어행위에는 순수한 수비적 방어뿐 아니라 적극적 반격을 포함하는 반격방어의 형태도 포함되므로 방어행위에 해당하지만, 그 방어행위가 ⓒ'상당성'을 결여하고 있어서 정당방위나 과잉방위로 보기 어렵다고 보았다(92도2540).
【정답】 ④

다음 사례에 대한 설명으로 옳지 않은 것은? (다툼이 있는 경우에는 판례에 의함)

[2012년 사법시험 형법 문10.(배점 2)]

Ⅰ. 甲은 남편 A로부터 20여 년에 걸친 구타와 학대를 견디다 못해 이혼소송을 제기한 후 별거하던 중, 어느 날 A가 甲을 찾아와 폭행 · 협박하여 강제로 성관계를 가진 후 A가 잠이 들자 甲은 더 이상 참을 수 없다고 생각하고 A를 식칼로 살해하였다.
Ⅱ. 乙은 의붓아버지인 B로부터 12살 때부터 10여 년 동안 계속적으로 성관계를 강요받아 왔다. 더 이상 견디지 못한 乙은 남자친구와 공모하여 잠을 자고 있는 B를 살해하였다.

① 정당방위의 성립요건으로서 침해의 현재성 여부는 피침해자의 주관적 사정에 따라 결정되어야 하므로 甲이 A로부터 폭력이나 학대에 시달려 왔다면 자신의 법익에 대한 현재의 침해가 인정된다.

② B의 성관계 강요가 이후에도 반복될 염려가 있었다면 범행 당시 乙의 신체나 자유 등에 대한 현재의 부당한 침해상태가 있다고 볼 여지가 있다.

③ 침해의 현재성이 인정되지 않는다면 정당방위(제21조 제1항)는 물론 과잉방위(같은

조 제2항) 및 이를 전제로 한 야간 등 과잉방위(같은 조 제3항)도 인정되지 않는다.

④ 정당방위의 성립요건으로서의 방어행위에는 수비적 방어만이 아니라 적극적 반격도 포함되므로 乙의 범행이 적극적 반격의 형태로 행해졌다는 이유만으로 정당방위를 부정할 수 없다.

⑤ 甲과 乙이 평소 A와 B로부터 지속적인 폭행이나 학대를 당하면서 형성된 만성적인 외상 후 스트레스 장애나 우울증, 충동조절장애 등으로 사물을 변별하거나 의사를 결정할 능력이 미약한 상태에서 행위하였다고 인정되면 심신미약으로 형을 감경하여야 한다.

【해설】 ①×(침해의 현재성 여부는 피침해자의 주관적 사정이 아니라 행위 당시 객관적 행위 상황에 따라 결정되어야한다.) ⑤△(심신미약은 임의적 감경사유로 2018. 12. 18. 개정되었다.)
【정답】 ①

긴급피난의 본질	1. 정당화적 긴급피난에서 피난행위는 위법성이 조각되는 행위이므로 이에 대하여는 정당방위와 긴급피난이 허용되지 않는다. [2009년 사법시험 형법 문13]
	2. 긴급피난의 본질에 관하여 위법성조각설을 따를 경우 긴급피난에 대한 정당방위나 긴급피난이 모두 가능하다. [2014년 사법시험 형법 문26]
	3. 긴급피난의 본질을 책임조각사유로 이해하는 견해에 의하더라도, 긴급피난에 대해서는 긴급피난을 할 수 있다. [2016년 사법시험 형법 문5]

【정답 및 해설】 1. ×(정당화적 긴급피난은 합법적 행위이므로 이에 대한 정당방위는 안 되지만, 긴급피난은 가능하다.) 2. ×(위법성이 조각되는 긴급피난행위에 대해서는 긴급피난만 허용되고 정당방위는 허용되지 않는다. 정당방위는 현재의 부당한 침해에 대해서만 허용되기 때문이다.) 3. ○(긴급피난의 본질을 책임조각사유로 이해하면 그 긴급피난은 위법한 행위이나 책임이 조각되는 행위이므로 이에 대해서는 정당방위는 물론 긴급피난도 허용된다.)

• 탐구과제 •

- ‘위법성은 행위에 대한 비난가능성이지만, 책임은 행위자에 대한 비난가능성이다’라는 말의 의미는?
- 적법행위에 대한 기대가능성을 책임의 본질로 보는 학설은?

6강 양심적 병역거부사건과 구성요건해당성조각사유

양심적 병역거부사건을 대법원(2016도10912전합)은 공개변론했다. 형소법에 따르면 상고심에서는 변호사 아닌 자를 변호인으로 선임하지 못하고(제386), 변호인이 아니면 피고인을 위해 변론하지 못하며(제387조), 공판기일에는 피고인을 소환할 필요가 없다(제389조의2). 상고심은 원칙적으로 법률적 문제만 다루는 법률심이기 때문이다. 또한 상고법원은 상고장, 상고이유서 기타의 소송기록에 따라 변론없이 판결할 수 있지만, 필요한 경우 특정사항에 대해 변론을 열어 참고인의 진술을 들을 수 있다(형사소송법 제390조). 대법원이 이 사건을 공개변론한 것은 대중의 많은 관심을 받고 종전 입장을 변경할지 여부가 문제가 되었기 때문이다. 대법원은 이 사건에서 종전 입장을 변경하면서 '구성요건해당성조각사유'라는 생소한 개념을 활용한다. 이 사건의 내용적 쟁점에 주목하기 보다는 이 판결을 통해서 범죄성립요건과 구성요건해당성조각사유의 의미를 이해하고, 종전 입장과 어떻게 달라진 것인지 관련 기출문제를 본다.

• 사례 •

여호와의 증인 신도 甲은 2013. 7. 18.경 '2013. 9. 24.까지 육군 39사단에 현역병으로 입영하라'는 경남지방병무청장 명의의 현역병입영통지서를 받고도 종교적 양심을 이유로 입영일인 2013. 9. 24.부터 3일이 지나도록 입영하지 않는다. 1심은 병역법 제88조 제1항 유죄를 인정하여 징역 1년 6개월을 선고하고, 甲은 항소하나 원심은 항소를 기각한다(2014노466). 甲은 상고를 제기한다. 甲은 처벌될까?

• 해설 •

1. 병역법 제88조 제1항

> 병역법 제88조(입영의 기피 등) ① 현역입영 또는 소집 통지서(모집에 의한 입영 통지서를 포함한다)를 받은 사람이 정당한 사유 없이 입영일이나 소집일부터 다음 각 호의 기간이 지나도 입영하지 아니하거나 소집에 응하지 아니한 경우에는 3년 이하의 징역에 처한다.
> 1. 현역입영은 3일
> 2. 사회복무요원 · 대체복무요원 소집은 3일
> 3. 군사교육소집은 3일
> 4. 병력동원소집 및 전시근로소집은 2일

2. 형법 제12조의 강요된 행위와 적법행위에 대한 기대가능성

가. 형법 제12조의 강요된 행위

형법 제12조의 강요된 행위는 적법행위에 대한 기대가능성을 배경으로 한 개념이다. 행위자가 자신의 행위의 위법성을 인식했지만 위법행위가 아니라 적법행위를 할 것을 기대할 수 없는 상태에서 행위를 한 것이므로 책임을 물을 수 없다고 본 것이다. 규범적 책임론은 기대가능성이 없는 상태에서 한 행위자는 비난할 수 없다고 보는 이론이다. 적법행위에 대한 기대가능성이 비난가능성, 곧 책임의 전제가 된다고 본 것이다.

> 제12조 (강요된 행위) 저항할 수 없는 폭력이나 자기 또는 친족의 생명 신체에 대한 위해를 방어할 방법이 없는 협박에 의하여 강요된 행위는 벌하지 아니한다.

나. 적법행위에 대한 기대가능성

적법행위에 대한 기대가능성을 별도의 독자적인 책임조각사유로 인정할지 논란이 되고 있다. 이를 인정하면 형법 제12조의 강요된 행위의 요건에 해당하지 않는 경우에도 책임이 조각될 수 있다.

판례도 적법행위에 대한 기대가능성 개념을 인정하고, 범죄성립에 영향을 미친다고 보는데 명시적으로 (초법규적) 책임조각사유로 보기도 하지만(2001도204; 2002도5679), 해당 범죄의 구성요건을 해석할 때 고려하기도 한다. 양심적 병역거부사건에 관한 종전 판례가 그렇다. 병역법위반죄의 구성요건 중 '정당한 이유'를 판난할 때 고려했다.

종전 판례는 甲의 양심상의 결정이 적법행위로 나아갈 동기의 형성을 강하게 압박할 것이라고 보이기는 하지만 그렇다고 하여 행위 당시의 구체적 상황 아래 행위자 대신에 사회적 평균인을 두고 평균인의 관점에서 판단할 때 甲이 적법행위를 하는 것이 실제로 전혀 불가능하다고 할 수는 없다고 하면서 양심적 병역거부는 병역법의 '정당한 사유'에 해당하지 않는다고 보았다(2004도2965전합.[32] 同旨: 2014도4915).

---

32) [대법관 이강국의 반대의견] 甲에게 병역법상의 형벌법규의 기속력이 미치지 않는다고 할 수는 없겠지만, 그렇다고 하여 절대적이고도 진지한 종교적 양심의 결정에 따라 병역의무를 거부한 甲에게 국가의 가장 강력한 제재 수단인 형벌을 가하게 된다면 그것은, 甲이 인간으로서의 존엄성을 심각하게 침해하는 결과가 될 것이고 형벌 부과의 주요 근거인 행위자의 책임과의 균형적인 비례관계를 과도하게 일탈한 과잉조치가 될 것이며, 또한 甲에 대한 형벌은 그 정도에 상관없이 범죄에 대한 응징

3. 현행 대법원 판결에서 구성요건해당성조각사유의 의미

현행 판례는 종전 입장을 변경하여 진정한 양심에 따른 병역거부는 병역법의 '정당한 사유'에 해당하고, 여기서 '정당한 사유'는 구성요건해당성조각사유로서 위법성조각사유인 정당행위나 책임조각사유인 기대불가능성과 구별된다고 본다(2016도10912전합). 이와 같은 판례의 변경은 '양심적 병역부자에게 대체복무를 허용하지 않는 것은 위헌이므로 국회는 2019. 12. 31.까지 대체복무제를 도입하여야 한다'는 헌법재판소의 결정(2011헌바379전원재판부)을 배경으로 한다.

현행 판례의 특징은 구성요건해당성조각사유를 별도의 독립된 범죄성립요건으로 명시적으로 인정했다는 것이다. 이에 따르면 범죄성립요건은 구성요건해당성, 구성요건해당성조각사유, 위법성조각사유, 책임조각사유 4가지가 된다. 양심적 병역거부사건의 현행 판결(2016도10912전합)은 다음과 같이 말한다. 병역법위반죄의 "'정당한 사유의 부존재'는 범죄구성요건이고, 따라서 '정당한 사유'는 구성요건해당성조각사유이다. 구성요건해당성조각사유로서의 정당한 사유는 위법성조각사유나 책임조각사유와는 전혀 다른 체계적 의미를 가진다. 위법성조각사유나 책임조각사유는 구성요건에 해당하는 행위에 대하여 전체 법질서의 차원 또는 사회적 평균인의 관점에서 매우 예외적으로 인정된다. 그러나 구성요건해당성조각사유로서 정당한 사유를 판단할 때에는 형벌의 보충성과 죄형법정주의 원칙에 비추어 피고인의 특유한 사정을 고려할 수 있고, 정당한 사유가 없음이 명백하지 않은 경우에는 피고인에게 유리하게 해석할 필요가 있다." 구성요건해당성조각사유는 넓게 인정할 수 있는 반면 위법성조각사유나 책임조각사유는 매우 엄격하게 인정할 수밖에 없다고 이해한 것이다.

과 예방, 甲의 교육 등 그 어떠한 관점에서도 형벌의 본래적 목적을 충족할 수 없음이 명백해 보이고, 특히 보편적 가치관을 반영한 집총병역의무와 종교적 양심의 명령 사이의 갈등으로 인한 심각한 정신적 압박 상황에서 절박하고도 무조건적인 종교적 양심의 명령에 따른 甲에게는 실정 병역법에 합치하는 적법한 행위를 할 가능성을 기대하기가 매우 어렵다고 보인다. 따라서 甲과 같은 경우에는 국가의 형벌권이 한 발 양보함으로써 개인의 양심의 자유가 보다 더 존중되고 보장되도록 하는 것이 상당하다 할 것이어서 甲에게는 범죄의 성립요건인 책임성을 인정할 수 없다고 보아야 하고, 이러한 점에서 甲에게는 병역법 제88조 제1항의 적용을 배제할 '정당한 사유'가 존재한다.

• 기출문제 •

범죄의 성립요건 중 조각되는 사유가 다른 것은? (다툼이 있는 경우 판례에 의함) [2020년 순경시험 형법 문2]

① 피고인이 동거 중인 피해자의 지갑에서 현금을 꺼내 가는 것을 피해자가 현장에서 목격하고도 만류하지 아니한 경우(「형법」상 절도죄)

② 중대장의 지시에 따라 관사를 지키고 있던 당번병인 피고인이 중대장의 처가 마중 나오라는 지시를 정당한 명령으로 오인하고 관사를 무단이탈하였는데 당번병으로서의 그 임무범위 내에 속하는 일로 오인하고, 그 오인에 정당한 이유가 있는 경우(「군형법」상 무단이탈죄)

③ 「병역법」 제88조 제1항은 국방의 의무를 실현하기 위하여 현역입영 또는 소집통지서를 받고도 정당한 사유 없이 이에 응하지 않은 사람을 처벌하는데, 피고인에게 정당한 사유가 있는 경우(「병역법」상 입영 등 기피죄)

④ 사용자의 직장폐쇄가 정당한 쟁의행위로 인정되지 아니하고 다른 특별한 사정이 없어 근로자가 평소 출입이 허용되는 사업장 안에 들어가는 경우(「형법」상 주거침입죄)

【해설】 ②×(86도1406: 위법성이 조각된다) ①○(85도1487: 피해자의 의사에 반하지 않으므로 절취에 해당하지 않는다) ③○(20116도10912전합: 정당한 사유는 구성요건해당성 조각사유이다) 종전 판례의 입장에 따른 아래의 문제들은 의미가 없게 되었다. ④○(2002도2243: 주거침입죄의 구성요건에 해당하지 않는다.) **【정답】** ②

범죄성립을 조각하는 사유에 관한 설명 중 옳은 것은?(다툼이 있는 경우 판례에 의함) [2019년 순경시험 형법 문8]

① 긴급피난의 본질을 위법성조각사유라고 볼 경우, 긴급피난행위에 대해서 정당방위는 인정되지 아니하나 긴급피난은 인정된다.

② '정당한 사유' 없이 입영에 불응하는 사람을 처벌하는 「병역법」 제88조의 범죄에서 '정당한 사유'는 위법성조각사유이다.

③ 자구행위가 야간이나 기타 불안스러운 상태하에서 공포, 경악, 흥분 또는 당황으로 인한 때에는 벌하지 아니한다.

④ 처분할 수 있는 자의 승낙에 의하여 그 법익을 훼손한 행위는 법률에 특별한 규정이 있는 경우에만 벌하지 아니한다.

【해설】 ①○(위법성이 조각되는 긴급피난행위는 부당한 행위가 아니므로 이에 대해서는 정당방위를 할 수 없다) ②×(2016도10912전합: 정당한 사유는 구성요건해당성조각사유이다.) ③×(과잉자구행위의 경우 정황에 따라 형을 감면할 수 있으나, 야간상황에서의 책임조각규정은 없다. 과잉정당방위나 과잉긴급피난의 경우와 차이가 있다.) ④×(제24조: 처분할 수 있는 자의 승낙에 의하여 그 법익을 훼손한 행위는 법률에 특별한 규정이 없는 한 벌하지 아니한다.) 【정답】 ①

• 탐구과제 •

– 대체역의 편입 및 복무 등에 관한 법률(약칭하여 대체역법)이란?

7강 책임능력과 원인에서 자유로운 행위의 의미

책임능력이 없거나 미약한 경우 책임이 감면될 수 있다. 그런데 책임능력 상실이나 미약한 상태를 자의로 만든 경우 원인에서 자유로운 행위로서 책임감면을 인정할 수 없다. 책임능력에 관한 체계를 보고, 원인에서 자유로운 행위의 본질과 의미를 본다.

• 사례 •

상습적으로 대마초를 흡연하는 자들인 甲과 乙은 V를 살해할 의사를 가지고 범행을 공모한 후 대마초를 흡연하고, 이로 인한 심신미약상태에서 V를 살해한 경우, 甲과 乙의 살인죄에 대해 책임을 감경할 수 있는가?

• 해설 •

1. 책임론과 책임조각사유

구성요건해당성이 인정되고 위법성조각사유가 부존재하는 행위일지라도 책임조각사유가 존재하면 범죄가 성립하지 않는다. 구성요건해당성이 위법성을 추정하는 것처럼 위법성은 책임을 추정하지만, 책임조각사유는 이렇게 추정된 책임을 배제시키는 것이다. 형법은 ㉮책임무능력, ㉯강요된 행위, ㉰위법성의 착오 3가지를 책임조각사유로 규정하고 있다. 이들 경우에는 "왜 그런 행위를 했어, 넌 혼나야 해"라고 말하면서 행위자를 비난할 수 없다고 본 것이다. 차이가 있다면 책임무능력과 위법성의 착오는 위법성의 인식능력을 전제로 위법성의 인식이 결여된 경우인 반면, 강요된 행위는 위법성의 인식이 있는 경우라고 할 수 있다.

2. 책임능력과 책임무능력 및 한정책임능력

가. 책임능력 판단방법

책임능력이란 사물변별능력과 의사결정능력을 모두 가진 상태를 말한다. 책임능력이 있어야 불법을 저지른 것에 대해 비난을 할 수 있다.

책임능력을 판단하는 방법에는 3가지가 있다. 첫째, 생물학적 방법이다. 이는 신체적 · 정신적 요소로 책임능력 여부를 판단한다. 청각 및 언어 장애인에 대한 필요적 감경규정은 이 방법을 따른 것이다. 둘째, 심리학적 또는 규범적 방법이다. 이는 사물변별능력이나 의사결정능력 여부만으로 판단한다. 행위자가 생물학적으로 비정상인지 여부는 문제삼지 않는다. 셋째, 혼합적 방법이다. 이는 행위자가 생물학적으로 비정상인지 여부를 먼저 판단하고 이를 기초로 사물변별능력과 의사결정능력 여부를 판단한다. 형법 제10조는 이 방법을 따르고 있다.

나. 책임무능력과 한정책임능력

제9조 (형사미성년자) 14세 되지 아니한 자의 행위는 벌하지 아니한다.
제10조 (심신장애인) ①심신장애로 인하여 사물을 변별할 능력이 없거나 의사를 결정할 능력이 없는 자의 행위는 벌하지 아니한다. ②심신장애로 인하여 전항의 능력이 미약한 자의 행위는 형을 감경할 수 있다. ③위험의 발생을 예견하고 자의로 심신장애를 야기한 자의 행위에는 전2항의 규정을 적용하지 아니한다.
제11조 (청각 및 언어 장애인) 듣거나 말하는 데 모두 애가 있는 사람의 행위에 대해서는 형을 감경한다.

책임무능력자란 책임능력이 없는 사람을 말한다. 범죄행위를 할 당시 형사미성년자는 언제나 형벌을 받지 않는다. 제9조가 만14세 미만자는 책임능력이 없다고 간주하고 있기 때문이다. 민사미성년자는 만19세 미만자이다. 소년법의 소년은 만10세 이상 만19세 미만의 사람이다. 이들은 형벌이 아니라 보호처분을 받을 수 있다.

형법 제10조의 심신장애인은 심신장애로 인해 사물변별능력이나 의사결정능력이 없는 자와 미약한 사람이다. 심신상실자와 심신미약자로 구별된다. 심신상실자는 책임무능력자이고, 심신미약자는 한정책임능력자이다. 심신미약자의 행위에 대해서는 형을 감경할 수 있다. 종전에는 필요적 감경사유였으나, 2018. 12. 18. 임의적 감경사유로 개정되었다.

듣거나 말하는 데 모두 장애가 있는 사람(2020. 12. 8. 개정 이전에는 (농아[聾啞]자)의 행위에 대해서는 형을 감경한다. 필요적 감경사유이다(2018도5475전합).

형사미성년자와 심신상실자는 책임무능력자이고, 심신미약자와 청각 및 언어장애인은 한정책임능력자이다.

3. 심신장애의 판단기준

가. 판례의 입장과 오류

심신장애의 유무 및 정도의 판단은 법률적 판단으로서 반드시 전문감정인의 의견에 기속되어야 하는 것은 아니고, 정신분열증의 종류와 정도, 범행의 동기, 경위, 수단과 태양, 범행 전후의 피고인의 행동, 반성의 정도 등 여러 사정을 종합하여 법원이 독자적으로 판단할 수 있다(98도3812).

심신장애, 곧 책임무능력 또는 한정책임능력은 정신병 또는 비정상적 정신상태와 같은 정신적 장애가 있는 외에 이와 같은 정신적 장애로 말미암아 사물에 대한 변별능력이나 그에 따른 행위통제능력이 결여 또는 감소되었음을 요한다. 따라서 "정신적 장애가 있는 자라고 하여도 범행 당시 정상적인 사물판별능력이나 행위통제능력이 있었다면 심신장애로 볼 수 없다"라는 판례(92도1425)의 표현은 옳지 않고 "정신적 장애가 있는 자라고 하여도 범행 당시 정상적인 사물변별능력과 행위통제능력이 있었다면 심신장애로 볼 수 없다"라는 판례(2012도12689)의 표현이 옳다. 사물변별능력과 행위통제능력 모두 있어야 책임능력이 인정되고, 둘 중 하나라도 없으면 책임능력이 부정되기 때문이다. 정신질환이 있다고 하더라도 그러한 사정만으로는 심신장애에 해당한다고 볼 수 없고, 다만 그 증상이 매우 심각하여 원래 의미의 정신병이 있는 사람과 동등하다고 평가할 수 있거나, 다른 심신장애사유와 경합된 경우 등에는 심신장애를 인정할 여지가 있다(94도3163).

원칙적으로 충동조절장애와 같은 성격적 결함은 심신장애에 해당하지 않지만, 그것이 매우 심각하여 원래 의미의 정신병을 가진 사람과 동등하다고 평가할 수 있는 경우에는 그로 인한 범행은 심신장애로 인한 범행으로 보아야 한다(2002도1541; 2008도9867).

소아기호증과 같은 질환이 있다는 사정 그 자체만으로는 심신장애에 해당하지 않는다고 봐야 하고, 심신장애 여부는 행위시를 기준으로 판단해야 하며, 특단의 사정이 없는 한 성격적 결함을 가진 자에 대해 자신의 충동을 억제하고 법을 준수하도록 요구하는 것이 기대할 수 없는 행위를 요구하는 것은 아니다(2006도7900). 무생물인 옷 등을 성적 각성과 희열의 자극제로 믿고 성적 흥분을 고취시키는 데 쓰는 '성주물성애증'이라는 정신질환이 있다는 사정만으로 절도 범행에 대한 심신장애에 해당한다고 볼 수 없다(2012도12689).

나. 판례의 올바른 이해

온라인으로 제공되는 99도693판결요지에 "피고인에게 우울증 기타 정신병이 있고 특히 생리도벽이 발동하여 절도 범행을 저지른 의심이 든다는 이유로 전문가에게 피고인의 정신상태를 감정시키는 등의 방법으로 심신장애 여부를 심리하여야 한다는 사례"라는 표현이 나온다. 그런데 이 99도693판결은 충동조절장애와 같은 성격적 결함이라 할지라도 그것이 매우 심각하여 원래의 의미의 정신병을 가진 사람과 동등하다고 평가할 수 있는 경우에는 그로 인한 절도 범행은 심신장애로 인한 범행으로 보아야 하고, 또 피고인도 심신장애 주장을 하고 있으므로 심신장애 여부를 판단해야 하는데, 이를 하지 않는 것은 심리미진이라는 판결이다. 곧 범행 당시 심신장애 상태였다는 의심이 들면 심리를 해야 한다는 판결이지, 심신장애 여부를 판단할 때 반드시 전문가의 감정을 거쳐야 한다는 판결이 아니다. 판결요지 정리를 잘못한 것 같다. 위 98도3812판결도 심신장애의 유무 및 정도의 판단은 법률적 판단으로서 반드시 전문감정인의 의견에 기속되어야 하는 것은 아니고, 여러 사정을 종합하여 법원이 독자적으로 판단할 수 있다고 하고 있다.

결국 심신장애 여부에 관한 판례의 입장은 아래와 같이 정리할 수 있다. 충동조절장애나 소아기호증, '성주물성애증', 우울증, 정신분열증(90도1328) 등의 정신적 장애[33)]가 있다고 바로 심신장애자로 인정되는 것이 아니라 법관이 그 행위자가 사물변별능력과 의사결정능력 둘 중 하나라도 없는 것으로 판단해야 심신장애자로 인정된다. 이때 정신과 의사 등 전문가의 감정을 반드시 받아야 하는 것은 아니며, 또 감정을 받았더라도 법관이 그 의견에 구속되지 않는다. 다만 심신장애 여부가 문제되는 사안임에도 불구하고 법관이 이에 대한 판단을 하지 않으면 심리미진으로서 위법이다.

4. 위험의 발생을 예견하고도 자의로 심신장애상태로 만든 경우: 제10조 제3항 – 원인에서 자유로운 행위(Actio libera in causa)

가. 제10조 제3항과 그 의미

33) 심리학적 범죄원인론은 개인의 정신상태나 심리상태를 중심으로 범죄현상을 설명한다. 이는 크게 정신분석이론과 정신병리학이론으로 구별할 수 있다. 정신병리학은 정신병질과 정신병을 구별한다. 정신병은 정신기능의 이상으로서 정신신경증, 정신분열증, 편집증 등이 이에 해당한다. 정신병질은 성격장애로 인해 사회적으로 적응하기 힘든 상태를 말한다. 판례도 정신병과 정신병질을 구별하고 있다.

⑴ 학설과 판례

위험의 발생을 예견하고도 자의로 만든 심신장애상태에서 실행한 범행을 흔히 '원인에서 자유로운 행위'(원인이 자유로운 행위, 원인행위책임범)라고 한다. 이 경우 책임조각이나 책임감경을 할 수 없도록 형법 제10조 제3항은 명확하게 규정하고 있다. 위 甲과 乙에게는 제10조 제3항이 적용되어 책임감경을 할 수 없다(96도857).

다수견해는 "예견"의 의미를 실제로 "예견한 경우"(고의에 의한 원인에서 자유로운 행위)뿐만 아니라 "예견가능한 경우"(과실에 의한 원인에서 자유로운 행위)도 포함하는 것으로 본다. 판례도 자동차를 가지고 술집에 가서 술을 마셔서 만취한 甲은 자동차로 운전하여 귀가하다 행인 V를 친 후, 의식을 잃고 쓰러진 V를 길 옆 수풀에 옮겨서 버리고 그 옆 차 안에서 잠이 들었고, V는 계속된 출혈로 사망한 경우, 제10조 제3항을 적용하여 특가법의 대인사고후미조치도주치사죄에 대한 책임을 감경할 수 없다고 본다(92도999. 同旨: 2007도4484). 그 이유는 제10조 제3항은 ⓐ고의에 의한 원인에서 자유로운 행위는 물론 ⓑ과실에 의한 원인에서 자유로운 행위도 포함하는데, 술을 마시면서 "교통사고를 일으킬 위험성"을 "예견할 수 있었다"는 것이다.

위 판례는 "위험발생"을 원인설정행위를 할 때 '원인설정행위에 전형적으로 수반되는 법익침해의 가능성'으로 보는 견해를 따른 것이다. 그러나 다수견해는 "위험발생"을 '특정한 범죄구성요건의 실현'으로 본다. 이에 따르면 甲은 V를 살해하기로 마음먹었으나 용기가 나지 않아 술에 취한 상태에서 살해하기로 마음먹고 술을 마셨는데, 만취상태가 된 甲은 양심의 가책을 느껴 V의 살해를 포기하고 집으로 가는 도중에 술에 취한 나머지 가게 앞에 누워 있는 노숙자를 마네킹으로 오인하고 발로 차 상해를 입힌 경우, 상해에 대해 제10조 제3항이 적용되지 않는다.

"자의로"의 의미와 관련하여 ㉮고의한정설도 있지만, ㉯과실포함설이 다수견해이다. 입법자가 '자의로'라는 표현을 쓴 것은 원인설정행위에 대해서는, 실행행위에 대해서나 적합한 고의나 과실과 같은 개념을 사용할 수 없기 때문이라고 보고, 원인행위에 대해서도 고의나 과실이라는 표현을 사용하는 학계의 관행을 존중한다면, '자의로'에는 당연히 과실도 포함된다고 본다. ㉰자기의사설은 고의나 과실과 관계없는 외부적 강요에 의하지 않고 '자기 의사에 의해서'의 의미로 보는 입장이다.

⑵ 평가

'원인에서 자유로운 행위'는 실행행위를 할 때는 의사의 자유가 없었지만, 행위자가 스스로 의사의 자유가 없는 상태로 만들었고, 그때는 의사의 자유가 있었다는 의미이다. 원인설정행위에 대해서 책임을 지는 것이 아니라 실행행위에 대해서 책임을 지는 것이다. 실행행위를 할 때 고의가 있었으면 고의범을, 과실이 있었으면 과실범을 인정하고 심신장애인 규정을 적용하지 않고 처벌하는 것이 옳다.

원인설정행위를 할 때 결과를 예견할 수 있었는지, 원인설정행위를 과실로 했는지 여부에 따라 과실에 의한 원인에서 자유로운 행위 개념을 인정하는 것은 옳지 않다. 이는 '예견'이란 개념에 '예견가능성'도 포함하고, '자의로'를 '고의 또는 과실'로 해석하는 것으로서 피고인에게 불리한 해석이다. 과실에 의한 원인에서 자유로운 행위는 과실범과 구조가 동일하므로 이를 별도로 인정할 필요가 없다.[34)]

나. 원인에서 자유로운 행위 처벌의 이론적 근거

독일과 일본에는 제10조 제3항과 같은 규정이 없다. 그래서 독일에서는 원인에서 자유로운 행위 처벌을 위한 이론적 근거를 찾기 위한 논의가 있다.

㉮처벌의 근거가 심신장애상태에 빠지게 한 행위, 곧 원인설정행위에 있다는 견해(구성요건모델론)는 원인설정행위를 자기가 실현하고자 하는 범죄의 실행행위로 평가할 수 있다고 본다. 행위와 책임능력의 동시존재원칙에 충실한 이론(일치설)으로서 간접정범과 구조가 유사하다고 본다. 간접정범은 타인을 도구로 이용한 것인 반면, 원인에서 자유로운 행위는 심신장애상태에 있는 자기 자신을 이용한 것이라는 논리이다. 따라서 간접정범의 실행행위가 이용행위(원인설정행위)인 것처럼 원인에서 자유로운 행위의 경우도 심신장애상태로 만든 원인설정행위를 실행행위로 봐야 한다는 것이다. 원인설정행위가 곧 실행행위라는 것이다. 이는 독일 형법에나 적합한 이론이라고 비판을 하는 견해도 있다. 독일 형법은 '행위와 책임능력의 동시존재원칙'을 명시적으로 규정하고 있고,[35)] 원인설정행위를 구성요건화한 완전명정죄[36)]를 두고 있으므로, 독일의 다수견해는 원인설정행위에 의미를 둔다는 것이다.

㉯ 현대 심층심리학은 의식상태나 무의식상태와 구별되는 '반무의식(penumbra)상태'

---

34) 同旨: 전지연, "원인에서 자유로운 행위", 한림법학 FORUM 제3권, 1993, 110면.

35) 제20조 (정신장애로 인한 책임무능력) 행위를 할 때 병적 정신장애, 심한 의식장애, 정신박약 또는 중한 정신변성으로 인하여 행위의 불법을 인식하거나 이러한 인식에 따라서 행위할 능력이 없는 자는 책임없이 행위한 것이다.

36) 제323a조 (완전명정) ①고의 또는 과실로 알코올 음료나 기타 명정제를 복용하여 명정상태에 빠진 자가 그 상태에서 위법행위를 범하고 명정상태로 인하여 책임능력이 없다는 이유 또는 책임무능력의 여지를 배제할 수 없다는 이유로 행위자를 처벌할 수 없는 경우에는 5년 이하의 자유형 또는 벌금형에 처한다. ②그 형량은 명정상태에서 범하여진 행위에 대해 가해지는 형량의 범위를 넘을 수 없다.

도 있음을 밝혀냈으므로 심신장애상태일지라도 반무의식상태로 볼 수 있다면, 그런 상태에서 한 행위는 처벌할 수 있다는 견해도 있다. 이 견해는 반무의식상태의 행위이면 원칙적으로 심신장애상태에서의 행위일지라도 실행행위성을 인정할 수 있다고 본다.

㉰ 처벌의 근거가 원인설정행위와 심신장애상태에서 한 행위의 결합에 있다고 보는 견해(책임모델론)는 원인에서 자유로운 행위는 책임능력과 행위의 동시존재원칙의 예외로서(예외설), 원인에서 자유로운 행위에서 실행행위는 심신장애상태에서 한 행위라고 본다. 독일과 달리 한국 형법은 제10조 제1항과 제2항에서 원칙적으로 심신장애자의 행위는 책임을 감면하지만, 그 행위가 예외적으로 자의로 만든 심신장애상태에서 이루어진 경우는 예외적으로 제10조 제3항에 따라 처벌하는 조문구조로 볼 수 있으므로, 입법자가 이 견해를 채택했다는 것이다. 행위자에게 책임을 물을 수 있는 것은 원인설정행위시에 '자유로웠다'는 점에 있다고 한다. 실행행위는 비록 심신장애상태에서 한 것이지만 행위자는 원인설정행위시에 책임능력을 갖추고 자의로 자기 자신을 심신장애상태에 빠뜨렸고, 또 그런 원인설정행위는 심신장애상태에서 한 행위와 불가분의 관계에 있기 때문에 책임이 있다고 본다. 심신장애상태에서 한 행위를 실행행위로 보나, 책임비난은 그 이전의 원인설정행위에서 찾는다. 책임비난의 대상이 앞당겨진 것이다.

• 기출문제 •

심신장애 판단기준	1. 정신적 장애가 있는 자라도 범행 당시 정상적인 사물변별능력과 행위통제능력을 가지고 있었다면 심신장애자로 볼 수 없다. (○) 2013년 국가직 7급 형법 문9 보기①
	2. 정신적 장애가 있는 자라고 하여도 범행 당시 정상적인 사물변별능력이나 행위통제능력이 있었다면 심신장애로 볼 수 없다. (○) 2014년 사법시험 형법 문4 보기ㄱ
	3. 「형법」 제10조에 규정된 심신장애는 정신병 또는 비정상적 정신상태와 같은 정신적 장애가 있는 외에 정신적 장애로 말미암아 사물에 대한 변별능력과 그에 따른 행위통제능력이 결여되거나 감소되었음을 요하므로, 정신적 장애가 있는 자라고 하여도 범행 당시 정상적인 사물변별능력이나 행위통제능력이 있었다면 심신장애로 볼 수 없다. (○) 2020년 제9회 변호사시험 형법 문8 보기①
심신장애 판단과 전문가 감정	4. 우울증 기타 정신병이 있는 피고인이 특히 생리도벽으로 절도범행을 저지른 의심이 들 경우에 법원은 전문가의 감정을 구하지 않고 그 심신장애 여부를 심리할 수 있다. (×) 2013년 국가직 7급 형법 문9 보기③

심신장애 판단과 전문가 감정	5. 법원이 형법 제10조에 규정된 심신장애의 유무 및 정도를 판단하는 것은 법률적 판단이지만, 반드시 전문감정인의 의견에 기속되어야 한다. (×) 2013년 사법시험 형법 문12 보기⑤

【정답 및 해설】 1. ○ 2와 3은 ×가 옳다. 사물변별능력과 의사결정능력 모두 있어야 심신장애로 볼 수 없기 때문이다. 4는 ○가 옳다. 피고인인 심신장애 주장을 한 경우 법원은 이에 관해 판단해야 하지만, 반드시 전문가의 감정을 거쳐야 하는 것은 아니기 때문이다. 5. X

원인에 있어서 자유로운 행위에 관한 설명으로 가장 적절하지 않은 것은?

[2020년 1차 순경시험 형법 문6]

① 원인행위를 실행행위로 보는 견해에 따르면 행위와 책임의 동시 존재의 원칙에 부합하고, 책임무능력상태에서의 실행행위는 책임이 없거나 행위라고 할 수도 없기 때문에 원인행위 자체를 실행행위로 보지 않으면 원인에 있어서 자유로운 행위를 처벌할 수 없게 된다.

② 원인행위와 실행행위의 불가분적 연관에서 책임의 근거를 인정하는 견해에 따르면 원인설정행위는 실행행위 또는 그 착수행위가 될 수 없지만 책임능력 없는 상태에서의 실행행위와 불가분의 연관을 갖는 것이므로 원인설정행위에 책임비난의 근거가 있다.

③ 원인행위를 실행행위로 보는 견해에 따르면 원인설정행위를 실행행위로 파악하기 때문에 구성요건적 행위정형성을 중시하여 죄형법정주의의 보장적 기능에 부합한다.

④ 책임능력 결함상태에서의 실행행위를 책임의 근거로 인정하는 견해에 따르면 반무의식상태에서 실행행위가 이루어지는 한 그 주관적 요소를 인정할 수 있지만, 대부분의 경우에 책임능력이 인정되어 법적 안정성을 해하는 결과를 초래한다.

【해설】 ③×(원인설정행위를 실행행위로 본다는 것은 책임무능력상태로 만들기 위해서 술을 마시는 등의 행위를 실행행위로 본다는 것이므로 구성요건적 행위정형성을 무시되거나 약화된다.) **【정답】** ③

다음 사례에 대하여 〈보기〉의 견해에 따른 결론으로 옳은 것은?

[2012년 사법시험 형법 문21]

甲은 A를 살해하기로 마음먹고 乙에게 A의 살해를 부탁하였다. 이를 승낙한 乙은 맨 정신으로는 A를 살해할 용기가 나지 않아 술에 취한 상태에서 A를 살해하기로 마음먹고 술을 마셨다. 만취상태가 된 乙은 양심의 가책을 느껴 A의 살해를 포기하고 집으로 가는 도중에 술에 취한 나머지 가게 앞에 누워 있는 노숙자 B를 마네킹으로 오인하고 발로 차 상해를 입혔다.

Ⅰ. 원인에 있어서 자유로운 행위에 대한 가벌성과 관련하여 원인설정행위가 실행행위 또는 그 착수행위이며, 심신장애상태에서의 행위는 원인행위에 기인한 결과에 지나지 않는다고 보는 견해
Ⅱ. 원인에 있어서 자유로운 행위에 대한 가벌성과 관련하여 원인설정행위와 심신장애상태에서의 실행행위의 불가분적 연관에서 책임의 근거를 인정하는 견해
Ⅲ. 과실에 의한 원인에 있어서 자유로운 행위는 위험발생을 예견할 수 있었음에도 자의로 심신장애를 야기하여 고의 혹은 과실의 결과실현행위를 한 경우가 아니라, 구성요건적 결과를 예견하였으나 자의로 심신장애를 야기하고 결과실현행위가 과실범인 경우를 의미한다는 견해
Ⅳ. 형법 제10조 제3항에서 규정하고 있는 '자의로 심신장애를 야기한 자'는 예견한 구성요건적 결과를 실현하기 위해 고의로 심신장애를 야기한 자를 의미한다고 보는 견해

① Ⅰ에 의하면 乙에게는 A에 대한 살인예비죄가 성립한다.

② Ⅱ에 의하면 乙에게 실행의 착수가 인정되어 甲에게는 살인미수죄의 교사범이 성립한다.

③ 판례는 Ⅲ을 취하고 있고, 이에 따르면 B의 상해에 대해 乙에게 형법 제10조 제3항을 적용한 형사책임을 물을 수 있다.

④ Ⅳ에 의하면 B의 상해에 대하여 乙에게 형법 제10조 제3항을 적용한 상해죄의 책임을 물을 수 없다.

⑤ Ⅱ에 따를 때 판례에 의하면 乙에게는 A에 대한 살인예비죄의 중지미수범이 성립한다.

【해설】 ④○('상해'라는 구성요건의 실현을 예견하지 않은 상태에서 고의가 아니라 과실로 상해를 입힌 것이다.) ①×(술을 마시기 시작할 때 실행의 착수가 인정되므로 살인죄의 미수가 성립한다.) ②×(심신장애상태에서 실행행위를 할 때 실행의 착수가 인정되므로 이 경우에는 실행의 착수가 부정된다.) ③×(판례[92도999]는 '특정한 구성요건의 실현'에 대한 예견이 아니라 '법익침해'에 대한 예견이나 예견가능성으로 보는 입장에 가깝다.) ⑤×(판례[99도424]는 예비죄의 중지미수를 인정하지 않는다.) **【정답】** ④

다음 〈사례〉에 관한 설명 중 옳은 것(○)과 옳지 않은 것(×)을 올바르게 조합한 것은? (다툼이 있는 경우 판례에 의함) [2016년 사법시험 문4]

甲과 乙은 함께 A를 상대로 강도하기로 공모한 후에 범행실행의 용기를 가지기 위해 대마초를 흡연하여 심신미약의 상태에서 곧이어 A를 찾아갔다.
ㄱ. 甲과 乙이 이후 A에 대한 강도의 기수에 이르렀다면, 이들의 행위는 심신미약의 상태에서 이루어졌으므로 「형법」 제10조 제2항의 심신미약에 의한 감경규정이 적용된다.

ㄴ. A의 집으로 찾아간 甲과 乙이 함께 강도행위를 하던 중 甲이 홀로 A에 대한 강간행위를 하였고, 乙은 甲의 강간의 실행의 착수 이후에 이 사실을 알게 되었으나 甲의 강간행위를 도와준 바 없이 집에서 나왔다면, 乙은 甲의 강간행위에 대한 공동정범의 죄책을 지지 않는다.

ㄷ. A를 찾아간 甲과 乙이 A로부터 금품을 강취하려다가 甲이 강도의 기회에 A에게 상해를 가하여 사망에 이르게 한 경우, 乙은 살인의 공모를 하지 않았으므로 A의 사망에 대한 예견가능성 유무와 관계없이 강도치사죄의 죄책을 지지 않는다.

ㄹ. 원인에 있어서 자유로운 행위를 '행위와 책임의 동시존재 원칙'의 예외로 파악하는 견해에 따르면, 위 〈사례〉에서 甲과 乙이 이후 A에 대한 강도의 기수에 이른 경우 강도죄의 실행의 착수시기를 대마초의 흡연 시로 본다.

ㅁ. 원인에 있어서 자유로운 행위의 실행의 착수시기를 심신장애상태하에서의 실행행위를 기준으로 파악하는 견해에 따르면, 甲과 乙이 A를 찾아가다가 범행계획을 후회하여 다시 되돌아온 경우, 甲과 乙은 강도죄의 중지미수에 해당한다.

①ㄱ(○), ㄴ(×), ㄷ(○), ㄹ(○), ㅁ(○) ②ㄱ(×), ㄴ(○), ㄷ(×), ㄹ(○), ㅁ(×)
③ㄱ(×), ㄴ(×), ㄷ(○), ㄹ(○), ㅁ(○) ④ㄱ(×), ㄴ(○), ㄷ(×), ㄹ(×), ㅁ(×)
⑤ㄱ(×), ㄴ(×), ㄷ(×), ㄹ(×), ㅁ(×) ⑥ㄱ(×), ㄴ(○), ㄷ(×), ㄹ(×), ㅁ(○)

【해설】 ㄱ:×(원인에서 자유로운 행위이므로 심신미약규정이 적용되지 않는다.) ㄴ:○(乙은 甲의 강간행위에 전혀 가담하지 않았으므로 책임을 지지 않는다.) ㄷ:×(사망에 대한 예견가능성이 인정되면 乙은 강도치사죄의 책임을 진다.) ㄹ:×(A를 찾아가서 강도를 시작한 때가 강도죄의 실행의 착수시기이다.) ㅁ:×(찾아가서 강도죄를 실행하지 않고 찾아가다가 돌아온 경우는 강도죄의 예비로 봐야 한다.) **【정답】** ④

• 탐구과제 •

– 예비죄의 중지범은 인정되는가?
– 예비죄에 대해 방조범이 성립할 수 있는가?

8강 예비 · 음모죄의 중지미수와 방조범의 성부

예비 · 음모죄의 경우에도 중지미수와 방조범이 인정될 수 있는지 보고, 공범종속성원칙의 의미를 이해한다.

• 사례 •

乙은 강도할 목적으로 강도할 때 사용할 범행도구를 마련했는데, 그 범행도구는 甲이 乙의 범행계획을 알고 제공한 금전으로 구입한 것이다. 그러나 乙은 강도죄의 실행의 착수 전에 마음을 바꾸어 범행을 포기하였다.

– 乙의 형사책임은? 만일 乙이 강도를 준비하다가 자의로 중지한 경우 강도예비죄의 중지미수인가?

– 甲의 형사책임은?

• 해설 •

1. 예비 · 음모죄

> 제28조 (음모, 예비) 범죄의 음모 또는 예비행위가 실행의 착수에 이르지 아니한 때에는 법률에 특별한 규정이 없는 한 벌하지 아니한다.
>
> 제343조 (예비, 음모) 강도할 목적으로 예비 또는 음모한 자는 7년 이하의 징역에 처한다.

가. 예비 · 음모의 개념

범죄실행을 위한 준비행위(예컨대 살해를 위해 칼을 구입하여 날카롭게 하거나 계획함)가 범죄 '실행의 착수(예컨대 살해하려고 칼로 찌름)'로 이어지지 않는다면, 그런 준비행위는 원칙적으로 처벌하지 않고 예외적으로 처벌한다. 이를 예비 · 음모범이라고 한다. 예비가 유형적 준비행위라면, 음모는 언어 등을 통한 무형적 준비행위다.

예비 · 음모범은 미수범처럼 법익을 침해할 위험이 있는 행위를 처벌하는 범죄이다. 그러나 미수범은 그 위험이 구체적인 경우이고, 예비 · 음모범은 그 위험이 추상적인 경우이다. 예비 · 음모범은 형법의 법익보호원칙을 너너욱 충실하세 실현하기 위한 범죄형태라고 할 수 있다. 법익침해의 추상적 위험을 통제할 필요성은 매우 특별히 중한 범죄, 예컨대 살인죄, 강도죄, 방화죄 등에 대해서 인정되므로, 형법은 이런 범죄에 대해서만 예비 · 음모죄를 두고 있다.

나. 예비 · 음모죄의 성립요건

예비 · 음모죄의 객관적 성립요건은 예비 · 음모행위의 존재이고, 주관적 성립요건은 이런 예비 · 음모행위에 대한 고의와 기본범죄를 저지를 목적의 존재이다.

예비 · 음모행위는 범죄실행의 착수 이전 단계의 행위로서 엄격하게 해석할 필요가 있으므로 예비 · 음모죄의 요건인 '…의 죄를 범할 목적'은 자신이 직접 '…의 죄를 실행할 목적'을 의미하는 이른바 '자기예비'에 한정해야 한다는 견해도 있다. 만일 타인이 실행하는 범죄의 예비, 곧 타인예비를 인정하면 타인이 실행에 착수하기 전에는 타인예비자가 예비죄의 정범이 되었다가 타인이 실행에 착수한 이후에는 실행한 범죄의 공범이 되는 것인데, 이는 부당하다는 것이다. 그러나 乙과 丙은 5천만원을 줄테니 V를 살해해달라는 甲의 제안에 대해 살해할 의사는 없이 V를 살해할 것처럼 속여서 돈을 받아낼 생각으로 승낙을 한 후 V를 살해하였다고 속여 甲으로부터 2천만원을 받은 경우, 판례는 甲의 행위는 살인죄의 실현에 실질적으로 기여할 수 있는 외적 행위로서 甲에게 살인예비죄를 인정한다(2009도7150).

예비행위는 물적인 것에 한정되지 않고 특별한 정형이 있는 것도 아니지만, 단순히 범행의 의사 또는 계획만으로는 인정할 수 없고 객관적으로 보아서 목적한 범죄의 실현에 실질적으로 기여할 수 있는 외적 행위를 필요로 한다(2009도7150).

음모란 2인 이상의 자 사이에 성립한 범죄실행의 합의를 말한다. 음모죄가 성립하려면 단순히 범죄결심을 외부에 표시 · 전달하는 것만으로는 부족하고, 객관적으로 보아 특정한 범죄의 실행을 위한 준비행위라는 것이 명백히 인식되고, 그 합의에 실질적인 위험성이 인정되어야 한다(99도3801).

2. 예비 · 음모죄의 중지(미수)범의 성부

강도의 예비를 마친 후 실행에 착수하지 않은 乙의 행위에 대해서는 강도의 예비죄가 성립한다. 그런데 만일 乙이 강도의 예비행위를 하다가 자의로 예비행위를 중지한 경우 강도의 예비죄에 대해 중지(미수)범을 인정할 수 있을까.

가. 미수범과 중지(미수)범

먼저 중지(미수)범이란 미수범의 한 형태를 말한다. 형법의 미수범은 예외적인 처벌규정이다. 미수란 범죄의 실행에 착수하여 ⓐ행위를 종료하지 못하였거나 ⓑ구성요건적 결과가 발생하지 않았거나 또는 ⓒ구성요건적 결과가 발생하였더라도 행위와 그 결과 사이에 인과관계가 인정되지 않는 경우를 말한다. 법익을 침해할 구체적 위험이 있는 행위를 처벌함으로써, 형법의 법익보호원칙을 보다 충실하게 실현하기 위한 것이라고 할 수 있다. 과실범은 대부분 결과발생을 필요로 하므로 다수견해는 과실범의 미수범, 곧 과실미수는 인정할 수 없다고 본다.

제25조 (미수범) ①범죄의 실행에 착수하여 행위를 종료하지 못하였거나 결과가 발생하지 아니한 때에는 미수범으로 처벌한다. ②미수범의 형은 기수범보다 감경할 수 있다.
제26조 (중지범) 범인이 실행에 착수한 행위를 자의(自意)로 중지하거나 그 행위로 인한 결과의 발생을 자의로 방지한 경우에는 형을 감경하거나 면제한다.
제27조 (불능범) 실행의 수단 또는 대상의 착오로 인하여 결과의 발생이 불가능하더라도 위험성이 있는 때에는 처벌한다. 단, 형을 감경 또는 면제할 수 있다.

미수범에는 크게 (장애)미수범, 중지(미수)범, 불능(미수)범이 있다. 보호법익에 대한 위험을 발생시킨 미수범은 보호법익을 침해한 기수범에 견줘 불법이 낮다고 볼 수 있다. 그래서 형법은 미수범은 기수범보다 가볍게 처벌할 수 있도록 하고 있다. 다만 어떤 형태의 미수범인가에 따라 그 정도에 차이가 있다. (장애)미수범은 기수범보다 그 형을 감경할 수 있다. 임의적 감경사유이다. 중지(미수)범은 필요적 감면사유이고, (처벌하는) 불능미수는 임의적 감면사유이다.

나. 예비 · 음모죄에 대한 중지(미수)범 적용 여부

⑴ 부정설(판례)

판례는 예비 · 음모죄는 실행의 착수 이전이므로 실행의 착수를 전제로 한 중지(미수)범 규정을 적용할 수 없다고 본다(99도424). 기본범죄의 실행행위로 볼 수 없다는 견해에 따르면 예비 · 음모죄에 대해서는 중지미수 규정을 적용할 수 없다.

⑵ 긍정설: 직접 적용설과 유추적용설

미수범은 기본범죄(기수범)의 비독자적인 범죄이지만 예비 · 음모범은 독자적인 범죄라고 보는 견해가 있다. 예비 · 음모범은 그 실행행위가 기본범죄(기수범)의 실행행위와는 차이가 있고, 법정형도 미수범과 달리 독자적으로 정하고 있다는 것이다. 이 견해에 따르면 예비 · 음모행위는 당연히 예비 · 음모범의 실행행위이므로 이 행위를 중지한 경우 중지미수 규정이 적용된다.

예비 · 음모행위의 실행행위성을 인정할 수 없지만, 예비 · 음모범에 대해서도 중지미수 규정을 유추적용하자는 입장도 있다. 이는 다시 ⓐ예컨대 일반이적죄(무기 또는 3년 이상 징역)처럼 예비의 형(2년 이상 30년 이하 징역)이 중지미수(1년 개월 이상 30년 이하 징역 또는 면제)의 형보다 중한 경우에 한해서 형의 균형상 중지미수의 규정을 준용하되, 필요적 감면의 대상형을 기수범의 법정형으로 하자는 제한적 유추적용설과 ⓑ중지미수의 규정을 언제나 준용하며, 필요적 감면의 대상형도 기수범의 법정형이 아닌 예비죄의 법정형으로 하자는 전면적 유추적용설로 나뉜다. 이에 따르면 살인기수범의 법정형(사형, 무기 또는 5년 이상 징역) 가운데 5년 이상 징역을 선택하여 필요적 감면하면 2년 6개월 이상 징역 또는 형의 면제까지 가능하며, 살인예비죄의 법정형(10년 이하 징역)을 대상으로 필요적 감면하면 5년 이하 징역 또는 형의 면제까지 가능하다. ⓐ는 형의 불균형을 중요하게 고려하는 반면, ⓑ는 중지미수의 취지를 예비의 중지에도 논리일관하게 적용하려는 것이다.

중지미수 규정이 아니라 필요적 감면되는 내란죄의 예비 · 음모범의 자수규정(제90조 제1항 단서)을 유추적용하자는 견해도 있다.

3. 예비 · 음모죄에 대한 방조범의 성부

乙의 강도 예비범행을 도운 甲을 방조범으로 처벌할 수 있을까. 예비죄도 독립된 범죄구성요건으로서 예비행위도 실행행위로 볼 수 있다는 견해는 이를 긍정한다.

그러나 판례는 이를 부정한다(79도2201). 그 이유는 ⓐ방조범 또는 종범을 처벌하려면 정범이 범죄의 실행에 착수해야하므로, 정범이 예비의 단계에 그쳤다면 이에 가담하는 행위가 예비의 공동정범이 되는 경우를 제외하고는 종범으로 볼 수 없고, ⓑ범죄의 구성요건 개념상 예비죄의 실행행위는 무정형 · 무한정한 행위이고 종범의 행위도 무정형 · 무한정한 것이어서 예비죄의 종범을 인정하면 범죄구성요건의 부당한 유추 내지 확장해석을 가져올 수 있으며, 바로 이런 점 때문에 형법이 '특별한 규정이 없는 한 예비 · 음모는 처벌할 수 없다'고 규정한 것이고, ⓒ따라서 형법각칙의 예비죄를 독립된 구성요건으로 보지 않는 것이 죄형법정주의에도 부합한다는 것이다(75도1549).

4. 정범과 공범의 구별과 공범의 종속성

가. 정범과 공범의 구별 기준

교사범과 방조범을 '다수인이 의도적으로 가담하는 범죄'라는 (넓은 의미의) 공범과 구별해서 좁은 의미의 공범이라고도 한다.

정범과 공범의 구별에 관해 다툼이 있다. ㉮구성요건해당행위를 기준으로 하는 입장인 객관설 중 ⓐ형식적 객관설은 그 행위를 직접 수행하는 사람만 정범으로 본다. 정범을 극히 제한적으로 인정하는 제한적 정범개념으로 연결된다. 반면에 ⓑ실질적 객관설은 그 행위의 수행에 실질적인 가담자도 정범으로 본다.

㉯주관설 또는 의사설은 자신을 위한다는 의사를 가지고 범죄에 가담하는 사람이 정범이라는 입장이다. 이에 따르면 청부살인자는 공범이다. 정범을 매우 넓게 인정하는 확장적 정범개념으로 연결된다.

㉰행위지배설 또는 범행지배설은 구성요건해당행위의 진행 여부를 좌우할 수 있는 지위에 있는 사람을 정범으로 본다. 범행지배의 의미를 두고 범행지배설 안에서 다시 다툼이 있다. 독일 학자 Roxin은 신분범(身分犯) · 의무범(義務犯) · 자수범(自手犯)이 아닌 지배범의 경우, 단독정범은 행위지배로, 공동정범은 기능적 행위지배로, 간접정범은 우월적 의사지배로 범행지배의 의미를 유형화하여 이해한다. 한국의 다수견해이다.

나. 제한적 정범개념과 확장적 정범개념

현행 형법처럼 구성요건을 중심으로 정범과 공범을 분리하여 정범을 제한적으로 인정하는 제한적 정범개념에 따르면, 간접정범의 정범성을 인정하기 어렵다. 제한적 정범개념에 따르면 현행 형법의 공범규정은 정범으로 처벌되지 않는 것을 특별히 처벌규정을 두어서 처벌하는 것이라고 볼 수 있으므로 형벌확장사유로 볼 수 있다.

이와 달리 범죄의 구성요건적 결과의 발생에 조건을 설정한 자 모두를 정범으로 파악하는 확장적 정범개념은 인과관계와 관련하여 결과에 대한 모든 조건의 동가치성을 인정하는 조건설이 이론적 기초가 된 것이다. 단일정범형식으로 연결된다. 오스트리아 형법 제12조가 이를 채택하고 있다.[37] 이런 확장적 정범개념에 따르면 방조범도 정범이다. 그런데 현행 형법은 정범이 아니라 공범인 방조범으로서 가볍게 처벌한다. 따라서

---

37) 제12조 (관여자의 행위자로서의 취급) 직접의 행위뿐만 아니라, 타인에게 가벌적 실행행위를 결의시

확장적 정범개념에 따르면 본래 정범으로 처벌되어야 할 것을 공범으로 처벌하는 것이므로 공범규정, 특히 방조범은 형벌제한사유로 이해할 수 있다.

다. 공범의 종속성의 여부: 공범종속성설과 공범독립성설

위 판례는 공범종속성설에 따른 것이다. 공범종속성설은 공범의 성립은 정범에 종속한다고 보는 입장으로서, 범죄의 실질은 구성요건해당행위의 수행이라는 객관주의 범죄론에 근거한다. 이와 달리 공범독립성설은 공범의 성립은 정범에 종속되지 않는다고 보는 입장으로서, 범죄의 실질은 행위자의 반사회성이라는 주관주의 범죄론에 근거한다.

> 第30조 (공동정범)2인 이상이 공동하여 죄를 범한 때에는 각자를 그 죄의 정범으로 처벌한다.
> 第31조 (교사범)①타인을 교사하여 죄를 범하게 한 자는 죄를 실행한 자와 동일한 형으로 처벌한다. ②교사를 받은 자가 범죄의 실행을 승낙하고 실행의 착수에 이르지 아니한 때에는 교사자와 피교사자를 음모 또는 예비에 준하여 처벌한다. ③교사를 받은 자가 범죄의 실행을 승낙하지 아니한 때에도 교사자에 대하여는 전항과 같다.
> 第32조 (종범)①타인의 범죄를 방조한 자는 종범으로 처벌한다. ②종범의 형은 정범의 형보다 감경한다.

공범종속성설이 한국 형법의 기본적인 입장이라고 볼 수 있다. 공범에는 교사범과 방조범이 있다. 교사범은 타인을 부추겨 범죄를 결의하게 하고 그 범죄를 실행하도록 하는 범죄인데, 교사자의 교사행위와 교사를 받은 자(피교사자) 곧 정범의 실행행위가 있어야 성립한다. 교사범은 법정형은 정범의 법정형과 같다. 방조범 또는 종범은 정범이 범죄를 실현하는 것을 돕는 범죄이다. 방조범이 성립하려면 정범의 실행행위와 이에 대한 방조행위가 있어야 한다. 정범의 실행을 방조한다는 방조의 고의와 정범의 행위가 구성요건에 해당하는 행위라는 점에 대한 정범의 고의가 있어야 한다(2012도2628). 방조범의 처단형은 정범의 법정형보다 필요적으로 감경한 형이다.

피교사자가 실행을 승낙하였으나 실행에 착수하지 않은 경우를 효과없는 교사라고 하는데, 형법은 교사자와 피교사자 모두 교사한 범죄의 예비 · 음모로 처벌한다(제31조 제2항). 피교사자가 실행을 승낙하지 않은 경우를 실패한 교사라고 하는데, 형법은 피교사자는 처벌하지 않고, 교사자는 교사한 범죄의 예비 · 음모로 처벌한다(제31조 제3항).

키거나 그 실행에 기여한 자도, 가벌적 행위를 범하는 것이다.

형법이 피교사자가 실행에 착수하지 않았음에도 불구하고 교사자를 처벌하는 것은 공범독립성설의 입장으로 볼 수 있다. 형법이 자살을 처벌하지 않음에도 불구하고 자살교사·방조를 처벌하는 것(제252조 제2항)도 공범독립성설의 입장으로 볼 수 있다.

라. 공범종속성설에 따를 경우 공범의 종속성의 정도

공범종속성설에 따를 경우, 종속성의 정도를 두고 다시 다툼이 있다. 정범의 행위가 어떤 요건을 갖추어야 공범이 성립하는지의 문제이다.

㉮최소한 종속형식은 구성요건에 해당하면 충분하다고 본다. ㉯다수견해는 제한적 종속형식으로 구성요건에 해당하고 위법해야 한다고 본다. 이에 따르면 공범의 불법은 정범과 연대하지만, 책임은 개별적으로 판단한다. ㉰극단적 종속형식은 구성요건해당성, 위법성, 책임 모두 인정되어야 한다고 본다. ㉱초극단적(확장적) 종속형식은 구성요건해당성, 위법성, 책임은 물론 처벌조건도 갖추어야 한다고 본다.

• 기출문제 •

예비죄에 대한 설명으로 옳지 않은 것은? (다툼이 있는 경우에 판례에 의함)

[2008년 국가직 9급 형법 문15]

① 예비행위는 원칙적으로 그 수단과 방법에 제한이 없는 무한정·무정형한 행위이다.
② 예비죄는 기본범죄를 범할 목적이 있어야 하는 목적범이다.
③ 예비행위를 처벌하는 경우에도 중지범의 관념을 인정할 수 없다.
④ 정범이 예비죄로 처벌되는 경우 이에 가공하는 행위는 방조범으로 처벌된다.

【해설】 ④×(79도2201: 예비죄의 방조범은 성립할 수 없다.) **【정답】** ④

예비의 중지	1. 중지범은 범죄의 실행에 착수한 후 자의로 그 행위를 중지한 때를 말하는 것이므로 실행의 착수가 있기 전인 예비의 중지범은 인정할 수 없다. [2015년 변호사시험 문2] [2020년 경찰간부후보생시험 문13] [2021년 변호사시험 형사법 문4]
	2. 乙이 행사할 목적으로 통용하는 대한민국의 화폐를 위조하기 위한 예비행위를 하면서, 甲이 부주의로 놓아둔 도구를 乙이 이용하였더라도 甲을 통화위조예비죄의 방조범으로 처벌할 수 없다. [2012년 사법시험 형법 문28]

예비의 방조	3. 乙은 강도를 준비하고 있는 甲이 범행도구를 마련하는 것을 도와주었다. 그러나 甲이 실행의 착수 전에 마음을 바꾸어 범행을 포기하였다면 甲은 강도예비, 乙은 강도예비의 방조범으로 처벌된다. [2006년 사법시험 형법 문39] [2009년 사법시험 형법 문35] [2010년 사법시험 형법 문23] [2014년 변호사시험 형사법 문14] [2015년 변호사시험 형사법 문4] [2021년 변호사시험 형사법 문4]
	4. 甲이 친구 乙의 부탁을 받고 乙이 건네주는 금전을 밀수자금인줄 알면서 자신의 선박 기관실에 은닉한 행위는 관세법상 무면허수입예비죄의 방조범에 해당한다. [2011년 사법시험 형법 문33]

【정답 및 해설】 1. ○(99도424) 2. ○(방조는 과실로 할 수는 없을 뿐만 아니라 방조범은 정범의 실행착수를 전제로 하므로 예비죄의 방조는 성립할 수 없다.) 3. ×(79도2201의 취지. 공범의 종속성은 정범의 실행의 착수를 전제로 하므로 예비죄의 방조범은 성립할 수 없다.) 4. ×(79도2201)

예비죄에 관한 설명 중 옳은 것을 모두 고른 것은? (다툼이 있는 경우에는 판례에 의함)

[2013년 사법시험 형법 문39]

ㄱ. 과실에 의한 예비나 과실범의 예비는 불가벌이다.
ㄴ. 예비단계에서 방조에 그친 경우, 정범이 실행에 착수하였더라도 불가벌이다.
ㄷ. 예비죄의 공동정범은 불가벌이다.
ㄹ. 예비죄의 방조범은 불가벌이다.

① ㄱ ② ㄱ, ㄹ ③ ㄴ, ㄷ ④ ㄷ, ㄹ ⑤ ㄱ, ㄴ, ㄹ

【해설】 ㄱ: ○(예비죄는 목적범이므로 실수로 예비하거나 과실범을 예비할 수는 없다.) ㄴ: ×(강도를 준비하는 甲에게 乙이 칼을 구해서 준 경우 甲이 그 칼로 강도죄의 실행의 착수를 하지 않은 때에는 乙에게 강도예비죄의 방조범은 성립할 수 없으나 그 칼로 甲이 강도를 했다면 乙에게 강도죄의 방조범이 성립한다.) ㄷ: ×(강도죄를 범하기 위해 甲과 乙이 열심히 모의를 하고 칼을 준비한 경우 甲과 乙을 강도예비죄의 공동정범이 성립한다.) ㄹ: ○(75도1549: 종범이 처벌되기 위하여는 정범의 실행의 착수가 있는 경우에만 가능하고 형법 전체의 정신에 비추어 정범이 실행의 착수에 이르지 아니한 예비의 단계에 그친 경우에는 이에 가공하는 행위가 예비의 공동정범이 되는 경우를 제외하고는 종범의 성립을 부정하고 있다고 보는 것이 타당하다.) **【정답】** ②

정범과 공범의 구별기준에 관한 甲, 乙, 丙, 丁의 견해와 a, b, c의 내용이 서로 부합되는 것은? [2008년 사법시험 형법 문14.(배점 4)]

甲 : 자기의 범죄를 행할 의사를 가지고 행위한 자는 정범이고, 타인의 범죄를 행할 의사로 행위한 자는 공범이다. a. 청부받아 살인을 행한 자는 정범에 해당된다. b. 인과조건의 동가치성을 전제로 하는 조건설을 기초로 한다. c. 간접정범과 공동정범의 정범성을 설명할 수 없는 문제점이 있다.
乙 : 범행을 지배하였다고 평가되는 자는 정범이고, 자신의 범행지배 없이 단지 범행을 야기하거나 촉진시킨 자는 공범이다. a. 제한적 정범 개념에 기초하되, 정범 개념을 확대한다. b. 촉탁살인은 상대방의 진지한 부탁으로 인한 행위이므로 공범에 해당한다. c. 수단의 계획적 · 의식적 조종의사인 주관적 표지로만 정범과 공범을 구별한다.
丙 : 구성요건에 해당하는 행위의 전부나 일부를 직접 행한 자가 정범이고, 실행행위 이외의 방법으로 단지 조건을 제공한 자는 공범이다. a. 제3자를 위한 사기죄를 범한 자는 공범이 된다. b. 형법상 공범 규정은 가벌성을 확장한 형벌확장사유이다. c. 간접정범의 정범성은 인정되지만 공동정범의 정범성이 부정되는 문제점이 있다.
丁 : 행위수행의 시간적 연관을 기준으로 하여 실행행위시에 가담하는 자는 정범이고, 그 전이나 후에 가담하는 자는 공범이다. a. 구성요건적 행위시에 방조한 자를 공범으로 본다. b. 간접정범의 정범성을 설명할 수 없다는 문제점이 있다. c. 타인으로 하여금 범행을 결의하게 한 교사범을 정범으로 본다.

① 甲-a, 乙-a, 丙-b, 丁-b　② 甲-a, 乙-b, 丙-b, 丁-b
③ 甲-a, 乙-b, 丙-b, 丁-a　④ 甲-b, 乙-a, 丙-b, 丁-b
⑤ 甲-b, 乙-a, 丙-c, 丁-b　⑥ 甲-b, 乙-b, 丙-c, 丁-a
⑦ 甲-c, 乙-c, 丙-a, 丁-a　⑧ 甲-c, 乙-c, 丙-a, 丁-c

【해설】 甲: 주관설 또는 의사설은 조건설로는 정범과 공범을 구별할 수 없다는 것을 인정하고 주관적 기준으로 구별하려는 입장으로서, 이에 따르면 간접정범과 공동정범은 모두 자신의 범죄를 행할 의사로 볼 수 있으므로 이들 범죄의 정범성을 인정하는데 어려움이 없다. 乙: 범행지배설은 제한적 정범개념에 기초하며, 촉탁살인은 당연히 정범이다. 丙: 형식적 객관설도 제한적 정범개념에 기초하며, 실행행위를 분담하지 않는 간접정범의 정범성을 인정하기 어렵다. 공동정범도 실행행위를 분담하지 않으면 정범성을 인정하기 어렵다. 丁: 실질적 객관설 중 동시설의 입장으로 구성요건행위시에 방조한 자는 정범이고, 교사범은 구성요건행위시에 가담한 것이 아니므로 공범이다. **【정답】** ④

공범종속성설의 논거나 주장을 모두 고른 것은? [2015년 사법시험 형법 문9]

ㄱ. 범죄는 행위자의 반사회성의 징표이다. ㄴ. 실패한 교사범(「형법」 제31조 제3항)을 처벌하고 있다.

ㄷ. 「형법」 제33조(공범과 신분)의 본문이 원칙규정이다.
ㄹ. 자살방조죄(「형법」 제252조 제2항)를 처벌하고 있다.
ㅁ. 공범의 본질은 타인의 구성요건실현에 가담하는 데 있다.

①ㄴ, ㄹ ②ㄷ, ㅁ ③ㄱ, ㄴ, ㄹ ④ㄱ, ㄷ, ㅁ ⑤ㄷ, ㄹ, ㅁ

【해설】 ㄱ · ㄴ · ㄹ: 공범독립성설의 주장 또는 논거이다. **【정답】** ②

〈보기〉는 공범의 종속형식에 관한 서로 다른 A, B, C, D의 입장에 대한 설명이다. A, B, C, D의 입장에 따른 결론으로 옳은 것은? [2011년 사법시험 형법 문26]

A는 공범의 성립 범위를 가장 좁게 인정하고, 반대로 B는 가장 넓게 인정한다. C는 공범이 성립하기 위한 조건으로 정범의 실행행위의 구성요건해당성과 위법성만 있으면 되는 것으로 보고, D는 책임개별화원칙을 반영하지 못한다는 비판을 받고 있다.

① 타인의 주거에 침입할 것을 교사하였으나 피교사자가 주거자의 승낙을 얻어 주거에 들어간 경우, A의 입장에 의하면 주거침입교사죄가 성립할 수 없지만 C의 입장에 의하면 주거침입교사죄가 성립할 수 있다.
② 강도를 교사하였으나 피교사자가 예비의 단계에서 체포된 경우, A의 입장에 의하면 강도예비교사죄가 성립할 수 없고 C의 입장에 의하면 강도예비교사죄가 성립할 수 있다.
③ 형사미성년자를 교사하여 절도를 행하게 한 경우, C의 입장에 의하면 절도교사죄가 성립할 수 없지만 D의 입장에 의하면 절도교사죄가 성립할 수 있다.
④ 피교사자의 아버지가 소유하는 물건을 절취하도록 교사한 경우에 B와 D의 입장에서는 절도교사죄가 성립할 수 있다.
⑤ 행사의 목적 없는 타인을 교사하여 사문서를 위조하게 한 경우 D의 입장에 의하면 사문서위조교사죄가 성립할 수 있지만 A의 입장에서는 사문서위조교사죄가 성립할 수 없다.

【해설】 A: 초극단종속형식, B: 최소종속형식, C: 제한종속형식, D:극단종속형식. ④○(구성요건해당성과 위법성은 물론 책임도 인정되지만 처벌조건을 충족하지 못한 행위이기 때문이다.) ①×(피해자의 양해와 승낙을 구별하는 견해에 따르면 이 경우 양해로서 구성요건해당성이 부정된다고 보든, 아니면 피해자의 승낙과 양해를 구별하지 않고 위법성이 조각되는 행위로 보든, A와 C 어떤 입장에 따른다하더라도 주거침입죄의 교사범이 성립할 수 없고, 이런 경

우 교사자와 피교사자 모두 교사한 범죄의 예비 · 음모범이 성립할 수 있지만, 주거침입죄는 예비 · 음모범을 처벌하지 않는다.) ②×(공범의 종속성은 정범이 실행행위에 착수한 이후를 전제로 하므로 A와 C 어떤 입장에 따른다하더라도 강도죄의 교사범이 성립할 수 없다. 강도예비 · 음모죄의 교사범의 성립은 예비 · 음모범을 독자적 범죄로 보고, 예비 · 음모행위의 실행행위성을 인정하는 입장에 따를 경우에만 가능하다) ③×(구성요건해당성과 위법성은 인정되지만 책임은 부정되는 행위이므로 오히려 C에 따르면 절도죄의 교사범이 성립할 수 있지만 D에 따르면 절도죄의 교사범이 성립할 수 없다.) ⑤×(구성요건해당성을 인정할 수 없는 행위이므로 어떤 입장에 따른다 하더라도 사문서위조죄의 교사범은 성립할 수 없고, 간접정범의 성부가 문제된다.) **【정답】** ④

• 탐구과제 •

- 불능미수란 무엇인가?
- 불능범과 불능미수의 구별기준은 무엇인가?

9강 정범 및 공범론: 공범과 신분 및 간접정범

형법 제33조의 공범과 신분에 관한 규정의 의미에 관한 학설과 판례의 입장을 보고, 비신분자가 신분자를 이용한 경우에도 간접정범이 성립하는지 본다.

• 사례 •

희망근로사업장으로 출근하던 V는 "일 나갈 때 가져가라"던 남편 甲의 말이 떠올라 막걸리 두 병을 챙겨 길을 나섰다. 출근하자마자 목이 칼칼했던 V는 동료들과 함께 막걸리를 나눠마셨다. 순간 V와 동료 두 명은 사망했다. 사인(死因)이 '청산염 중독에 의한 심폐정지'로 밝혀졌는데, 甲이 사다 준 청산가리 11.85g(치사량 0.38g)를 딸 乙이 막걸리에 탄 것이었다. 그리고 甲은 乙이 초등학교를 다닐 무렵부터 성추행을 한 뒤 지속적으로 乙과 성관계를 가진 것으로 밝혀졌다. 甲과 乙이 공모하여 V를 살해한 것이다. 남편 甲을 존속살인죄로 처벌해야 하는가, 아니면 (보통)살인죄로 처벌해야 하는가?

• 해설 •

1. 신분범과 신분 개념

신분이 범죄의 성립 여부나 법정형의 경중을 좌우하는 경우, 그런 범죄를 신분범이라고 한다. 신분은 예컨대 공무원이라는 자격처럼 ⓐ특정한 사람에게만 존재하고, ⓑ불법의 구성요소가 되며, ⓒ계속성을 갖는 사회적 지위나 상태를 의미한다. 따라서 고의·목적·동기는 당연히 사회적 지위나 상태로 볼 수 없으므로 신분이 아니다. 그러나 판례는 남녀의 성별, 내·외국인의 구별, 친족관계, 공무원인 자격과 같은 객관적 관계뿐만 아니라 널리 일정한 범죄행위에 관련된 범인의 인적 관계인 특수한 지위 또는 상태로 파악하고(93도1002), 목적도 신분으로 본다(84도195).

위 사건처럼 직계비속이라는 신분이 없는 남편 甲을 존속살인죄로 처벌해야 할지, (보통)살인죄로 처벌해야 할지 논란이 있고, 이는 바로 공범과 신분이라는 제목의 제33조를 어떻게 해석할지에 따라 달라진다.

2. 2020. 12. 8. 개정 이전 형법 제33조의 신분의 의미와 소극적 신분

> 제33조 (공범과 신분) 신분이 있어야 성립되는 범죄에 신분 없는 사람이 가담한 경우에는 그 신분 없는 사람에게도 제30조부터 제32조까지의 규정을 적용한다. 다만, 신분 때문에 형의 경중이 달라지는 경우에 신분이 없는 사람은 무거운 형으로 벌하지 않는다.
>
> 2020. 12. 8. 개정 이전 제33조(공범과 신분) 신분관계로 인하여 성립될 범죄에 가공한 행위는 신분관계가 없는 자에게도 전3조의 규정을 적용한다. 단, 신분관계로 인하여 형의 경중이 있는 경우에는 중한 형으로 벌하지 아니한다.

가. 형법 제33조의 신분의 의미에 관한 견해의 대립

(1) 다수견해와 판례

다수견해와 판례는 신분의 유무가 범죄의 성립을 좌우하는 경우 그 신분은 구성적 신분으로, 그 범죄는 진정신분범으로 각각 부른다. 형법 제355조의 단순횡령죄나 단순배임죄가 이에 해당한다. 이와 달리 신분의 유무가 범죄의 법정형의 경중을 좌우하는 경우 그 신분은 가감적 신분으로, 그 범죄는 부진정신분범으로 각각 부른다. 존속살인죄가 이에 해당한다.

판례(본문 · 단서설)는 제33조 본문은 진정신분범의 성립과 처벌 및 부진정신분범의 성립에 관한 규정이고, 제33조 단서는 부진정신분범의 처벌에 관한 규정이라고 본다(97도2609의 취지). 이에 따르면 공무원이 아닌 사람이 권한있는 공무원과 공동하여 허위공문서작성죄를 범한 경우, 허위공문서작성죄의 공동정범이 성립한다(2006도1663). 또한 남편 甲이 딸 乙과 함께 자신의 부인을 살해한 경우, 甲에게는 존속살인죄의 공동정범이 성립하지만 처벌은 살인죄의 법정형으로 해야 한다.

그러나 ㊏다수견해(진정신분범 · 부진정신분범설)는 위 사건에서 甲은 살인죄의 공동정범이고 처벌도 살인죄의 법정형으로 해야 한다고 본다. 제33조 본문은 진정신분범의 성립과 처벌에 관한 규정이고, 제33조 단서는 부진정신분범의 성립과 처벌에 관한 규정이며, 존속살해죄는 부진정신분범이므로, 제33조 단서가 적용된다는 것이다. 판례가 '甲이 존속살해죄를 저질렀다'고 보는 것이라면, 다수견해는 '甲이 살인죄를 저질렀다'고 보는 것이다. 이런 다툼의 실익은 없다고 볼 수도 있지만, 공소시효에서 차이가 난다.

(2) 소수견해

이와 달리 소수견해는 제33조 분문의 신분은 위법신분으로서 제33조 본문은 공범의 종속성과 불법의 연대성을, 제33조 단서의 신분은 책임신분으로서 제33조 단서는 공범의 독립성과 책임의 개별성을 각각 규정한 것이라고 보는 견해도 있다.

이 견해도 구성적 신분은 대부분은 위법신분이고, 가감적 신분은 대부분 책임신분으로 보지만, 예컨대 간수자도주원조죄에서 '간주자 또는 호송자'처럼 가감적 신분에는 위법신분도 있고, 구성적 신분에는 책임신분도 있다고 본다. 이에 따르면 가감적 위법신분의 경우는 처벌이 확대되고, 구성적 책임신분의 경우는 처벌이 축소된다.

이 견해는 개별 범죄마다 신분이 위법신분인지, 아니면 책임신분인지 판단해야 하는 번거로움이 있고, 또한 직계존속비속은 위법신분인지, 책임신분인지 판단하기 어렵다는 비판을 받는다.

(3) 소극적 신분

무면허의료죄는 의사에게는 성립하지 않고 의사가 아닌 사람에게만 성립한다. 이런 경우 의사라는 신분을 소극적 신분이라고 한다. 범죄의 성립을 저지시키는 신분이라는 의미이다. 이와 달리 수뢰죄처럼 공무원이라는 신분이 있는 사람에게만 성립하는 경우, 공무원이라는 신분을 적극적 신분이라고 한다.

제33조의 신분에는 적극적 신분은 물론 소극적 신분도 포함된다는 견해도 있다. 제33조 본문은 '(적극적) **신분관계(의 존재)로 인하여 성립될 범죄**에 가공한 행위는 (적극적) 신분관계가 **없는** 자에게도 전3조의 규정을 적용한다'고 해석할 수 있음은 물론 '(소극적) 신분관계(의 부존재)로 인하여 성립될 범죄에 가공한 행위는 (소극적) 신분관계가 **있는** 자에게도 전3조의 규정을 적용한다'는 것으로도 해석할 수 있다고 본 것이다. 제33조에는 처벌되지 않는 사람일지라도 처벌되는 사람의 범죄에 가담하면 처벌할 수 있다는 취지가 있다는 것이다. 이 견해에 따르면 의료인일지라도 의료인 아닌 자의 의료행위에 공모하여 가공하면 의료법에서 규정하는 무면허의료행위의 공동정범이 성립한다.

판례도 위 견해와 같은 입장이다. 예컨대 병원장이자 의사인 甲은 의사면허 없는 乙이 자신이 수술한 환자들에 대해 재수술을 맡아 하고 있다는 사실을 알면서도 월 1,000만원의 급여를 안정적으로 받으며 원장으로 계속 근무하여 乙의 무면허의료행위를 가능하게 한 경우(2007도1977), 피부과 의사 甲이 의료인이 아닌 피부관리사 乙과의 공모 아래 乙이 환자 V에 대해 크리스탈 필링이란 피부박피술을 시술하도록 한 경우(2003도2903) 모두 제33조가 적용되어 乙은 물론 甲에게도 무면허의료행위죄가 성립한다. 무면허의료행위죄를 소극적 불법신분범으로 본 것이다.

그러나 제33조의 신분을 적극적 신분만 의미한다고 보면서 무면허의료행위죄를 신분범으로 보면 乙에게는 무면허의료행위죄가 성립하지만 甲은 무죄이다. 반면에 무면허의료행위죄를 신분범으로 보지 않으면 공범종속성에 따라 甲과 乙 모두에 대해 무면허의료행위죄가 성립한다.

그런데 2020. 12. 8. 형법 개정 때 형법 제33조가 변경되었다. 특히 '신분관계로 인하여 성립될 범죄'라는 문구가 '신분이 있어야 성립되는 범죄'라는 문구로 바뀌었다. '신분이 있어야 성립되는 범죄에 신분 없는 사람이 가담한 경우'라는 문구가 '적극적 신분이 있어야 성립되는 범죄에 적극적 신분 없는 사람이 가담한 경우'는 물론 '소극적 신분이 없어야 성립되는 범죄에 소극적 신분 있는 사람이 가담한 경우'도 포함한다는 해석이 가능할까. 그렇지 않다고 본다. '있어야'를 '없어야'로, '없는'을 '있는'으로 각각 해석하는 것은 문언의 의미에 명백히 반한다. 문언의 가능한 해석의 범위를 넘어선다. 2020년 개정 형법은 그 취지가 법률용어 순화에 있었으나 취지와 달리 제33조의 신분의 의미에 관한 논의에서 소극적 신분 포함설의 입지를 약화시켰고 판례의 입장이 위태로워졌다.

3. 신분자가 비신분자의 범죄에 가담하는 경우와 모해위증죄

가. 신분자가 비신분자의 범죄에 가담하는 경우

제33조는 본래 비신분자가 신분자의 범죄에 가담하는 경우를 처벌하는 규정이다. 그런데 신분자가 비신분자의 범죄에 가담하는 경우에도 제33조가 적용되는지 논란이 있다. 예컨대 직계비속 甲이 자신의 친구 乙을 교사하여 甲의 부친을 살해한 경우에도 다수견해는 제33조 단서를 적용하고 또 이 규정이 책임개별화원칙을 의미한다고 해석하여 甲은 존속살인죄의 교사범으로 처벌하고, 乙은 보통살인죄로 처벌해야 한다고 본다. 모해위증죄에 관한 아래 판례에서 보듯이 판례도 이 입장이라고 볼 수 있다.

그러나 이 경우에는 제33조가 적용되지 않고 공범종속성원칙에 따라 제31조 제1항을 적용하여 甲은 보통살인죄의 교사범으로 처벌하고 乙은 보통살인죄로 처벌해야 한다고 보는 것이 옳다. 2020. 12. 8. 개정 이전 제33조가 "신분관계로 인하여 성립될 범죄에 가공한 행위"라고 하고 있고, 이는 '신분없는 자가 신분있는 자의 범죄에 가담한 경우'를 의미한다고 볼 수 있기 때문이다.

나. 모해위증죄에 관한 판례

V에 대한 모해의 목적을 가진 甲이 그런 목적이 없는 乙을 교사하여 乙이 위증한 경우, 판례는 모해목적을 신분으로 보고, 신분자가 비신분자의 범죄에 가담한 이와 같은 경우에도 제33조 단서를 제31조 제1항에 우선하여 적용할 수 있다고 하면서, 제33조 단서를 적용하여 비신분자인 乙은 위증죄로, 甲은 모해위증죄의 교사범으로 각각 처벌할 수 있다고 본다(93도1002). 도박의 습벽이 있는 甲이 도박의 습벽이 없는 乙의 도박을 방조한 경우, 甲에게 상습도박죄의 방조범이 성립한다고 본 판례(84도195)도 이와 같은 취지이다.

그러나 아래 이유로 甲은 위증죄의 교사범, 乙은 위증죄로 봐야 한다. 첫째, 모해위증죄는 신분범이 아니라 목적범이다. 둘째, 신분으로 본다고 하더라도 이 경우에는 제33조가 적용되지 않고 제31조 제1항의 공범종속성원칙에 따라야 하며, 이를 신분요소로 본다하더라도 공범과 신분에 관한 제33조를 적용하기 어렵다. 제33조는 비신분자가 신분자의 범죄에 가담한 경우에 적용된다고 봐야 하는데, 이 경우는 신분자가 비신분자의 범죄에 가담한 것으로 봐야 한다. 셋째, 제33조 단서를 적용한다고 하더라도 제33조 단서는 책임개별화원칙을 선언한 것이 아니라 공범을 정범보다 무겁게 처벌할 수 없다는 점(곧 형사처벌의 완화)에 그 취지가 있다고 해석해야 한다. 간단히 말하면 공범종속성원칙에 따르면 공범의 불법은 정범의 불법을 넘어설 수 없고, 책임원칙에 따르면 책임이 불법보다 더 클 수는 없다. 위 판례는 문언해석의 한계를 넘어선 유추로서 죄형법정주의와 책임원칙에 어긋난다.

4. 신분범과 간접정범

甲이 5살짜리 딸에게 은행에 들어가 돈을 가지고 나오라고 시키자, 그 딸은 시키는 대로 VIP상담실로 들어가서 철제금고를 열고 100만원권 자기앞수표 100장과 50만원권 자기앞수표 83장을 들고 나온 경우(5살딸절도교사사건), 甲을 간접정범으로 처벌해야 하는가, 아니면 교사범으로 처벌해야 하는가?

> 제34조 (간접정범, 특수한 교사, 방조에 대한 형의 가중) ①어느 행위로 인하여 처벌되지 아니하는 자 또는 과실범으로 처벌되는 자를 교사 또는 방조하여 범죄행위의 결과를 발생하게 한 자는 교사 또는 방조의 예에 의하여 처벌한다. ②자기의 지휘, 감독을 받는 자를 교사 또는 방조하여 전항의 결과를 발생하게 한 자는 교사인 때에는 정범에 정한 형의 장기 또는 다액에 그 2분의 1까지 가중하고 방조인 때에는 정범의 형으로 처벌한다.

가. 형법 제34조의 간접정범은 정범인가, 공범인가

(1) 정범설

형법 제34조의 간접정범을 다수견해는 다른 사람을 마치 물리적인 도구처럼 이용하여 실현하는 범죄로서, 우월적 의사지배를 본질로 하는 정범이라고 이해한다. 위와 같은 경우 간접정범의 성부를 먼저 검토한 후에 교사범의 성부를 판단해야 한다고 본다. 이를 정범개념의 우위성이라고 한다.

목적 없는 고의 있는 도구를 이용한 경우 의사지배를 인정할 수 없다는 이유로 간접정범은 성립할 수 없고, 교사범만 성립할 수 있다고 보는 견해도 있지만, 사회적 행위지배 또는 규범적 · 심리적 행위지배를 긍정하여 간접정범이 성립할 수 있다는 견해도 있다.

(2) 공범설

정범설은 독일 형법의 해석론에서 온 것으로서,[38] 한국 형법 제34조는 달리 해석해야 한다는 견해도 있다.

㉮공범설은 제34조는 극단적 종속형식을 따를 경우 교사 · 방조범으로 처벌할 수 없는 범죄, 예컨대 5살딸절도교사사건을 처벌하기 위해 마련한 규정으로서, 조문의 표제는 간접정범이라고 하고 있지만 이는 규범력을 갖지 못하고, 조문의 내용에서 간접정범을 '교사 또는 방조의 예에 의하여 처벌한다'고 하고 있으므로, 공범이라는 견해이다. 이 견해는 간접정범을 공범으로 이해하는 이런 방식을 가리켜 확장적 공범개념이라고 한다. 이에 따르면 책임능력 없는 자에게 교사하여 절도죄를 범하게 한 경우, 형법 제31조 제1항의 절도죄의 교사범이 아니라 형법 제34조의 간접정범이 성립한다.

㉯도구형 · 공범형이분설 또는 공범형 간접정범설은 ⓐ제34조는 공범설처럼 해석하는 것이 옳고, 따라서 공범형 간접정범을 규정한 것으로 봐야 하지만, ⓑ예컨대 의사 甲이 독주사를 영양주사라고 속이고 간호사 乙이 그 주사를 놓도록 하여 살해한 경우처럼 타인을 생명있는 도구로 이용하는 범죄형태와 같은 도구형 간접정범도 형법의 명문규정은 없으나 해석으로 인정할 수 있다는 견해이다. 그 이유는 형법이 흉기와 같은 도구를 사용한 범죄를 가중처벌하고 있으므로 사람을 도구로 이용한 범죄도 처벌할 수 있다고 해석하더라도 죄형법정주의에 어긋나지 않는다는 것이다. 그런데 이 견해는 도구형 간접정범도 공범형 간접정범도 모두 다수견해처럼 정범이라고 본다.

---

38) 제25조(정범) ① 범죄를 스스로 실행하거나 또는 타인을 통하여 실행한 자는 정범으로 처벌한다.

(3) 판례는 정범설

판례는 정범설의 입장이다. 간접정범을 아래와 같은 자를 마치 도구나 손발과 같이 이용하여 간접적으로 죄의 구성요소를 실행하는 범죄로 이해한다(83도515전합). '시비를 판별할 능력이 없거나 강제에 의하여 의사의 자유를 억압당하고 있는 자, 구성요건적 범의가 없는 자와 목적범이거나 신분범일 때 그 목적이나 신분이 없는 자, 형법상 정당방위, 정당행위, 긴급피난 또는 자구행위로 인정되어 위법성이 없는 자 등을 말하는 것으로 이와 같은 책임무능력자, 범죄사실의 인식이 없는 자, 의사의 자유를 억압당하고 있는 자, 목적범, 신분범인 경우 그 목적 또는 신분이 없는 자, 위법성이 조각되는 자'.

이처럼 판례는 범죄는 '어느 행위로 인하여 처벌되지 아니하는 자'를 이용해서도 실행할 수 있다는 이유로 목적없는 고의있는 도구를 이용한 간접정범을 인정한다. 예컨대 비상계엄 전국 확대가 국무회의의 의결을 거쳐 대통령이 선포함으로써 외형상 적법하였다고 하더라도, 이는 내란죄의 폭동에 해당하고, 국헌문란의 목적을 달성하기 위해 그러한 목적이 없는 대통령을 이용하여 이루어진 경우 간접정범의 방법으로 내란죄를 실행한 것으로 보아야 한다는 것이다(96도3376전합).

경찰 甲이 V를 구속하기 위해 진술조서를 허위로 작성한 후 이를 기록에 첨부하여 구속영장을 신청하고, 이런 사정을 모르는 검사와 영장전담판사를 거쳐서 발부된 영장으로 V가 구금된 경우, 甲에게 직권남용감금죄[39]의 간접정범이 성립한다(2003도3945).

강제추행죄는 정범 자신이 직접 범죄를 실행해야 성립하는 자수범이라고 볼 수 없으므로, 간접정범의 형태로도 범할 수 있는데, 피해자를 도구로 삼아 피해자의 신체를 이용하여 추행행위를 하는 형태의 간접정범도 가능하다(2016도17733).

甲은 V에게 몸싸움으로 인한 치료비 2,000만원을 지급하면서 회계정리용으로 필요하다는 이유로 V명의로 차용증을 받아 두었는데, 여기에 당초에 없던 월 2푼의 약정이자에 관한 내용 등을 부가하여 4,500만원짜리 V명의의 차용증으로 위조한 후, 이를 자신의 처의 채권자인 X에게 채권양도를 하면서 교부하였고, 이런 사정을 모르는 X가 V를 상대로 양수금 청구소송을 제기하도록 하였지만 판결이 확정되지 않은 경우, 소송사기죄의 기수시기는 당해 소송의 판결이 확정된 때이므로(95도1874), 소송사기(이른바 삼각[三角]사기의 대표적 사례)죄의 미수의 간접정범이다(2006도3591).

甲이 위조한 공문서의 이미지 파일을 이런 사정을 모르는 X에게 이메일로 송부하

39) 제124조 (불법체포, 불법감금) ①재판, 검찰, 경찰 기타 인신구속에 관한 직무를 행하는 자 또는 이를 보조하는 자가 그 직권을 남용하여 사람을 체포 또는 감금한 때에는 7년 이하의 징역과 10년 이하의 자격정지에 처한다.

여 X로 하여금 프린터로 출력하게 한 경우, 甲은 위조공문서행사죄[40]의 간접정범이다(2011도14441). 위조문서행사의 상대방이 간접정범의 도구로 사용된 사건이다.

나. 비신분자가 신분자를 이용한 경우 간접정범의 성부

허위공문서작성죄[41]의 주체는 작성권한 있는 공무원이므로, 공무원이건, 아니면 작성권한 있는 공무원을 보조 · 지시하는 작성권한 **없는** 공무원이건 모두 허위공문서작성죄의 간접정범의 성립을 부정하는 견해도 있다. 그 이유는 진정신분범의 불법은 신분자가 그 범행을 할 때만 인정된다고 봐야하므로, 비신분자가 신분자를 이용한 간접정범의 형태로 진정신분범죄를 범할 수 없다는 것이다.

그러나 판례는 공무원이 아닌 甲이 작성권한이 있는 공무원을 기망하여 허위내용의 증명서를 작성케 한 경우는 허위공문서작성죄의 간접정범이 성립할 수 없지만(76도151), 아래에서 보듯이 작성권한이 **없는** 공무원이 작성권한 **있는** 공무원을 이용해서 허위공문서작성죄를 범할 수 있다고 본다. 예컨대 면장을 보조하는 기안담당자인 면의 호적계장이 사정을 모르는 작성권한자인 면장의 결재를 받아 허위내용의 호적부를 작성한 경우, 판례는 허위공문서작성죄의 간접정범이라고 본다(90도1912. 同旨: 2009도9963). 같은 맥락에서 경찰서 보안과장 甲은 A의 음주운전을 눈감아주기 위해 그에 대한 음주운전자 적발보고서를 찢어버리고, 부하로 하여금 일련번호가 동일한 가짜 음주운전 적발보고서에 B에 대한 음주운전 사실을 기재케 하여 그 정을 모르는 담당 경찰관이 주취운전자 음주측정처리부에 B에 대한 음주운전 사실을 기재하도록 한 경우도 허위공문서작성죄의 간접정범이라고 본다(95도1706). 예비군훈련을 받았다는 내용의 확인서를 발급하여 달라는 甲의 교사를 받은 예비군동대 방위병 乙이 이런 사정을 모르는 예비군동대장의 예비군훈련확인서를 받아 甲에게 교부한 경우에도, 판례는 乙은 허위공문서작성죄의 간접정범이고, 甲은 허위공문서작성죄의 간접정범의 교사범이라고 본다(91도2837).

---

40) 제225조 (공문서등의 위조 · 변조) 행사할 목적으로 공무원 또는 공무소의 문서 또는 도화를 위조 또는 변조한 자는 10년 이하의 징역에 처한다. 제229조 (위조등 공문서의 행사) 제225조 내지 제228조의 죄에 의하여 만들어진 문서, 도화, 전자기록등 특수매체기록, 공정증서원본, 면허증, 허가증, 등록증 또는 여권을 행사한 자는 그 각 죄에 정한 형에 처한다.

41) 제227조 (허위공문서작성등) 공무원이 행사할 목적으로 그 직무에 관하여 문서 또는 도화를 허위로 작성하거나 변개한 때에는 7년 이하의 징역 또는 2천만원 이하의 벌금에 처한다.

• 기출문제 •

공범과 신분에 관한 설명으로 가장 적절하지 않은 것은? (다툼이 있는 경우 판례에 의함)
[2020년 1차 순경시험 형법 문8]

① 甲이 증인 乙을 사주하여 법정에서 위증하게 한 경우 甲은 위증죄의 교사범이 성립한다.

② 공무원 甲이 뇌물공여자로 하여금 뇌물수수죄의 공동정범 관계에 있는 생계를 같이하는 아내 乙에게 뇌물을 공여하게 한 경우 甲은 뇌물수수죄의 공동정범이 성립한다.

③ 비신분자인 아내 甲과 신분자인 아들 乙이 공동하여 남편을 살해한 경우 아내 甲과 아들 乙에게는 존속살해죄의 공동정범이 성립하고, 아내 甲은 보통살인죄의 형으로 처벌된다.

④ 도박의 습벽이 있는 甲이 도박을 하고 또 상습성 없는 乙의 도박을 방조한 경우 甲은 도박죄로 처벌된다.

【해설】 ④×(84도195: 상습도박죄와 상습도박방조죄가 성립하고 상습도박죄의 포괄일죄로 처벌해야한다.) ①ㅇ(93도1002) ②ㅇ(공무원이 생계를 같이하는 아내에게 뇌물을 공여하게 하거나[2001도7056] 뇌물수수죄의 공동정범관계에 있는 제3자에게 뇌물을 공여하게 하면 [2018도2738전합] 뇌물수수죄가 성립한다.) ③ㅇ(97도2609의 취지) **【정답】** ④

乙에게 인정되는 범죄와 동일한 범죄의 공동정범, 교사범 또는 방조범의 성립을 甲에게도 인정할 수 있는 경우를 모두 고른 것은? (다툼이 있는 경우에는 판례에 의함) [2012년 변호사시험 형사법 문17]

가. 부인 甲이 그의 아들 乙과 더불어 남편을 살해한 경우
나. A회사 경리과장 乙의 배임행위를 A회사 직원이 아닌 친구 甲이 함께한 경우
다. 甲이 乙을 사주하여 법정에서 위증하게 한 경우
라. 공무원이 아닌 甲이 공무원인 남편 乙과 함께 뇌물을 수수한 경우

①가 ②가, 나 ③가, 나, 다 ④가, 나, 다, 라 ⑤나, 다, 라

【해설】 가: ㅇ(존속살인죄가 성립하지만 보통살인죄로 처벌) 나: ㅇ(업무상배임죄가 성립하지만 단순배임죄로 처벌) 다: ㅇ(위증죄의 교사범) 라: ㅇ(수뢰죄의 공동정범) **【정답】** ④

공범과 신분에 관한 설명 중 옳은 것을 모두 고른 것은? (다툼이 있는 경우에는 판례에 의함) [2013년 사법시험 형법 문34]

ㄱ. 甲이 A를 모해할 목적으로 乙에게 위증을 교사한 경우, 정범인 乙에게 모해의 목적이 없었다고 하더라도, 형법 제33조 단서에 의하여 甲에게는 모해위증죄의 교사범이 성립한다.
ㄴ. 업무상 타인의 사무를 처리하는 지위에 있지 아니한 자가 그러한 신분관계가 있는 자와 공모하여 업무상배임죄를 범한 경우 그러한 신분관계가 없는 자에 대하여는 형법 제33조 단서에 의하여 배임죄에 정한 형으로 처벌하여야 한다.
ㄷ. 의료인일지라도 의료인 아닌 자의 의료행위에 공모하여 가공하면 의료법이 규정하는 무면허의료행위의 공동정범으로서 책임을 져야 한다.
ㄹ. 도박의 습벽이 있는 甲이 도박의 습벽이 없는 乙의 도박을 방조하면 甲에게는 상습도박죄의 방조범이 성립한다.

①ㄱ, ㄴ, ㄷ ②ㄱ, ㄴ, ㄹ ③ㄱ, ㄷ, ㄹ ④ㄴ, ㄷ, ㄹ ⑤ㄱ, ㄴ, ㄷ, ㄹ

【해설】 ㄱ:ㅇ(93도1002) ㄴ:ㅇ(86도1517) ㄷ:ㅇ(2007도1977; 2003도2903) ㄹ:ㅇ(84도195) **【정답】** ⑤

㉠에서 ㉥까지의 ( )안에 아래 A에서 F까지의 문장을 적절히 넣으면 간접정범의 본질에 관한 기술이 완성된다. ㉠에서 ㉥까지의 ( )안에 들어가야 할 문장을 옳게 배열한 것은? [2007년 사법시험 형법 문26]

형법 제34조에 규정된 간접정범이 정범인가 아니면 공범인가에 관하여 견해의 대립이 있다. 우선, 형법이 규정하고 있는 간접정범은 공범으로 파악하는 견해가 있다. 이 견해는(㉠)(라)는 점을 전제로 하여 (㉡)(라)고 한다. 그 근거로 (㉢)(라)는 점을 들고 있다.
이에 대하여 간접정범을 정범으로 파악하는 입장이 있다. 이 견해는 (㉣)(라)고 한다 그리고 (㉤)(라)고 하면서 그 근거로는 (㉥)(라)는 점을 들고 있다.

A : 현행 형법은 극단적 종속형식에 입각하고 있다.
B : 간접정범의 본질을 우월적 의사지배에서 찾아야 한다.
C : 간접정범을 교사와 방조의 예에 의하여 처벌하고 있다.
D : 형법 제34조의 표제어가'간접정범'으로 되어 있다.
E : 형법이 교사 또는 방조로 규정한 것은 이용행위의 형태를 분류한 것에 불과하다.
F : 공범 처벌의 불비를 보완하기 위한 제도이다.

①A, B, C, D, E, F ②A, F, C, B, E, D ③E, F, C, D, A, B
④F, C, B, E, D, A ⑤D, A, F, C, E, B

【정답】 ②

간접정범에 대한 설명으로 옳지 않은 것은? (다툼이 있는 경우 판례에 의함)

[2019년 국가직 9급 '형법 문16]

① 처벌되지 아니하는 타인의 행위를 적극적으로 유발하고 이를 이용하여 자신의 범죄를 실현한 자는 간접정범의 죄책을 지고, 그 과정에서 타인의 의사를 부당하게 억압하여야 하는 것은 아니다.

② 강제추행죄는 처벌되지 아니하는 타인을 도구로 삼아 피해자를 강제로 추행하는 간접정범의 형태로도 범할 수 있으나, 이때 피해자는 그 타인에 포함되지 않는다.

③ 공문서의 작성권한이 있는 공무원(A)의 직무를 보좌하는 공무원이 행사할 목적으로 그 직위를 이용하여 허위의 내용이 기재된 문서 초안을 그 정을 모르는 A에게 제출하여 결재하도록 한 경우에는 허위공문서작성죄의 간접정범이 성립한다.

④ 자기에게 유리한 판결을 얻기 위해 증거가 조작되어 있다는 점을 알지 못하는 제3자를 이용하여 그를 소송의 당사자가 되게 하고 법원을 기망하여 소송 상대방의 재물을 취득하였다면 간접정범 형태의 소송사기죄가 성립한다.

【해설】 ②×(2016도17733: 강제추행죄는 정범 자신이 직접 범죄를 실행하여야 성립하는 자수범이라고 볼 수 없으므로, 간접정범의 형태로도 범할 수 있는데, 피해자를 도구로 삼아 피해자의 신체를 이용하여 추행행위를 하는 형태의 간접정범도 가능하다.) ①○(2007도7204) ③○(90도1912; 2009도9963) ④○(2006도3591) **【정답】** ②

간접정범에 관한 다음 설명 중 옳지 않은 것은?(다툼이 있는 경우에는 판례에 의함)

[2008년 사법시험 형법 문19]

① 甲이 자기에게 유리한 판결을 얻기 위하여 증거가 조작되어 있다는 정을 인식하지 못하는 乙을 이용하여 그로 하여금 민사소송의 당사자가 되게 하고 법원을 기망하여 소송 상대방의 재물을 취득하였더라도 甲은 소송 당사자가 아니므로 사기죄의 간접정범의 죄책을 지지 않는다.

② 확장적 정범개념에 의하면 직접 · 간접으로 구성요건실현에 조건을 제공한 모든 자는 정범이 되므로 간접정범도 당연히 정범이 된다.

③ 사법경찰관 甲이 乙을 구속하기 위하여 진술조서 등을 허위로 작성한 후 이를 기록에 첨부하여 구속영장을 신청하고, 진술조서 등이 허위로 작성된 정을 모르는 검사와 영장전담판사를 기망하여 구속영장을 발부받은 후 그 영장에 의하여 乙을 구금하였다면 甲에게는 직권남용감금죄의 간접정범이 성립한다.

④ 진정목적범에서 목적 있는 자가 목적 없는 자를 강요하여 자신의 도구나 손발과 같이 목적 없는 자로 하여금 범행을 실행하게 한 경우 목적 있는 자는 진정목적범의 간접정범이 된다.

⑤ 공무원 아닌 甲이 공문서의 작성권한이 있는 공무원 乙의 직무를 보좌하는 자인 丙을 교사하여 丙으로 하여금 그 직위를 이용하여 행사할 목적으로 허위의 내용이 기재된 문서 초안을 그 정을 모르는 乙에게 제출하여 결재하도록 함으로써 乙로 하여금 허위의 공문서를 작성하게 한 경우 甲은 허위공문서작성죄의 간접정범의 교사범으로서의 죄책을 진다.

【해설】 ①×(2006도3591) ③○(2003도3945) ⑤○(91도2837) **【정답】** ①

• 탐구과제 •

- 필요적 공범이란?
- 문서범죄에서 '유형위조'와 '무형위조'는 어떤 의미인가?
- 문서범죄에서 문서의 사용과 관련한 '행사'와 '부정행사'는 어떤 의미인가?

10강 착오론: 오상방위(誤想防衛)와 우연방위(偶然防衛)

오상방위와 우연방위는 착오의 한 형태이다. 오상방위는 자신의 행위의 불법성을 인식하지 못했지만 그 결과가 불법한 경우이다. 반면에 우연방위는 자신의 행위의 불법성을 인식하였지만 그 결과가 불법하지 않은 경우이다. 두 착오의 법적 효과에 관한 학설과 판례의 입장을 본다. 이런 논의의 배후에 있는 형법체계론을 이해한다. 아울러 진실성을 착오한 공익을 위한 명예훼손행위의 형사책임을 본다.

• 사례 •

김밥집 주변에 서 있던 甲은 그 김밥집 주인이 앞서 뛰어가는 학생 2명을 쫓아가며 "계산을 하고 가야지"라고 하는 말을 듣고, 15미터 가량 뒤쫓아 가 부근에 있던 V의 멱살을 잡고 약 10~15미터 가량 끌고 와 폭행을 하였는데, 그 V는 무전취식을 하고 도망가던 학생이 아니었다. 甲을 처벌할 수 있을까? 마침 甲의 친구 乙이 옆에 있었는데, V가 무전취식을 하고 도망가던 학생이 아님을 알면서도 평소 V에게 나쁜 감정이 있었기 때문에 乙이 甲에게 V가 무전취식을 하고 도망가던 학생이 확실히 맞다고 거짓말을 한 것이라면 乙을 처벌할 수 있을까?[42)]

• 해설 •

1. 오상방위(誤想防衛)

가. 개념과 본질

위 甲은 오상방위를 한 것이다. 오상방위란 객관적으로 허용상황이 존재하지 않는 데도 불구하고 주관적으로 존재하는 것으로 착각하고 정당방위를 한 경우를 말한다. 흔히 위법성조각사유의 전제사실에 관한 착오로 불리는 허용상황의 착오의 한 형태이다.

착오(錯誤)란 행위자의 인식과 객관적 현실의 불일치를 말한다. 형법은 착오를 사실

42) 검사는 甲의 행위에 대해 2008. 7. 11. 기소유예처분을 내리자, 甲은 2008. 10. 17. 이 처분이 중대한 수사미진으로 내려진 것으로서 평등권 및 행복추구권을 침해한다는 이유로 헌법소원심판을 청구했다. 헌법재판소는 2010. 10. 28. 오상방위의 경우 고의 또는 책임이 조각되어 처벌받지 않을 여지가 있으므로 검사는 오상방위자 甲에게 정당한 사유가 있는지, 甲의 행위가 사회통념상 상당성이 있는지 수사하고 그 법적 효과를 판단했어야한다는 이유로 인용결정을 내렸다(2008헌마629).

의 착오와 법률의 착오로 구별하여, 그 효과에 차이를 두고 있다. 사실의 착오(구성요건 착오)의 경우에는 고의에 영향을 미쳐서 고의범으로 처벌되지 않고 과실이 인정되고 과실범처벌규정이 인정되는 경우에만 과실범으로 처벌할 수 있다(제13조, 제15조 제1항). 이와 달리 법률의 착오의 경우는 고의가 아니라 책임에 영향을 미쳐서 그 착오에 정당한 이유가 있으면 책임이 조각되어 처벌되지 않는다(제16조). 예컨대 살아있는 사람인지 모르고 살해한 경우가 사실의 착오라면, 살아있는 사람인지는 알았지만 살인이 나쁜 짓인지 모르고 살해한 경우는 법률의 착오(위법성의 착오)라고 할 수 있다.

제13조 (고의) 죄의 성립요소인 사실을 인식하지 못한 행위는 벌하지 아니한다. 다만, 법률에 특별한 규정이 있는 경우에는 예외로 한다.
제15조 (사실의 착오) ① 특별히 무거운 죄가 되는 사실을 인식하지 못한 행위는 무거운 죄로 벌하지 아니한다.
제16조 (법률의 착오) 자기의 행위가 법령에 의하여 죄가 되지 아니하는 것으로 오인한 행위는 그 오인에 정당한 이유가 있는 때에 한하여 벌하지 아니한다.

허용상황의 착오는 위 두 착오의 성질을 모두 갖고 있다. 무전취식을 하고 도망하던 학생으로 사실의 착오에 빠졌기 때문에 자신의 폭행이 위법하지 않다고 착오하게 된 것이다. 따라서 허용상황의 착오를 또는 사실의 착오에 준해서 고의에 영향을 미친다고 볼지, 아니면 위법성의 착오에 준해서 책임에 영향을 미친다고 볼지 논란이 있다.

허용상황의 착오의 효과를 명시적으로 규정한 국가[43]도 있지만, 한국 형법은 그렇지 않기 때문에 아래에서 보듯이 이에 관해 견해의 대립이 있는데, 이는 크게 ㉮고의를 부정하는 입장과 ㉯책임에 영향을 미친다는 입장(엄격책임설)으로 구별할 수 있다. 전자는 다시 제한책임설과 고의설로 구별된다. 판례는 엄격책임설로 평가함이 옳지만, 고의설로 오해할만한 판례도 있다.

나. 고의를 부정하는 입장

(1) 고의설

고의설은 모든 법률의 착오를 고의의 문제로 보는 입장이다. 고의설은 고의를 책임요

43) 오스트리아 형법 제8조 (정당화 사정에 관한 착오) 착오로 행위의 위법성을 조각하는 사유가 있다고 믿은 자는 고의범으로 처벌하지 않는다. 그 착오에 과실이 있고 과실범 처벌규정이 있는 때에는 과실범으로 처벌한다.

소로 보면서, 위법성의 인식을 고의의 요소로 보는 인과적 행위론에 따른 형법체계론(고전적 형법체계론과 신고전적 형법체계론)에서 주장된 견해로, 여기서의 고의는 책임에 위치하므로 책임고의이다.

고의설은 엄격고의설과 제한고의설로 구별된다. 엄격고의설은 위법성의 현실적 인식이 없으면 책임고의를 조각하지만, 불인식에 과실이 있고 과실범 처벌규정이 있으면 과실범이 성립한다는 본다. 이에 따르면 법률의 착오와 사실의 착오는 차이가 없으므로, 착오의 형법적 효과가 행위자의 주관적 인식에 지나치게 좌우된다는 문제가 있고, 또한 위법성의 현실적 인식이 없다고 봐야하는 확신범이나 상습범의 경우에 고의가 부정된다.

제한고의설은 엄격고의설의 문제점을 완화시키기 위해 등장한 학설로, 예컨대 위법성의 인식가능성설은 위법성의 불인식에 과실이 있다고 하더라도 위법성의 인식가능성만 인정되면 고의를 인정한다. 이에 따르면 위법성의 인식가능성도 없어야 고의는 조각되고 과실범이 문제된다. 고의설에 따르면 甲에게 폭행죄가 부정되고, 乙에게는 폭행죄의 간접정범이 성립한다.

(2) 제한책임설

책임설은 고의설의 한계를 근본적으로 해결하려는 학설로, 고의에서 위법성의 인식을 분리하여 위법성의 인식을 독자적인 책임요소로 보는 견해이다. 이 학설의 영향을 받아서 형법의 착오를 구성요건 착오와 위법성의 착오로 구별하게 된다. 책임설은 허용상황의 착오를 어떻게 처리할지를 두고 엄격책임설과 제한책임설로 구별된다. 제한책임설은 허용상황의 착오는 다른 법률의 착오와 구별된다고 보고, 고의가 부정된다고 보는 입장으로서 아래와 같은 학설이 이에 해당한다.

(가) 소극적 구성요건표지이론

소극적 구성요건표지이론은 위법성조각사유를 소극적 구성요건표지로 본다. 따라서 이와 관련된 착오는 모두 구성요건 착오이므로, 허용상황의 착오의 경우에도 제13조의 고의가 부정된다. 이 입장은 제한적 책임설이 전제로 하는 구성요건고의의 이중적 기능은 허구라고 본다. 3단계 형법체계론의 구성요건 개념은 금지의 형식을 의미하는 형식적 개념이므로 구성요건고의로는 법적대적 의사나 심정반가치를 매개할 수 없고, 불법고의만이 이 기능을 수행할 수 있다는 것이다. 결국 이에 따르면 고의는 불법고의와 책임고의의 이중적 의미를 갖는다.

불법고의를 흔히 구성요건표지와 객관적 정당화사정의 부존재에 대한 인식을 포함하는 개념으로 이해하지만, 구성요건고의와 불법의식을 포함하는 개념으로 이해하는 견해도 있다.

(나) 제13조 직접적용설 또는 불법고의설

제13조의 고의를 불법고의로 이해하는 입장에 따르면 위법성조각사유의 전제가 되는 사실은 제13조가 말하는 "죄의 성립요소인 사실"에 속하므로, 허용상황의 착오의 경우 제13조가 직접 적용되어 (불법)고의가 부정된다.

(다) 구성요건착오유추적용설과 법효과제한책임설

구성요건착오유추적용설에 따르면 구성요건고의가 부정된다는 견해도 있으나 이는 옳지 않다. 구성요건착오유추적용설과 법효과제한책임설(법효과전환책임설) 모두 구성요건고의는 인정한다. 다만 아래에서 보듯이 구성요건착오유추적용설은 불법고의나 고의불법을, 법효과제한책임설은 책임고의나 고의책임을 각각 부정하여 고의범의 성립을 부정하며, 그 착오에 회피가능성이 있는 경우 과실범 처벌규정이 있다면 과실범으로 처벌할 수 있다고 본다. 두 학설 모두 구성요건고의를 인정하면서도 과실범으로 처벌할 수 있다고 본다. 바로 이 점 때문에 엄격책임설은 논리일관된 책임설로, 제한책임설은 논리일관성이 없는 책임설로 부르기도 한다.

구성요건착오유추적용설은 구성요건 착오를 유추적용하여 고의범의 성립을 부정한다. 그 이유는 구성요건 착오와 달리 구성요건의 경고기능은 존재하므로 구성요건고의는 인정되지만 불법고의 또는 고의불법이 조각된다는 것이다. 물론 불법고의가 조각되면 허용상황의 착오에 빠진 자의 행위에 가담한 자에 대해서는 공범이 성립할 여지는 없지만, 그런 범행가담자는 형법 제34조의 간접정범으로 처벌될 수 있다. 구성요건고의는 인정하면서 불법고의를 조각시킨다는 논리는 3단계 형법체계론과 소극적 구성요건표지이론의 2단계 형법체계론 사이에서 자리를 잡지 못한 것이다. 이 학설에 따르면 甲에게는 폭행죄가 성립하지 않지만, 乙에게는 폭행죄의 간접정범이 성립한다.

법효과제한책임설은 구성요건고의는 인정하지만, 책임고의는 부정한다. 그 이유는 허용상황의 착오는 구성요건 착오와 동일하게 볼 수 없다는 것이다. 허용상황의 착오의 경우에는 행위자가 구성요건을 인식하고 있었으므로 구성요건의 '경고기능'이 행위자에게 작용하고 있었던 반면, 구성요건 착오의 경우에는 그런 여지가 없다는 것이다. 구성요건의 경고기능에 비추어 허용상황의 착오를 일으킨 자는 단순히 구성요건 착오를 한 자보다 더 강하게 자신의 행위가 정당화되는지 주의해서 검토하도록 요구받는다는 것이다. 그렇다고 회피가능한 허용상황의 착오를 일으킨 자에게 고의책임을 묻을 수는 없다고 본다. 행위자가 위법성을 인식했지만 자신의 행위가 허용된다고 인식한 것이므로, 법적대적인 심정을 품은 것이 아니기 때문이라는 것이다(책임고의의 탈락). 다만, 착오가 회피가능한 것이었다면, 행위자는 자기 행위가 정당화되는지 주의해서 검토했어야 했는데 그렇지 못한 것이므로 그에게는 과실책임만을 묻을 수 있을 뿐이라고 본다. 따라서 회피가능한 허용상황의 착오인 경우 과실범 처벌규정이 없으면 무죄이다. 이 학설은 그 가치를 구성요건착오유추적용설과 달리 허용상황의 착오에 빠진 행위자를 교사·방조한 자도 공범의 제한종속형식에 따르면 교사범·방조범으로 처벌할 수 있다는 점에서 찾는다. 구성요건착오유추적용설과 달리 허용상황의 착오에 빠진 자는 고의행위자이지만 그 효과만을 제한하여 고의범으로 처벌하지 않는 것이기 때문이다. 이 학설에 따르면 위 甲에게 책임고의가 부정되어 폭행죄가 성립하지 않지만, 甲에게 구성요건고의는 인정되므로 乙에게는 폭행죄의 방조범이 성립한다.

다. 책임에 영향을 미친다는 입장

(1) 엄격책임설

엄격책임설은 허용상황의 착오도 다른 법률의 착오와 같게 봐서 고의가 부정되지 않고 책임에 영향을 미친다는 입장이다. 따라서 엄격책임설은 허용상황의 착오도 다른 법률의 착오와 동일하게 처리한다. 허용상황의 착오의 경우에도 그 착오의 회피가능성 또는 위법성의 인식가능성이 없으면 책임을 조각하고, 그런 가능성이 있으면 고의범으로 처벌하되 책임을 감경할 뿐이다. 고의를 철저하게 구성요건고의로만 이해하는 목적적 행위론의 입장에서 나온 견해이다.

엄격책임설의 구체적 논거는 아래와 같다. 첫째, 고의불법과 과실불법은 전혀 다른 불법이므로 구성요건단계에서 구별되어야 한다. 둘째, 책임을 탈락시키는 요소로 이뤄진 책임영역에서 책임을 적극적으로 근거지우는 요소인 책임고의(행위자의 법적대적 의사 또는 심정반가치)의 존재를 인정하기 어렵다. 셋째, 과잉방위는 고의범으로 처벌하면서 오상방위는 과실범으로 처벌하는 것은 평등원칙에 어긋난다.

(2) 판례

판례는 허용상황의 착오도·위법성의 착오에 관한 규정인 형법 제16조에 따라 해결한다. 엄격책임설의 입장으로 볼 수 있다. 이에 따라 경비병사건[44]에서 甲의 행위는 정당방위에 해당한다고 봐야하지만, 그렇지 않다하더라도 오상방위에 해당하며 정당한 이유가 있다고 봐서 살인죄로 처벌할 수 없다고 본다(68도370).

당번병사건[45]도 상관의 위법한 명령을 적법한 명령이라고 오인하여 명령을 수행한 경우로서 허용상황의 착오사례로 볼 수 있다. 그런데 판례는 당번병사건에서 당번병의 관사이탈 행위는 중대장의 직접적인 허가를 받지 않은 것이라고 하더라도 당번병으로서 그 임무범위 안에 속하는 일로 오인하고 한 행위로서 그 오인에 정당한 이유가 있어 위법성이 없다고 볼 수 있다는 이유로 당번병은 군형법의 무단이탈죄가 아니라고 본다(86도1406). 판례가 형법 제16조를 적용하면서도 책임이 조각되지 않고 위법성이 조각된다고 보는 것은 형법체계론상 옳지 않고, 위법성의 인식을 고의의 요소로 보는 고의설의 입장을 따른 것으로 볼 수도 있고, 앞서 본 소극적 구성요건표지이론이나 구성요건착오유추적용설에 따른 결론과 차이가 없다.

2. 형법체계론

그런데 이런 논의의 배후에는 형법체계론이 있다. 이는 흔히 말하는 범죄체계론 또는 범죄론체계와 그 의미가 같다. 그럼에도 불구하고 형법체계라는 말을 쓰는 것은 범죄체계론이라는 말은 '범죄를 체계적으로 저지르는 방법에 관한 이론'으로 오해할 수 있고, '범죄론체계'라는 말은 '범죄이론 전부의 체계'라는 단순한 도면과 같은 의미로 이해될 수도 있다는 생각 때문이다.

---

44) 경비병인 甲은 초소근무 중 다음번 초소로 근무를 해야 할 V와 교대시간이 늦었다는 이유로 언쟁을 하다가 甲이 V를 구타하여 코피가 나자, V는 코피를 닦으며 흥분하여 "월남에서는 사람하나 죽인 것은 파리를 죽인 것이나 같았다. 너 하나 못 죽일 줄 아느냐"라고 하면서 V는 소지하고 있던 소총을 甲의 등 뒤에 겨누며 실탄을 장전하는 등 발사할 듯이 위협을 하자 甲은 당황하여 먼저 V를 죽이지 않으면 위험하다고 느끼고 뒤로 돌아서면서 소지하고 있던 소총을 V의 복부를 향해 발사하여 V를 사망하게 하였다.

45) 소속 중대장의 당번병이 근무시간 중은 물론 근무시간 후에도 밤늦게까지 수시로 영외에 있는 중대장의 관사에 머물면서 집안일을 도와주고 그 자녀들을 보살피며 중대장 또는 그 처의 심부름을 관사를 떠나서까지 하면서 시키는 일을 해왔는데, 사건 당일 중대장의 지시에 따라 관사를 지키고 있던 중 중대장과 함께 외출 나갔던 그 처로부터 24:00경 비가 오고 밤이 늦어 혼자 귀가할 수 없으니 관사로부터 1.5㎞ 가량 떨어진 여우고개까지 우산을 들고 마중을 나오라는 연락을 받고 당번병으로서 당연히 해야 할 일로 생각하고 중대장의 직접적인 허가 없이 그 지점까지 나가 중대장의 처를 마중하여 그 다음날 01:00경 귀가하였다.

가. 3단계 형법체계론과 2단계 형법체계론

(1) 3단계 형법체계론의 인식근거설

형법의 범죄는 '구성요건해당성이 인정되고, 위법성조각사유가 부존재하며 책임조각사유도 부존재하는 행위'를 말한다. 이는 형식적으로 범죄를 정의한 것이므로, 형식적 범죄 개념이라고 한다. 이에 견줘 실질적 범죄 개념은 범죄를 내용적으로 파악한 것으로서, 흔히 '사회에 유해한 행위', '법익침해행위', '중대한 일탈행위' 등으로 정의할 수 있다. 이는 어떤 행위를 범죄화할 것인지 여부를 결정할 때 의미를 가질 수 있다.

이런 형식적 범죄 개념은 3단계 형법체계론에 따른 것으로서, 이는 곧 범죄의 성립요건을 구성요건해당성, 위법성, 책임 3가지로 이해한 것이다. 3단계 형법체계론은 대체로 대륙법계 형사실무가 따르고 있다. 1992년 형법개정안은 이 순서로 규정하고 있지만, 현행 형법은 '책임-구성요건-위법성'의 순서로 규정하고 있다. 각 요건의 판단방식에 차이가 있다. 구성요건이 적극적이라면, 위법성과 책임은 소극적이다. 곧 구성요건해당성은 그것의 존재를 인정하는 것인 반면, 위법성과 책임은 그것의 부존재를 인정하는 것이다. 그래서 어떤 행위가 범죄로 성립되려면, 그 행위가 첫째, 구성요건에 해당하고, 둘째, 위법성조각사유가 부존재하며, 셋째, 책임조각사유가 부존재해야 한다.

3단계 형법체계론은 구성요건해당성을 위법성의 인식근거로 본다. 구성요건해당행위는 원칙적으로 위법하고 예외적으로 합법이라고 보는 것이다. 예컨대 산 너머에 연기가 피어오르는 것을 보고, 먼저 '불이야'라고 외치고(곧 위법성을 추정), 실제 연기가 나는 곳에 가서 연기의 원인을 파악하여 밥을 하느라 연기가 난 것이면 '불이 아니다'라고 판단(위법성조각)하는 방식으로 이해하는 입장이다. 이에 따르면 구성요건은 불법징표구성요건을 의미한다. 인식근거설에 따르면 위법성조각사유에 해당하는 행위는 구성요건에 해당하지만 허용되는 행위이다.

(2) 2단계 형법체계론의 존재근거설

2단계 형법체계론은 소극적 구성요건표지이론이 세운 형법체계로, 위법성조각사유를 소극적 구성요건요소로 파악한 후 이것과 구성요건해당성을 하나로 묶어서 불법으로 파악한다. 이를 총체적 불법구성요건이라고 부른다. 3단계 형법체계론의 불법구성요건과 구별한다. 이어 책임조각사유의 부존재를 검토하여 범죄의 성립 여부를 판단한다. 그래서 불법 · 책임이원론으로도 불린다. 이 이론에 따르면 위법성조각사유에 관한 착오는 곧 총체적 불법구성요건의 착오이고, 따라서 구성요건 착오이다.

2단계 형법체계론은 구성요건해당성을 위법성의 존재근거로 본다. 구성요건해당행위는 언제나 위법하다고 보는 것이다. 예컨대 산 너머에 연기가 피어오르면, 바로 '불이야'라고 외치지 않고, 실제 그 곳에 가서 연기의 원인을 파악하여 불이 난 것을 확인한 후에야 비로소 '불이야'라고 외치는(위법하다) 방식으로 이해한다. 구성요건과 위법성은 완전히 일치하며, 평가의 객체는 언제나 객체의 평가와 함께한다. 이에 따르면 구성요건은 가치개념이 된다. 존재근거설에 따르면 위법성조각사유에 해당하는 행위는 처음부터 구성요건해당성이 부정되는 행위이다.

나. 행위론과 형법체계론

행위론은 독일 형법의 역사에서 '고전적 형법체계론-신고전적 형법체계론-목적적 형법체계론-합일태적 형법체계론'으로 이어지는 형법체계론의 기초가 된다. 행위론은 작위와 부작위, 고의행위와 과실행위 등 다양한 형태의 행위를 포괄할 수 있는 행위 개념을 만들고, 범죄의 성립요건의 첫 번째인 구성요건해당성 판단의 대상이 되는 행위와 그렇지 않은 행위를 구별하는 데 목적을 둔 논의이다. 그러나 행위론은 이에 대해 만족할만한 성과를 거두지는 못했다.

행위론에는 행위를 ⓐ인간의 정신작용에서 비롯된 신체동작이라고 보는 인과적 행위론, ⓑ인간의 목적적 조종활동이라고 보는 목적적 행위론, ⓒ사회적으로 의미있는 인간의 행동이라고 보는 사회적 행위론, ⓓ소극적 행위론,[46] ⓔ인격적 행위론,[47] ⓕ기능적 행위론[48] 등 다양한 견해가 있고, 심지어 이런 논의가 무의미하다는 행위개념부인론 또는 행위론무용론도 있다. 인과적 행위론에 따르면 예컨대 사람이 모기를 죽이는 것도 구성요건해당성 판단의 대상이 되는 행위이지만, 사회적 행위론에 따르면 그렇지 않다. 또 예컨대 깊이 잠이 든 상태에서 옆에서 자던 사람을 발로 차는 것은 목적적 행위론에 따르면 구성요건해당성 판단의 대상이 되는 행위가 아니지만, 사회적 행위론에 따르면 그렇지 않을 수 있다.

인과적 행위론은 고전적 형법체계론과 신고전적 형법체계론의 기초가 된다. 독일의

---

46) 독일의 Kahrs가 처음 주장한 이론으로, 행위는 회피할 수 있었음에도 불구하고 회피하지 않은 것이라고 파악하는 이론이다. 작위는 부작위의 부작위라는 점에서 부작위와 공통된 속성을 갖는다는 것이다.

47) 행위를 인간의 인격이 발현된 행동으로 보는 이론 이다.

48) 행위론의 절대성을 부정하고 형법의 법리규명에 유용한 도구라고 보는 이론으로, 행위개념은 분류기능, 정의기능, 종합기능, 한계설정기능 4가지를 충족해야 한다는 이론이다.

형법학자 Welzel이 주장한 목적적 행위론은 목적적 형법체계론의 기초가 된다. 주관적 요소인 고의를 구성요건해당성의 문제로 파악했다는 점에서 그 이전의 인과적 행위론과 큰 차이가 있다. 곧 고의를 책임의 형식이 아니라 행위의 형식으로 파악한 것이다. 사회적 행위론은 종합적 형법체계론의 기초가 된다.

다. 형법체계론의 역사

예컨대 고의나 과실 또는 위법성의 인식 등이 범죄성립의 3가지 요건 중 어디에 위치하는지는 형법체계론에 따라 차이가 있는데, 아래와 같이 역사적인 변천이 있었다.

(1) 고전적 형법체계론과 신고전적 형법체계론

고전적 형법체계론은 외부적 · 객관적인 것은 모두 불법으로, 내부적 · 주관적인 것은 모두 책임으로 각각 분류하였던 초창기 범죄론이다. 따라서 고전적 형법체계론에 따르면 고의가 책임에 위치한다.

신고전적 형법체계론에 따르면 고전적 형법체계론처럼 고의가 책임에 위치하고, 그 고의는 위법성의 인식도 포함하나, 고전적 형법체계론과 달리 기대가능성 개념을 채택하여 책임에 위치시킨다. Graf zu Dohna는 신고전적 형법체계론의 이런 규범적 책임 개념은 함께 있을 수 없는 두 사물, 곧 평가의 대상(고의)과 대상에 대한 평가(기대가능성)를 혼합한 개념이라고 비판하면서 순수한 규범적 책임론을 주장한다. 고의는 가치판단의 객체는 될 수 있어도 가치판단 그 자체는 될 수 없다는 것이다. 고의와 같은 심리적 요소는 책임요소가 될 수 없고, 기대가능성만을 책임요소로 봐야 한다는 것이다. 이는 Graf zu Dohna가 범죄체계를 크게 평가의 객체와 객체의 평가로 구별한 후, 전자는 다시 객관적인 것(작위, 부작위)과 주관적인 것(고의)으로, 후자는 다시 객관적 평가(위법성)와 주관적 평가(책임)로 각각 구별하여 이해했기 때문이다. 결국 Graf zu Dohna에 의해 고의가 책임개념에서 배제된 것이다.

(2) 목적적 형법체계론

Welzel은 목적적 행위론을 주장하면서 Graf zu Dohna에 의해 책임 개념에서 밀려난 고의를 주관적 구성요건요소로 파악하고, 고의에서 분리된 위법성의 인식은 책임 개념에 그대로 두지만, 위법성의 인식은 행위자를 비난하는 대상, 곧 평가의 객체가 아니라 행위자를 비난하는 이유로 이해한다. 어쨌든 위법성의 인식이 고의와 분리되어 독자적인 책임요소로 자리를 잡게 된 것이다.

순수한 규범적 책임론에 따르면 ⓐ책임능력을 책임조건으로 하여 ⓑ심리적 요소 중 위법성의 인식, ⓒ기대가능성이 책임요소를 이루고, 책임능력과 위법성의 인식이 인정되면 기대가능성 여부가 판단된다. 따라서 이 이론에 따르더라도 위법성의 인식이라는 심리적 요소는 여전히 책임 개념에 남는다. 이 점을 두고 순수한 규범적 책임론이 아니라는 비판이 있다. 그래서 고의나 위법성의 인식과 같은 심리적 요소는 모두 책임 개념에서 배제시켜 책임 개념을 순수한 가치판단개념으로 만들어서 그 평가를 책임을 조각시키는 소극적 성질을 갖도록 하는 것이 옳다는 견해도 있다. 그 이유는 책임고의와 같은 적극적 요소를 인정하면 사건마다 일일이 이를 확인하는 것도 불가능하고, 또 이는 형법이 책임평가를 소극적인 것으로 규정하고 있는 것과도 맞지 않다는 것이다. 이에 따르면 책임고의란 개념을 인정할 필요가 없고, 위법성의 불인식은 책임비난을 탈락시키는 의미를 갖는데 불과해진다.

(3) 신고전적 · 목적적(종합적, 합일태적) 형법체계론

순수한 규범적 책임개념에 대해서 규범적 평가의 대상이 책임개념 자체에 있는 것이 아니라 '불법'에만 존재하고 있어서 책임 개념이 공허해진다고 비판하기도 한다. Maihofer는 이를 두고 평가의 대상이 '타인의 머리 속'에 있는 것이라고 빗대어 표현했다.

신고전적 · 목적적(종합적, 합일태적) 형법체계론은 고의의 이중적 기능을 인정한다. 고의가 범죄행위의 방향을 설정하면서 행위반가치의 성질(구성요건고의)을 가짐과 동시에 이런 행위에 나타난 법적대적 심리상태, 곧 심정반가치의 성질(책임고의)도 갖는다는 것이다. 이에 따르면 책임의 본질은 규범적 판단이고, 책임고의는 이런 규범적 판단의 대상이 된다. 이에 따르면 ⓐ책임능력을 책임조건으로 하여 ⓑ심리적 요소(책임고의와 위법성의 인식), ⓒ이에 대한 가치판단(기대가능성)이 책임요소를 이룬다. 결국 책임요소에 평가의 객체와 객체에 대한 평가가 함께 있게 된다.

라. 고의의 형법체계상 지위와 고의의 인식 대상

이처럼 고의가 범죄성립요건 가운데 어디에 위치하는지를 두고 역사적으로 다툼이 있어 왔다. 달리 말해 고의가 구성요건요소인지, 책임요소인지, 아니면 구성요건요소이자 책임요소인지 견해대립이 있었다. 고의 형법체계상 지위를 어떻게 파악하는지에 따라 고의의 인식 대상도 달라진다. 이에 따라 허용상황의 착오의 처리 방식도 달라진다.

(1) 고의의 형법체계상 지위

인과적 행위론의 입장인 고전적 형법체계론과 신고전적 형법체계론은 범죄의 객관적 요소들은 불법을 구성하고, 주관적 요소들은 책임을 구성한다고 파악하여 고의를 책임요소로 보았다. 책임고의라고 할 수 있다. 그런데 이 견해는 위법성의 인식을 고의의 요소로 본다. 이 견해에 따르면 위법성의 착오의 경우 책임고의가 부정된다.

목적적 형법체계론은 범죄를 목적적 조종활동의 결과라고 파악하여 고의를 구성요건요소로 보았는데, 이런 고의를 가리켜 구성요건고의라고 한다.

종합적 형법체계론은 앞의 형법체계론의 입장을 모두 수용하여 고의는 구성요건요소이자 책임요소로 보는데, 구성요건고의는 행위불법(반가치)적 성질이고, 책임고의는 심정반가치적 성질이며, 구성요건고의는 책임고의를 추정한다고 본다. 이를 가리켜 고의의 이중적 지위라고 한다. 고의가 이중적 지위를 갖는다는 의미는 먼저 예컨대 甲의 행위로 V가 사망한 경우, 甲이 그 행위를 고의로 한 것인지, 아니면 과실로 한 것인지에 따라 살인죄의 구성요건에 해당하는지, 아니면 과실치사죄의 구성요건에 해당하는지가 달라지며, 곧 구성요건단계에서 문제되고, 이에 따라 불법에 차이가 있다. 다음으로 고의행위인지, 아니면 과실행위인지에 따라 행위자에 대한 비난의 정도도 달라지므로 고의 여부는 책임단계에서도 의미를 갖는다는 것이다. 쉽게 말하면 甲이 V의 발을 밟은 경우, 먼저 "일부러 그런 것인지, 아니면 실수로 그런 것인지" 따진 후에 "왜 그랬어"라고 하면서 그렇게 하게 된 사정을 따져 그에 상응하여 행위자를 비난한다는 것이다. 결국 고전적 형법체계론과 신고전적 형법체계론은 고의를 후자의 의미, 곧 비난가능성의 문제로만 파악한 것이고, 목적적 형법체계론은 전자의 의미, 곧 고의범의 구성요건을 충족하는지의 문제로만 파악한 것이다.

(2) 고의의 (인식)대상

고의의 대상인 제13조의 "죄의 성립요소인 사실"의 의미를 두고 다툼이 있다. 먼저 다수견해는 객관적 구성요건요소, 곧 행위의 주체, 객체, 방법, 결과, 인과관계 등으로 본다. 이를 흔히 구성요건고의라고 부른다.

소극적 구성요건표지이론은 객관적 구성요건요소뿐만 아니라 위법성조각사유가 부존재한다는 사실도 포함한다고 보며, 이런 고의를 흔히 불법고의라고 부른다.

역사적으로 불법도 고의의 인식대상으로 본 입장도 있었다. 고전적 형법체계론과 신고전적 형법체계론이 이에 해당한다. 고의를 위법성의 의식도 포함하는 개념으로 이해한 것이다. 예컨대 총으로 사람을 살해하려고 하는 경우 객체가 사람이고, 총을 쏘면 그 사람이 죽을 수 있고, 이런 살해행위가 사회윤리적으로 나쁘다는 인식이 있어야 고의를 인정할 수 있다고 파악한 것이다. 이 고의는 책임의 요소이므로 책임고의로 볼 수 있지만, 내용적으로는 위법성의 인식을 포함하고 있으므로 불법고의라고 부를 수도 있다.

3. 우연방위(偶然防衛)

V가 권총으로 甲을 살해하려고 겨누고 있었는데, 마침 甲이 이런 사실을 모른 채 평소 불만이 많았던 V를 석궁으로 살해하였다. 甲의 살인죄는 위법성이 조각되는가?

가. 우연방위 개념과 주관적 정당화요소

허용상황의 착오는 객관적 정당화사정이 부존재함에도 불구하고 존재한다고 착각하고 행위를 하는 것이다. 이와 달리 객관적 정당화사정이 존재함에도 불구하고 이를 인식하지 못하고 방위행위를 한 경우가 우연방위이다. 쉽게 말하면 우연한 정당방위이다. 반전된 허용상황의 착오라고 할 수 있다.

우연방위를 어떻게 처리할지는 이른바 주관적 정당화요소의 필요성 여부에 따라 달라지는데, 아래에서 보듯이 이에 관해 다툼이 있다. 여기서 주관적 정당화요소란 흔히 객관적 정당화사정의 존재를 인식하고 이를 실현하려는 의사를 말한다.

나. 주관적 정당화요소 필요설

주관적 정당화요소 필요설 안에서도 견해의 대립이 있다. 먼저 행위반가치일원론은 행위반가치가 탈락되지 않으므로 위법성이 조각되지 않는다고 본다. 이에 따르면 기수범으로 처벌되므로 기수범설이라고도 한다. 만일 다수견해처럼 불능(미수)범으로 처벌한다면 미수범처벌규정이 없는 경우에는 부당한 결과가 초래된다고 본다. 여기서 행위반가치(Handlungsunwert)란 행위자의 행위에 대해 형법의 관점에서 내리는 부정적인 가치판단을 말한다. 목적적 행위론의 인적 불법론은 행위반가치가 불법의 핵심이고, 결과반가치는 부수적이라고 보는 입장이다. 범죄의 본질에 관한 주관주의, 형법규범의 본질을 (의사)결정규범으로 보는 입장에 뿌리를 두고 있다.

다음으로 다수견해인 불능(미수)범설은 주관적 정당화요소가 흠결되어 행위불법은 인정되지만 객관적 정당화사정은 존재하여 결과불법은 없다고 볼 수 있고, 이는 구조가 마치 불능(미수)범과 유사하다고 보는 입장으로, 위 경우 불능(미수)범으로 처벌된다.

다. 주관적 정당화요소 불요설

결과반가치일원론에 이론적 근거를 둔 주관적 정당화요소 불요설은, 이처럼 객관적 정당화사정이 존재하기만 하면 결과반가치가 탈락하여 위법성이 조각된다고 본다. 이에 따르면 위 경우 무죄이므로 무죄설이라고도 한다. 결과반가치(Erfolgsunwert)란 행위가 초래한 결과(법익의 침해 또는 위험)에 대한 부정적 가치판단을 말한다. 범죄의 본질에 관한 객관주의, 형법규범의 본질을 평가규범으로 보는 입장에 뿌리를 두고 있다.

반가치를 불법이라고도 번역한다. 인적 불법론 또는 행위반가치일원론은 미수범을 기수범처럼 처벌하고, 결과반가치일원론은 미수범을 처벌하지 않는다. 미수범을 처벌하되 기수범보다 가볍게 처벌할 수 있도록 한 것은 행위불법과 결과불법을 모두 고려한 것이다. 흔히 미수범의 행위불법은 기수범과 같지만 결과불법은 기수범보다 낮다고 볼 수 있기 때문이다.

4. 진실성을 착오한 공익을 위한 명예훼손행위의 형사책임

노동조합의 조합장 甲은 전임 조합장 V의 예산관련 업무처리 내용 중 부정한 집행의 의심이 드는 사실을 발견하였는데 공개된 회계감사 결과를 근거로 진실이라 믿고 그 사실을 조합원들에게 알리기 위해 배차실에 대자보를 부착하였지만 거짓이었다(약칭하여 대자보사건). 甲의 형사책임은?

가. 진실사실적시 명예훼손죄의 위법성조각사유와 그 성격

제307조 (명예훼손) ①공연히 사실을 적시하여 사람의 명예를 훼손한 자는 2년 이하의 징역이나 금고 또는 500만원 이하의 벌금에 처한다.
제310조 (위법성의 조각) 제307조 제1항의 행위가 진실한 사실로서 오로지 공공의 이익에 관한 때에는 처벌하지 아니한다.

공연히 사실을 적시하여 사람의 명예를 훼손하였더라도(제307조 제1항) 그 사실이 진실이고 공공의 이익에 관한 것이면 그 행위는 제310조에 따라 위법성이 조각된다. 여기서 공공의 이익이란 널리 국가 · 사회 기타 일반 다수인의 이익뿐만 아니라 특정한 사회집단이나 그 구성원 전체의 이익과 관심도 포함되는데, 공공의 이익에 관한 것인지 여부는 당해 명예훼손적 표현으로 인한 피해자가 공무원 내지 공적 인물과 같은 공인인지 아니면 사인에 불과한지, 그 표현이 객관적으로 국민이 알아야 할 공공성 · 사회성을 갖춘 공적 관심사안에 관한 것으로 사회의 여론형성 내지 공개토론에 기여하는 것인지 아니면 순수한 사적인 영역에 속하는 것인지, 피해자가 그와 같은 명예훼손적 표현의 위험을 자초한 것인지, 그 표현에 의해 훼손되는 명예의 성격과 침해의 정도, 그 표현의 방법과 동기 등의 여러 사정에 비추어 판단해야 한다(2006도7915; 2004도4826). 사실을 적시한 행위자의 주요한 목적이 공공의 이익을 위한 것이면 부수적으로 다른 목적이 있었다고 하더라도 무방하다(2008도6342).

제310조의 성격을 두고 특별한 위법성조각사유에 관한 규정이라고 보는 견해와 위법성조각사유이면서 거증책임의 전환규정이라고 보는 견해가 대립한다. 위법성조각사유설은 다음을 논거로 한다. ①언론의 자유를 보장할 목적으로 마련한 특별한 위법성조각사유규정이다. ②일본 형법 제230조의2 제1항('공익에 관련되고 진실이라는 증명이 있을 때 벌하지 않는다')이나 독일 형법 제186조('진실한 사실이라고 증명되지 않을 때는 처벌한다')과 달리 사실의 증명에 관해 아무런 언급이 없다. 거증책임전환규정설은 이 규정이 in dubio contra reum('의심스러운 경우에는 피고인의 부담으로')원칙을 규정한 것이라고 보고, 다음을 그 논거로 제시한다. ①일부 판례가 이 입장이고, 다만 자유로운 증명으로 충분하다고 본다(95도1473). ②명예훼손죄는 피해자의 명예보호를 위해 진실한 사실이 적시되는 경우에도 성립하는 범죄이다. ③명예훼손죄에서 적시된 사실의 진위를 증명하는 것이 형사재판에서 실제로 용이하지 않으므로 입증곤란을 구제할 필요가 있다.

나. 진실성을 착오한 공익을 위한 명예훼손행위의 위법성 조각 여부

그런데 대자보사건처럼 진실이라고 믿고 공익을 위해서 명예훼손행위를 하였는데 그 사실의 진위가 밝혀지지 않았거나 거짓임이 밝혀진 경우에도 위법성이 조각되는가, 아니면 명예훼손죄가 성립하는가. 이에 관해 견해의 대립이 있다.

(1) 성실한 검토의무설

독일의 의무합치적 심사이론을 수용하여 기자등 보도자의 경우는 성실한 검토의무를 다하였음에도 착오에 빠진 경우에는 행위반가치가 탈락하여 위법성이 조각된다는 견해이다. 이 견해는 기자등 보도자가 성실한 검토의무를 다하지 않고 경솔하게 진실이라 믿은 것이면 명예훼손죄의 구성요건해당성과 위법성이 인정된다고 본다.

이러한 성실한 검토의무는 허용된 위험의 법리에 근거한 것으로서, 위험이 따르는 행위에는 그 위험을 최소화하기 위한 검토의무가 요구되고, 이를 성실히 이행하면 행위반가치가 탈락하여 과실범의 경우에는 객관적 귀속이 배제되어 구성요건해당성이 부정되지만, 고의범의 경우에는 위법성이 조각된다. 이 입장은 위법성은 객관적 판단이므로 검토의무를 성실히 이행했는지 여부에 관계없이 허위사실이면 행위반가치를 인정해야 한다는 비판을 받는다.

(2) 형벌면제설

형벌면제설은 형법 제310조의 진실은 객관적 · 주관적으로 모두 진실일 것을 요구하며, 제307조 1항의 죄는 적시사실이 진실인 경우에도 성립하고, 제307조 제2항은 적시사실이 거짓인 경우 적용되는 가중적 구성요건이므로 이 경우 형법 제15조 제1항에 따라 제307조 제1항의 명예훼손죄가 성립된다고 봐야 하지만, 그 착오에 정당한 이유가 있고 공익성이 있다면 불법이 낮아져서 형벌이 면제된다고 보는 견해이다. 독일의 면책사유이론에 이론적 근거를 두고 있다.

(3) 허용상황의 착오설

다수견해는 허용상황의 착오로 본다. 따라서 허용상황의 착오에 관한 학설이 그대로 적용된다. 제한책임설에 따르면 고의가 부정되고 과실의 인정 여부가 문제되는데, 과실이 인정되더라도 명예훼손죄는 과실범을 처벌하지 않으므로 명예훼손죄의 구성요건해당성이 부정된다.

엄격책임설에 따르면 명예훼손죄의 구성요건해당성과 위법성이 인정되지만, 착오에 정당한 이유가 있으면 책임이 조각되고, 정당한 이유가 없으면 책임이 감경된다.

(4) 판례: 상당한 이유가 있으면 위법성 조각

판례는 “적시된 사실이 공공의 이익에 관한 것이면 그 사실이 진실한 것이라는 증명이 없더라도 행위자가 진실한 것으로 믿었고 또 그렇게 믿을 만한 객관적인 ‘상당한 이유’[49]가 있는 경우에는 위법성이 없다”고 본다(92도3160; 94도3191). 이처럼 진실성의 착오의 경우에 상당한 이유가 있으면 책임이 조각되지 않고 위법성이 조각된다고 판례가 보는 것은 제한적 책임설의 결론과 차이가 없다

49) 이 판결은 형법 제310조에 따라 벌하지 않고 있지만, 제310조는 ‘상당한 이유’를 요건으로 하지 않는다.

그런데 판례는 "진실한 사실로서 오로지 공공의 이익에 관한 때에 해당된다는 점을 행위자가 증명해야 하지만, 그 증명은 유죄의 인정에 있어 요구되는 것과 같이 법관으로 하여금 의심할 여지가 없을 정도의 확신을 가지게 하는 증명력을 가진 엄격한 증거에 의하여야 하는 것은 아니"라고 본다(95도1473). 위법성조각사유는 범죄성립요건임에도 불구하고 거증책임 또는 입증책임이 검사가 아니라 피고인에게 있다고 보면서도 증명의 책임을 완화하여 자유로운 증명으로 충분하다고 본 것이다.

증명에는 두 가지가 있다. 하나는 엄격한 증명이고, 다른 하나는 자유로운 증명이다. 범죄사실의 증명을 위한 증거는 적법한 증거조사절차를 거친 것으로서 법률상 증거능력을 가진 것이어야 한다. 이런 증거를 엄격한 증거라고 하고, 엄격한 증거로 범죄사실을 증명하는 것을 엄격한 증명이라고 한다. 형벌권의 존부와 양형에 관한 사실은 엄격의 증명의 대상이다. 자유로운 증명은 엄격한 증명에 대비되는 개념으로서, 법령이 정한 증거조사방식을 거치지 않은 증거 또는 법률상 증거능력이 없는 증거로 사실관계를 확정하는 것을 말한다.

• 기출문제 •

새벽에 귀가 중인 甲에게 노숙자 A가 구걸을 하려고 접근하였다. 그러나 甲은 이전에 소위 '퍽치기' 강도를 당한 경험 때문에, A를 '퍽치기' 강도로 오인하였다. 이때 현장에 온 택시기사 乙이 A가 노숙자이고 구걸을 하려는 것을 알면서도, 甲에게 "A가 당신을 공격하려 한다."라고 말하였다. 이에 甲은 그 말을 믿고 A를 폭행하였다. 甲과 乙의 형사책임에 관한 설명 중 옳지 않은 것은? [2021년 변호사시험 형사법 문13]

① 소극적 구성요건요소이론에 의하면 甲의 착오는 사실의 착오(구성요건적 착오)에 해당하며 폭행죄의 고의가 부정된다.

② 엄격책임설에 의하면 甲의 착오는 법률의 착오에 해당하여 오인함에 정당한 이유가 없는 경우 폭행죄가 성립한다.

③ 구성요건적 착오규정을 유추적용하는 견해에 의하면 甲의 고의가 부정되어 폭행죄가 성립하지 않는다.

④ 법효과제한적 책임설에 의하면 甲에게 고의불법은 인정되지만 고의책임이 배제되어 폭행죄가 성립하지 않는다.

⑤ 소극적 구성요건요소이론과 법효과제한적 책임설에 따르면 제한적 종속형식에 의할

때 乙은 甲의 행위에 대하여 폭행죄의 교사범이 된다.

【해설】 ⑤×(소극적 구성요건요소이론에 따르면 甲의 행위는 적법하므로 이에 대해 교사범이 성립할 수 없고, 법효과제한적 책임설에 따르면 甲의 행위가 불법하므로 이에 대해 교사범이 성립할 수 있다.) ①○(폭행죄의 불법고의가 부정된다.) ②○(폭행죄가 성립하고 형을 감경한다.) ③○(불법고의가 부정되어 폭행죄가 성립하지 않는다.) ④○(폭행죄의 불법은 인정하지만 고의책임을 부정하고, 과실책임을 질 수 있다.) 【정답】 ⑤

위법성조각사유의 전제사실의 착오에 관한 다음 사례에서 甲에게 폭행죄의 성부가 문제된다고 볼 경우, 이에 관한 설명 중 옳지 않은 것은? [2015년 사법시험 형법 문18]

> 김밥집 주인이 앞서 뛰어가는 학생 2명을 쫓아가며 "계산을 하고 가야지"라고 말하는 것을 들은 甲은, 15미터가량 뒤쫓아 가 부근에 있던 A를 무전취식을 하고 도망가던 학생으로 잘못 알고 A의 멱살을 잡고 약 10-15미터 끌고 왔다. 그런데 그 A는 무전취식을 하고 도망가던 학생이 아니었고, 甲은 약간의 주의를 했더라면 이를 알 수 있었다.

① 엄격책임설에 따르면 폭행죄가 성립하지 않는다.
② 엄격고의설에 따르면 폭행죄가 성립하지 않는다.
③ 구성요건착오유추적용설에 따르면 폭행에 대한 불법고의가 부정되므로 폭행죄가 성립하지 않는다.
④ 법효과제한책임설에 따르면 폭행에 대한 구성요건고의는 인정되지만 책임고의는 부정되므로 폭행죄가 성립하지 않는다.
⑤ 소극적 구성요건표지이론에 따르면 폭행에 대한 불법고의가 부정되므로 폭행죄가 성립하지 않는다.

【정답】 ①

甲은 평소 미워하던 乙과 우연히 마주치자 상해의 의사로 乙의 얼굴을 주먹으로 강타하여 코피가 나게 하였는데, 마침 그때 乙은 甲을 살해하려고 칼로 甲을 공격하려던 순간이었음이 밝혀졌다. 이에 대한 설명으로 옳은 것만을 모두 고르면? [2019년 국가직 9급 형법 문7]

> ㄱ. 위법성조각사유에 있어서는 주관적 정당화요소가 요구되지 않는다는 견해에 따르면, 甲의 행위는 정당방위로서 위법성이 조각될 수 있다.

ㄴ. 판례에 따르면 정당방위가 성립하기 위하여는 행위자에게 방위의사가 있어야 하고 그 방위행위가 상당성이 있어야 하므로, 甲의 행위는 정당방위가 될 수 없다.
ㄷ. 위법성조각사유에 있어서는 주관적 정당화요소가 요구되지만 위 사례에서는 결과반가치가 부정된다는 견해에 따르면, 甲은 상해죄의 불능미수로 처벌될 수 있다.

①ㄱ, ㄴ ②ㄱ, ㄷ ③ㄴ, ㄷ ④ㄱ, ㄴ, ㄷ

【정답】 ④

〈보기〉중 (a)~(c)의 [해결]은 ㉠~㉣의 [견해]에 따라 [사례]에 대한 甲의 형사책임을 제시한 것이다. 올바르게 연결한 것을 모두 고른 것은? [2013년 사법시험 형법 문26.(배점 4)]

신문기자 甲은 평소 잘 알고 지내던 乙로부터, K건설회사의 비리가 담겨 있는 서류를 넘겨받아, 추가조사를 하였다면 허위의 사실임을 알 수 있었음에도 불구하고 별도로 추가조사를 진행하지 않은 채 평소 乙의 태도를 신뢰하여 그 서류에 기재된 내용이 진실한 것으로 믿고, 이전부터 사회적 물의를 일으켜 온 K회사의 비리를 밝혀 공익을 실현할 수 있는 좋은 기회라고 생각하고는 그 서류의 내용을 기사로 작성하여 신문에 게재하였다. 이후 甲의 행위가 공익에 관한 것임은 인정되었으나 위 서류의 내용은 허위임이 밝혀졌다. (다만, 甲에게 '비방의 목적'이 있었는지 여부는 판례의 태도에 의함)

【견해】
㉠ 금지착오의 일종으로 보아 해결을 시도하는 견해
㉡ 구성요건착오를 유추적용하여 해결을 시도하는 견해
㉢ 행위자의 성실한 검토의무를 주관적 정당화요소로 인정하여 해결을 시도하는 견해
㉣ 행위자가 허위의 사실을 진실한 것으로 믿은 데 상당한 이유가 있는지 여부에 따라 해결을 시도하는 견해

【해결】
(a) 무죄
(b) 명예훼손죄(형법 제307조 제1항)
(c) 출판물에의한명예훼손죄(형법 제309조 제1항)

① ㉠-(c), ㉡-(a), ㉢-(c), ㉣-(a) ② ㉠-(a), ㉡-(a), ㉢-(b), ㉣-(b)
③ ㉠-(c), ㉡-(a), ㉢-(c), ㉣-(c) ④ ㉠-(b), ㉡-(b), ㉢-(b), ㉣-(b)
⑤ ㉠-(b), ㉡-(a), ㉢-(b), ㉣-(b)

【해설】 "추가조사를 하였다면 허위의 사실임을 알 수 있었다"는 문언은 행위자가 착오에 빠진데 정당한 이유나 상당한 이유 또는 성실한 검토를 부정하는 근거이다. 금지착오로 보는 ㉠ 견해에 따르면 명예훼손죄가 성립하지만 형의 감경이 가능하다(b).구성요건착오를 유추적용

하는 ㉡견해에 따르면 과실명예훼손죄가 인정되는데, 이를 처벌하는 규정은 없으므로 무죄이다(a). ㉢에 따르면 성실한 검토의무를 다하지 않은 것이므로 명예훼손죄가 인정된다(b). 판례인 ㉣견해에 따르면 상당한 이유가 부정되어 명예훼손죄가 인정된다(b). **【정답】** ⑤

• 탐구과제 •

- 사실의 착오 또는 구성요건 착오란 무엇이고, 이에 관한 학설과 판례는?
- 법률의 착오 또는 위법성의 착오란 무엇이고, 이에 관한 학설과 판례는?

11강 낙태죄의 헌법불합치결정의 의미

형법 제27장에 규정된 낙태죄의 체계를 보고, 자기낙태죄와 의사동의낙태죄에 관한 헌법재판소의 헌법불합치결정의 의미 및 이에 따라 지난 20대 국회에 제출된 관련 법률개정안을 본다.

• 사례 •

조산사 甲은 임신 5개월째 내원한 V(37세)로부터 자연분만을 의뢰받으면서 V가 이미 제왕절개 방법으로 두 딸을 출산하여 자연분만의 경험이 없고, 당뇨증상 및 양수과다증상이 있어서 태아에게 매우 위험한 상황이었으며, 그 후 더욱이 V가 출산예정일을 2주나 지나서 태아가 5.2㎏까지 성장한 상태로 내원했음에도 불구하고, 산부인과 전문병원으로 옮겨서 적절한 조치를 받도록 하지 않고, V에 대해 초음파검사를 실시하지 않아서 태아를 자궁 내에서 사망하게 했다(약칭하여 과실낙태사건). 甲에게 산모에 대한 업무상과실치상죄가 성립하는가?

• 해설 •

1. 낙태죄의 체계와 해석

제27장 낙태의 죄

제269조 (낙태) ① 부녀가 약물 기타 방법으로 낙태한 때에는 1년 이하의 징역 또는 200만원 이하의 벌금에 처한다.

② 부녀의 촉탁 또는 승낙을 받아 낙태하게 한 자도 제1항의 형과 같다.

③ 제2항의 죄를 범하여 부녀를 상해에 이르게 한 때에는 3년 이하의 징역에 처한다. 사망에 이르게 한 때에는 7년 이하의 징역에 처한다.

제270조 (의사등의 낙태, 부동의낙태) ①의사, 한의사, 조산사, 약제사 또는 약종상이 부녀의 촉탁 또는 승낙을 받어 낙태하게 한 때에는 2년 이하의 징역에 처한다.

② 부녀의 촉탁 또는 승낙없이 낙태하게 한 자는 3년 이하의 징역에 처한다.

③ 제1항 또는 제2항의 죄를 범하여 부녀를 상해에 이르게 한 때에는 5년 이하의 징역에 처한다. 사망에 이르게 한 때에는 10년 이하의 징역에 처한다.

④ 전3항의 경우에는 7년 이하의 자격정지를 병과한다.

가. 자기낙태죄와 낙태원조죄

형법 제269조 제1항은 자기낙태죄의 주체를 부녀로 규정하고 있지만, 입법취지상 임산부를 말한다. 1992년 형법개정안은 '임신 중인 여자', 곧 '임부'로 규정하고 있다. 국어사전은 임산부를 임부와 산부를 아우르는 말로 정의하고 있고, 산부는 산모와 같은 의미로서 출산 후 며칠 되지 않은 사람으로 정의하고 있다. 따라서 낙태죄와 관련해서는 임부라는 표현이 적절하다.

낙태죄는 임부만 범할 수 있는 신분범이지만, 흔히 의사등의 도움을 받아 임부가 낙태를 한다. 그래서 낙태죄는 크게 임부가 스스로 낙태하는 자기낙태죄와 임부의 낙태를 가능하게 하는 낙태원조죄[50]로 구별할 수 있다. 낙태원조죄는 다시 임부의 촉탁 · 승낙을 받아 낙태하게 하는 동의낙태원조죄와 그런 촉탁 · 승낙 없이 낙태하게 하는 부동의낙태원조죄로 구별할 수 있다. 동의낙태원조죄는 다시 의사등이 원조하는 업무상동의낙태원조죄와 단순동의낙태원조죄로 구별할 수 있다.

자기낙태죄와 단순동의낙태원조죄의 법정형은 같지만(1년 이하 징역 또는 200만원 이하 벌금), 업무상동의낙태원조죄의 법정형은 무거워진다(2년 이하 징역). 부동의낙태원조죄의 법정형은 낙태원조자가 의사등인지 여부에 관계없이 3년 이하 징역이다.

낙태원조로 인한 임부치사상죄가 있는데, 그 낙태원조가 단순동의낙태원조인 경우 치상이면 3년 이하 징역, 치사이면 7년 이하 징역이고, 그 낙태원조가 업무상동의낙태원조이거나 부동의낙태원조인 경우 치상이면 5년 이하 징역, 치사이면 10년 이하 징역이다.

나. 낙태죄의 구성요건해당성

태아란 수태 후 출생 전 상태를 말한다. 배아와 사람의 중간 단계라고 할 수 있다. 낙태죄의 보호법익은 일차적으로는 태아의 생명이지만, 낙태로 인한 임부치사상죄의 경우는 부차적으로 임부의 생명과 신체의 안전도 보호법익이 된다.

낙태란 태아를 모체 안에서 살해하거나 자연분만기 전에 모체 밖으로 배출하는 것을 말한다(2003도2780). 낙태로 태아가 사망하였는지 여부는 낙태죄의 성부에 영향을 미치지 않으므로 체외로 배출된 태아를 살해한 경우 판례는 낙태죄와 살인죄의 실체적 경합범이라고 본다(2003도2780).

실체적 경합범이란 수죄(數罪), 곧 다수의 죄이지만 형법 제37조에 따라 실체적 경합

50) 필자가 만들어낸 용어로서 필요적 공범의 한 형태인 원조범에 해당한다.

관계로 처리하는 경우[51] 그 다수의 범죄를 말한다. 예컨대 오늘 한 명 살해하고, 내일 한 명 살해하는 연쇄살인범). 일죄인지, 수죄인지 판단하는 영역을 죄수론이라고 하는데, 포괄일죄(예컨대 상습사기죄)와 법조경합(예컨대 강도죄[형법 제333조]나 강간죄[형법 제297조]와 그 죄를 구성하는 폭행 · 협박죄)은 일죄에 해당한다. 죄수판단 결과 수죄로 판단된 경우 그 수죄를 상상적 경합으로 볼지(형법 제40조), 실체적 경합으로 볼지 판단하는 영역을 경합론이라고 한다. 상상적 경합의 경우(예컨대 2인용 유모차에 2명의 아이가 타고 있는 데 그 유모차를 강물에 빠뜨려서 익사하게 한 경우)는 가장 중한 죄에 정한 형을 법정형으로 한다.[52] 실체적 경합의 경우는 형법 제38조에 근거 3가지 방식(흡수주의, 가중주의, 병과주의) 중 하나를 적용하여[53] 처단형을 정한다.[54] 처단형이란 선고형의 전 단계로서 법정형을 가중 또는 감경한 형을 말한다.

다. 과실낙태 불처벌과 임부에 대한 업무상과실치상죄 불성립

앞의 과실낙태사건에서 과실낙태죄의 처벌규정이 없어서 甲의 과실낙태행위를 처벌할 수 없자 검사는 임부에 대한 업무상과실치상죄로 기소하였는데, 판례는 업무상과실치상죄의 성립을 부정한다(2005도3832). 그 이유는 형법이 태아를 임부의 신체의 일부로 보거나, 낙태행위가 낙태죄와 별개로 임부에 대한 상해죄를 구성한다고 보고 있다고 해석할 수는 없으므로, 태아를 사망케 한 행위를 임부의 신체의 일부를 훼손하는 것이라거나 태아의 사망으로 인해 그 태아를 양육, 출산하는 임부의 생리적 기능이 침해되어 임부에 대한 상해가 된다고 볼 수는 없다는 것이다(同旨: 2009도1025).

---

51) 제37조(경합범) 판결이 확정되지 아니한 수개의 죄 또는 금고 이상의 형에 처한 판결이 확정된 죄와 그 판결확정전에 범한 죄를 경합범으로 한다.

52) 제40조(상상적 경합) 1개의 행위가 수개의 죄에 해당하는 경우에는 가장 중한 죄에 정한 형으로 처벌한다.

53) 참고로 미국은 이런 경우 개별범죄에 따라 형을 정한 후 그 형을 모두 합산하는 병과주의를 따르고 있다. 그래서 100년형이 나오는 것이다. 한국 형법은 영미법계가 아니라 대륙법계에 따라 수죄의 형벌을 정하고 있다.

54) 제38조(경합범과 처벌례) ①경합범을 동시에 판결할 때에는 다음의 구별에 의하여 처벌한다.
1. 가장 중한 죄에 정한 형이 사형 또는 무기징역이나 무기금고인 때에는 가장 중한 죄에 정한 형으로 처벌한다.
2. 각 죄에 정한 형이 사형 또는 무기징역이나 무기금고 이외의 동종의 형인 때에는 가장 중한 죄에 정한 장기 또는 다액에 그 2분의 1까지 가중하되 각 죄에 정한 형의 장기 또는 다액을 합산한 형기 또는 액수를 초과할 수 없다. 단 과료와 과료, 몰수와 몰수는 병과할 수 있다.
3. 각 죄에 정한 형이 무기징역이나 무기금고 이외의 이종의 형인 때에는 병과한다.
②전항 각호의 경우에 있어서 징역과 금고는 동종의 형으로 간주하여 징역형으로 처벌한다.

2. 모자모건법의 위법성조각사유

모자보건법은 '태아가 모체 밖에서는 생명을 유지할 수 없는 시기에 태아와 그 부속물을 인공적으로 모체 밖으로 배출시키는 수술'을 인공임신중절수술이라고 부르고(제2항 제7호), 이를 예외적으로 허용하고 있다. 판례의 낙태 개념은 '모체 안에서 태아를 살해하는 것'도 포함하므로 판례가 말하는 '낙태'는 '인공임신중절'보다 더 넓은 개념이다.

> 모자보건법 제14조(인공임신중절수술의 허용한계) ① 의사는 다음 각 호의 어느 하나에 해당되는 경우에만 본인과 배우자(사실상의 혼인관계에 있는 사람을 포함한다. 이하 같다)의 동의를 받아 인공임신중절수술을 할 수 있다.
> 1. 본인이나 배우자가 대통령령으로 정하는 우생학적(優生學的) 또는 유전학적 정신장애나 신체질환이 있는 경우
> 2. 본인이나 배우자가 대통령령으로 정하는 전염성 질환이 있는 경우
> 3. 강간 또는 준강간(準强姦)에 의하여 임신된 경우
> 4. 법률상 혼인할 수 없는 혈족 또는 인척 간에 임신된 경우
> 5. 임신의 지속이 보건의학적 이유로 모체의 건강을 심각하게 해치고 있거나 해칠 우려가 있는 경우
>
> ② 제1항의 경우에 배우자의 사망 · 실종 · 행방불명, 그 밖에 부득이한 사유로 동의를 받을 수 없으면 본인의 동의만으로 그 수술을 할 수 있다.
>
> ③ 제1항의 경우 본인이나 배우자가 심신장애로 의사표시를 할 수 없을 때에는 그 친권자나 후견인의 동의로, 친권자나 후견인이 없을 때에는 부양의무자의 동의로 각각 그 동의를 갈음할 수 있다.
>
> 모자보건법 시행령 제15조(인공임신중절수술의 허용한계) ① 법 제14조에 따른 인공임신중절수술은 임신 24주일 이내인 사람만 할 수 있다.
>
> ② 법 제14조제1항제1호에 따라 인공임신중절수술을 할 수 있는 우생학적 또는 유전학적 정신장애나 신체질환은 연골무형성증, 낭성섬유증 및 그 밖의 유전성 질환으로서 그 질환이 태아에 미치는 위험성이 높은 질환으로 한다.
>
> ③ 법 제14조제1항제2호에 따라 인공임신중절수술을 할 수 있는 전염성 질환은 풍진, 톡소플라즈마증 및 그 밖에 의학적으로 태아에 미치는 위험성이 높은 전염성 질환으로 한다.

위와 같이 모자보건법은 우생학적 사유(제1호, 제2호), 의학적 사유(제5호), 윤리적 사유(제3호, 제4호)만 인정하고 있고, 사회적 · 경제적 사유에 의한 낙태는 허용하고 있지 않고 있다. 따라서 아직 결혼하지 않은 여자가 임신을 한 후 사회적 편견과 경제적 어려움을 이유로 낙태를 한 경우는 위법성이 조각되지 않고, 낙태죄로 처벌된다.

3. 낙태죄에 관한 헌법재판소의 결정

산부인과 의사 갑은 2013. 11. 1.경부터 2015. 7. 3.경까지 69회에 걸쳐 부녀의 촉탁 또는 승낙을 받아 낙태하였다는 공소사실(업무상승낙낙태)로 기소되었다. 제1심 재판 계속 중 형법 제269조 제1항, 제270조 제1항 헌법에 위반된다고 주장하면서 헌법재판소법 제41조[55]에 근거 위헌법률심판 제청신청을 하였으나 그 신청이 기각되자 2017. 2. 8. 헌법재판소법 제68조 제2항[56]에 근거 위 조항들의 위헌확인을 구하는 헌법소원심판을 청구하였다.

가. 종전의 합헌결정

2012. 8. 23. 선고된 헌법재판소 결정의 다수의견은 자기낙태죄와 동의낙태죄가 합헌이라고 보았으나, 이들 죄의 '낙태'에 '임신 12주 이내의 낙태'가 포함되는 것으로 해석하는 한 위헌이라는 반대의견이 있었다(2010헌바402).

나. 현행 헌법불합치결정

그러나 위 반대의견은 2019. 4. 11. 선고된 헌법재판소 결정(2017헌바127)의 다수의견이 된다. 임신한 여성이 의사의 도움을 받아 낙태한 경우 그 여성과 의사를 처벌하는 것은 여성의 자기결정권을 침해하는 것으로서 헌법불합치라는 것이다. 이에 따라 형법 제269조 제1항의 자기낙태죄와 제270조 제1항 중 의사에 관한 동의낙태죄는 2020년 12월 31일까지만 효력이 있다.

이 결정의 다수의견은 다음과 같이 말한다. '임신한 여성의 자기결정권에는 임신의 유지와 출산 여부에 대하여 스스로 결정할 수 있는 권리가 포함되어 있는데, 모자보건법

---

55) 제41조(위헌 여부 심판의 제청) ① 법률이 헌법에 위반되는지 여부가 재판의 전제가 된 경우에는 당해 사건을 담당하는 법원(군사법원을 포함한다. 이하 같다)은 직권 또는 당사자의 신청에 의한 결정으로 헌법재판소에 위헌 여부 심판을 제청한다.
② 제1항의 당사자의 신청은 제43조제2호부터 제4호까지의 사항을 적은 서면으로 한다.
③ 제2항의 신청서면의 심사에 관하여는 「민사소송법」 제254조를 준용한다.
④ 위헌 여부 심판의 제청에 관한 결정에 대하여는 항고할 수 없다.
⑤ 대법원 외의 법원이 제1항의 제청을 할 때에는 대법원을 거쳐야 한다.

56) 제68조(청구 사유) ① 공권력의 행사 또는 불행사(不行使)로 인하여 헌법상 보장된 기본권을 침해받은 자는 법원의 재판을 제외하고는 헌법재판소에 헌법소원심판을 청구할 수 있다. 다만, 다른 법률에 구제절차가 있는 경우에는 그 절차를 모두 거친 후에 청구할 수 있다.
② 제41조제1항에 따른 법률의 위헌 여부 심판의 제청신청이 기각된 때에는 그 신청을 한 당사자는 헌법재판소에 헌법소원심판을 청구할 수 있다. 이 경우 그 당사자는 당해 사건의 소송절차에서 동일한 사유를 이유로 다시 위헌 여부 심판의 제청을 신청할 수 없다.

에서 정한 예외사유를 제외하고 임신기간 전체의 모든 낙태에 대하여 전면적 · 일률적으로 금지하고 이를 위반한 경우 형벌을 부과하는 형법 규정은 과잉금지원칙을 위반하여 임신한 여성의 자기결정권을 침해한다. 또한, 태아가 독자적으로 생존할 수 있는 시점인 임신 22주 내외에 도달하기 전이면서 동시에 임신 유지와 출산 여부에 관한 자기결정권을 행사하기에 충분한 시간이 보장되는 시기(이하 "결정가능기간")까지의 낙태에 대해서는 국가가 생명보호의 수단 및 정도를 달리 정할 수 있고, 입법자에게 결정가능기간의 설정, 결정가능기간과 사회적 · 경제적 사유의 조합방식(일정한 시기까지는 사회적 · 경제적 사유의 확인을 요구하지 않을 것인지 여부 포함), 상담이나 숙려기간 등 일정한 절차적 요건의 추가 여부 등에 관하여 입법재량이 있다.'

4. 20대 국회에서 발의된 형법개정안과 모자보건법개정안(자동폐기)

지난 20대 국회에서 이정미 의원이 대표발의한 형법개정안(제19829호)은 제27장 '낙태의 죄'에서 '부동의 인공임신중절의 죄'로 개정하고, 자기낙태죄와 업무상동의낙태원조죄 규정을 삭제하며, 부동의낙태원조치사상죄의 법정형을 상향한다.

형법 제27장 부동의 인공임신중절의 죄

제269조 (낙태) 삭제

제270조 (부동의 인공임신중절) ① 삭제

② 부녀의 촉탁 또는 승낙없이 인공임신중절하게 한 자는 3년 이하의 징역에 처한다.

③ 제2항의 죄를 범하여 부녀를 상해에 이르게 한 때에는 7년 이하의 징역에 처한다. 사망에 이르게 한 때에는 3년 이상의 징역에 처한다.

④ 제2항 및 제3항의 경우에는 7년 이하의 자격정지를 병과한다.

위 형법개정안과 함께 20대 국회에서 이정미의원이 대표발의한 모자보건법개정안(제19802호)의 내용은 아래와 같은데, 두 법안은 회기만료로 자동폐기된다. 모자보건법에 인공임신중절의 보장과 제한 및 이에 따른 벌칙 조항을 신설한다(제13조, 제26조의2, 제26조의3). 임신 14주 이내의 임산부의 경우 어떠한 사유를 요구함 없이, 임산부의 판단에 의한 요청만으로 인공임신중절 및 수술이 가능하도록 한다(제14조 제1항). 임신 14주부터 22주까지 기간의 인공임신중절에 있어 종전 우생학적 또는 유전학적 정신장애 사유는 삭제하고 태아가 건강상태에 중대한 손상을 입고 있거나 입을 염려가 뚜렷한 경우로 대체하고, 기존 사유에 사회적 · 경제적 사유를 더하여 임산부의 자기결정권을 확대한다(제14조 제2항). 임신 22주를 초과한 기간의 인공인심중절은 임신의 지속이나 출산이 보건의학적 이유로 모체의 건강을 심각하게 해치고 있거나 해칠 우려가 있는 경우에만 한정한다(제14조 제3항).

모자보건법 제13조 (인공임신중절의 보장과 제한) ① 임신의 유지 또는 종결에 관한 임산부의 자기 결정권은 원칙적으로 보장되어야 한다.

② 누구든지 제14조제1항 및 제2항에서 규정한 경우를 제외하고는 임산부를 인공임신중절하게 하여서는 아니 된다.

제14조 (의사에 의한 인공임신중절 및 수술) ① 의사는 임신 14주 이내의 임산부의 판단에 의한 요청이 있는 경우에는 인공임신중절 및 수술을 할 수 있다.

② 의사는 임신 14주를 초과하는 임산부에 대하여는 다음 각 호의 어느 하나에 해당되는 경우에 임산부 본인의 동의를 받아 인공임신중절 및 수술을 할 수 있다.

1. 태아가 출생 전의 해로운 영향으로 인하여 건강상태에 중대한 손상을 입고 있거나 입을 염려가 뚜렷한 경우로서 대통령령으로 정하는 경우
2. 「성폭력범죄의 처벌 등에 관한 특례법」 제2조에 따른 성폭력범죄 행위로 인하여 임신하였다고 인정할 만한 이유가 있는 경우
3. 법률상 혼인할 수 없는 혈족 또는 인척 간에 임신된 경우
4. 임신의 유지나 출산 후 양육이 현저히 어려운 사회적 · 경제적인 사유로서 대통령령으로 정하는 경우
5. 임신의 지속이나 출산이 보건의학적 이유로 모체의 건강을 심각하게 해치고 있거나 해칠 우려가 있는 경우

③ 제2항제1호부터 제4호까지의 사유로 인한 인공임신중절 및 수술은 임신 22주 이내인 임산부만 할 수 있다.

④ 제1항 및 제2항의 경우 임산부 본인이 심신장애로 의사표시를 할 수 없을 때에는 친권자나 후견인의 동의로, 친권자나 후견인이 없을 때에는 부양의무자의 동의로 각각 그 동의를 갈음할 수 있다.

⑤ 임산부는 제1항과 제2항에 한정하여 인공임신중절 및 수술을 할 수 있다.

제26조의2 (벌칙) ① 제13조제2항을 위반한 의사, 한의사, 조산사, 약제사 또는 약종상과 제14조제3항을 위반한 의사가 임산부를 사망에 이르게 한 경우 10년 이하의 징역에 처한다.

② 제13조제2항을 위반한 의사, 한의사, 조산사, 약제사 또는 약종상과 제14조제3항을 위반한 의사가 임산부를 상해에 이르게 한 경우 5년 이하의 징역에 처한다.

③ 제1항과 제2항의 경우 7년 이하의 자격정지를 병과(併科)한다.

제26조의3 (벌칙) ① 제13조제2항을 위반한 자(의사, 한의사, 조산사, 약제사 또는 약종상은 제외한다)가 임산부를 사망에 이르게 한 경우 7년 이하의 징역에 처한다.

② 제13조제2항을 위반한 자(의사, 한의사, 조산사, 약제사 또는 약종상은 제외한다)가 임산부를 상해에 이르게 한 경우 3년 이하의 징역에 처한다.

5. 법무부가 발의한 형법개정안

법무부는 기존 모자보건법에 규정되어 있던 낙태 허용요건을 확대하여 형법 제270조의2에 신설하는 형법개정안을 아래와 같이 2020년 10월 7일 발의하였다. 그런데 아직도 형법과 모자보건법 모두 개정되지 않고 있다.

> 제270조의2(낙태의 허용요건) ① 제269조제1항, 제2항 또는 제270조제1항의 행위가 임신 14주 이내에 의사에 의하여 의학적으로 인정된 방법으로 이루어진 때에는 처벌하지 아니한다.
> ② 제269조제1항, 제2항 또는 제270조제1항의 행위가 임신 24주 이내에 의사에 의하여 의학적으로 인정된 방법으로 이루어지고 다음 각 호의 어느 하나에 해당하는 때에는 처벌하지 아니한다. 다만 제3호에 해당하는 경우에는 임신한 여성이 모자보건법에서 정한 상담을 받고, 그 때부터 24시간이 경과하여야 한다.
> 1. 강간 또는 준강간(準强姦) 등 범죄행위로 인하여 임신된 경우
> 2. 법률상 혼인할 수 없는 혈족 또는 인척 간에 임신된 경우
> 3. 임신의 지속이 사회적 또는 경제적 이유로 임신한 여성을 심각한 곤경에 처하게 하거나 처하게 할 우려가 있는 경우
> 4. 임신의 지속이 보건의학적 이유로 임신한 여성의 건강을 심각하게 해치고 있거나 해칠 우려가 있는 경우
>
> ③ 임신한 여성이 모자보건법에서 정한 상담 절차에 따라 임신의 지속, 출산 및 양육에 관한 충분한 정보를 제공받고 숙고 끝에 임신을 지속할 수 없다는 자기 결정에 이른 경우에는 제2항제3호의 사유가 있는 것으로 추정한다.

• 기출문제 •

다음 기술 중 옳지 않은 것은? (다툼이 있는 경우에는 판례에 의함)

[2010년 사법시험 문32.(배점 2)]

① 낙태죄를 침해범으로 보는 견해에 의하면 태아를 살해한 때 낙태죄의 기수가 된다.

② 제왕절개수술을 함에 있어 임산부의 상태변화, 의료진의 처치경과 등 제반사정을 토대로 의학적으로 수술이 가능하였고 규범적으로 수술이 필요하였던 시기(時期)를 분만개시의 시점으로 볼 수 있다.

③ 낙태죄를 위험범으로 보는 견해에 의하면 태아를 모체 내에서 살해한 경우뿐만 아니라 모체 외로 배출시키는 경우에도 낙태죄가 성립한다.

④ 산부인과 의사가 임산부로부터 낙태시술을 부탁받고 낙태시술을 하였으나 태아가 살

아서 미숙아 상태로 출생하자 그 미숙아에게 염화칼륨을 주입하여 사망하게 한 경우, 업무상촉탁낙태죄와 살인죄의 실체적 경합범이 성립한다.

⑤ 산부인과 의사가 제왕절개수술 중 과실로 모체 안에서 태아의 사망에 이르게 하였더라도, 태아의 사망 자체를 임산부에 대한 상해로 볼 수 없다.

【해설】 ②×(2005도3832: 이 시기는 불명확하여 사람의 시기로 볼 수 없다), ③ㅇ(2003도2780) ④ㅇ(2003도2780), ⑤ㅇ(2009도1025) **【정답】** ②

낙태에 대한 설명 중 옳지 않은 것은? (다툼이 있는 경우에는 판례에 의함)

[2006년 사법시험 문25]

① 의사가 임산부의 생명을 구하기 위해 인공임신중절수술을 한 경우는 긴급피난행위로서 허용된다.

② 의사, 한의사, 조산사, 약제사, 약종상 등이 임산부의 촉탁이나 승낙을 받아 낙태한 경우에도 업무상동의낙태죄로 처벌하는 이유는 임산부에게는 태아의 생명에 대한 처분권이 없어서 피해자승낙이론에 의해 정당화될 수 없기 때문이다.

③ 인공임신중절수술은 모자보건법 제14조 제1항 제5호에 의하면 임신의 지속이 보건의학적 이유로 모체의 건강을 심히 해하는 경우에는 가능하나, 해할 우려가 있는 경우에는 허용되지 아니한다.

④ 임산부는 인공임신중절수술에 동의하는데 사실혼 관계의 배우자가 반대하는 경우에는 원칙적으로 낙태할 수 없다.

⑤ 낙태죄는 태아를 자연분만기에 앞서서 인위적으로 모체 밖으로 배출하거나 모체 안에서 살해함으로써 성립하고, 배출 결과 태아가 사망하였는지 여부는 낙태죄의 성립에 영향이 없다

【정답】 ③

생명과 신체에 관한 죄에 대한 설명 중 옳지 않은 것은? (다툼이 있는 경우에는 판례에 의함) [2012년 사법시험 문7.(배점 2)]

① 공휴일 또는 야간에 구치소 소장을 대리하는 당직간부에게는 구치소에 수용된 수용자들의 생명·신체에 대한 위험을 방지할 법령상 내지 조리상의 의무가 있고, 이와

같은 의무를 직무로서 수행하는 교도관들의 업무는 업무상과실치사죄에서 말하는 업무에 해당한다.

② 낙태죄는 태아를 자연분만기에 앞서서 인위적으로 모체 밖으로 배출하거나 모체 안에서 살해함으로써 성립하고, 그 결과 태아가 사망하였는지 여부는 낙태죄의 성립에 영향이 없다.

③ 양친자관계를 창설하려는 명백한 의사가 있고 기타 입양의 실질적 요건이 구비되었음에도 입양신고를 하지 아니한 채 친생자 출생신고를 한 이후 계속하여 자신을 양육하여 온 사람을 살해한 경우 존속살해죄가 성립한다.

④ 인터넷 사이트 내 자살 관련 카페 게시판에 청산염 등 자살용 유독물의 판매광고를 한 행위가 단지 금원 편취목적의 사기행각의 일환으로 이루어졌고, 자살자들이 다른 경로로 입수한 청산염을 이용하여 자살하였다면 자살방조에 해당하지 않는다.

⑤ 형법의 해석상 태아는 임산부 신체의 일부에 해당된다고 볼 수 있어, 낙태행위는 임산부 신체의 일부에 대한 훼손이나 임산부의 태아 양육 · 출산 기능의 침해 측면에서 낙태죄와는 별개로 임산부에 대한 상해죄를 구성한다.

【해설】 ①ㅇ(2006도3493) ③ㅇ(2007도8333: 이런 경우 입양신고의 효력이 있다) ④ㅇ(2005도1373) ⑤×(2005도3832) **【정답】** ⑤

• 탐구과제 •

- 위험범과 침해범의 구별기준은?
- 동의낙태죄는 필요적 공범인가?
- 낙태죄에 관한 헌법재판소의 헌법불합치결정은 타당한가?

12강 재산범죄: 동산양도물 임의처분의 형사책임

당사자 쌍방이 서로 대가적 의미를 가지는 채무를 부담하게 되는 민사계약(흔히 쌍무계약이라고 부름)에서 일방의 채무불이행에 대해 배신적 재산범죄라고 할 수 있는 횡령죄나 배임죄를 인정해왔다. 그러나 최근 이 입장을 변경하여 민사사건의 형사적 해결을 지양한다는 원칙 아래 예외적으로 부동산이중매매의 매도인에게 배임죄를 인정하는 입장만 유지하고 있다. 배임죄의 구성요건 중 '타인의 사무'를 해석하면서 부동산이 한국사회에서 갖는 의미를 고려하여 정책적 판단을 한 것이다. 동산양도담보물 임의처분사건을 소재로 판례가 민사계약에서 채무불이행과 형법의 배신적 재산범죄의 관계를 어떻게 보고 있는지 분석하고, 그 경향을 파악하며, 민법이론이 형법의 해석과 어떻게 만나는지 본다. 이 과정에서 재산범죄의 체계도 이해한다.

• 사례 •

주식회사를 운영하는 甲이 회사 명의로 A은행으로부터 대출을 받으면서 7억원의 대출금을 완납할 때까지 회사 소유의 동산인 골재생산기기(크러셔)를 점유개정 방식으로 양도담보로 제공하기로 하는 계약을 체결하였다. 그러나 甲은 그 동산을 제3자에게 매각함으로써 양도담보계약의 내용을 이행하지 않았다. 검사는 甲의 행위로 은행은 대출금 상당의 손해를 입고 이로 인해 甲이 취득한 이득액은 7억원이라는 이유로 甲을 특경법 제3조의 배임죄로 기소하였다. 甲을 처벌할 수 있을까.

• 해설 •

1. 동산양도담보계약의 채무자가 배임죄의 주체가 될 수 있는가

가. 배신적 재산취득범죄: 횡령죄와 배임죄

> 제355조 (횡령, 배임) ①타인의 재물을 보관하는 자가 그 재물을 횡령하거나 그 반환을 거부한 때에는 5년 이하의 징역 또는 1천500만원 이하의 벌금에 처한다. ②타인의 사무를 처리하는 자가 그 임무에 위배하는 행위로써 재산상의 이익을 취득하거나 제삼자로 하여금 이를 취득하게 하여 본인에게 손해를 가한 때에도 전항의 형과 같다.

제356조 (업무상의 횡령과 배임) 업무상의 임무에 위배하여 제355조의 죄를 범한 자는 10년 이하의 징역 또는 3천만원 이하의 벌금에 처한다.

甲을 특경법의 배임죄[57]로 처벌할 수 있으려면 甲의 행위에 대해 형법 제355조 제2항의 배임죄의 구성요건해당성이 인정되어야 하는데, 그 구성요건은 ⓐ타인의 사무를 처리하는 자가 그 ⓑ임무에 위배하는 행위를 하여 ⓒ자기 또는 제3자가 재산상 이익을 취득하게 하고 ⓓ그 타인, 곧 본인에게 손해를 입히는 것이다. 따라서 우선 甲이 배임죄의 주체인 '타인의 사무를 처리하는 자'에 해당해야 한다. 동산양도담보계약의 채무자가 '타인의 사무를 처리하는 자'에 해당하는가.

형법 제40장 횡령과 배임의 죄에서 규정하고 있는 배임죄는 횡령죄와 함께 신뢰관계를 깨뜨리는 행위, 곧 배신행위를 하여 재산을 취득하고, 이로써 재산적 신뢰를 준 자에게 재산적 손해를 입히는 범죄이다. 배신적 재산취득행위를 처벌하는 범죄라고 할 수 있다. 다만 두 죄 모두 신분범인데 횡령죄의 주체는 '타인의 재물을 보관하는 자'이고, 배임죄의 주체는 '타인의 사무를 처리하는 자'이다. 또한 배신행위로 취득한 재산이 횡령죄의 경우는 재물인 반면, 배임죄의 경우는 재산상 이익이다.

양도담보는 소유권 등 권리 이전 형태의 비전형담보이다. 채권담보의 목적으로 물건의 소유권 또는 그 밖의 재산권을 채권자에게 이전하고, 채무자가 채무를 이행하지 않으면 채권자가 그 목적물에서 우선변제를 받고 채무자가 채무를 이행하면 목적물을 다시 반환하는 계약의 담보방법이다. 변제하지 못한 경우 청산의무가 부과되는지 여부에 따라 양도담보를 2가지로 구별하기도 한다. 하나는 변제하지 못하면 별도의 절차 없이(즉 청산의무 없이) 소유권이 채권자에게 귀속되는 강한 의미의 양도담보이고, 다른 하나는 변제하지 못한 경우 청산의무가 부과되는 약한 의미의 양도담보이다. 일반적으로 동산양도담보약정에는 채무자가 채권담보의 목적으로 채권자에게 자기 소유의 동산을 양도하되 채권자는 점유개정[58]의 방법으로 동산을 인도받고 그 동산에 대한 현실적 점

---

57) 제3조(특정재산범죄의 가중처벌) ① 「형법」 제347조(사기), 제347조의2(컴퓨터등 사용사기), 제350조(공갈), 제350조의2(특수공갈), 제351조(제347조, 제347조의2, 제350조 및 제350조의2의 상습범만 해당한다), 제355조(횡령 · 배임) 또는 제356조(업무상의 횡령과 배임)의 죄를 범한 사람은 그 범죄행위로 인하여 취득하거나 제3자로 하여금 취득하게 한 재물 또는 재산상 이익의 가액(이하 이 조에서 "이득액"이라 한다)이 5억원 이상일 때에는 다음 각 호의 구분에 따라 가중처벌한다.
1. 이득액이 50억원 이상일 때: 무기 또는 5년 이상의 징역
2. 이득액이 5억원 이상 50억원 미만일 때: 3년 이상의 유기징역
② 제1항의 경우 이득액 이하에 상당하는 벌금을 병과(倂科)할 수 있다.

58) 민법 제189조(점유개정) 동산에 관한 물권을 양도하는 경우에 당사자의 계약으로 양도인이 그 동산

유는 채무자가 계속하기로 하는 내용이 포함된다.

나. 1심과 2심의 판단

1심과 2심은 종전 판례의 입장에 따라 甲을 '타인의 사무를 처리하는 자'에 해당한다고 보고 배임죄를 인정한다. 종전 판례는 자동차에 대한 점유개정방식의 양도담보계약에서 채무자가 그 자동차를 임의로 처분한 경우, 채무자에게 배임죄를 인정했다(89도350. 同旨: 82도1829). 그 이유는 동산인 자동차의 소유권은 신탁적으로 채권자에게 이전됨에 불과하고, 채권자와 채무자 사이의 대내적 관계에서 채무자는 당연히 소유권을 보유하므로 양도담보권자가 담보의 목적을 달성할 수 있도록 채무자는 양도담보물을 보관할 의무를 지며, 따라서 채권담보의 약정에 따라 채무자는 채권자인 담보권자의 사무를 처리하는 자의 지위에 있게 되는데, 그런 채무자가 양도담보된 자동차를 처분하여 부당히 담보가치를 감소시켰다는 것이다.

아래 두 판례도 위 종전 판례와 그 취지가 같다. 채무자가 채권자로부터 돈을 차용하면서 담보로 채무자 소유의 주식에 대해 주권교부의 방법으로 양도담보를 설정하기로 약정하고 아직 채권자에게 주식의 현실 교부가 이루어지지 않은 상태에서 다시 제3자와 그 주식의 일부 또는 전부에 대하여 양도담보를 설정하기로 약정하고 차용금의 일부 또는 전부를 수령한 경우에도, 판례는 배임죄를 인정한다(2009도13187). 그 이유는 채권자가 주식에 대한 완전한 양도담보권을 취득할 수 있도록 그 주식교부절차에 협력할 임무가 채무자에게 있다는 것이다. 또한 회원가입을 할 때 일정 금액을 예탁해두었다가 탈퇴 등의 경우 그 예탁금을 반환받는 이른바 예탁금 회원제로 운영되는 골프장회원권을 다른 채무에 대한 담보목적으로 양도한 후 그 회원권을 다시 제3자에게 매도한 경우, 판례는 그 양도인에게 배임죄를 인정한다(2011도16385). 그 이유는 양도인은 양수인이 채무자에 대해 대항요건을 갖출 수 있도록 해줄 의무를 부담하므로, 양도인은 양수인을 위해 골프장회원권 보전에 관한 사무를 처리하는 자라는 것이다.

다. 대법원의 판단

(1) 다수의견

그런데 2019도9756전합사건 다수의견은 종전 판결(82도1829; 98도2526; 2006도

의 점유를 계속하는 때에는 양수인이 인도받은 것으로 본다.

3912; 2009도13187; 2010도11293; 2010도7923)의 입장을 변경하여, 양도담보를 설정한 채무자가 제3자에게 양도담보물을 처분하여 양도담보권자인 채권자에게 재산상 손해나 그 위험을 발생시키더라도 甲에게 배임죄가 성립하지 않는다고 본다. 배임죄의 타인의 사무는 계약의 전형적 · 본질적인 급부의 내용이 상대방의 재산상 사무를 일정한 권한을 가지고 대신 맡아 처리하는 것인데, 양도담보를 설정한 채무자는 이에 해당하지 않는다는 것이다. 점유개정방식의 동산양도담보계약의 채무자는 타인(채권자인 양도담보권자)의 사무를 처리하는 자가 아니라 자신의 사무를 처리하는 자라는 것이다.

다수의견은 다음과 같이 말한다. '담보설정자는 채권자의 담보권 실행에 따라 담보목적물을 현실로 인도할 때까지 담보물을 선량한 관리자의 주의로 보존할 의무를 부담하지만,[59] 이때 '선량한 관리자의 주의'는 거래상 일반적으로 평균인에게 요구되는 주의의무 정도를 의미할 뿐이고, 담보설정자가 담보목적물을 '보존할 의무'는 담보권 실행시 채권자나 채권자가 지정하는 자에게 '인도할 의무'에 부수하는 의무이면서, 동시에 채무불이행시 담보권 실행 및 이를 통한 채권의 만족이라는 궁극적인 목적을 위해 당연히 수반되는 의무에 불과하다. 타인의 재산보전에 협력할 의무는 타인의 사무가 아니다.'

⑵ 반대의견

이와 달리 2019도9756전합사건 반대의견은 채무자가 동산에 관해 점유개정방식으로 양도담보권을 설정함으로써 채권자가 양도담보권을 취득한 이후 채무자의 담보물 보관의무 및 담보가치 유지의무는 '타인의 사무'에 해당한다고 본다.

담보설정에서 실행까지 단계별 법률효과를 달리 봐야 하는데, 채무자가 담보를 설정할 의무는 자기의 사무이지만, 담보를 설정한 후에 담보물을 유지 · 보전할 의무 및 그 이후 담보권 실행에 협조할 의무는 타인의 사무라는 것이다.

⑶ 별개의견

동산양도담보물의 소유권이 누구에게 있다고 봐야 할지 논란이 있는데, 2019도9756전합사건 별개의견은 '신탁적 양도설'의 입장에서 양도담보물의 소유권은 간접점유자인 채권자에게 있다고 보고, 양도담보물의 직접점유자 甲은 '타인의 재물을 보관하는 자'에 해당하므로, 甲에게는 배임죄가 아니라 횡령죄가 성립한다고 본다. 횡령죄는 ⓐ타인의

---

59) 민법 제374조(특정물인도채무자의 선관의무) 특정물의 인도가 채권의 목적인 때에는 채무자는 그 물건을 인도하기까지 선량한 관리자의 주의로 보존하여야 한다.

재물을 보관하는 자가 ⓑ그 재물의 횡령 또는 반환거부를 하여 ⓒ그 재물을 취득하는 범죄이다.

민법을 제정할 때 물권변동에 관한 의사주의를 형식주의로 전환한다. 물권을 양도하기로 하는 의사표시만으로는 물권변동의 효력이 생기지 않고 그 공시방법인 등기 또는 인도를 해야만 물권변동의 효력이 생기도록 한 것이다. 이에 따라 부동산물권의 변동은 '등기'해야 효력이 생기고,[60] 동산물권의 양도는 '인도'해야 효력이 생기는데,[61] 점유개정도 동산소유권 이전에 필요한 '인도'의 한 종류이다. 따라서 양도담보물의 소유권은 채권자에게 있다는 것이다. 이와 달리 다수의견은 양도담보물의 소유권이 채무자에게 있으므로 채무자는 양도담보물에 관한 횡령죄의 주체가 될 수 없다고 본다.

동산양도담보물의 소유관계를 이중적으로 파악하여 소유권이 대내적으로는 채무자에게 있으나 대외적으로는 채권자에게 있다고 보는 이른바 '소유권의 관계적 귀속'을 인정하는 것(약칭하여 이중적 소유권설)은 다음과 같은 문제가 있다고 별개의견은 말한다. '이중적 소유권설은 법률이 정하지 않은 새로운 소유권을 창설하는 것으로서 민법 제185조가 규정한 물권법정주의에 반하고,[62] 하나의 물건에 대해 두 사람의 소유권을 인정하는 것이기 때문에, 하나의 물건에는 하나의 물권만이 성립할 수 있다는 일물일권주의(一物一權主義)에도 배치된다.' 이중적 소유권설에 따르면 채무자에게 있는 대내적 소유권이 일반적인 소유권과 같은 것인지도 논란이 된다.[63]

라. 동산양도담보계약에서 채권자의 임의처분

소유권이 채무자에게 있는 약한 의미의 동산양도담보계약에서 채권자가 그 동산을 다른 사유에 의해 보관하게 되었는데, 그 동산을 제3자에게 처분한 경우 판례는 횡령죄가 성립한다고 본다(88도906). 그 이유는 채권자는 타인 소유의 물건을 보관하는 자라는 것이다.

그러나 판례는 채권자가 양도담보목적물을 제3자에게 매각하고 제3자로 하여금 그

60) 第186조(부동산물권변동의 효력) 부동산에 관한 법률행위로 인한 물권의 득실변경은 등기하여야 그 효력이 생긴다.

61) 第188조(동산물권양도의 효력, 간이인도) ①동산에 관한 물권의 양도는 그 동산을 인도하여야 효력이 생긴다.

62) 第185조(물권의 종류) 물권은 법률 또는 관습법에 의하는 외에는 임의로 창설하지 못한다.

63) 김태업, "동산의 양도담보권자가 채무자의 점유 아래 있는 담보목적물을 매각하고 목적물반환청구권을 양도한 다음 매수인으로 하여금 목적물을 취거하게 한 경우, 절도죄의 성립 여부", 대법원 판례해설 제78호, 2008년 하, 570면 이하.

목적물을 취거하게 한 홍게통발어구사건[64]에서는 담보목적물을 매각한 채권자나 제3자에게 절도죄가 부정된다고 본다(2006도4263). 그 이유는 이 경우 채권자에게 소유권이 있어서 제3자는 자기의 소유물을 취거한 것에 불과하고, 또한 제3자가 채무자의 점유를 배제한 것으로 볼 수도 없다는 것이다.

2. 담보계약에서 채무자의 담보권설정의무나 담보물유지 · 보관의무 불이행

가. 부동산양도담보계약에서 채무자의 부동산임의처분과 배임죄 불성립

가등기담보 등에 관한 법률(약칭하여 가담법)이 적용되는 부동산양도담보계약의 경우 양도담보부동산의 소유권은 채권자가 청산기간이 지난 후에 청산금을 채무자에게 지급한 때에 채권자에게 귀속되므로[65] 그러한 청산절차를 마치기 전까지는 채권자에게 소유권이전등기가 되어있을지라도 채무자에게 소유권이 있다.[66] 따라서 부동산양도담보계약의 채무자가 그 부동산을 임의처분한 경우 횡령죄는 성립할 수 없다.

양도담보설정된 부동산을 임의처분한 경우 배임죄를 인정했던 판례[67]의 입장도 2019

64) X는 세웅수산 甲으로부터 홍게통발어구 20틀을 매수하면서 이에 대해 전도금(前渡金)채무 4억원 중 1억원을 피담보채무로 하는 양도담보설정계약을 체결하고 '양도담보부채무변제계약공정증서'를 작성하였다. 이후 V가 X로부터 X소유 A선박과 어구를 매수하면서 甲에 대한 X의 채무도 인수하였는데, 甲은 이를 승낙하면서 V와 '붉은대게납품계약'을 체결하고, A선박에 대한 2순위 근저당권을 설정하였으며 전도금채무 중 5,000만원에 대한 담보로 위 어구에 대한 양도담보부채무변제계약을 체결하였지만 공정증서는 작성하지 않았다. V는 A선박과 어구를 이용하여 조업하면서 위 어구 중 13틀만 찾았지만 이 사실을 甲에게 알리지는 않았다. V의 A선박에 대한 경매절차가 진행되자 甲은 '붉은대게납품계약'을 해지하고 전도금채무의 상환을 요구하면서 乙(V소유 B선박의 선장)에게 V의 A선박에 대한 입찰에 참여하도록 하여 乙이 낙찰자가 되었고 입찰대금도 융통해주었다. 이후 甲은 乙과 '붉은대게납품계약'을 체결하고 위 어구를 乙에게 매각하여 목적물반환청구권을 양도하였다. 민법 제190조의 목적물반환청구권의 양도가 유효하려면 甲이 V에게 양도통지를 하거나 V의 승낙이 있어야 하는데 매각사실을 V에게 통지했는지 여부가 밝혀지지 않았고, 또 乙이 위 어구의 위치를 변경하여 위 어구를 V로부터 배제시켰다고 볼만한 자료는 없다.

65) 제3조(담보권 실행의 통지와 청산기간) ① 채권자가 담보계약에 따른 담보권을 실행하여 그 담보목적부동산의 소유권을 취득하기 위하여는 그 채권(債權)의 변제기(辨濟期) 후에 제4조의 청산금(淸算金)의 평가액을 채무자등에게 통지하고, 그 통지가 채무자등에게 도달한 날부터 2개월(이하 "청산기간"이라 한다)이 지나야 한다. 이 경우 청산금이 없다고 인정되는 경우에는 그 뜻을 통지하여야 한다.

66) 제4조(청산금의 지급과 소유권의 취득) ① 채권자는 제3조제1항에 따른 통지 당시의 담보목적부동산의 가액에서 그 채권액을 뺀 금액(이하 "청산금"이라 한다)을 채무자등에게 지급하여야 한다. 이 경우 담보목적부동산에 선순위담보권(先順位擔保權) 등의 권리가 있을 때에는 그 채권액을 계산할 때에 선순위담보 등에 의하여 담보된 채권액을 포함한다. ② 채권자는 담보목적부동산에 관하여 이미 소유권이전등기를 마친 경우에는 청산기간이 지난 후 청산금을 채무자등에게 지급한 때에 담보목적부동산의 소유권을 취득하며, 담보가등기를 마친 경우에는 청산기간이 지나야 그 가등기에 따른 본등기(本登記)를 청구할 수 있다.

67) 부동산양도담보계약에서 채권자들과 부동산 양도담보 설정의 취지로 분양계약을 체결한 채무자가 그 소유권이전등기를 경료하기 전에 임의로 그 부동산을 처분한 경우 양도담보권자의 채권에 대한

도9756전합사건 다수의견처럼 변경되어야 한다. 따라서 부동산양도담보설정계약을 체결하고 이에 따라 채권자에게 소유권이전등기를 해줄 의무를 이행하지 않고 제3자에게 그 부동산을 처분한 경우 배임죄가 성립하지 않게 되었다(2019도14340전합).

나. 대물변제예약된 부동산의 채무자 임의처분과 배임죄 불성립

채권 담보 목적으로 부동산에 관한 대물변제예약을 체결한 채무자가 대물로 변제하기로 한 부동산을 제3자에게 처분한 경우(예컨대 채무자 甲이 채권자에게 차용금을 변제하지 못하면 자신의 어머니 소유 부동산에 대한 유증상속분을 대물변제하기로 약정한 후 유증을 원인으로 위 부동산에 관한 소유권이전등기를 마쳤음에도 이를 제3자에게 매도한 경우), 판례는 약정에 따라 이행해야 할 의무는 타인의 사무가 아니라 자기의 사무이거나 타인을 위한 사무라고 보고 배임죄의 성립을 부정한다(2014도3363전합). 그 구체적 이유는 아래와 같다. ①채무자가 대물변제예약에 따라 부동산에 관한 소유권을 이전해 줄 의무는 예약 당시에 확정적으로 발생하는 것이 아니라 채무자가 차용금을 제때에 반환하지 못하여 채권자가 예약완결권을 행사한 후에야 비로소 문제가 되고, ②채무자는 예약완결권 행사 이후라도 얼마든지 금전채무를 변제하여 당해 부동산에 관한 소유권이전등기절차를 이행할 의무를 소멸시키고 의무에서 벗어날 수 있으며, ③채권자는 당해 부동산을 특정물 자체보다는 담보물로서 가치를 평가하고 이로써 기존의 금전채권을 변제받는 데 주된 관심이 있으므로, 채무자의 채무불이행으로 인해 대물변제예약에 따른 소유권등기를 이전받는 것이 불가능하게 되는 상황이 초래되어도 채권자는 채무자로부터 금전적 손해배상을 받음으로써 대물변제예약을 통해 달성하고자 한 목적을 사실상 이룰 수 있고, ④대물변제예약의 궁극적 목적은 차용금반환채무의 이행 확보에 있으며, 채무자가 대물변제예약에 따라 부동산에 관한 소유권이전등기절차를 이행할 의무는 궁극적 목적을 달성하기 위한 부수적 의무이다.

담보능력 감소의 위험이 발생했다는 이유로 배임죄를 인정한 판례(2010도5975). 채무자 甲이 채권자 V에게 부동산양도담보를 설정해 준 후에 임의로 기존의 근저당권자인 X에게 지상권설정등기를 경료해 준 경우, 배임죄에서 손해란 현실적인 손해가 발생한 경우뿐만 아니라 재산상 위험이 발생한 경우도 포함되는데, 위 지상권 설정은 새로운 채무부담행위가 아니라 기존의 저당권자가 가지는 채권을 저당권과 함께 담보하는 의미밖에 없지만 이로써 양도담보권자 V의 채권에 대한 담보능력 감소의 위험이 발생했다는 이유로 V에 대한 배임죄를 인정한 판례(96도1218).

다. (근)저당권설정된 부동산의 채무자 임의처분과 배임죄 불성립

채무자가 금전채무를 담보하기 위해 자신의 부동산에 관한 근저당권설정계약[68]을 체결한 후에 근저당권설정의무를 이행하지 않고 제3자에게 먼저 그 부동산에 관해 근저당권을 설정하거나 그 부동산을 처분하여 담보가치를 감소 또는 상실시킴으로써 채권자의 채권실현에 위험을 초래하더라도 배임죄가 성립하지 않는다고 판례는 본다(2019도14340 전합 다수의견). 그 이유는 채무자가 저당권설정계약에 따라 채권자에 대해 부담하는 저당권을 설정할 의무는 계약에 따라 부담하게 된 채무자 자신의 사무라는 것이다.

이 판례는 2019도9756전합사건 다수의견과 같은 취지인데, 저당권설정계약에 따른 채무자의 저당권설정의무는 채권자의 재산보전에 협력할 의무로서 타인의 사무라고 본 종전 판례(2007도9328; 2011도11224; 2018도15584; 2019도13730; 2019도14340전합 반대의견)의 입장을 변경한 것이다.[69]

라. 권리질권이 설정된 채권의 변제를 받은 경우 배임죄 불성립

전세계약을 체결한 임차인이 은행에 전세자금 대출을 받으면서 임대인에 대한 보증금반환청구권 전부에 대해 권리질권을 설정하여 질권설정자(임차인)가 제3채무자(임대인)에게 질권설정의 사실을 통지하거나 제3채무자(임대인)가 이를 승낙한 상태에서, 질권설정자가 질권자(은행)의 동의 없이 제3채무자(임대인)에게서 질권의 목적인 채권(보증

---

68) 민법 제356조(저당권의 내용) 저당권자는 채무자 또는 제삼자가 점유를 이전하지 아니하고 채무의 담보로 제공한 부동산에 대하여 다른 채권자보다 자기채권의 우선변제를 받을 권리가 있다. 제357조(근저당) ①저당권은 그 담보할 채무의 최고액만을 정하고 채무의 확정을 장래에 보류하여 이를 설정할 수 있다. 이 경우에는 그 확정될 때까지의 채무의 소멸 또는 이전은 저당권에 영향을 미치지 아니한다.

69) 2019도14340전합 반대의견은 종전 입장에 따라 부동산저당권설정계약에 따른 저당권설정의무는 자기의 사무인 동시에 상대방의 재산보전에 협력할 의무에 해당하여 타인의 사무라고 본다. 그 이유는 아래와 같다. ①오늘날 저당권을 비롯한 담보물권이 금전채권을 변제받기 위한 종된 수단에 그치는 것이 아니라 저당권에 의해 뒷받침되는 피담보채권 위에 질권을 설정하여 외부로부터 자금을 조달하거나 피담보채권과 함께 해당 저당권을 다른 사람에게 양도함으로써 자신이 투입한 자금을 회수할 수 있으며 최근에는 피담보채권과 함께 근저당권을 양도하여 유동화증권을 발행하는 자산유동화가 새로운 금융조달수단으로 각광을 받고 있다는 점에서 담보물권계약을 피담보채권에 관한 금전소비대차계약의 부수적인 내용에 불과한 것으로 보기 어려운데, 특히 근저당권은 소멸에 관한 부종성이 배제되어 있다. ②동산이중양도담보에 관한 2019도9756전합 사건은 동산양도담보권이 설정된 이후 담보권설정자의 담보물유지 · 보관의무가 타인의 사무인지 쟁점인 반면 이 사건은 저당권을 설정해 줄 의무, 곧 채권자의 권리취득에 협력할 채무자의 의무가 타인의 사무인지 쟁점이다. ③부동산에 관한 매매와 담보설정행위는 모두 등기절차의 협력이라는 신임관계에 기초한 임무를 위반했다는 점에서 공통점이 있는데, 2017도4027전합 다수의견은 부동산이중매매의 경우 매도인에게 재산보전협력의무를 인정하여 배임죄를 인정하고 있다.

금반환청구권)의 변제를 받은 경우, 질권자에 대한 관계에서 배임죄가 불성립한다고 판례는 본다(2015도5665). 그 이유는 타인에 대한 채무의 담보로 제3채무자에 대한 채권에 대해 권리질권을 설정한 경우 질권설정자는 질권자의 동의 없이 질권의 목적된 권리를 소멸하게 하거나 질권자의 이익을 해하는 변경을 할 수 없고,[70] 질권설정자가 제3채무자에게 질권설정의 사실을 통지하거나 제3채무자가 이를 승낙한 때에는 제3채무자가 질권자의 동의 없이 질권의 목적인 채무를 변제하더라도 이로써 질권자에게 대항할 수 없고, 질권자는 여전히 제3채무자에 대하여 직접 채무의 변제를 청구하거나 변제할 금액의 공탁을 청구할 수 있으므로,[71] 질권설정자의 질권자의 재산보전에 협력할 의무가 있다고 볼 수 없고, 질권설정자가 질권의 목적인 채권의 변제를 받더라도 질권자에게 손해나 그럴 위험이 발생하지 않는다는 것이다.

3. 매매계약에서 매도인의 채무불이행

가. 매매목적물인 동산에 대한 매도인의 임의처분(동산이중매매)과 배임죄 불성립

매매목적물이 동산인 경우에 매도인이 매수인으로부터 중도금을 수령한 이후 3자에게 양도하더라도 판례는 배임죄의 성립을 부정한다(2008도10479전합). 그 이유는 매매계약에서 매도인의 동산이전채무는 자기의 사무이고, 이 외에 별도로 매수인의 재산보호 내지 관리행위에 협력할 의무가 매도인에게는 없다는 것이다.

나. 매매목적물인 부동산에 대한 매도인의 임의처분(부동산이중매매)과 배임죄 성립

그러나 부동산이중매매에서 중도금을 받은 매도인이 그 부동산을 제3자에게 처분하고 제3자 앞으로 등기를 마쳐 준 경우, 판례는 배임죄가 성립한다고 봄으로써(2017도4027전합 다수의견) 종전 입장을 유지한다. 민사계약에서 일방의 채무불이행에 대해 배임죄를 부정한 위 판례들과 달리 이 판례는 예외적으로 매도인은 매수인의 재산보전

---

70) 민법 제345조(권리질권의 목적) 질권은 재산권을 그 목적으로 할 수 있다. 그러나 부동산의 사용, 수익을 목적으로 하는 권리는 그러하지 아니하다. 제352조(질권설정자의 권리처분제한) 질권설정자는 질권자의 동의없이 질권의 목적된 권리를 소멸하게 하거나 질권자의 이익을 해하는 변경을 할 수 없다.

71) 민법 제353조(질권의 목적이 된 채권의 실행방법) ①질권자는 질권의 목적이 된 채권을 직접 청구할 수 있다. ②채권의 목적물이 금전인 때에는 질권자는 자기채권의 한도에서 직접 청구할 수 있다. ③전항의 채권의 변제기가 질권자의 채권의 변제기보다 먼저 도래한 때에는 질권자는 제삼채무자에 대하여 그 변제금액의 공탁을 청구할 수 있다. 이 경우에 질권은 그 공탁금에 존재한다.

에 협력할 의무가 있다고 본 것으로서 부동산등기는 원칙적으로 공동신청주의이므로[72] 매수인의 등기신청사무에 매도인이 협력할 의무가 있다고 본 것인데, 그 이유는 다음과 같다. '부동산이 국민의 경제생활에서 차지하는 비중이 크고, 부동산 매매대금은 통상 계약금, 중도금, 잔금으로 나뉘어 지급되는데, 매수인이 매도인에게 매매대금 중 상당한 부분을 차지하는 계약금과 중도금까지 지급하고도 매도인의 이중매매를 방지할 충분한 수단이 마련되어 있지 않은 거래 현실의 특수성을 고려할 필요가 있다.'[73] 배임죄의 '타인의 사무'를 해석하면서 부동산이 한국사회에서 갖는 의미를 고려하여 정책적 판단을 한 것이다.

그런데 매도인이 후매수인에게 소유권이전등기를 경료한 부동산 이중매매에서 매도인이 선매수인의 사무를 처리하는 자로서 배임죄의 주체가 되려면, ㉮매도인이 잔금까지 받아야 한다는 견해도 있지만, ㉯판례는 매도인이 계약금을 받은 것만으로는 부족하고 적어도 중도금을 받는 등 매도인이 더 이상 임의로 계약을 해제할 수 없는 상태에 이르러야 한다고 본다(2007도379. 同旨: 2009도14427; 2008도3766; 2008도11722; 86도1112; 88도750; 77도1116). 그 이유는 다른 특별한 사정이 없는 한 매매계약 당시 합의한 계약금이 매매대금 총액에 비해 다소 과다하다는 사정만으로는 매도인이 그 배액을 상환하여 매매계약을 해제할 권한을 유보하지 않은 것으로 볼 수는 없고, 매도인이 합의한 계약금 전부를 지급받지 못하고 있다면, 아직 타인의 사무를 처리하는 자의 지위에 있다고 할 수 없다는 것이다. 따라서 판례는 소유자 甲이 부동산을 제1매수인에게 매도하고 계약금과 중도금을 수령한 후 다시 제3자와 그 부동산에 대한 매매계약을 체결하고 계약금과 중도금을 수령한 경우, 배임죄의 실행의 착수를 인정하지만(84도691), 매도인이 제1매수인으로부터 계약금과 중도금 명목의 금원을 교부받고 나서 제2매수인에게 위 부동산을 매도하기로 하고 계약금만 지급받고 그 뒤 더 이상의 계약

---

72) 부동산등기법 제23조(등기신청인) ① 등기는 법률에 다른 규정이 없는 경우에는 등기권리자(登記權利者)와 등기의무자(登記義務者)가 공동으로 신청한다.

73) 2017도4027전합 반대의견은 부동산이중매매의 경우 매도인에게 배임죄의 성립을 부정해야 한다고 본다. 그 이유는 다음과 같다. '부동산 매매계약이 체결된 경우, 계약 체결과 동시에 그 계약의 효력으로 매도인에게는 부동산 소유권이전의무가 발생하고, 매수인에게는 매매대금 지급의무가 발생한다. 매도인이나 매수인의 이러한 의무는 매매계약에 따른 각자의 '자기의 사무'일 뿐 '타인의 사무'에 해당한다고 볼 수 없다. 매도인의 재산권이전의무나 매수인의 대금지급의무는 매매계약에 의하여 발생한 것으로 본래부터 상대방이 처리하여야 할 사무도 아니고, 신임관계에 기초하여 상대방에게 위탁된 것이라고 볼 수도 없으며, 계약상대방의 재산적 이익을 보호·관리하는 것이 매매계약의 전형적·본질적 내용이라고도 볼 수 없기 때문이다. 매매계약에서 당사자들은 각자의 계약상 권리의 만족을 위해 상대방에게 그 반대급부를 이행해야 하는 대향적 거래관계에 있을 뿐이다. 설사 매도인에게 등기협력의무가 있다거나 매수인의 재산취득사무에 협력할 의무가 있다고 주장해도 그 '협력의무'의 본질은 소유권이전의무를 달리 표현한 것에 지나지 않으니 그 부당함은 마찬가지이다.'

이행이 이루어지지 않은 경우, 실행의 착수를 부정한다(2002도7134).

다만 매수인 V로부터 잔금까지 수령한 매도인이 부동산을 제3자에게 이중매매하고 계약금만 받았을지라도 이에 추가하여 소유권이전청구권 보전을 위한 가등기를 마쳐 준 경우, 판례는 배임죄라고 본다(2008도3766). 그 이유는 V에게 재산상 손해 발생의 위험을 초래했다는 것이다. 부동산증여의 의사표시를 서면으로 표시한 상황[74]에서 그 부동산을 제3자에게 매도한 경우에도 배임죄가 성립한다(2016도19308).

그러나 부동산 이중매매에서 매도인이 선매수인에게 소유권이전의무를 이행한 경우, 후매수인에 대한 배임죄가 성립하는 것은 아니라고 판례는 본다(77도1116; 86도1112; 92도1223; 2008도11722; 2009도14427). 그 이유는 이는 이행불능으로 인한 단순한 채무불이행에 불과하다는 것이다. 그런데 매도인이 제2매수인에 대해 소유권이전등기를 마쳐 줄 의사 없이 제2매수인으로부터 계약금과 중도금을 받은 후 제1매수인에게 소유권이전등기를 해주었다면 제2매수인에 대해 사기죄가 성립한다고 판례는 본다(2017도4027전합). 다만 부동산 이중매매에서 매도인이 제1매수인으로부터 중도금까지 받아서 제1매매계약을 일방적으로 해제할 수 없음에도 불구하고 이런 사정을 제2매수인에게 고지하지 않고 제2매수인으로부터 계약금 또는 중도금을 받은 것만으로는 제2매수인에 대한 부작위에 의한 기망으로 볼 수 없다고 판례는 본다(91도2698. 同旨: 2008도1652). 그 이유는 매도인이 제1매매계약을 일방적으로 해제할 수 없는 처지에 있다는 사정만으로는, 바로 제2매매계약의 효력이나 그 매매계약에 따르는 채무의 이행에 장애를 가져오는 것이라고 볼 수 없음은 물론, 제2매수인의 매매목적물에 대한 권리의 실현에 장애가 된다고 볼 수도 없다는 것이다.

4. 주식이나 채권의 양도계약 후 양노인의 채무불이행

가. 주권발행 전 주식의 양도계약 후 주식의 임의처분과 배임죄의 불성립

주권발행 전 주식에 대한 양도계약에서 양도인이 양수인으로 하여금 회사 이외의 제3자에게 대항할 수 있도록 확정일자 있는 증서에 의한 양도통지 또는 승낙을 갖추어 주지 않고[75] 위 주식을 다른 사람에게 처분한 경우, 판례는 배임죄의 성립을 부정한다

74) 제555조(서면에 의하지 아니한 증여와 해제) 증여의 의사가 서면으로 표시되지 아니한 경우에는 각 당사자는 이를 해제할 수 있다.

75) 민법 제449조(채권의 양도성) ①채권은 양도할 수 있다. 그러나 채권의 성질이 양도를 허용하지 아니하는 때에는 그러하지 아니하다. ②채권은 당사자가 반대의 의사를 표시한 경우에는 양도하지 못

(2015도6057). 주권발행 전 주식의 양도는 양도인과 양수인의 의사표시만으로 효력이 발생하고, 그 주식 양수인은 특별한 사정이 없는 한 양도인의 협력을 받을 필요 없이 단독으로 자신이 주식을 양수한 사실을 증명함으로써 회사에 대하여 명의개서를 청구할 수 있으므로, 양도인이 양수인으로 하여금 회사 이외의 제3자에게 대항할 수 있도록 확정일자 있는 증서에 의한 양도통지 또는 승낙을 갖추어 주어야 할 채무를 부담한다 하더라도 이는 양수인과의 신임관계에 기초하여 양수인의 사무를 맡아 처리하는 타인의 사무가 아니라 자기의 사무라는 것이다.

나. 채권양도에서 양도인이 금전을 수령한 경우 횡령죄를 인정한 판례도 변경 예상

채무의 변제를 위해서 임차보증금반환채권을 양도한 사람(임차인)이 그 채권의 채무자(임대인)에게 양도 통지를 하기 전에 그 임대인으로부터 임차보증금반환채권을 추심하여 임차보증금을 수령한 후 그 채권의 양수인에게 변제하지 않고 소비한 경우, 판례(97도666전합 다수의견)는 횡령죄의 성립을 긍정하면서 다음과 같이 말한다. '채권양도는 채권을 하나의 재화로 다루어 이를 처분하는 계약으로서, 채권 자체가 그 동일성을 잃지 아니한 채 양도인으로부터 양수인에게로 바로 이전한다. 양도인은 채무자에게 채권양도 통지를 하거나 채무자로부터 채권양도 승낙을 받음으로써 양수인으로 하여금 채무자에 대한 대항요건을 갖출 수 있도록 해 줄 의무를 부담한다. 양도인이 채권양도 통지를 하기 전에 타에 채권을 이중으로 양도하여 채무자에게 그 양도통지를 하는 등 대항요건을 갖추어 줌으로써 양수인이 채무자에게 대항할 수 없게 되면 양수인은 그 목적을 달성할 수 없게 되므로, 양도인이 이와 같은 행위를 하지 않음으로써 양수인으로 하여금 원만하게 채권을 추심할 수 있도록 하여야 할 의무도 당연히 포함된다. 이런 이유에서 채권양도에서 양도인은 양수인을 위해 양수채권의 보전에 관한 사무를 처리하는 자라고 할 수 있다. 따라서 양도인이 수령한 금전은 양도인과 양수인 사이에서 양수인의 소유에 속하고, 양도인은 이를 양수인을 위해 보관하는 관계에 있다고 봐야 하며, 채권양도인은 금전의 수수를 수반하는 사무처리를 위임받은 자로서 형법상 소유권 개념에 따르면 채권양수인에게 위 금전의 소유권이 있고, 양도인은 신의칙 내지 조리상 양수인을 위해 금전을 보관하는 지위에 있다.'

한다. 그러나 그 의사표시로써 선의의 제삼자에게 대항하지 못한다. 제450조(지명채권양도의 대항요건) ①지명채권의 양도는 양도인이 채무자에게 통지하거나 채무자가 승낙하지 아니하면 채무자 기타 제삼자에게 대항하지 못한다. ②전항의 통지나 승낙은 확정일자있는 증서에 의하지 아니하면 채무자 이외의 제삼자에게 대항하지 못한다.

그런데 바로 앞의 2015도6057판결의 취지에 따르면 양수채권의 보전에 관한 사무는 타인의 사무가 아니라 자기의 사무이므로 이를 근거로 양도인이 금전의 보관자의 지위에 있다고 보는 것은 옳지 않다. 위 97도666전합 반대의견은 횡령죄의 성립을 부정하면서 아래와 같이 말한다. '양도인이 임의로 처분할 의사로 수령한 이상 그 금전의 소유권은 양도인에게 귀속한다. 민법이론에 따르면 특히 금전은 봉함된 경우와 같이 특정성을 가진 경우를 제외하고 그 점유가 있는 곳에 소유권도 있는 것이기 때문이다. 재물을 보관하는 관계가 신의칙이나 조리에 따라 성립될 수 있다고 하더라도 재물의 소유권의 귀속은 민사법에 따라야 하는 것이지 형사법에서 그 이론을 달리 파악할 수는 없다. 채권양수인에게 소유권이 귀속한다는 특약이 없는 한, 채권양도인에게 소유권이 있고, 따라서 채권양도인이 채권양수인을 위해 위 금전을 보관하는 지위에 있다고 볼 수 없다.'

5. 사견: 담보물 이중처분의 경우 권리행사방해죄 성부가 문제됨

형법의 재산범죄는 재산을 보호법익으로 하는 범죄로서, 이는 크게 ⓐ자기소유 재산에 대한 타인의 점유나 권리의 행사를 방해하는 범죄, ⓑ타인의 재산을 불법적으로 취득하는 범죄, ⓒ이렇게 취득한 재물, 곧 장물(贓物)의 처리에 가담하는 행위를 범죄화한 장물죄, ⓓ타인소유 재물의 효용을 침해하는 범죄 4가지 유형으로 분류할 수 있다.

타인 재산의 불법적 취득범죄에는 절도죄, 강도죄, 사기죄, 공갈죄, 횡령죄, 배임죄 6개가 있다. 그런데 배임죄는 타인소유범죄로서, 소유권이 타인에게 있는 경우에만 인정해야 한다고 본다. 형법은 자기소유범죄와 타인소유범죄를 구별하여 전자를 먼저 규정하고 있고, 권리행사방해죄는 사실상의 지배상태인 점유는 물론 권리도 보호법익으로 하고 있으며, 배임죄의 구성요건이 매우 포괄적이어서 그 성립을 제한할 필요성이 있기 때문이다. 배임죄의 법정형이 횡령죄의 법정형과 같고, 권리행사방해죄의 법정형(5년 이하 징역 또는 700만원 이하 벌금)보다 무겁게 한 이유라고 본다. 따라서 채무자가 자기소유 양도담보물을 임의처분하거나 임의로 다시 담보권을 설정하면서 담보물을 교부한 경우 권리행사방해죄의 성부가 문제된다고 본다.

> 제323조 (권리행사방해) 타인의 점유 또는 권리의 목적이 된 자기의 물건 또는 전자기록등 특수매체기록을 취거, 은닉 또는 손괴하여 타인의 권리행사를 방해한 자는 5년 이하의 징역 또는 700만원 이하의 벌금에 처한다.

문제는 권리행사방해죄의 행위유형이 절도죄·강도죄에 대응한 취거와 손괴죄에 대응한 은닉·손괴로 한정되어있다는 것이다. 따라서 양도담보물의 매도나 교부도 권리행사방해죄의 행위유형인 '취거'에 해당한다고 볼 수 있을지 논란이 될 수 있다.

그런데 판례는 권리행사방해죄의 권리를 제한물권이나 물건에 대하여 점유를 수반하는 채권에 한정하지 않고 정지조건있는 대물변제 예약권도 해당한다고 본다(68도616).

또한 판례는 취거를 점유자로부터 자기 또는 제3자의 점유로 옮기는 것으로 해석하고(87도1952), 행위자가 자신이 점유하고 있다가 제3자에게 점유를 이전하는 경우에도 권리행사방해죄의 성립을 인정한다. 예컨대 공장근저당권이 설정된 선반기계 등을 이중담보로 제공하기 위하여 다른 장소로 옮긴 경우(94도1439)나 피해자가 벌채한 원목을 소유자가 점유하던 중 임의로 매도하여 그 원목에 대한 피해자의 인도청구권을 침해한 경우(90도1958)가 그렇다.

판례는 권리행사방해죄의 '은닉'을 물건의 소재를 발견하기 불가능하게 하거나 또는 현저히 곤란한 상태에 두는 것으로 보고, 매수인이 승용차를 구입하면서 피해자로부터 차량 매수대금 2,000만 원을 차용하고 그 담보로 위 차량에 피해자 명의의 저당권을 설정해 주었음에도, 대부업자로부터 400만 원을 차용하면서 위 차량을 다시 대부업자에게 담보로 제공하여 이른바 '대포차'로 유통되게 한 경우, 권리행사방해죄가 성립한다고 본다(2016도13734). 이중담보, 곧 담보물유지의무 위반을 배임죄가 아니라 권리행사방해죄로 처벌한 것이다. 甲이 사실혼 배우자의 명의를 빌려 자동차를 매수하면서 피해자 회사로부터 대출을 받고 자동차에 저당권을 설정하였음에도 저당권자의 동의 없이 제3자에게 담보로 제공하는 등 자동차의 소재를 찾을 수 없도록 한 경우, 자동차의 소유권이 甲에게 없으므로 권리행사방해죄가 성립하지 않고 배임죄가 성립한다는 취지의 판례(2017도4578)도 같은 맥락에 있다. 다만 이 판례도 2019도14340전합 판결에 의해 변경되어 배임죄가 불성립한다.

6. 타인 재산의 불법적 취득범죄의 성질과 공통 쟁점

가. 타인 재산의 불법적 취득범죄의 성질

영득죄와 관련하여 횡령죄는 재물에 대한 점유의 이전이 필요하지 않다. 행위자가 이미 그 재물을 점유하고 있기 때문이다. 그러나 절도죄·강도죄·사기죄·공갈죄는 재물에 대한 점유의 이전이 필요하다. 그런데 점유의 이전이 절도죄와 강도죄는 상대방의 의사에 반한다는 점에서 공통되지만, 강도죄는 폭행 · 협박으로 상대방의 의사를 제압한 것이다. 이와 달리 사기죄 · 공갈죄는 재물에 대한 점유의 이전이 상대방의 의사에 따른 것으로서 그 의사에 하자가 있다는 점에서 공통되지만, 그 하자가 사기죄는 기망으로 인한 착오이고, 공갈죄는 공갈로 인한 공포심이다. 절도죄는 취거적 재물취득범죄, 강도죄는 강제적 재산취득범죄, 사기죄는 기망적 재산취득범죄, 공갈죄는 공갈적 재산취득범죄, 횡령죄와 배임죄는 배신적 재산취득범죄라고 각각 말할 수 있다.

타인 재산의 불법적 취득범죄는 그 타인의 재산적 손해의 발생을 전제로 한다고 봐야 한다. 타인에게 발생시킨 재산적 손해가 또 다른 타인의 재산취득으로 이어지는 것을 처벌하는 범죄로 봐야하기 때문이다. 물론 타인 재산의 불법적 취득의 결과가 그 타인에게 재산적 손해를 초래하는 것으로 볼 수 있고, 한국 형법은 이런 방식으로 규정하고 있다. 어쨌든 타인 재산의 불법적 취득범죄는 타인의 재산적 손해의 발생이 필요한 침해범으로 봐야 한다.

법정형이 횡령죄와 배임죄는 5년 이하 징역 또는 1,500만원 이하 벌금, 절도죄는 6년 이하 징역 또는 1천만원 이하 벌금, 강도죄는 3년 이상 징역, 사기죄와 공갈죄는 10년 이하 징역 또는 2천만원 이하 벌금이다. 법정형이 불법을 반영한다고 보면, 절도죄의 불법이 횡령죄 · 배임죄의 불법보다 크다고 본 것이다. 재산적 손해를 입힌다는 결과는 동일하므로 결과불법은 동일하지만, 행위불법에 차이가 있다고 본 것으로 봐야하는데, 타인의 점유를 침해한다는 절도죄의 행위불법이, 신뢰관계를 깨뜨리고 임무위배행위를 한다는 횡령죄 · 배임죄의 행위불법보다 크다고 본 것으로 본다. 이는 횡령죄 · 배임죄의 경우는 재산적 신뢰를 받는 자가 그 신뢰를 주는 자에게 재산적 손해를 발생시킬 위험성이 있다는 것을 그 신뢰를 주는 자가 예상할 수 있다는 점을 고려한 것은 아닐까 생각한다. 일본 형법의 사기죄는 10년 이하 징역, 절도죄는 법정형이 10년 이하 징역 또는 50만엔 이하 벌금, 횡령죄는 5년 이하 징역, 배임죄는 5년 이하 징역 또는 50만엔 이하 벌금이다. 그런데 독일 형법은 횡령죄를 절도죄와 함께 19장에서(제248a조는 경미한 가치의 재물에 대한 절도와 횡령을 조건부 친고죄[76]로 규정함), 또 두 개의 항으로 구별해서 제1항에는 단순횡령죄, 제2항에는 보관물횡령죄를 각각 규정하고 있고,[77] 강도죄는 공갈죄와 함께 20장에서 규정하고 있으며, 배임죄는 사기죄와 함께 23

76) 소추기관이 기소에 대한 특별한 공익을 이유로 직무상 개입이 필요하다고 판단하는 경우가 아닌 한 고소가 있어야 기소할 수 있다.

77) 제246조 (횡령) ①타인의 동산을 자기 또는 제3자에게 위법하게 속하게 한 자는 그 행위를 다른 규

장에서 규정하고 있다. 또한 독일 형법의 절도죄,[78] 보관물횡령죄, 공갈죄, 사기죄, 배임죄의 법정형은 모두 같다. 5년 이하 자유형 또는 벌금형이다.

나. 재산상 이익과 재물의 관계

甲의 보이스피싱사기에 속은 V가 자신의 현금 1,000만원을 甲이 양도받아 가지고 있던 乙명의의 통장으로 송금하였고 乙이 현금 140만원을 인출하였는데, 이 통장은 乙이 누군가의 보이스피싱사기에 사용될 것임을 알면서 자기 명의의 통장과 현금카드 및 비밀번호를 돈을 받고 판 것이었고 통장 발급 금융기관에서 SMS 문자서비스로 계좌에 1,000만원이 입금되었음을 알려주자 乙이 직불카드를 이용하여 甲보다 먼저 인출한 사건이다(약칭하여 보이스피싱사건). 甲과 乙의 형사책임은?

재산은 재산상 이익과 재물을 포함한 개념이다. 두 개념의 관계를 두고, ㉮재물은 재산상 이익의 특별한 형태라는 입장과 ㉯재산상 이익은 재산에서 재물을 제외한 개념으로서 두 개념은 별개라는 입장이 대립한다. 형법은 재물과 재산상 이익을 구별하여 규정하고 있으므로, 후자가 옳다고 본다.

그런데 판례는 재물과 재산상 이익을 타인 재산의 불법적 취득범죄의 객체로 보고, 그 객체가 재물인지, 아니면 재산상 이익인지는 피해자가 소유 또는 점유하는 재산의 형태에 따라 구별해야 한다고 본다(2010도6256). 이에 따라 위 보이스피싱사건에서 판례는 甲의 사기범행은 V로부터 사기죄의 방조범인 乙의 예금계좌로 돈이 송금되었을 때 종료하고, 甲이 사기범행으로 취득한 것은 재산상 이익(乙이 갖는 예금채권)이 아니라 재물(V가 가지고 있던 현금 1,000만원)이지만, 예금계약의 당사자는 금융실명거래 및 비밀보장에 관한 법률(약칭하여 금융실명법)에 따라 甲이 아니라 乙이고(2008다45828전합), 또 乙이 그 재물인 장물의 점유를 甲으로부터 이전 받은 것이 아니라 예금계약의 당사자의 자격으로 인출한 것이므로, 乙에게는 장물취득죄가 성립하지 않는다고 본다. 이때 乙의 현금인출행위에 대해서는 횡령죄가 성부가 문제되는데, 乙이 사기죄의 공범이면 자신이 가담한 범행의 결과 피해금을 보관하게 된 것이므로 별도로 횡령죄가 성립하지 않지만, 乙이 사기죄의 공범이 아니면 이른바 착오송금의 경우처럼 계좌명의인 乙과 피해자 V 사이에 위탁관계가 성립하므로 횡령죄가 성립한다고 판례는 본

정에서 무겁게 처벌하고 있지 않는 한 3년 이하의 자유형 또는 벌금형으로 처벌한다. ②제1항의 재물이 행위자에게 맡겨진 것이면 5년 이하의 자유형 또는 벌금형으로 처벌한다.

78) 제242조 (절도) ①타인의 동산을 자기 또는 제3자에게 위법하게 속하게 할 의사로 타인으로부터 절취한 자는 5년 이하의 장유형 또는 벌금형에 처한다. ②미수범은 처벌한다.

다(2017도17494전합).

그러나 타인 재산의 불법적 취득범죄에서 재산취득을 위한 구성요건해당행위(흔히 행위양태 또는 행위태양이라고 부름)의 객체와 이로써 취득한 객체는 구별해야 한다.[79] 타인 재산의 불법적 취득범죄는 결과범으로서 결과범에서 행위와 결과는 전혀 다른 구성요건요소이기 때문이다. 구성요건해당행위가 절도죄는 절취이고, 횡령죄는 횡령 · 반환거부이며, 그 객체는 재물이고, 이로써 재물을 취득하는 범죄이다. 따라서 절도죄 · 횡령죄의 경우는 구성요건해당행위의 객체와 이로써 취득한 객체가 동일하다. 그러나 위 판례에서처럼 사기죄의 경우는 구별된다. 구성요건해당행위가 사기죄는 기망, 공갈죄는 공갈, 강도죄는 폭행 · 협박이고, 그 객체는 모두 사람이지만, 이로써 취득한 객체는 모두 재물 또는 재산상 이익이다. 배임죄의 구성요건해당행위는 임무위배행위이고, 그 객체는 재물일수도 있고, 재산상 이익일 수도 있지만, 이로써 취득한 객체는 재산상 이익이다. 따라서 영득죄는 행위객체가 아니라 취득객체가 재물인 범죄를 말하고, 이득죄는 취득객체가 재산상 이익인 범죄를 말한다고 본다. 절도죄 · 횡령죄는 영득죄이고, 강도죄 · 사기죄 · 공갈죄 등은 영득죄이면서 이득죄이다. 위 보이스피싱사건에서 甲이 취득한 것은 재물이 아니라 재산상 이익이며, 이렇게 판단한 원심(2010노370)이 옳다.

구별	주체	행위	행위의 객체	취득의 객체
절도	제한없음	절취(몰래)	타인의 재물	**재물**
강도	제한없음	폭행 · 협박(강제로)	사람	재물 · 재산상 이익
사기	제한없음	기망(속여서)	사람	재물 · 재산상 이익
공갈	제한없음	공갈(겁줘서)	사람	재물 · 재산상 이익
횡령	타인 재물의 보관자	횡령 · 반환거부	타인의 재물	**재물**
배임	타인 사무의 처리자	배임(임무위배)	타인의 사무	**재산상 이익**

다. 취득한 재산이 불법재산인 경우

甲이 대가를 지급하기로 하고 술집 여종업원 V와 성관계를 가진 뒤 절취한 신용카드로 그 대금을 결제하는 방법으로 그 대가의 지급을 면하였다(약칭하여 성매매대금사건). 甲의 형사책임은?

79) 윤동호, "컴퓨터등사용사기죄의 취득객체와 보호법익", 비교형사법연구 제9권 제2호, 2007, 397면.

취득한 재산이 불법재산인 경우에도 재산범죄가 성립하는지, 달리 말해 불법재산도 형법의 보호대상이 되는지 다툼이 있다. 이에 따라 위 성매매대금사건에서 甲에 대한 사기죄의 성부가 달라진다.

(1) 학설

법률적으로 유효한 권리만을 재산으로 보는 법률적 재산설에 따르면, ⓐ불법적 이익 또는 ⓑ권리가 아닌 사실적 이익, 예컨대 노동력이나 기업정보 등은 경제적 가치가 있다하더라도 재산범죄의 보호법익이 되는 재산이 아니므로 甲에 대해 사기죄가 성립하지 않는다.

경제적 재산설은 '범죄에 대한 범죄도 범죄이다'라는 사고에 기초하여 민법에 대한 형법의 독자성을 강조하면서 법률적 유효성이나 권리 · 의무성 여부에 관계없이 경제적 가치가 있는 모든 것을 재산으로 본다. 이에 따르면 甲에 대해 사기죄가 성립한다.

법률적 · 경제적 재산설은 법질서의 보호를 받으면서 경제적 가치를 지닌 모든 재화와 지위를 재산으로 본다. 이에 따르면 법률적 재산설이 재산에서 제외한 ⓑ도 재산에 포함된다. 그런데 사법이나 행정법이 보호하지 않는 불법원인급여물이나 무허가영업이익도 법률적 · 경제적 재산설에 따른 재산으로 볼 수 있는지 문제된다. 위 성매매대금사건에서 V가 甲에 대해 갖는 청구권은 법규범이 승인할만한 것이 아니라는 이유로 사기죄의 성립을 부정하는 견해가 있다.

(2) 판례

판례는 위 성매매대금편취사건에서 사기죄를 인정한다(2001도2991). 합법재산이건 불법재산이건 사기죄의 취득객체가 될 수 있다고 본 것이다. 그 이유는 일반적으로 부녀와의 성행위 자체는 경제적으로 평가할 수 없고, 부녀가 상대방으로부터 금품이나 재산상 이익을 받을 것을 약속하고 성행위를 하는 약속 자체는 선량한 풍속 기타 사회질서에 반하는 법률행위로서 민법 제103조[80]에 따라 무효이나, 사기죄의 객체인 재산상 이익은 반드시 사법상 보호되는 경제적 이익만을 의미하지 않는다는 것이다. 또한 판례는 甲이 V를 기망하여 도박자금으로 사용하기 위한 금원을 차용한 경우, 대여한 도박자금은 불법원인급여물이어서 민법 제746조[81] 본문에 따라 V에게 반환청구권이 없다하

---

80) 제103조(반사회질서의 법률행위) 선량한 풍속 기타 사회질서에 위반한 사항을 내용으로 하는 법률행위는 무효로 한다.

81) 제746조(불법원인급여) 불법의 원인으로 인하여 재산을 급여하거나 노무를 제공한 때에는 그 이익

더라도 사기죄를 인정한다(2006도6795).

그러나 甲이 내연녀와의 불륜관계를 지속하는 대가로서 부동산에 관한 소유권이전등기를 경료해 주기로 약정한 후 등기의무를 이행하지 않더라도 배임죄가 아니라고 본다(86도1382). 그 이유는 이런 부동산 증여계약은 선량한 풍속과 사회질서에 반하는 것으로서 무효이므로 위 증여로 인한 소유권이전등기의무가 인정되지 않는다는 것이다. 또한 甲이 V로부터 제3자에 대한 뇌물공여의 목적으로 전달하여 달라고 교부받은 금전을 임의로 소비한 경우, 판례는 불법원인급여물로서 그 소유권은 V가 아니라 甲에게 있다는 이유로 횡령죄를 부정한다(99도275). 또 장물보관을 의뢰받고 그 정을 알면서 보관한 후 임의로 처분한 경우, 판례는 장물보관죄로 소유자의 소유물추구권을 이미 침해하였으므로 임의로 보관물을 처분한 행위는 횡령죄가 아니라 불가벌적 사후행위라고 본다(2003도8219). 그러나 불법원인급여물이라는 이유로 횡령죄를 부정할 수도 있다. 이와 같은 취지에서 甲이 A로부터 액면금 합계 19억 2,370만 원인 수표를 현금으로 교환해 주면 대가를 주겠다는 제안을 받고 위 수표가 B등이 사기범행을 통해 취득한 범죄수익 등이라는 사실을 잘 알면서도 교부받아 그 일부를 현금으로 교환한 후 乙, 丙과 공모하여 아직 교환되지 못한 수표 및 교환된 현금을 임의로 사용한 경우, 위 수표는 범죄수익 등의 은닉범행 등을 위해 교부받은 것으로서 불법의 원인으로 급여한 물건에 해당하여 소유권이 甲에게 귀속되므로 횡령죄가 성립하지 않는다고 판례는 본다(2016도18035). 법률적 재산설에 따른 것으로 볼 수 있다.

그런데 V가 상장회사의 주가조작과 인수합병 등을 통해 조성한 범죄수익 90억원을 은닉하기 위해 매형의 지인인 甲에게 관리를 맡겼는데, 甲은 이 돈으로 자신의 채무를 변제하는 등 14억원을 임의로 사용하고 30억원을 주식투자에 사용한 경우, 판례는 V가 그 자금을 이용해 주가조작과 같은 또 다른 범죄행위의 자금으로 사용할 것을 시시하는 등의 특별한 사정이 없는 한 V가 甲에게 자금을 맡긴 행위는 반사회질서행위로 볼 수 없다고 보고, 횡령죄를 인정한다(2011도5822). 1심은 "V가 甲에게 위탁한 자금은 불법원인급여에 해당하므로 V가 반환을 청구할 수 없다"며 무죄를 선고했다.

또한 성매매업소 업주 甲이 성매매여성 V 사이에 V가 받은 성매매대금을 甲이 보관하였다가 절반씩 분배하기로 약정하고 보관 중인 성매매대금을 임의로 소비한 사건에서, 판례는 횡령죄를 인정한다(98도2036). 그 이유는 민법 제746조에 따르면, 불법원인급여의 경우 그 불법원인이 급여자에게 있다면 수익자에게 불법원인이 있는지 여부,

---

의 반환을 청구하지 못한다. 그러나 그 불법원인이 수익자에게만 있는 때에는 그러하지 아니하다.

수익자의 불법원인의 정도, 그 불법성이 급여자의 그것보다 큰지 여부를 막론하고 급여자는 불법원인급여의 반환을 구할 수 없는 것이 원칙이나, 수익자(甲)의 불법성이 급여자의 그것보다 현저히 큰 데 반해 급여자의 불법성은 미약한 경우에도 급여자의 반환청구가 허용되지 않는다면 공평에 반하고 신의성실원칙에도 어긋나므로, 이런 경우는 민법 제746조 단서에 따라 급여자의 반환청구는 허용되고, 성매매대금의 소유권은 여전히 V에게 있다는 것이다.

결국 판례는 사기죄에 관해서는 경제적 재산설을, 횡령죄에 관해서는 법률적 재산설을 각각 따른 것으로 볼 수 있다.

• 기출문제 •

배임죄와 횡령죄	1. 금전채권을 담보하기 위하여 채무자 소유의 동산에 관하여 이른바 강한 의미의 양도담보계약을 설정한 경우, 채무자가 이를 점유하던 중 임의로 양도담보된 동산을 처분하면 배임죄가 성립한다. [2019년 2차 순경시험 문18] [2007년 사법시험 형법 문33]
	2. 채무자가 채권자에게 동산을 양도담보로 제공하고 점유개정의 방법으로 점유하고 있는 상태에서 그 동산을 제3자에게 처분한 경우, 횡령죄가 성립하지 않는다. [2015년 사법시험 형법 문2]
	3. 매도인 甲이 매수인 乙에게 임야를 매도하고 일부 잔금까지 지급받았음에도 다시 위 임야를 제3자에게 매도한 후 계약금을 지급받고는 그 앞으로 소유권이전청구권 보전을 위한 가등기를 마쳐준 경우 배임죄가 성립한다. [2010년 사법시험 문9] [2014년 변호사시험 형사법 문3]
	4. 甲은 '인쇄기'를 乙에게 매도하기로 하고 乙로부터 그 매매대금의 일부인 계약금 및 중도금을 수령한 직후 乙 모르게 위 인쇄기를 자신의 채권자인 丙에게 기존채무 변제에 갈음하여 양도한 경우 배임죄가 성립한다. [2012년 사법시험 문18] [2012년 변호사시험 문8] [2013년 사법시험 형법 문10] [2015년 변호사시험 형사법 문9] [2020년 경찰간부후보생시험 형법 문28]
	5. 채무자가 채권자에게 동산인 한우 100마리를 양도담보로 제공하고 점유개정의 방법으로 점유하고 있는 상태에서 다시 이를 제3자에게 점유개정의 방법으로 양도하는 경우 배임죄가 성립하지 않는다. [2015년 변호사시험 문9] [2020년 경찰간부후보생시험 형법 문29]
	6. 채권담보의 목적으로 부동산에 관한 대물변제예약을 체결한 채무자가 대물로 변제하기로 한 부동산을 제3자에게 임의로 처분한 경우 배임죄가 성립하지 않는다. [2015년 변호사시험 문9] [2020년 경찰간부후보생시험 형법 문28]
	7. 지명채권의 양도인이 채무자에 대한 양도의 통지 전에 채무자로부터 채권을 추심하여 금전을 수령한 경우 그 금전은 양도인의 소유에 속하므로 이를 양도인이 임의로 소비하더라도 횡령죄가 성립하지 않는다. [2014년 변호사시험 형사법 문16]

권리행사 방해죄	8. 甲이 자동차등록원부상 A명의로 등록되어 있는 차량을 B에게 담보로 제공하였음에도 불구하고, B의 승낙 없이 미리 소지하고 있던 위 차량의 보조키를 이용하여 이를 운전하여 간 경우 권리행사방해죄가 성립하지 않는다. [2013년 사법시험 형법 문5]
장물취득죄	9. 甲이 사기 범행에 이용되리라는 사정을 알고서도 자신의 명의로 새마을금고 예금계좌를 개설하여 乙에게 이를 인계한 후 乙이 제3자인 A를 속여 A로 하여금 1,000만 원을 위 계좌로 송금하게 한 것을 甲이 인출한 경우, 甲은 장물취득죄가 성립한다. [2016년 사법시험 형법 문12]
불법재산의 불법적 취득	10. 甲이 내연의 관계에 있는 A에게 불륜관계를 지속하는 대가로서 부동산에 관한 소유권이전등기를 경료해 주기로 약정한 후 그 등기의무를 이행하지 않은 경우, 甲에 대해서는 배임죄가 성립한다. [2011년 사법시험 형법 문제25]
	11. 금품 등을 받을 것을 전제로 성행위에 응한 부녀를 기망하여 성행위 대가의 지급을 면한 경우 사기죄가 성립한다. [2010년 사법시험 형법 문20]
	12. 조합장이 조합으로부터 공무원에게 뇌물로 전달하여 달라고 금원을 교부 받고도, 이를 뇌물로 전달하지 않고 개인적으로 소비한 경우에 횡령죄가 성립한다. [2014년 변호사시험 문16] [2010년 모의변호사시험 형법 문15]

【정답 및 해설】 1. 출제 당시에는 ○(89도350: 동산의 소유권자인 채무자가 그 동산의 담보가치를 감소시킨 것이다. 양도담보를 별도의 절차 없이 즉 청산의무 없이 변제하지 못하면 소유권이 채권자에게 귀속되는 강한 의미의 양도담보와 청산의무가 부과되는 약한 의미의 양도담보로 구별하기도 한다). 그러나 이후 ×(2019도9756전합으로 판례 변경. 양도담보를 설정한 채무자가 제3자에게 양도담보물을 처분하여 양도담보권자인 채권자에게 재산상 손해나 그 위험을 발생시키더라도 배임죄가 성립하지 않는다. 배임죄의 타인의 사무는 계약의 전형적 · 본질적인 급부의 내용이 상대방의 재산상 사무를 일정한 권한을 가지고 대신 맡아 처리하는 것인데, 양도담보를 설정한 채무자는 이에 해당하지 않는다. 점유개정방식의 동산양도담보계약의 채무자는 채권자인 양도담보권자의 사무를 처리하는 자가 아니라 자신의 사무를 처리하는 자이다. 담보설정자가 담보목적물을 '보존할 의무'는 담보권 실행 시 채권자나 채권자가 지정하는 자에게 '인도할 의무'에 부수하는 의무이자, 채무불이행 시 담보권 실행 및 이를 통한 채권의 만족이라는 궁극적인 목적을 위해 당연히 수반되는 의무에 불과하다.) 2. ○(동산의 소유권이 채무자에게 있기 때문이다. 다만 이 경우 종전에는 배임죄가 성립한다고 보았으나 판례변경[2019도9756전합]으로 배임죄도 성립하지 않는다.) 3. ○(2008도3766) 4. ×(2008도10479전합: 매매계약에서 매도인의 동산이전채무는 자기의 사무이고, 이 외에 별도로 매수인의 재산의 보호 내지 관리행위에 협력할 의무가 매도인에게는 없다.) 5. ○(2006도6686: 제3자가 그 동산을 선의취득할 수가 없으므로, 최초의 양도담보권자에게 어떠한 재산상 손해의 위험이 발생한다고 할 수 없고, 따라서 배임죄가 성립하지 않는다. 그런데 이 경우 양도담보설정자를 타인의 사무의 처리하는 자로 볼 수 없다는 판례[2019도9756전합]가 나왔고, 따라서 이에 따르면 배임죄가 불성립한다.) 6. ○(2014도3363전합: 채무자의 채무불이행으로 인해 대물변제예약에 따른 소유권등기를 이전받는 것이 불가능하게 되는 상황이 초래되어도 채권자는 채무자로부터 금전적 손해배상을 받음으로써 대물변제예약을 통해 달성하고자 한 목적을 사실상 이룰 수 있고, 대물변제예약의 궁극적 목적은 차용금반환채무의 이행 확보에 있으며, 채무자가 대물변제예약에 따라 부동산에 관한 소유권이전등기절차를 이행할 의무는 궁극적 목적을 달성하기 위한 부수적 의무이므로, 이를 가지고 배임죄의 '타인의 사무'에 해당

한다고 볼 수는 없다.) 7. ×(97도666전합) 8. ○(2005도6604: 차량의 소유권이 명의자인 A에게 있다.) 9. ×(2010도656: 乙이 취득한 것은 1,000만원의 재물이나 甲이 자신 명의로 된 계좌에서 인출한 것이므로 장물취득죄가 성립하지 않는다.) 10. ×(86도1382: 이런 부동산 증여계약은 선량한 풍속과 사회질서에 반하는 것으로 무효이어서 위 증여로 인한 소유권이전등기의무가 인정되지 않는다.) 11. ○(2001도2991) 12. ×(86도628: 불법원인급여물의 소유권은 급여를 받은 상대방에게 귀속되므로 횡령죄가 성립하지 않는다.)

배임죄에 관한 설명으로 가장 적절하지 않은 것은? (다툼이 있는 경우 판례에 의함)

[2020년 1차 순경시험 형법 문17]

① 피고인이 인쇄기를 甲에게 양도하기로 하고 계약금 및 중도금을 수령하였음에도 이를 자신의 채권자 乙에게 기존 채무변제에 갈음하여 양도한 경우 배임죄가 성립하지 않는다.

② 피고인이 그 소유의 에어컨을 피해자에게 양도담보로 제공하고 점유개정의 방법으로 점유하고 있다가 다시 이를 제3자에게 양도담보로 제공하고 역시 점유개정의 방법으로 점유를 계속한 경우 배임죄를 구성하지 않는다.

③ 동산에 대하여 점유개정의 방법으로 이중 양도담보를 설정한 경우 처음의 양도담보권자에게 이중으로 양도담보 제공을 하지 않기로 특약하였다면 배임죄를 구성한다.

④ 채무자가 그 소유의 동산에 대하여 점유개정의 방식으로 채권자들에게 이중의 양도담보 설정계약을 체결한 후 양도담보 설정자가 목적물을 임의로 제3자에게 처분하였다면 뒤의 채권자에 대한 관계에서 배임죄가 성립하지 않는다.

【해설】 ③×(88도1586: 뒤의 양도담보권자는 처음의 양도담보권자[A]에 대하여 배타적으로 자기의 담보권을 주장할 수 없으므로 이중으로 양도담보제공이 된 것만으로는 담보권설정자가 처음의 양도담보권자에게 이중으로 양도담보제공을 하지 않기로 특약하였더라도 A에게 담보권의 상실이나 담보가치의 감소 등 손해가 발생한다고 볼 수 없으므로 배임죄를 구성하지 않는다.) ②○(2006도6686: 제3자는 점유개정의 방식으로 양도받았기 때문에 동산을 선의취득할 수 없어서 양도담보권자에게 재산상 손해의 위험이 발생하지 않는다.) ④○(2004도1751: 뒤의 채권자는 선의취득을 할 수 없어서 양도담보권을 취득할 수 없으므로 뒤의 채권자에 대해서는 배임죄가 성립하지 않는다.) 이들 판례들은 모두 양도담보를 설정한 채무자는 타인, 곧 채권자인 양도담보권자의 사무를 처리하는 자라는 것을 전제로 제3자에게 양도담보물을 처분하여 그 타인에게 재산상 손해나 그 위험을 발생시키면 (업무상)배임죄가 성립하지만(예컨대 2010도11293; 89도350; 82도1829), 제3자가 예컨대 선의취득을 할 수 없어서 양도담보물을 취득할 수 없으면 그 타인에게 재산상 손해를 줄 수 없으므로 업무상배임죄가 성립하지 않는다는 법리이다. 그런데 양도담보를 설정한 채무자는 타인, 곧 채권자인 양도담보권자의 사무를 처리하는 자가 아니라 자신의 사무를 처리하는 자라는 판례(2019도9756전합)가 나와서 이 법리가 변경되었다. 이에 따라 양도담보를 설정한 채무자가 제3자에게 양도담보물을 처분하여 양도담보권자인 채권자에게 재산상 손해나 그 위험을 발생시키더라도 (업무상)배임죄가 성립

하지 않는다. ①○(2008도10479전합: 동산이중매매의 경우 매도인의 동산이전채무는 자기의 사무이므로 매수인의 재산의 보호 내지 관리행위에 협력할 의무가 없다.) **【정답】** ③

다음 설명 중 옳지 않은 것은? (다툼이 있는 경우 판례에 의함)

[2019년 국가직 9급 형법 문3]

① 부동산 매도인이 매수인으로부터 중도금을 지급받은 후 그 부동산을 제3자에게 이중으로 양도하였다면 배임죄가 성립한다.

② 채권담보를 위한 대물변제예약의 채무자가 대물로 변제하기로 한 부동산을 제3자에게 처분하였더라도 배임죄가 성립하는 것은 아니다.

③ 동산매매계약에서 매도인이 목적물을 매수인에게 인도하지 아니하고 이를 제3자에게 처분하였더라도 배임죄가 성립하는 것은 아니다.

④ 채무자가 채권자 A와 B에게 순차적으로 그 소유의 동산에 대하여 점유개정의 방식으로 이중의 양도담보 설정계약을 체결한 후 그 목적물을 임의로 제3자에게 처분하였다면 A는 물론 B에 대한 관계에서도 배임죄가 성립한다.

【해설】 ④×(2004도1751: 대외적인 관계에서 채무자는 동산의 소유권을 이미 채권자 A에게 양도한 무권리자가 되는 것이고 현실의 인도가 아닌 점유개정으로는 선의취득이 인정되지 않으므로 채권자 B는 양도담보권을 취득할 수 없다. 따라서 채권자 B에 대해서는 배임죄가 성립하지 않는다) 더욱이 이 경우 양도담보설정자를 타인의 사무의 처리하는 자로 볼 수 없다는 판례[2019도9756전합]까지 나왔다.) ①○(2017도4027전합) ②○(2014도3363전합) ③○(2008도10479전합) **【정답】** ④

전기통신금융사기에 대한 설명 중 옳은 것만을 모두 고른 것은? (다툼이 있는 경우 판례에 의함) [2020년 경찰간부후보생시험 형법 문26]

㉠ 이른바 '착오송금'의 법리는 계좌명의인이 개설한 예금계좌가 전기통신금융사기 범행에 이용되어 그 계좌에 피해자가 사기피해금을 송금 · 이체한 경우에도 마찬가지로 적용된다. 계좌명의인은 아무런 법률관계 없이 송금 · 이체된 사기피해금을 보관하는 지위에 있고, 만약 그 돈을 영득할 의사로 인출하면 피해자에 대한 횡령죄가 성립한다. ㉡ 이때 계좌명의인이 사기의 공범이라면 자신이 가담한 범행의 결과 피해금을 보관하게 된 것일 뿐이어서 피해자와 사이에 위탁관계가 없고, 그가 송금 · 이체된 돈을 인출하더라도 이는 자신이 저지른 사기범행의 실행행위에 지나지 아니하여 새로운 법익을 침해한다고 볼 수 없으므로 사기죄 외에 별도로 횡령죄를 구성하지는 않는다. ㉢ 다만, 판례는 전기통신금융사기 범행으로 피해자의 돈이 사기이용계좌로 송금 · 이체되었다면 이로써 편

취행위는 기수에 이른다고 보고 있는데, 이는 사기범이 접근매체를 이용하여 그 돈을 인출할 수 있는 상태에 이르게 되면 계좌명의인의 예금반환청구권을 자신이 행사할 수 있게 된 것으로서 예금 자체를 취득한 것으로 보아야 한다는 의미이다. ㉣ 한편 계좌명의인의 인출행위는 전기통신금융사기의 범인에 대한 관계에서는 횡령죄가 되지 않는다. 계좌명의인과 전기통신금융사기의 범인 사이의 관계는 횡령죄로 보호할 만한 가치가 있는 위탁관계가 아닐뿐더러, 계좌명의인과 사기범 사이의 관계를 횡령죄로 보호하는 것은 그 범행으로 송금 · 이체된 돈을 사기범에게 귀속시키는 결과가 되어 옳지 않기 때문이다.

① ㉠, ㉡　② ㉠, ㉡, ㉣　③ ㉠, ㉢, ㉣　④ ㉡, ㉢, ㉣

【해설】 ㉠ · ㉡ · ㉣: ㅇ(2017도17494전합) ㉢: ×(접근매체를 교부받은 사람은 예금 자체를 취득한 것이 아니라 계좌명의인의 예금반환청구권을 자신이 사실상 행사할 수 있게 된 것일 뿐이다.) **【정답】** ②

甲은 사기범행에 이용되리라는 정을 알면서 속칭 '보이스피싱' 조직원인 乙에게 자기 명의의 예금통장과 체크카드 등을 양도하였다. 乙은 A에게 은행직원을 사칭하여 전화로 "당신의 은행계좌가 범죄에 이용되었다. 추가피해를 막으려면 돈을 인출하여 은행이 지정하는 계좌에 입금하여야 한다."라고 거짓말하였다. 이에 속은 A는 甲의 계좌로 1,500만 원을 송금하였다. 이에 관한 설명 중 옳지 않은 것은? (다툼이 있는 경우 판례에 의함)

[2021년 변호사시험 형사법 문9]

① 乙이 A를 기망하여 1,500만 원이 甲의 계좌로 송금、이체되었다면 乙이 이를 인출하지 못한 상태에서 체포되었다 하더라도 乙의 편취행위는 기수에 이르렀다고 보아야 한다.
② 甲이 예금통장 등을 乙에게 양도한 행위가 사기방조죄가 된다면 이후 甲이 송금된 1,500만 원을 인출하였더라도 사기방조죄와 별개로 A에 대한 횡령죄는 성립하지 않는다.
③ 甲의 계좌로 입금된 1,500만 원은 乙의 기망행위로 인하여 취득한 재물이므로, 甲이 이를 인출한 행위는 장물취득죄에 해당한다.
④ 乙은 사기죄로 구속되자 법원에 구속적부심사를 청구하였고 법원은 乙에 대해 보증금납입을 조건으로 석방결정을 한 경우, 검사는 이에 대하여 항고할 수 있다.
⑤ 乙이 사기죄로 기소되어 제1심에서 징역 1년 6월을 선고받고 사실오인을 이유로 항소한 경우에 항소심은 직권으로 양형부당을 이유로 제1심판결을 파기할 수 있다.

【해설】 ③×(2010도6256: 사기죄로 취득한 것은 A가 송금한 현금 1,500만원이나 예금계약의 당사자는 甲으로서 자신의 계좌에서 인출한 것이므로 장물취득죄가 성립하지 않는다.) ① ㅇ(2010도6256: 甲의 계좌로 송금되었을 때 사기죄는 종료된다.) ②ㅇ(2017도17494전합:

계좌명의인이 사기죄의 공범이라면 송금된 돈을 인출한 것은 자신이 저지른 사기범행의 실행행위에 지나지 않으므로 새로운 법익을 침해한 것으로 볼 수 없다.) ④ㅇ(97모21) ⑤ㅇ(90도1021.항소법원은 판결에 영향을 미친 사유에 관하여는 항소이유서에 포함되지 아니한 경우에도 직권으로 심판할 수 있다[형소법 제364조 제2항].) **【정답】** ③

재산범죄와 불법원인급여의 관계에 관한 사례 설명 중 옳은 내용을 모두 고른 것은? (다툼이 있는 경우에는 판례에 의함) [2009년 사법시험 형법 문28]

ㄱ. 甲이 乙에게 乙과 원한관계에 있는 丙을 납치하여 살해할 준비를 하는 비용을 달라고 거짓말을 하여 금품을 교부받았을 경우 乙이 甲에게 제공한 금품은 불법원인급여에 해당하여 乙에게 반환청구권이 인정되지 않으므로 甲은 사기죄의 죄책을 지지 않는다.
ㄴ. 甲이 乙로부터 丙에 대한 배임증재의 목적으로 전달하여 달라고 교부받은 금전은 불법원인급여에 해당하여 甲이 위 금전을 丙에게 전달하지 않고 임의로 소비하였다고 하더라도 甲은 횡령죄의 죄책을 지지 않는다.
ㄷ. 甲이 기자행세를 하면서 주점 객실에서 나체쇼를 한 주점 접대부 乙을 고발할 것처럼 데리고 나와 여관으로 유인한 다음 겁에 질려있는 乙의 상태를 이용하여 동침하면서 1회 성교한 것은 乙의 정조 대가에 상당하는 재산상 이익을 취득한 것이어서 甲은 공갈죄의 죄책을 진다.
ㄹ. 포주인 甲이 다방종업원으로 일하던 乙에게 윤락을 권유하여 고용한 후 乙이 받은 화대를 甲이 일단 보관하다가 나중에 둘이 절반씩 분배하기로 약정하고서, 甲이 보관 중인 乙의 화대를 임의로 소비한 경우에 그 화대는 불법원인급여에 해당하지만 甲은 횡령죄의 죄책을 진다.

① ㄱ, ㄴ ② ㄴ, ㄷ ③ ㄷ, ㄹ ④ ㄱ, ㄷ
⑤ ㄴ, ㄹ ⑥ ㄱ, ㄴ, ㄷ ⑦ ㄴ, ㄷ, ㄹ ⑧ ㄱ, ㄷ, ㄹ

【해설】 ㄱ: ×(불법원인급여물이지만 이런 경우 사기죄가 성립한다는 게 2001도2991과 2006도6795의 취지) ㄴ: ㅇ(99도275: 민법 제746조 본문에 따라 불법원인급여물이다.) ㄷ: ×(82도2714: 공갈죄는 재산범으로서 그 객체인 재산상 이익은 경제적 이익이 있는 것을 말하는데, 일반적으로 부녀와의 정교 그 자체는 경제적으로 평가할 수 없는 것이므로 부녀를 공갈하여 정교를 맺었다고 하여도 특단의 사정이 없는 한 이로써 재산상 이익을 갈취한 것이라고 볼 수는 없고, 부녀가 주점접대부라 할지라도 피고인과 매음을 전제로 정교를 맺은 것이 아닌 이상 피고인이 매음대가의 지급을 면하였다고 볼 여지가 없으므로 공갈죄가 성립하지 않는다.) ㄹ: ㅇ(98도2036: 급여자의 불법보다 수익자의 불법이 더 크므로 민법 제746조 단서에 따라 불법원인급여물이 아니기 때문이다.) **【정답】** ⑤

• 탐구과제 •

- 사용절도란?
- 불법영득의사란?
- 부동산이중매매의 경우 매도인에게 배임죄를 인정하고 있는 판례의 입장은 타당한가?

13강 범인이 타인을 교사하여 범한 사법방해범죄

범죄를 지은 사람이 자신의 범죄로 처벌되는 것을 스스로 방해한 경우에는 원칙적으로 처벌되지 않는다. 그러나 타인을 교사 · 방조하여 방해한 경우에는 범인은닉도피죄, 위증죄, 증거인멸죄, 무고죄 등이 성립할 수 있다. 이에 관한 이론과 판례의 입장을 본다.

• 사례 •

무면허 운전으로 사고를 낸 甲이 수사기관의 검거를 피해 전국 각지를 돌아다니며 도피하던 중 더 이상 도망 다니기 어렵다고 판단하고, 운전면허가 있는 동생을 경찰서에 대신 출두시켜 피의자로 조사받도록 했다(약칭하여 진범대신출두사건). 전국 각지를 돌아다니며 도피한 행위로 甲을 처벌할 수 있을까? 수사기관이 동생을 피의자로 인식하게 해서 자신의 도피를 용이하게 한 행위로 甲을 처벌할 수 있을까?

• 해설 •

1. 타인을 교사하여 자신을 은닉 · 도피원조하게 한 경우 형사책임

> 제151조 (범인은닉과 친족간의 특례) ①벌금 이상의 형에 해당하는 죄를 범한 자를 은닉 또는 도피하게 한 자는 3년 이하의 징역 또는 500만원 이하의 벌금에 처한다.
> ②친족 또는 동거의 가족이 본인을 위하여 전항의 죄를 범한 때에는 처벌하지 아니한다.

가. 범인은닉 · 도피원조죄의 구성요건

(1) 주체: 본범이 아닌 타

범인은닉 · 도피원조죄는 벌금 이상의 형에 해당하는 범죄를 범한 자(곧 본범)를 타인이 은닉하거나 그 본범이 도피하게 하는 범죄이다. 본범을 돕는 방조형태의 범죄이다. 이런 점에서 범인도피죄가 아니라 범인도피원조죄로 부르고자 한다. 증거인멸죄, 장물죄 등도 이러한 형태에 해당한다.

범죄의 주체가 본범이 아닌 타인이므로, 본범이 스스로 은닉하거나 도피하는 경우에는 범인은닉 · 도피원조죄가 성립하지 않는다. 따라서 전국 각지를 돌아다니며 도피한 甲은 무면허운전을 하다가 사고를 낸 본범이므로 범인도피원조죄로 처벌할 수 없다. 그런데 공동정범 중의 1인 甲이 다른 공동정범을 도피하게 한 경우는, 범인도피원조죄라고 판례는 본다(4290형상393). 그 이유는 타인의 범죄를 돕는 것이라는 것이다.

(2) 객체: 본범 – 벌금 이상의 형에 해당하는 죄를 범한 사람

본범은 벌금 이상의 형에 해당하는 죄를 범한 사람을 말한다. 본범은 진범일 필요가 없고, 범죄의 혐의를 받는 자로서 수사대상일 필요도 없다(2003도4533). 본범은 반드시 공소제기된 자나 나중에 유죄판결을 받은 자에 한정되지 않고 범죄의 혐의를 받아 수사 중인 자(83도1486)는 물론 아직 수사대상이 되어 있지 않은 자도 포함된다(2003도4533). 불기소처분을 받은 자도 포함된다고 판례는 본다(81도1931).

(3) 구성요건해당행위: 은닉 · 도피원조

구성요건해당행위는 본범을 은닉하거나 본범이 도피하게 하는 것이다. 은닉은 장소를 제공하여 본범을 감추어주는 행위이다. 도피원조는 도피자금이나 도피수단의 제공으로 수사기관의 체포나 발견을 곤란 또는 불가능하게 하는 행위이다(2005도7528). 따라서 본범이 아닌 자가 수사기관에서 본범임을 자처하고 허위사실을 진술하여 진범의 체포와 발견에 지장을 초래하게 한 경우 범인은닉죄가 성립한다고 본 판례(96도1016)도 있지만, 범인도피원조죄가 성립한다고 본 판례가 옳다(2000도4078).

범인도피원조죄는 위험범으로서 현실적으로 형사사법의 작용을 방해하는 결과가 초래될 것이 요구되지는 않는다. 형사사법의 작용을 방해하는 모든 행위 내지 범인을 돕는 모든 행위가 범인도피원조죄의 구성요건에 해당한다고 본다면 일반 국민의 행동의 자유를 지나치게 제한하게 되므로, 범인도피원조행위는 적어도 함께 규정되어 있는 은닉행위에 비견될 정도로 수사기관으로 하여금 범인의 발견 · 체포를 곤란하게 하는 행위, 즉 범인을 도주하게 하는 행위 또는 도주하는 것을 직접적으로 용이하게 하는 행위에 한정된다고 봄이 옳고(2012도13999), 따라서 도피를 직접적 목적으로 보기 어려운 행위는 그로 인해 간접적으로 범인이 안심하여 도피할 수 있도록 도움을 주었더라도 도피행위로 볼 수 없고, 또한 어떤 행위가 범인도피원조죄에 해당하는 것으로 보이더라도 그것이 사회적 상당성이 있는 행위는 처벌할 수 없다고 판례는 본다(93도3080).

참고인 甲이 수사기관에서 범인 아닌 다른 자를 진범이라고 내세우는 경우와 같이 적극적으로 허위의 사실을 진술하여 수사관을 기망, 착오에 빠지게 함으로써 범인의 발견, 체포에 지장을 초래케 하는 경우는 범인도피원조죄가 성립하지만, 참고인 甲이 수사기관에서 진술을 할 때 범인으로 체포된 乙과 자신이 목격한 범인이 동일함에도 불구하고 동일한 사람이 아니라고 소극적인 허위진술을 하여 증거가 불충분하게 되어 乙이 석방된 경우는 범인도피원조죄가 성립하지 않는다고 판례는 본다(85도897). 이와 같은 취지에서 게임장의 종업원이 단순히 실제 업주라고 허위로 진술하는 것만으로는 부족하고 게임장 등의 운영 경위, 자금 출처, 게임기 등의 구입 경위, 점포의 임대차계약 체결 경위 등에 관해서까지 적극적으로 허위로 진술하거나 허위 자료를 제시하여 그 결과 수사기관이 실제 업주를 발견 또는 체포하는 것이 곤란 내지 불가능하게 될 정도에까지 이른 것으로 평가될 수 있어야 범인도피원조죄가 성립한다고 판례는 본다(2009도10709; 2012도13999).

乙의 사기범행을 甲이 한 것이라고 수사기관에 가서 허위로 자백한 이후에 甲의 변호인으로 선임된 丙이 甲의 허위자백을 유지하게 하면서 丙이 범인도피원조행위를 계속한 경우 丙은 甲과 함께 공동정범이 될 수 있다(2012도6027). 범인도피원조죄는 범인을 도피하게 함으로써 기수에 이르지만, 범인도피원조행위가 계속되는 동안에는 범죄행위도 계속되고 행위가 끝날 때 비로소 범죄행위가 종료되기 때문이다.

나. 본범이 자신의 은닉 · 도피원조에 타인을 가담시킨 경우 본범의 형사책임

본범 甲이 乙을 교사하여 乙이 甲을 은닉한 경우 또는 본범 甲이 乙을 교사하여 乙이 甲의 도피를 원조한 경우(이른바 자기은닉의 교사 또는 자기도피원조의 교사), 乙에게는 범인은닉 · 도피원조죄가 성립한다. 그렇다면 甲에게는 범인은닉 · 도피원조죄의 교사범이 성립하는가. 이에 관해 다툼이 있다.

판례는 범인은닉 · 도피원조죄가 일방불벌인 대향범인지는 언급하지 않고, 범인이 갖는 방어권을 남용한 경우에는 이를 인정한다. 판례는 본범 甲이 도피 중 평소 가깝게 지내던 후배 乙에게 요청하여 대포폰을 개설하여 받고, 乙에게 전화를 걸어 자신이 있는 곳으로 오도록 한 다음 乙이 운전하는 자동차를 타고 청주시 일대를 이동하여 다닌 경우에는 甲을 범인도피원조죄의 교사범으로 처벌할 수 없다고 보는 반면(2013도12079), 본범 甲이 자신을 위해 乙이 허위의 자백을 하게 하여 범인도피원조죄를 범하게 한 경우에는, 甲에게 범인도피원조죄의 교사범이 성립한다고 본다(2000도20. 同旨: 2008도7647). 그 이유는 방어권의 남용이라고 볼 수 있는지 여부는, 범인도피원조행위의 태양과 내용, 범인과 행위자의 관계, 행위 당시의 구체적인 상황, 형사사법의 작용에 영향을 미칠 수 있는 위험성의 정도 등을 종합하여 판단해야 하는데, 전자의 경우는 형사사법에 중대한 장애를 초래한다고 보기 어려운 통상적 도피의 한 유형으로 봐야 하지만, 후자의 경우에는 범인이 갖는 방어권의 한계를 넘었다는 것이다. 이런 판례의 입장과 달리 후자의 경우도 범인의 방어권의 행사이고 본죄의 정범이 될 수 없는 사람을 교사범으로 보는 것은 모순이라는 이유로 범인도피원조죄의 교사범을 부정하는 견해도 있다.

그런데 필요적 공범 개념에 관해 다툼이 있지만, 판례처럼 '대향된 행위의 존재를 필요로 하는 관계'로 이해하면 '본범을 은닉 또는 도피하게 한 자'를 처벌하는 형법의 범인은닉 · 도피원조죄도 필요적 공범으로 볼 수 있다. 범인은닉죄는 범인이 은닉을 당하는 행위의 존재를 필요로 하고, 또 범인도피는 정확히 말하면 '도피하게 하는' 것이므로 범인의 도피행위와 이를 하게 하는, 다시 말해 돕는 행위가 필요하기 때문이다. 이렇게 보면 판례처럼 범인도피죄로 부르는 것(2000도4078)은 옳지 않고 범인도피원조죄라고 불러야 하고, 이처럼 범인은닉죄와 범인도피원조죄를 일방불벌인 대향범으로 보면, 위 사건에서 판례가 甲에게 범인도피죄의 교사범을 인정한 것은 필요적 공범 내부자에 대해서는 형법총칙의 공범규정을 적용할 수 없다는 다수의 판례와 모순된다고 볼 수 있다.

다. 범인은닉 · 도피원조죄에 관한 친족간특례규정

범인은닉 · 도피원조죄(제151조)가 친족 또는 동거가족을 위해서 범한 것이면 처벌하지 않는다. 친족이나 동거가족 사이의 본능적인 상호보호욕구를 무시할 수 없다고 본 것이다. 사실혼관계에 있는 자는 민법 소정의 친족이라 할 수 없어 이 규정의 친족에 해당하지 않는다고 판례는 보지만(2003도4533), 이런 본능적인 상호보호욕구는 사실혼관계에 있는 가족 사이에도 인정할 수 있으므로, 이 규정은 사실혼관계에 따른 가족에 대해서도 적용된다고 본다.

범인은닉 · 도피원조죄의 친족간특례에서 '처벌하지 아니한다'의 의미를 두고, 책임조각사유설과 인적 처벌조각사유설이 대립한다. 인적 처벌조각사유설에 따를 경우 다수견해는 형소법 제322조의 형면제판결을 해야 한다고 본다. 처벌조건을 범죄성립 여부와 별개로 형벌권의 발생을 위해 필요한 조건으로 보기 때문이다.

앞의 진범대신출두사건에서 甲에게 범인도피원조죄의 교사범이 성립한다고 판례는 본다(2005도3707). 그 이유는 이는 방어권의 한계를 넘은 것으로서, 피교사자가 처벌을 받지 않는 친족 또는 동거가족에 해당한다고 하여 달리 볼 것은 아니라는 것이다. 그런데 '처벌하지 아니한다'의 의미를 책임조각으로 보면서 공범의 종속성에 관한 극단종속형식에 따르면 판례처럼 제31조의 교사범을 인정할 수 없고, 책임조각에 따라 '처벌되지 않는 자'를 교사한 것이므로 제34조의 간접정범이 인정된다.

2. 타인을 교사하여 자신의 형사사건에 관해 위증을 하게 한 경우 형사책임

제152조 (위증, 모해위증) ①법률에 의하여 선서한 증인이 허위의 진술을 한 때에는 5년 이하의 징역 또는 1천만원 이하의 벌금에 처한다. ②형사사건 또는 징계사건에 관하여 피고인, 피의자 또는 징계혐의자를 모해할 목적으로 전항의 죄를 범한 때에는 10년 이하의 징역에 처한다.

제153조 (자백, 자수) 전조의 죄를 범한 자가 그 공술한 사건의 재판 또는 징계처분이 확정되기 전에 자백 또는 자수한 때에는 그 형을 감경 또는 면제한다.

위증죄는 법률에 의하여 선서한 증인이 타인의 형사사건에 관해 허위의 진술을 하는 범죄이다. 여기서 허위란 객관적 진실인지 여부에 관계없이 기억에 반한다는 것을 의미한다. 이러한 입장을 주관설이라고 한다. 판례도 이 입장이다(88도580).

甲이 자기의 형사사건에 관하여 타인을 교사하여 위증죄를 범하게 한 경우 방어권의 남용으로서, 위증죄의 교사범이 성립한다고 판례는 본다(2003도5114). 그러나 부정함이 옳다고 본다. 이는 자기비호이고, 피고인의 증인적격은 부정되며, 자기의 형사사건에 관한 증거인멸은 처벌하지 않기 때문이다.

3. 타인을 교사하여 자신의 형사사건에 관한 증거를 인멸하게 한 경우 형사책임

노동조합 지부장 甲은 업무상횡령 혐의로 조합원들로부터 고발을 당하자 乙과 공동하여 조합 회계서류를 무단 폐기하여 문서손괴죄를 범한 후 그 폐기에 정당한 근거가 있는 것처럼 乙로 하여금 조합 회의록을 조작하여 수사기관에 제출하도록 하였다(약칭하여 증거변조사건). 甲의 형사책임은?

제155조 (증거인멸등과 친족간의 특례) ①타인의 형사사건 또는 징계사건에 관한 증거를 인멸, 은닉, 위조 또는 변조하거나 위조 또는 변조한 증거를 사용한 자는 5년 이하의 징역 또는 700만원 이하의 벌금에 처한다. ②타인의 형사사건 또는 징계사건에 관한 증인을 은닉 또는 도피하게 한 자도 제1항의 형과 같다. ③피고인, 피의자 또는 징계혐의자를 모해할 목적으로 전2항의 죄를 범한 자는 10년 이하의 징역에 처한다. ④친족 또는 동거의 가족이 본인을 위하여 본조의 죄를 범한 때에는 처벌하지 아니한다.

증거인멸죄는 타인의 형사사건 또는 징계사건(이하 '타인 사건')에 관한 증거를 인멸하는 범죄이다. 여기서 징계사건에는 사인(私人) 간 징계사건은 포함되지 않는다고 판례는 본다(2007도4191). 그 이유는 국가의 형사사법작용 내지 징계작용을 그 보호법익으로 하므로, '징계사건'에는 국가의 징계사건에 한정해야 한다는 것이다.

증거인멸죄의 객체는 '타인 사건'의 증거이므로 자기 사건의 증거를 인멸한 경우는 증거인멸죄가 성립하지 않는다. 그러나 타인을 교사하여 자신의 형사사건에 관한 증거를 인멸하게 한 경우는, 증거인멸죄의 교사범이 성립한다고 판례는 본다(65도826전합; 99도5275). 타인을 개입시켜서 증거를 인멸한 경우는 처벌할 수 있다고 본 것이다.

따라서 공범 甲이 다른 공범 乙의 형사사건에 관한 증거를 인멸한 경우에도 공범 乙만을 위한 것이면 증거인멸죄가 성립하지만 甲 자신에게도 이익이 되면 증거인멸죄가 불성립한다고 판례는 본다(94도2608; 75도1446). 같은 맥락에서 甲이 乙을 교사하여 甲과 乙의 공범관계에 있는 문서손괴죄의 증거를 변조 및 사용하게 한 경우(앞의 증거변조사건), 甲에게 증거변조 및 동행사죄의 교사범도 간접정범도 성립할 수 없다고 판례는 본다(2009도13151). 그 이유는 甲 자신의 사건이므로 증거변조 및 동행사죄의 정범이 될 수 없고, 乙도 자신의 사건의 증거를 변조 및 사용한 것이므로 乙에게도 증거변조 및 동행사죄를 인정할 수 없는데, 그렇다면 甲은 자기 방어권 행사를 위해 제3자로 하여금 새로운 범죄를 저지르게 함으로써 자기 방어권의 한계를 일탈하여 새로이 국가의 형사사법기능을 침해한 경우라고 볼 수도 없어서 증거변조죄와 변조증거행사죄의 교사범도 인정할 수 없다는 것이다.

4. 타인을 교사하여 자신을 무고하게 한 경우 형사책임

피무고자의 교사 · 방조 아래 무고자가 피무고자에 대한 허위의 사실을 신고한 경우, 예컨대 甲은 A로부터 회사운영자금을 차용하면서 2004. 1. 18.경 채무의 담보명목으로 약속어음을 발행하고, 乙은 위 약속어음 표면에 보증의 의사로 자신의 주소를 기재한 후 서명날인했는데, A가 위 차용금 채무의 불이행을 이유로 위 약속어음 공정증서를 집행권원으로 乙소유의 부동산에 강제경매를 신청하자, 甲과 乙은 이를 면하기 위해 乙이 甲과 A를 유가증권위조라는 허위사실로 고소할 때 甲이 乙에게 그 유가증권이 위조된 것임을 확인하는 서면을 작성하여 甲이 자신을 무고하는 乙의 행위를 방조했다(약칭하여 자기무고방조사건). 甲의 형사책임은?

제156조 (무고) 타인으로 하여금 형사처분 또는 징계처분을 받게 할 목적으로 공무소 또는 공무원에 대하여 허위의 사실을 신고한 자는 10년 이하의 징역 또는 1천500만원 이하의 벌금에 처한다

제157조 (자백 · 자수) 제153조는 전조에 준용한다.

가. 무고죄의 보호법익

무고죄의 보호법익은 국가의 사법기능 또는 징계기능과 피무고자의 개인적 법익이다. 국가의 형사사법권의 적정한 행사가 저해될 위험(2006도3631), 피무고자가 형사처분 또는 징계처분을 받게 될 위험(96도771)을 예방하기 위한 위험범이다. 따라서 甲이 V를 허위로 고소한 후 V와 합의가 이루어지자 수사기관의 고소인 소환에 불응해 사실상 고소취소가 된 경우에도 무고죄가 성립한다(2006도3631). 고소 당시에 이미 국가의 형사사법권의 적정한 행사가 저해될 위험이 발생했기 때문이다.

사립학교 교원에 대한 학교법인이나 사립학교경영자(약칭하여 학교법인등)의 징계처분은 무고죄의 징계처분에 해당하지 않는다고 판례는 본다(2014도6377). 징계처분이란 공법상의 감독관계에서 질서유지를 위해 부과하는 신분적 제재를 의미하는데, 학교법인등에 대해서 국가 등의 지도 · 감독과 지원 및 규제가 행해지고, 사립학교 교원의 자격, 복무 및 신분을 공무원인 국 · 공립학교 교원에 준하여 보장하고 있지만, 학교법인등과 사립학교 교원의 법률관계는 사법상 법률관계에 해당한다는 것이다.

나. 무고죄에서 '허위 사실'의 의미

무고죄는 타인으로 하여금 형사처분 또는 징계처분을 받게 할 목적으로 공무소 또는 공무원에게 허위의 사실을 신고하는 범죄이다. 여기서 허위란 객관적 진실에 반하는 것을 말한다. 따라서 신고자가 그 신고내용을 허위라고 믿었다 하더라도 그것이 객관적으로 진실한 사실에 부합할 때에는 허위사실의 신고에 해당하지 않아 무고죄는 성립하지 않는다(91도1950).

甲 자신이 상대방의 범행에 공범으로 가담하였음에도 자신의 가담사실을 숨기고 상대방만을 고소한 경우, 甲의 고소내용이 상대방의 범행 부분에 관한 한 진실에 부합하므로 이를 허위의 사실로 볼 수 없고, 상대방의 범행에 甲이 공범으로 가담한 사실을 숨겼다고 하여도 그것이 상대방에 대한 관계에서 독립하여 형사처분 등의 대상이 되지 않

으며 전체적으로 보아 상대방의 범죄사실의 성립 여부에 직접 영향을 줄 정도에 이르지 않는 내용이므로 무고죄가 성립하지 않는다(2008도3754).

"피고소인이 송이의 채취권을 이중으로 양도하여 손해를 입었으니 엄벌하여 달라"는 내용의 고소사실이 횡령죄나 배임죄 기타 형사범죄를 구성하지 않는 내용의 신고에 불과한 경우에는 그 신고 내용이 허위일지라도 무고죄가 성립할 수 없다고 판례는 본다(2006도558). 곧 허위의 사실일지라도 그 사실이 형법의 범죄에 해당하지 않으면 무고죄가 아니라는 것이다(2007도9057). 다만 무고할 당시에는 신고 내용이 형사처분의 대상이 될 수 있었지만 이후 판례가 변경되어 형사범죄가 아니게 된 경우에는 무고죄가 성립한다고 판례는 본다(2015도15398). 허위로 신고한 사실이 무고행위 당시 형사처분의 대상이 될 수 있었다면 국가의 형사사법권의 적정한 행사를 그르치게 할 위험과 부당하게 처벌받지 않을 개인의 법적 안정성이 침해될 위험이 이미 발생하였으므로 무고죄는 기수에 이르고, 판례변경이 이미 성립한 무고죄에 영향을 미치지 않는다는 것이다.

도박자금으로 빌려주었다가 돌려받지 못하게 되자 사기죄로 고소하면서 도박자금이 아니라 대여금으로 빌려주었는데 변제하지 않고 있으니 처벌하여 달라고 한 경우처럼 신고사실의 일부가 허위이지만 그 허위사실이 변제의사나 능력의 유무와 관련성이 크지 않아서 사기죄의 성부에 영향을 줄 정도가 아니거나(2011도3489: 내비게이션 구입에 필요한 자금이라고 허위 기재하고, 대여의 일시 · 장소도 허위 기재) 단지 신고사실을 과장한 것에 불과한 경우에는 무고죄가 성립하지 않지만, 허위사실로 인해 국가의 심판작용을 그르치거나 부당하게 처벌을 받지 않을 개인의 법적 안정성을 침해할 우려가 있을 정도로 고소사실 전체의 성질을 변경시키는 경우(2003도7178: 대여의 일시 · 장소를 허위 기재함은 물론 사고가 나서 급해서 그러니 금전을 빌려주면 다음 날 아침에 카드로 현금서비스를 받아 갚아 주겠다고 허위 기재)에는 무고죄가 성립한다고 판례는 본다.

허위사실의 신고일지라도 신고내용 자체로도 공소시효가 완성되었음이 분명한 경우에는 무고죄가 부정된다고 판례는 본다(93도3445). 그러나 공소시효가 지났음에도 불구하고 지나지 않은 것처럼 고소한 경우에는 무고죄라고 판례는 본다(95도1908). 폭행 일시를 특정하지 않은 고소장을 경찰서 민원실에 제출한 후, 보충진술 때 그 폭행 일시를 특정하여 폭행죄의 공소시효기간인 3년이 지나지 않은 것으로 하였지만, 그 이후 수사기관과 법원에서 폭행 일시를 사실대로 정정한 경우에도, 무고죄라고 판례는 본다(2007도11153). 그러나 공소시효의 완성 여부는 수사기관이 확인해야하는 법률적 사항이므로 무고죄의 성립을 부정함이 옳다.

다. 자기무고의 방조

무고죄의 주체에는 제한이 없다. 그러나 스스로 본인을 무고하는 이른바 '자기무고'는, 무고죄가 아니라고 판례는 본다(2008도4852). 그 이유는 무고죄는 국가의 형사사법권 또는 징계권의 적정한 행사를 주된 보호법익으로 하는 죄이지만, 피무고자 개인의 부당한 형사처분 또는 징계처분으로부터 보호에도 그 목적이 있으므로, 이 경우는 무고죄의 구성요건에 해당하지 않는다는 것이다.

앞의 자기무고방조사건에서 乙은 무고죄, 甲은 무고죄의 방조범이라고 판례는 본다(2008도4852). 그러나 A가 자기 자신을 무고하기로 제3자와 공모하고 이에 따라 A가 무고행위에 가담한 경우(A와 제3자의 공모 아래 제3자는 A를 허위로 고소하고 A는 수사기관의 예상질문에 대한 답변을 준비한 사건), 자기무고는 무고죄의 구성요건해당성이 부정되므로 A를 무고죄의 공동정범으로 처벌할 수 없다고 본다(2013도12592).

• 기출문제 •

범인도피 원조죄	1. 범인이 타인으로 하여금 허위의 자백을 하게 하는 등으로 범인도피죄를 범하게 하는 경우와 같이 그것이 방어권의 남용으로 볼 수 있을 때에는 범인도피교사죄에 해당할 수 있다. [2020년 1차 순경시험 형법 문20] [2020년 경찰간부후보생시험 형법 문37] [2008년 사법시험 형법 문16]
	2. 범인도피죄는 범인을 도피하게 함으로써 기수에 이르지만 범인도피행위가 계속되는 동안에는 범죄행위도 계속되고 행위가 끝날 때 비로소 범죄행위가 종료되며, 공범자의 범인도피행위 도중에 그 범행을 인식하면서 그와 공동의 범의를 가지고 기왕의 범인도피상태를 이용하여 스스로 범인도피행위를 계속한 자에 대하여는 범인도피죄의 공동정범이 성립한다. [2020년 1차 순경시험 형법 문20]
	3. 범인 스스로가 도피한 때에는 범인도피죄가 성립하지 않으나, 공동정범 중의 한 사람이 다른 공범을 도피하게 한 때에는 범인도피죄가 성립한다. [2008년 사법시험 형법 문16]
위증죄	4. 자기의 형사사건에 관하여 타인을 교사하여 위증을 하게 하는 것은 피고인의 형사사건의 방어권 행사와 동일한 의미이므로 위증교사의 책임을 지지 않는다. [2013년 변호사시험 형사법 문4]
위증죄	5. 위증죄에서 허위의 진술이란 그 객관적 사실이 허위라는 것이 아니라 스스로 체험한 사실을 기억에 반하여 진술하는 것을 뜻한다. [2013년 변호사시험 문4]
증거인멸죄	6. 자기의 형사사건에 관한 증거를 인멸하기 위하여 타인을 교사하여 증거인멸죄를 범하게 한 지에 대하여는 증거인멸교사죄가 성립한다. [2015년 변호사시험 형사법 문19] [2005년 사법시험 형법 문4]

【정답 및 해설】 1. ○(2000도20) 2. ○(2012도6027. 乙의 사기범행을 甲이 했다고 수사기관에 허위자백한 이후에 甲의 변호인으로 선임된 丙이 甲의 허위자백을 유지하게 하면서 스스로 범인도피행위를 계속한 경우 丙은 甲과 함께 공동정범이 될 수 있다고 본 사건이다.) 3. ○(4290형상393) 4. ×(2003도5114: 방어권의 남용으로서 위증죄의 교사범이 성립한다.) 5. ○(90도448. 기억에 반하는 허위의 진술을 하면 위증죄가 성립한다. 이런 점에서 객관적 진실에 반하는 것을 신고하는 무고죄와 구별된다.) 6. ○(65도826전합; 99도5275: 방어권의 한계를 넘은 것이다.)

교사범에 관한 설명 중 옳지 않은 것은? (다툼이 있는 경우에는 판례에 의함)

[2013년 사법시험 형법 문18.(배점 2)]

① 범인 자신이 타인으로 하여금 허위의 자백을 하게 하여 자신을 도피시킨 경우 범인도피죄의 교사범이 성립한다.

② 무면허운전으로 사고를 낸 자가 동생을 경찰서에 대신 출두시켜 허위의 자백을 하게 하여 범인도피죄를 범하게 한 경우 동생이 친족간의 특례 규정(형법 제151조 제2항)에 의하여 처벌을 받지 않는 친족 또는 동거 가족에 해당한다고 하여도 범인도피죄의 교사범이 성립한다.

③ 무고자를 교사하여 자신을 무고하도록 한 피무고자에 대해서는 무고죄의 교사범이 성립하지 않는다.

④ 자기의 형사사건에 관하여 타인을 교사하여 위증죄를 범하게 한 경우 위증죄의 교사범이 성립한다.

⑤ 피고인이 자기에 대한 형사사건의 증거가 될 석유난로를 은닉하게 할 의사로 다른 사람을 교사하여 숲 속에 버리게 한 경우 증거인멸죄의 교사범이 성립한다.

【해설】 ③×(2008도4852) ①○(2000도20. 同旨: 2008도7647) ②○(2005도3707) ④○(2003도5114) ⑤○(65도826전합; 99도5275) 【정답】 ③

다음 설명 중 옳지 않은 것은? (다툼이 있는 경우 판례에 의함)

[2019년 국가직 9급 형법문14]

① 자기의 형사사건에 관한 증거를 인멸하도록 타인에게 부탁하여 죄를 범하게 한 경우에는 증거인멸교사죄가 성립한다.

② 자기를 위하여 타인으로 하여금 허위의 자백을 하게 하여 범인도피죄를 범하게 한

경우에는 범인도피교사죄가 성립한다.

③ 증인될 자를 자기를 위하여 도피하게 한 것이 다른 공범자의 증인을 도피하게 하는 결과가 된 경우에는 증인도피죄가 성립한다.

④ 자기의 형사사건에 관하여 타인에게 부탁하여 위증하게 한 경우에는 위증교사죄가 성립한다.

【해설】 ③×(94도2608: 공범은 물론 자기에게도 이익이 된다.) ①ㅇ(65도826전합; 99도5275) ②ㅇ(2000도20) ④ㅇ(2003도5114) **【정답】** ③

• 탐구과제 •

- 범인도피죄는 필요적 공범인가?
- 위증죄의 허위의 진술과 무고죄의 허위의 사실의 차이는?

14강 죄수 및 경합론과 형소법의 관계

죄수 및 경합론의 의미와 죄수 및 경합론이 형소법에 미치는 영향을 본다. 죄수 및 경합판단은 형소법의 사건 개념을 판단하는 기준이 되고, 공소제기의 효력 범위와 기판력 내지 일사부재리효력 여부를 판단하는 의미있는 기준이면서 양형에도 영향을 미친다. 이 과정에서 일부기소의 의미도 정확히 이해한다.

• 사례 •

甲과 乙이 ⓐ강도상해를 공모하고 단란주점 앞길에서 그 주점의 종업원 V를 승용차에 태워 감금하여 가다가 乙이 주먹으로 V를 때려 반항을 억압한 다음 그로부터 현금이 들어 있는 가방을 빼앗아 강취하고, V에게 약 2주간의 치료가 필요한 상해를 입혔는데, ⓑ그 후에도 계속 위 단란주점에서 약 15㎞ 떨어진 월드컵주경기장 부근까지 운행하여 가다가 교통사고를 일으켜서 감금행위가 중단된 사건에서, 甲이 ⓑ행위에 대해서는 공동감금에 의한 폭처법위반죄로 판결이 확정된 사실이 있기 때문에 검사는 ⓐ행위에 대해서만 강도상해죄로 기소했다(공동감금사건). 유죄판결을 해야 할까? 아니면 면소판결을 해야 할까?

• 해설 •

1. 죄수 및 경합론

가. 의의

죄수(罪數)론은 어떤 행위가 하나의 죄(일죄)인지, 수개의 죄(수죄)인지 논의하는 영역이다. 수죄를 전제로 그 수죄가 상상적 경합인지, 실체적 경합인지 논의하는 영역인 경합론과 구별해야 한다. 죄수론은 범죄론의 마지막 영역인 반면, 경합론은 형벌론이 시작하는 영역이기 때문이다. '제2장 죄'에 규정된 '제5절 경합범'을 1992년 형법개정안이 '제3장 형'으로 옮겨 규정한 것은 이 점을 분명히 한 것이다.

대법원 2007. 11. 15. 선고 2007도7140 판결
【판시사항】
허위사실 유포에 의한 업무방해죄와 명예훼손죄의 죄수관계(=상상적 경합관계)

그러나 위 판례의 표현처럼 다수견해는 죄수론과 경합론을 구별하지 않는다. 이는 독일 형법의 영향을 받은 것으로 본다. 그렇지만 한국 형법 제40조는 "한 개의 행위가 '여러 개의 죄'에 해당하는 경우에는 가장 무거운 죄에 대하여 정한 형으로 처벌한다."라고 하여 명시적으로 죄수 판단을 요구하고 있다. 독일 형법 제52조 제1항은 "하나의 동일한 행위가 '여러 개의 형벌법규 또는 동일한 형벌법규를 여러 번 위반'한 경우에는 단지 하나의 형벌로 처벌된다."라고 하여 '형벌법규 위반의 다수성' 판단만을 요구할뿐 죄수 판단을 요구하고 있지 않다. 독일 형법은 "형벌법규의 다수성 → 행위의 단일성"의 순서로 판단하는 반면, 한국 형법은 "형벌법규의 다수성 → 수죄 → 행위의 단일성"의 순서로 판단한다고 할 수 있다.

나. 죄수판단절차의 체계화

경합관계의 판단기준과 처벌방식은 '제5절 경합범'이라는 제목 아래 제37조부터 제40조까지 4개 조문에 규정돼있다. 그러나 죄수관계의 판단기준에 대해서는 형법이 아무런 규정을 두고 있지 않아서, 이에 관해 다양한 견해의 대립이 있다. 종래의 행위표준설, 법익표준설, 의사표준설, 구성요건표준설, 범죄성립요건표준설, 종합설, 사회적·형법적 행위표준설 등이 이에 해당한다. 그런데 죄수관계를 판단하는 명확하고 일반적인 기준을 마련하는 것은 곤란하다고 본다. 죄수판단에 영향을 미칠 수 있는 범죄요소들, 곧 행위, 법익, 의사, 구성요건 가운데 어떤 요소를 고려해야 할지는 획일적으로 말할 수 없고, 이는 개별 사안에 따라 달라질 수밖에 없기 때문이다.

그렇지만 죄수판단절차는 아래와 같이 체계화할 수 있다고 본다. 먼저 ㉮구성요건해당행위의 다수성 여부를 판단한다. 수죄는 어떤 행위가 여러 개의 구성요건에 해당하는 것을 전제로 하기 때문이다. 구성요건해당행위의 다수성 여부는 행위를 형법의 다양한 구성요건적 관점에서 바라보면서 해석을 통해 객관적으로 판단해야하는데, 의심스러운 경우에는 구성요건해당행위가 다수인 것으로 봐야한다. 구성요건해당행위의 다수성은 가능한 한 최대한 인정해야한다는 것이다. 예컨대 교도소에 수용된 죄수(罪囚)가 죄수복을 입고 나와서 남의 집 마당에 걸려 있는 옷으로 갈아입고 그 죄수복은 버리고 달아 난 경우, 죄수복에 대한 절취행위, 남의 옷에 대한 절취행위, 도주행위 3가지가 있는 것으로 판단해야 한다. ㉯구성요건해당행위가 다수이면, 다음은 그 행위가 일죄가 아닌지 판단해야 한다. 구성요건해당행위가 다수일지라도 일죄인 경우도 있기 때문이다. 학설과 판례가 인정하는 '포괄일죄(84도1139)'와 '법조경합(2001도1429)'이 이에 해당한다. 포괄일죄가 불법통합의 원리에 따른 일죄라면, 법조경합은 불법비양립의 원리에 따른 일죄이다.

2. 법조경합 또는 법조단일

가. 개념

법조경합 또는 법조단일은 다수의 구성요건해당행위가 있는 것처럼 보이지만 실제로는 어느 한 구성요건이 다른 구성요건을 배제하여 하나의 죄만 성립하는 경우를 말한다. 이와 관련하여 판례는 다음과 같이 말한다(2001도1429; 2002도669전합). '1개의 행위가 외관상 수개의 죄의 구성요건에 해당하는 것처럼 보이나 실질적으로 1죄만을 구성하는 경우를 말하며, 실질적으로 1죄인가 또는 수죄인가는 구성요건적 평가와 보호법익의 측면에서 고찰하여 판단해야 한다.' V女에게 불만이 있던 甲이 "자동차에 타라, 타지 않으면 가만있지 않겠다"고 협박하면서 V를 그곳에 대기시켜 놓았던 자동차 뒷좌석에 강제로 밀어 넣어 앉히고 V가 내려 달라고 애원했으나 내려주지 않고 자동차를 운전하여 약20분간 V를 감금한 경우가 법조경합에 해당한다. 甲에게 감금죄만 성립하고, 협박죄는 불성립한다(82도705).

나. 유형

다수견해는 법조경합을 특별관계, 보충관계, 흡수관계(불가벌적 사전행위, 불가벌적 수반행위, 불가벌적 사후행위) 3가지로 유형화한다. 판례는 특별관계를 '어느 구성요건이 다른 구성요건의 모든 요소를 포함하는 이외에 다른 요소를 구비하여야 성립하는 경우로서 특별관계의 경우 특별법의 구성요건을 충족하는 행위는 일반법의 구성요건을 충족하지만 반대로 일반법의 구성요건을 충족하는 행위는 특별법의 구성요건을 충족하지 못한다'고 본다(2006도1713).

법조경합의 본질을 실질적으로 파악하면, 그 본질은 구성요건적 불법이 양립할 수 없다는데 있다고 본다. 이에 따르면 법조경합은 ㉮배제하는 구성요건적 불법이 배제되는 구성요건적 불법을 완전히 포섭하는 경우(불법흡수적 법조경합)와 ㉯입법목적에 따라 구성요건적 불법이 양립할 수 없는 경우(입법목적적 법조경합[82]) 2가지로 구별할 수 있다.

---

82) 예컨대 자동차의 불법사용과정에서 문제되는 연료에 대한 절도죄를 인정하면 자동차불법사용죄를

다. 판단기준: 구성요건적 불법의 비양립

법조경합인지 여부는 구성요건적 불법의 핵심인 보호법익이 양립할 수 있는지 여부에 따라 달라진다고 본다. 따라서 각 죄의 보호법익이 다른 경우는 법조경합을 부정해야 하고, 보호법익이 같은 경우는 법조경합을 인정해야 한다. 다만 보호법익이 같을지라도 보호법익이 인격적 법익과 같은 전속적 법익인 경우는 법조경합을 부정해야 한다고 본다. 이런 점에서 앞서 본 부진정결과적 가중범의 경우 판례가 법조경합 여부를 단순하게 법정형만을 비교해서 판단하는 것은 옳지 않다.

3. 포괄일죄

가. 개념

포괄일죄란 'ⓐ단일하고도 계속된 범의 하에 ⓑ동종의 범행을 일정 기간 반복하여 행하고 ⓒ그 피해법익도 동일한 경우'를 말한다(97도2609). 다수견해는 포괄일죄를 결합범(예컨대 결과적 가중범), 계속범(감금죄), 접속범(예컨대 동일한 쌀가게에서 하루 밤 사이에 20가마를 훔친 경우), 연속범(예컨대 동일한 쌀가게에서 한 달에 걸쳐 하루에 한 가마씩 훔친 경우), 집합범 5가지로 유형화하고, 집합범은 다시 상습범, 영업범, 직업범 3가지로 분류한다. 그런데 판례는 접속범과 연속범이 구별된다는 것을 인식하고 있지만(84도1139),[83] 대부분의 판례는 이를 나타내지 않고 모두 '포괄일죄'로 처리한다.

甲이 2001. 11. 23.부터 2002. 3. 22. 사이에 직계존속인 V에 대한 동일한 폭력습벽의 발현에 의해 V를 2회 폭행하고, 4회 상해를 입힌 경우, 甲에게 상습존속상해죄가 성립한다고 판례는 본다(2002도7335). 그 이유는 존속에 대한 동일한 폭력습벽의 발현에 의한 것이므로 그 중 법정형이 더 중한 상습존속상해죄에 나머지 행위들을 포괄시켜

별도로 규정한 취지가 상실되므로 자동차불법사용죄만 인정해야하는 경우이다.

83) "소위 포괄적 1죄라는 것은 각기 존재하는 복수의 행위가 그 구성요건을 한번만 충족하는 것이라고 포괄적으로 평가되는 것을 말하며 협의의 포괄1죄, 결합범, 집합범, 접속범, 계속범 등이 이에 해당하여 본래적으로 1죄라고 하는 것인 바 현행 형법에서 연속범의 규정이 삭제됨으로써 연속범을 경합죄로 처단하게 되는 해석이 가능하게 되어…"; 대법원 1985. 9. 24, 선고 85도1686 판결(법원공보/판례, 제764호, 1464면): "소위 포괄 1죄는 수개의 행위가 포괄적으로 한 개의 구성요건에 해당하여 단순히 하나의 죄를 구성하는 것으로 수개의 행위가 결합하여 하나의 범죄를 구성하던가 수개의 동종의 행위가 동일한 의사에 의하여 반복되던가 또는 하나의 동일한 법익에 대하여 수개의 행위가 불가분적으로 접속 연속하여 행하여지는 것이므로 그 어떠한 경우를 막론하고 구성요건에 해당하는 수개의 행위가 근원적으로 동종의 행위로서 그 구성요건을 같이함을 전제로 하는 것이다".

그 죄만 성립한다는 것이다. 절도범이 체포를 면탈할 목적으로 체포하려는 경찰관 V1의 얼굴을 팔꿈치로 1회 쳐 폭행하고, 발로 경찰관 V2의 정강이를 1회 걷어 차 약 2주간 치료가 필요한 상해를 입힌 경우(A)에도, 포괄하여 하나의 강도상해죄만 성립한다고 판례는 본다(2001도3447. 동지: 66도1392).[84] 반면에 경찰관 V1, V2가 甲에 대해 접수된 피해 신고를 받고 함께 출동하여 신고 처리 및 수사 업무를 집행 중이었는데, 甲이 같은 장소에서 위 경찰관들에게 욕설을 하면서 먼저 V1을 폭행하고 곧이어 이를 제지하는 V2를 폭행한 경우(B)에는, 甲의 V1, V2에 대한 공무집행방해죄는 상상적 경합이라고 판례는 본다(2009도3505). 그 이유는 동일한 공무를 집행하는 여러 명의 공무원을 폭행하면 공무원의 숫자만큼 공무집행방해죄가 성립하고, 그 폭행이 동일한 장소에서 동일한 기회에 이루어진 것이므로 사회관념상 1개의 행위로 평가하는 것이 옳다는 것이다. 그러나 A의 경우에는 보호법익이 다르고 V1에 대한 상해의 고의를 인정하기 어렵다고 봐야하므로 준강도죄와 강도치상죄의 상상적 경합이 옳고, B의 경우에는 보호법익이 국가적 법익이므로 개별 경찰관마다 공무집행방해죄를 인정할 것이 아니라 하나의 공무집행방해죄를 인정하는 것이 옳다고 본다.

절도범이 주인집의 방안에서 재물을 절취하고 그 무렵 세 들어 사는 사람의 방안에서 재물을 절취한 경우, 다수의 절도죄의 실체적 경합이라고 판례는 본다(89도664). 그러나 재산은 비전속적 법익이고 행위의 시간적 · 장소적 밀접성이 인정되므로 접속범으로서 일죄로 볼 수도 있다.

나. 포괄일죄와 법률의 변경

제1조 (범죄의 성립과 처벌) ①범죄의 성립과 처벌은 행위시의 법률에 의한다. ②범죄후 법률의 변경에 의하여 그 행위가 범죄를 구성하지 아니하거나 형이 구법보다 경한 때에는 신법에 의한다. ③재판확정후 법률의 변경에 의하여 그 행위가 범죄를 구성하지 아니하는 때에는 형의 집행을 면제한다.

행위시법주의에서 말하는 '행위시'란 범죄행위의 종료시를 의미한다. 따라서 포괄일죄의 도중에 법령의 변경이 있는 경우에는, 형법(1953. 9. 18. 법률 제293호, 약칭하여 1953년 형법) 부칙 제4조와 같은 규정[85]을 두고 있지 않는 한, 형법 제1조 제1항의 행

84) 원심은 V1에 대한 준강도죄와 V2에 대한 강도상해죄의 실체적 경합으로 봤다.

85) 제4조 (1개의 죄에 대한 신구법의 적용례) ①1개의 죄가 본법 시행 전후에 걸쳐서 행하여진 때에는

위시법주의원칙에 따라 그 범죄행위가 종료하는 시점의 법령인 변경된 법령을 적용해야 한다(92도407; 2008도8607; 2009도5075).

그러나 아래 두 판례는 포괄일죄의 중간에 법률의 개정이 있는 경우 그 포괄일죄가 개정 전과 후로 분리된다고 보고 있다. ①건축법의 건축물의 무단용도변경죄와 관련하여 일반적으로 이런 계속범의 경우에는 그 도중에 법령의 변경이 있더라도, 실행행위가 종료되는 시점의 법률이 적용되어야 하지만, 이 법의 부칙에 '개정된 법 시행 전의 행위에 대한 벌칙의 적용에 있어서는 종전의 규정에 의한다'는 규정을 두고 있다면, 개정건축법이 시행되기 전의 행위에 대해서는 개정 전의 건축법을, 그 이후의 행위에 대해서는 개정건축법을 각각 적용해야 한다(2001도3990). ②'형법의 수뢰죄의 수뢰액의 2배 이상 5배 이하의 벌금을 병과한다'라는 특가법의 규정을 신설하여 수뢰죄에 대해 종전에 없던 벌금형을 필요적으로 병과하도록 했는데, 수뢰죄가 포괄일죄로서 위 신설 규정의 시행 전후에 걸쳐 행해진 경우, 헌법 제13조 제1항의 소급효금지원칙과 형법 제1조 제1항의 행위시법주의에 비추어 보면, 벌금형 산정기준이 되는 수뢰액은 위 규정이 신설된 2008. 12. 26. 이후에 수수한 금액으로 한정된다(2011도4260). 수뢰죄가 신설 전후로 범해져서 포괄일죄일지라도 신설규정 이후 수뢰액의 2배 이상 5배 이하 범위에서만 병과할 수 있다고 본 것이다. 예컨대 신설규정 이전 수뢰액이 500만원이고, 이후 수뢰액이 500만원이면 1000만원 이상 2500만원 이하 사이에서 벌금을 병과할 수 있다는 것이다. 그러나 두 판례의 사건에 대해서도 부칙규정이 적용되지 않는다고 봐야 한다. 포괄일죄의 행위가 종료된 시점은 '개정 법령 시행 후'이므로 행위시법주의가 적용되어야하기 때문이다.

나. 포괄일죄와 공범

공모자 甲이 포괄일죄인 사기죄의 일부를 실행한 후 공범관계에서 이탈하였으나 다른 공범에 의해 나머지 범행이 이루어진 경우, 甲은 포괄일죄 전부에 대한 공동정범의 책임을 진다고 판례는 본다(2001도513). 공모자가 이탈한 시점이 실행에 착수한 이후라면 다른 공범의 그 이후 범행을 적극적으로 저지하지 않는 한 다른 공범이 실행한 범죄에 대해서도 공동정범의 책임을 인정해야 한다는 것이다.

포괄일죄의 범행 도중에 공동정범으로 가담한 자는 범행에 가담할 때 그 이전의 범행

본법 시행전에 범한 것으로 간주한다. ②연속범 또는 견련범이 본법 시행 전후에 걸쳤을 때에는 본법 시행 전에 범한 것만을 1죄로 한다.

을 알았다 하더라도 그 가담 이후의 범행에 대해서만 공동정범으로 책임을 진다(97도163). 乙이 1981. 1월 초순경부터 히로뽕제조행위를 계속하던 중인 1981. 2. 9. 甲이 비로소 乙의 행위를 알고 그에 가담한 경우, 甲은 가담 이전의 행위에 대해서는 형사책임을 지지 않는다(82도884. 同旨: 2007도6336). 이런 사례에서 가담 이전의 행위에 대해서도 甲에게 책임을 물을 수 있게 해주는 개념이 승계적 공동정범이다. 따라서 판례는 승계적 공동정범을 부정한다고 볼 수 있다. 승계적 공동정범 개념을 긍정하는 입장에서는 위 사례의 경우 甲에게 포괄일죄 전체에 대한 책임을 인정한다.

4. 상상적 경합과 연결효과이론

가. 상상적 경합의 개념

> 제40조 (상상적 경합) 한 개의 행위가 여러 개의 죄에 해당하는 경우에는 가장 무거운 죄에 대하여 정한 형으로 처벌한다.

상상적 경합이란 수죄가 성립했는데 그 수죄가 '하나의 행위'로 발생한 경우를 말한다. 실체적 경합과 상상적 경합을 구별하는 기준은 제40조가 규정하고 있듯이 '한 개의 행위' 여부이다. 예컨대 야구방망이를 한번 휘둘러 사람을 다치게 하고 유리창도 깨뜨린 사람을 오늘 야구방망이를 휘둘러 사람을 다치게 하고 열흘 뒤에 유리창을 깨뜨린 사람보다 가볍게 처벌하는 것이 옳은지에 대해서는 다툼이 있을 수 있고, 전자의 경우 상해죄와 손괴죄가 성립한다는 구성요건적 평가가 잘못된 것은 아니다. 그러나 평가의 대상은 동일하므로 중복된 평가이다. 따라서 중복평가된 부분을 제거하는 것이 옳다. 그래서 인정된 개념이 상상적 경합이다. 상상적 경합은 범죄론의 영역에서 중복평가된 구성요건적 불법을 양형의 단계에서 사후적으로 제거하는 것이라고 할 수 있다. 상상적 경합을 인정하는 것은 양형론의 이중평가금지원칙의 소극적 적용이라고 할 수 있다.

상상적 경합인 경우 그 수죄 중 "가장 무거운 죄에 대하여 정한 형"으로 처벌한다. 여기서 "형"은 문언상 수죄 중 가장 무거운 죄의 법정형을 말한다. 예컨대 강도강간죄(무기 또는 10년 이상 징역)와 강도상해죄(무기 또는 7년 이상 징역)의 상상적 경합인 경우, 그 법정형은 강도강간죄의 형인 "무기 또는 10년 이상 징역"이 된다. 이 가운데 법관이 10년 이상 징역을 선택한 경우 그 형을 가중 또는 감경하지 않는다면 이 선택형

(형법 제54조)의 범위 안에서, 곧 10년 이상 30년 이하(유기형의 상한: 형법 제42조) 사이에서 형을 정하여 선고한다. 이를 선고형이라고 한다. 법정형이나 선택형에 대해 가중 또는 감경한 형을 처단형이라고 한다.

그러나 판례는 "가장 무거운 죄에 대하여 정한 형"의 의미를 '가장 무겁게 처벌할 수 있는 형' 으로 본다. 이에 따라 상상적 경합인 수죄(A, B)의 법정형은 수죄 중 상한이 중한 죄(A)의 법정형으로 하되, 다른 죄(B)의 하한이 중하면 A죄의 하한이 B죄의 하한으로 대체된다고 본다. 이는 문언의 의미에 반하는 피고인에게 불리한 해석으로 죄형법정주의에 어긋난다. 예컨대 강도강간죄(무기 또는 10년 이상 징역)의 미수와 강도상해죄(무기 또는 7년 이상 징역)의 상상적 경합인 경우[86] 그 하한은 강도상해죄의 하한인 7년 이상 징역이라고 본다. 이는 어느 것이 중한 죄인지 여부는 미수감경하기 전 법정형을 비교하여 결정하므로 이 사건에서는 강도강간죄가 중한 형인데, 이를 미수감경하면 처단형이 징역 5년 이상이 될 수 있고, 이는 강도상해죄의 하한인 7년 이상 징역에 견줘 불합리하다고 본 것이다.

나. 연결효과이론

예비군중대장 甲은 예비군훈련을 받지 않게 해주는 대가로 乙로부터 180,000원을 교부받고 예비군훈련에 불참하였음에도 불구하고 참석한 것처럼 예비군 중대학급편성부에 "참"이라는 도장을 찍어 허위공문서를 작성하고 이를 예비군중대 사무실에 비치한 경우, 甲에게 ⓐ수뢰후부정처사죄, ⓑ허위공문서작성죄, ⓒ동행사죄가 성립하는데, 허위공문서작성죄와 동행사죄가 수뢰후부정처사죄와 각각 상상적 경합관계이고, 허위공문서작성죄와 허위작성공문서행사죄는 실체적 경합관계일지라도, 상상적 경합관계에 있는 수뢰후부정처사죄와 비교하여 가장 중한 죄인 수뢰후부정처사죄의 정한 형으로 처단하면 족하고 경합 가중을 할 필요는 없다고 판례는 본다(83도1378. 同旨: 2000도1216).

연결효과이론이란 위 사건처럼 실체적 경합인 ⓑ와 ⓒ가 ⓐ와 각각 상상적 경합인 경우 ⓐ, ⓑ, ⓒ 모두를 상상적 경합으로 간주하는 이론이다.[87] 위 판례는 연결효과이론을

86) 甲이 23:30경 논둑길에서 그 곳을 지나가던 V(20세, 女)에게 소리치면 죽이겠다고 하면서 오른손으로 V의 머리채를 잡고, 왼손으로 V의 입을 틀어막아 땅에 넘어뜨리고, 주먹으로 V의 머리를 수회 구타하여 V의 반항을 억압한 다음 V가 차고 있던 손목시계 1개 시가 25,000원 상당을 강제로 풀어 낚아채어 이를 강취한 후, V를 강간할 것을 결의하고 V의 배위로 올라가 한 손으로 V의 입을 막고 한 손으로 V의 머리를 수회 구타하여 V의 반항을 억압한 다음 강간을 시도했으나 V가 몸부림치는 바람에 목적을 이루지 못하고 미수에 그치고, V에게 상해를 입힌 사건.

87) 윤동호, "연결효과에 의한 상상적 경합의 재고찰", 비교형사법연구 제9권 제1호, 2007, 참조.

인정한 것과 그 효과가 같지만, 연결효과이론을 인정한 것으로 단정하기는 어렵다고 본다. ⓑ와 ⓒ가 실체적 경합임을 부정하고 있지 않고, ⓐ가 아니라 ⓑ 또는 ⓒ가 가장 무거운 죄인 경우에도 위와 같이 판단할지 불확실하기 때문이다.

5. 부작위범(직무유기죄)과 작위범 사이의 죄수 및 경합

가. 학설

작위범과 부작위범 사이의 상상적 경합관계를 부정하는 견해가 있다. 예컨대 수영안전요원이 물에 빠진 사람을 구조하지 않고 그 사람의 재물을 절취하는 경우처럼, 부작위와 작위는 단지 시간적으로만 중복될 수 있을 뿐 그 행위가 공통할 수 없으므로 실행행위의 동일성을 인정할 수 없다는 것이다.

그러나 부작위와 작위 사이에 실행행위의 동일성을 인정할 수 없다고 하더라도, 두 행위 사이에 긴밀한 기능적 연관성이 인정되는 경우, 곧 작위가 부작위의 위법상태유지에 기여하거나 직접적인 수단이 되는 경우에는 상상적 경합이 인정될 수 있다고 본다. 예컨대 퇴거에 불응하기 위해 퇴거를 요구하는 주인을 폭행하는 경우이다.

나. 판례

작위범과 부작위범이 경합하는 경우 아래에서 보듯이 판례는 법조경합을 인정하여 작위범만 성립한다고 본다. 앞의 예비군훈련불참사건에서 부작위범인 직무유기죄는 불성립한다(82도2210). 다만 아래에서 보았듯이 부작위범인 직무유기죄로만 기소할 수도 있다고 판례는 본다(99도1904; 2005도4202).

경찰이 도박범행사실을 적발하고 인적사항을 확인하고도 이를 상사인 파출소장에게 즉시 보고하여 그 도박자금 등을 압수하고 도박죄로 형사입건하는 등 범죄수사에 필요한 조치를 다하지 않고 그들로부터 이를 묵인하여 달라는 부탁을 받고 그 도박사실을 발견하지 못한 것처럼 근무일지를 허위로 작성하고 파출소장에게 이를 보고한 경우, 부작위범인 직무유기죄는 불성립하고, 작위범인 허위공문서작성 · 동행사죄만 성립한다(99도2240. 同旨: 72도722; 2002도5004; 2008도11226).

출원에 대한 심사업무를 담당하는 공무원 甲이 출원인의 출원사유가 허위라는 사실을 알면서도 위계로써 결재권자의 인 · 허가처분에 대한 결재를 받아낸 경우 위계에 의한 공무집행방해죄만 성립하고 직무유기죄는 성립하지 않는다(96도2825). 직무위배의 위법상태가 위계에 의한 공무집행방해행위 속에 포함되어 있는 것이라고 봐야한다. 검사로부터 범인의 검거지시를 받은 경찰관이 범인을 도피하게 한 경우, 범인도피죄만 성립한다(96도51). 경찰서 방범과장이 부하직원으로부터 옛 음반 · 비디오물 및 게임물에 관한 법률 위반 혐의로 오락실을 단속하여 증거물로 오락기의 변조기판을 압수하여 사무실에 보관 중임을 보고받아 알고 있음에도 불구하고 그 직무상의 의무에 따라 압수물을 수사계에 넘기고 검찰에 송치하여 범죄혐의의 입증에 사용하도록 하는 등의 적절한 조치를 하지 않고, 오히려 부하직원에게 압수한 변조기판을 돌려주라고 지시하여 오락실 업주에게 돌려준 경우, 작위범인 증거인멸죄만 성립한다(2005도3909전합). 이는 경찰 甲이 피의자 A와 그의 처에게 허위진술을 하도록 교사한 경우, 증거인멸죄의 교사범과 직무유기죄가 모두 성립한다고 본 종전 66도840판결을 변경한 것이다.

그러나 공무원이 1991. 10. 16. A의 농지불법전용사실을 알았음에도 불구하고 애써 외면하고 아무런 조치를 취하지 않음은 물론 1991. 10. 21. A가 농지의 일시전용허가서를 제출하자 허가함이 타당하다는 취지로 허위의 현장출장복명서와 심사의견서를 작성하여 행사한 경우에는 허위공문서작성 및 동행사죄 외에 직무유기죄가 성립하고, 이들 죄는 모두 실체적 경합이라고 판례는 본다(92도3334). 그 이유는 공무원이 어떠한 위법사실을 발견하고도 직무상 의무에 따른 적절한 조치를 취하지 않고 위법사실을 적극적으로 은폐할 목적으로 허위공문서를 작성 · 행사한 경우에는 직무위배의 위법상태는 허위공문서작성 당시부터 그 속에 포함되는 것으로 작위범인 허위공문서작성 및 동행사죄만 성립하고 부작위범인 직무유기죄는 따로 성립하지 않지만, 이 사건에서는 현장출장복명서 및 심사의견서를 허위작성한 것은 농지일시전용허가를 신청하자 이를 허가하여 주기 위해 한 것으로서 농지불법전용 사실을 직접적으로 은폐하기 위한 것이 아니라는 것이다.

6. 죄수 및 경합론과 형소법의 관계

가. 죄수 및 경합론과 형소법의 사건 개념의 관계

불고불리(不告不理)원칙에 따라 법원은 검사가 공소제기하지 않은 범죄사실에 대해서는 심판할 수 없고, 공소불가분원칙(형소법 제248조 제2항)에 따라 범죄사실의 일부에 대한 공소는 그 효력이 전부에 미치며, 공소장변경은 공소사실의 동일성을 해하지 않는 한도에서만 가능하다(형소법 제298조 제1항). 공소장변경(형소법 제298조)의 한계가 되는 '공소사실과 동일성이 인정되는 범죄사실'은 곧 하나의 범죄사실을 의미한다. 또 실체재판이 확정되면 동일한 사건에 대해 재소가 금지되는 효과가 발생하고, 이런 재소(再訴)금지의 효력을 일사부재리(一事不再理, ne bis in idem)효력(헌법 제13조 제1항 후단: 모든 국민은 동일한 범죄에 대하여 거듭 처벌받지 아니한다)이라고 하는데, 일사부재리효력은 공소사실과 동일성이 인정되는 전체의 범죄사실에 미친다. 이에 따르면 1개의 범죄사실 모두가 당연히 법원의 심판대상이 되어야 하고, 일사부재리효력도 심판대상이 된 1개의 범죄사실에 대해서만 미쳐야한다.

범죄사실을 흔히 사건이라고 부르는데, 그럼 무엇을 하나의 사건으로 봐야 할까. 판례는 원칙적으로 ①죄수론상 일죄, ②경합론상 상상적 경합인 수죄를 하나의 사건으로 본다. 이에 따라 상상적 경합관계인 감금죄와 강간미수죄 중 강간미수죄에 대한 공소제기의 효력은 감금죄에도 미치고, 상상적 경합인 수죄 중 일부의 죄에 대해 형을 선고한 판결이 확정되면 기판력은 다른 죄에도 미친다(2010도13801; 2005도10233). 그러나 아래에서 보듯이 판례는 피고인의 처벌을 위해서 하나의 사건을 분리하여 일사부재리효력을 차단하기도 한다.

나. 법조경합과 일부기소

범죄사실의 일부만을 공소하는 경우를 가리켜 일부기소라고 한다. 예컨대 강간죄의 일부인 폭행 · 협박만을 기소하는 경우를 말한다. 일부기소의 허용 여부에 관해 다툼이 있다. 그런데 정확히 말하면 일부기소의 허용 여부에 관한 다툼이 아니라 일부기소가 되었는데 그 공소사실이 하나의 범죄사실의 일부임이 밝혀진 경우 어떤 판결을 내려야 할지의 문제이다. 왜냐하면 검사의 일부기소 자체를 막을 길은 없기 때문이다. 일부기소에 대해 어떤 판결을 내려야 할지는 판결의 확정 전후에 따라 달리 봐야 한다.

(1) 판결이 확정되기 전에 일부기소임이 밝혀진 경우

판결이 확정되기 전에 일부기소임이 밝혀진 경우, 검사의 공소권 남용으로서 공소 자체를 불법한 것으로 보면 공소기각판결을 해야 한다(약칭하여 공소기각판결설). 그러나 공소불가분원칙에 따라 전체 범죄사실이 심판대상이 된다고 보는 견해나 일부기소 부분만 심판대상이 된다고 보는 견해에 다르면 유죄판결이나 무죄판결을 해야 한다(약칭하여 유 · 무죄판결설). 이와 관련하여 과거 강간죄가 친고죄였을 때 강간의 수단으로 또는 그에 수반하여 저질러진 폭행 · 협박은 강간죄의 구성요소로서 그에 흡수되는 법조경합에 해당하므로 이를 따로 떼어내어 폭행죄 · 협박죄로 공소제기할 수 없다고 해야 하고, 이런 공소제기를 허용하면 강간죄를 친고죄로 규정한 취지에 반하며, 따라서 그런 공소제기가 있다면, 이는 그 절차가 법률에 위반되어 무효인 경우로서 공소기각판결(형소법 제327조 제2호)을 해야 한다고 판례는 봤다(2002도51전합의 다수의견).[88]

그런데 피고인이 범인을 체포하라는 국방부 합동조사단장의 지시에 따르지 않고 범인과 전화통화를 하고, 서류를 전달해주었으며, 예금통장까지 개설해 주고 이를 보고조차 하지 않은 경우 부작위범인 직무유기죄와 작위범인 범인도피죄의 구성요건을 동시에 충족하는데, 이런 경우 직무유기죄로만 공소제기할 수도 있다고 본 판례(99도1904)가 있다. 검사로부터 범인을 검거하라는 지시를 받은 경찰관이 전화로 도피를 권유하여 범인을 도피시킨 경우 직무위배의 위법상태가 범인도피행위 속에 포함되어 있는 것으로 봐야 할 것이므로 작위범인 범인도피죄만 성립하고 부작위범인 직무유기죄는 따로 성립하지 않는다고 본 판례(96도51)를 비롯하여 다수의 판례(82도2210; 99도2240; 2005도3909전합)와 비교하면, 위 판례는 작위범인 범인도피죄와 부작위범인 직무유기죄는 법조경합에 해당한다고 본 것이다. 따라서 일죄의 일부기소에 대해 위 판례의 다수의견이 공소기각판결설에 따른 것이라면, 이 판례는 유 · 무죄판결설에 따른 것이다. 그래서 유 · 무죄판결설의 판례를 두고 일죄의 일부기소를 인정한 것이라고 보는 견해도 있다. 위 99도1904와 2002도51이 모순된다고 볼 수도 있지만, 2002도51은 친고죄의 특성을 고려하여 그 취지를 살린 것으로 볼 수 있다. 따라서 강간죄가 친고죄가 아닌 현행법에서는 강간죄의 폭행 · 협박 부분만 기소가 된 경우 유 · 무죄판결설에 따라 판단할 것으로 예상한다.

위 99도1904는 법조경합의 불가벌인 행위에 대해서도 기소할 수 있다고 본 판례이다. 그러나 강간죄가 친고죄였을 아예 명시적으로 하나의 사건의 일부기소에 대해 유죄판결을 내린 다음과 같은 판례도 있다. 피해자가 자동차에서 내릴 수 없는 상태에 있음을 이용하여 강간하려고 결의하고, 주행 중인 자동차에서 탈출불가능하게 하여 무섭게 하고 50킬로미터를 운행하여 여관 앞까지 강제로 데리고 가서 강간하려다 미수에 그

---

88) 이는 이런 경우 무죄판결을 내려야한다고 본 종전판례(75도3365)의 입장을 변경한 것이다. 이런 다수의견과 취지를 같이하면서 다만 강간죄와 같은 결합범일지라도 친고죄의 취지를 해하지 않는 아래 경우라면 예외적으로 강간의 수단인 폭행 · 협박 부분을 분리하여 처벌하는 것이 반드시 불가능하다고만 볼 것은 아니라는 별개의견이 있다. ⓐ피해자가 강간죄 자체가 아니라 특별히 그 수단인 폭행 · 협박의 점에 대하여만 한정하여 처벌을 원하는 취지의 고소를 한 경우, ⓑ강간죄의 고소기간이 도과된 후에 그 폭행 · 협박의 점에 대한 처벌을 원하는 고소를 한 경우처럼 행위자를 강간죄로 소추할 수 없는 상태에서 피해자가 적극적으로 강간죄의 수단인 폭행 · 협박의 점에 대한 처벌을 원하고 있는 경우.

친 경우, 판례는 감금죄와 강간미수죄(당시는 친고죄)가 성립하고 두 죄는 상상적 경합에 해당한다고 보면서, 이때 강간미수죄에 대한 공소제기의 효력은 감금죄에도 미치지만, 그 후 강간미수죄에 대한 고소가 취소되더라도 감금죄로 처벌할 수 있다고 본다(83도323. 同旨: 84도1550). 이 판례는 위 2002도51과 달리 친고죄로 인한 처벌의 공백을 메우기 위해 친고죄의 특성을 무시한 것으로서 2002도51과 모순된다고 본다.

(2) 판결이 확정된 후에 일부기소임이 밝혀진 경우

판결이 확정된 후에 일부기소임이 밝혀진 경우에는, 기판력 내지 일사부재리효력이 문제된다. 예컨대 폭행 · 협박에 대해 기소가 되어 유죄판결이 내려진 후에 그 폭행 · 협박이 강도죄의 일부로 밝혀져서 강도죄로 기소된 경우에는 폭행 · 협박의 유죄판결에 대해 일사부재리효력을 인정한다면 면소판결을 해야 하고, 그렇지 않다면 유 · 무죄판결을 해야 하는데, 둘은 하나의 사건이므로 전자가 옳다고 본다.

다. 포괄일죄와 공소제기 및 공소장 변경

포괄일죄의 범죄사실을 공소장에 기재할 때 그 죄를 구성하는 개개의 행위를 구체적으로 특정하지 않더라도 그 전체 범행의 시기와 종기, 범행방법과 장소, 상대방, 범행횟수나 피해액의 합계 등을 명시하면 된다(2008도9414). 같은 맥락에서 포괄일죄의 공소장변경 허가 여부를 결정할 때도 그 죄를 구성하는 개개 공소사실별로 종전 것과의 동일성 여부를 따지기보다는 변경된 공소사실이 전체적으로 포괄일죄의 범주 내에 있는지 여부, 즉 단일하고 계속된 범의 아래 동종의 범행을 반복하여 행하고 그 피해법익도 동일한 경우에 해당한다고 볼 수 있는지 여부에 초점을 맞추어야 한다(2006도514).

그런데 예컨대 '피고인이 1992. 9. 1.경부터 1994. 7. 11. 사이에 판매하다 남은 재고 정육상품에 부착되어 있는 바코드와 비닐랩 포장을 벗겨낸 다음 다시 새로운 비닐랩으로 재포장한 후 새로운 바코드와 백화점 상표를 부착하고 진열하여 마치 위 상품이 판매 당일 구입되어 가공된 신선한 것처럼 하는 방법으로 성명불상의 고객들에게 가공일을 고쳐서 소양, 소천엽, 닭다리, 닭가슴살, 닭어깨살, 닭날개 등 소부산물 및 계육 등 1일 평균 10개, 대금 합계 25,000원 상당을 판매하여 그 대금 상당액을 편취하였다'라는 기재는 공소사실의 특정 원칙에 어긋난다(95도2121). 그 이유는 이 경우는 사기죄의 포괄일죄가 아니라 피해자별로 사기죄가 성립하므로 사기죄의 피해자와 피해자별 피해액을 특정해야 하기 때문이다.

포괄일죄의 일부기소 후에 추가기소가 이루어진 경우, 피고인의 방어권 행사를 위해서는 일부기소와 추가기소가 '하나의 사건'임을 명확히 하는 검사의 석명(釋明) 후에 법원이 공소장변경을 인정하는 방식으로 처리하는 것이 옳다(99도3929).

라. 포괄일죄의 분리와 일사부재리효력 차단

(1) 확정판결에 의한 분리

계속범(2008도2099; 2005도7283), 영업범(2016도21342) 등 포괄일죄의 경우에 다수의 구성요건해당행위 사이에 확정판결이 있으면 기판력은 그 확정판결 이전의 행위에 대해서만 미친다고 판례는 본다. 확정판결 여부를 기준으로 일죄를 분리하여 일사부재리효력을 차단한 것이다. 상습절도죄의 확정판결의 효력이 이와 포괄일죄에 해당하는 그 판결시점 이전의 다수의 절도행위에도 미친다(73도1366). 다만 개개의 범죄행위가 다른 종류의 죄의 확정판결의 전후에 걸쳐서 행해진 경우에는 그 포괄일죄는 2개의 죄로 분리되지 않고, 확정판결 후인 최종의 범죄행위시에 완성된다(2002도5341; 2002도2029). 여기서 확정판결시점은 사실심리의 가능성이 있는 판결선고시점이므로(73도1366), 항소사건의 경우는 항소심 판결선고시이다(82도2829, 82감도612).

그러나 상습사기죄(B)가 단순사기죄의 확정판결(A) 전후에 걸쳐서 있는 경우에는 그 상습사기죄가 두 개의 죄로 분리되지 않고 확정판결 후 최종 범행시점에 상습사기죄가 완료된다고 판례는 본다(2010도1939). 이에 따라 이 경우 단순사기죄의 확정판결(A)의 효력은 상습사기죄(B)에 대해서는 미치지 않으므로 그 확정판결의 사실심판결 선고시점 전후에 범한 상습사기죄(B)로 처벌할 수 있다(2001도3206전합; 2009도12627; 2010도2182). 이는 확정판결 전의 사기죄로 기소된 경우 이 죄는 확정판결을 받은 사기죄와 동일한 사건이므로 면소판결을 해야 한다는 법리는, 확정판결이 상습사기죄가 아닌 단순사기죄인 경우에는 적용되지 않는다고 본 것이다. 만일 이런 경우에도 기판력이 미치도록 하면, 뒤에 드러난 다른 범죄사실이나 그 밖의 사정을 부가하여 전의 확정판결(A)의 효력을 검사의 기소 내용보다 무거운 범죄유형인 상습범에 대한 판결(B)로 바꾸어 적용하는 것으로서, 형사소송의 기본원칙에 비추어 적절하지 않다는 것이다. 그런데 이 판례의 별개의견도 사기죄로 처벌할 수 있다고 본다. 그 이유는 상습사기죄는 포괄일죄가 아니라 실체법상 수죄라는 것이다. 그러나 이 판례의 반대의견은 면소판결설의 입장이다.[89]

89) 그 이유는 아래와 같다. ①다수의견에 따르면 포괄일죄인 상습사기죄의 일부에 대해 유죄의 확정판

(2) 수사기관의 압수에 의한 분리

판례는 컴퓨터로 음란 동영상을 제공한 제1범행으로 서버컴퓨터가 압수된 이후 다시 장비를 갖추어 동종의 제2범행을 하고 제2범행으로 인해 약식명령을 받아 확정된 경우, 피고인에게 범의의 갱신이 있어 두 범죄행위는 포괄일죄가 아니라 실체적 경합이라고 보고, 약식명령의 효력이 제1범행에 대해서는 미치지 않는다고 본다(2005도4051). 결국 포괄일죄로 볼 수 있는 두 행위가 수사기관의 압수로 분리된다고 본 것이다.

(3) 다른 범행에 의한 분리

심지어 판례는 계속범인 감금죄의 중간에 다른 범행이 있으면 감금죄를 그 범행 전후로 구별하여 별개의 죄로 봐서, 다른 범행과 그 범행 이전의 감금ⓐ는 상상적 경합이지만, 다른 범행과 그 범행 이후의 감금ⓑ는 실체적 경합으로 본다. 이에 따라 공동감금사건에서 대법원은 강도상해죄와 감금죄는 실체적 경합이라고 봐서 강도상해죄에 대해 유죄판결을 한다(2002도4380). 그 이유는 감금행위가 단순히 강도상해의 수단이 되는데 그치지 않고 강도상해가 끝난 뒤에도 계속된 경우에는 1개의 행위가 감금죄와 강도상해죄에 해당하는 경우라고 볼 수 없다는 것이다. 강도상해죄로 다시 처벌하기 위해서 대법원은 감금죄를 두 개의 죄로 분리한 것이다. 결국 판례에 따르면 감금이 수단이 된 다른 범행과 함께 감금이 종료된 경우는 감금죄와 다른 범행은 상상적 경합이지만, 다른 범행 이후에 감금이 계속된 경우는 감금죄와 다른 범행은 실체적 경합이다.[90)]

결이 있더라도 단순사기죄로 처벌된 것인지, 상습사기죄로 처벌된 것인지에 따라 기판력이 미치는 범위가 달라지는데, 이는 공소불가분원칙과 일사부재리원칙에 반하는 것으로서, 이는 다수의견이 기존에 확립된 판례를 변경하는 것은 법령의 해석 · 적용에 관하여 선택할 수 있는 여러 견해 중 하나를 선택하는 차원의 범위를 넘어선다. ②후에 공소제기된 사건에 관해 확정판결이 있었는지 여부는 그 사건의 공소사실의 전부 또는 일부에 대해 이미 판결이 있었는지 여부의 문제인 것이지, 전의 확정판결의 죄명이나 판단내용에 의하여 좌우되는 것이 아니므로, 이론상으로도 전의 확정판결에서 단순사기죄로 판단한 것의 구속력을 인정(부정의 오기로 추정)할 여지는 없고, 또 단순사기죄의 확정판결에 그와 같은 내용적 확정력을 인정(부정의 오기로 추정)할 법령상의 근거도 찾아볼 수 없다. ③다수의견이 이처럼 기판력이 미치는 범위를 기본적으로 공소장 기재 사실을 한도로 하는 것은 소인개념을 채택하고 있지 아니하는 현행법상으로는 무리한 해석이라는 것이다.

90) 이와 달리 원심은 감금ⓐ는 시간적 · 장소적으로 감금ⓑ와 중복될 뿐만 아니라 감금ⓐ가 강도의 수단이 된 것이므로, 강도상해죄와 감금죄가 상상적 경합관계이고, 따라서 이 사건 공소사실인 감금ⓐ는 확정판결이 있은 때에 해당한다고 보고 甲에 대해 면소판결을 한다. 그런데 강도상해죄만 인정하거나, 강도상해죄 외에 감금죄도 인정한다면 원심처럼 두 죄는 상상적 경합이라고 보는 것이 옳다. 감금죄는 계속범으로 포괄일죄이기 때문이다.

• 기출문제 •

죄수(罪數)결정 기준에 관한 설명으로 가장 적절한 것은? (다툼이 있는 경우 판례에 의함) [2020년 1차 순경시험 형법 문10]

① 행위표준설은 죄수의 판단을 위한 기본요소를 행위자의 행위에서 구하여 행위가 하나일 때 하나의 죄를, 행위가 다수일 때 수개의 죄를 인정하는 견해로 판례는 연속범의 경우 이 견해를 취하고 있다.

② 법익표준설은 한 사람의 행위자가 실현시킨 범죄실현의 과정에서 몇 개의 보호법익이 침해 또는 위태롭게 되었는가를 기준으로 죄의 개수를 인정하는 견해로 판례는 강간, 공갈죄의 경우 이 견해를 취하고 있다.

③ 의사표준설은 행위자가 실현하려는 범죄의사의 개수에 따라서 죄의 개수를 결정하려는 견해로 행위자에게 1개의 범죄의사가 있으면 1죄를, 수개의 범죄의사가 있으면 수개의 죄를 각각 인정하게 되며, 판례는 연속범의 경우를 제외하고는 원칙적으로 이 견해를 취하고 있다.

④ 구성요건표준설은 구성요건에 해당하는 회수를 기준으로 죄수를 결정하는 견해로 죄수의 결정은 법률적인 구성요건충족의 문제로 해석하여 구성요건을 1회 충족하면 일죄이고, 수개의 구성요건에 해당하면 수죄를 인정하게 되며, 판례는 조세포탈범의 죄수는 위반사실의 구성요건 충족 회수를 기준으로 1죄가 성립하는 것이 원칙이라고 하여 이 견해를 따르는 경우도 있다.

【해설】 ④○(99도3822전합) ①·③×(연속범은 다수의 행위를 범죄의사가 하나이면 일죄로 인정하게 해주는 개념이다.) ②×(판례가 강간, 공갈의 경우 법익표준설을 따르고 있다고 단정할 수 없다.) **【정답】** ④

판례의 다음 기술 중 옳지 않은 것은? [2006년 사법시험 형법 문33]

① 상상적 경합은 1개의 행위가 실질적으로 수개의 구성요건을 충족하는 경우를 말하고 법조경합은 1개의 행위가 외관상 수개의 죄의 구성요건에 해당하는 것처럼 보이나 실질적으로 1죄만을 구성하는 경우를 말하며, ② 실질적으로 1죄인가 또는 수죄인가는 보호법익과는 관계없이 구성요건적 평가의 측면을 고찰하여 판단하여야 한다. 따라서 업무상 배임행위에 사기행위가 수반된 때의 죄수관계에 관하여 보면, ③ 사기죄는 사람을 기망하여 재물의 교부를 받거나 재산상의 이익을 취득하는 것을 구성요건으로 하는 범죄로서 임무위배를 그 구성요소로 하지 아니하고 사기죄의 관념에 임무위배 행위가 당연히 포함된다고 할 수도 없으며, ④ 업무

상배임죄는 업무상 타인의 사무를 처리하는 자가 그 업무상의 임무에 위배하는 행위로써 재산상의 이익을 취득하거나 제3자로 하여금 이를 취득하게 하여 본인에게 손해를 가하는 것을 구성요건으로 하는 범죄로서 기망적 요소를 구성요건의 일부로 하는 것이 아니어서, ⑤ 양죄는 그 구성요건을 달리하는 별개의 범죄이고 형법상으로도 각각 별개의 장에 규정되어 있어, 1개의 행위에 관하여 사기죄와 업무상배임죄의 각 구성요건이 모두 구비된 때에는 상상적 경합관계로 봄이 상당하다.

【해설】 ②×(2002도669전합: 실질적으로 1죄인가 또는 수죄인가는 구성요건적 평가와 보호법익의 측면에서 고찰하여 판단하여야 한다.) **【정답】** ②

형법의 적용범위	1. 포괄일죄로 되는 개개의 범죄행위가 법 개정의 전후에 걸쳐서 행하여진 경우에는 신 · 구법의 법정형에 대한 경중을 비교하여 볼 필요도 없이 범죄 실행 종료시의 법인 신법을 적용하여 포괄일죄로 처단하여야 한다. [2019년 국가직 9급 문4] [2013년 사법시험 형법 문20][2008년 사법시험 형법 문5]
	2. 실행행위의 도중에 법률이 변경되어 실행행위가 신 · 구법에 걸쳐 행하여진 때에는 신법 시행 전에 이미 실행행위가 착수되었으므로 이 행위에는 구법이 적용되어야 한다. [2015년 변호사시험 형사법 문5]
	3. 포괄일죄에 관한 기존 처벌법규에 대하여 그 표현이나 형량과 관련한 개정을 하는 경우가 아니라 애초에 죄가 되지 아니하던 행위를 구성요건의 신설로 포괄일죄의 처벌대상으로 삼는 경우에는 신설된 포괄일죄 처벌법규가 시행되기 이전의 행위에 대하여는 신설된 법규를 적용하여 처벌할 수 없다. [2019년 변호사시험 형사법 문2]
죄수 및 경합론과 일부기소	4. 하나의 행위가 부작위범인 직무유기죄와 작위범인 허위공문서작성 · 행사죄의 구성요건을 동시에 충족하는 경우, 공소제기권자는 재량에 의하여 작위범인 허위공문서작성 · 행사죄로 공소를 제기하지 않고 부작위범인 직무유기죄로만 공소를 제기할 수 있다. [2010년 사법시험 형법 문19]
	5. 하나의 행위가 작위범과 부작위범을 동시에 충족할 수는 없다. (×) [2013년 변호사시험 형사법 문16]
	6. 공무원이 신축건물에 대한 착공 및 준공검사를 마치고 관계서류를 작성함에 있어 그 허가조건의 위배사실을 숨기기 위하여 허위의 복명서를 작성 · 행사하였을 경우 작위범인 허위공문서작성 및 동행사죄 이외에 부작위범인 직무유기죄도 성립한다. [2011년 사법시험 문6] [2008년 사법시험 형법 문8]
	7. 작위범인 허위공문서작성죄와 부작위범인 직무유기죄가 상상적 경합관계에 있는 경우, 작위범인 허위공문서작성죄로 기소하지 않고 부작위범인 직무유기죄로만 기소할 수 있다. (○) [2012년 변호사시험 형사법 문31] [2010년 사법시험 형법 문19]

【해설】 1. ○(2009도5075) 2. ×(포괄일죄는 행위종료시의 법률을 적용하나 그렇지 않은 경우에는 법정형의 경중을 비교하여 가장 경한 법을 적용해야한다[2012도7760의 취지].) 3. ○(2015도15669) 4. ○(99도1904) 5. "가"를 옳지 않은 지문으로 처리한 이유는 '어떤 행위가 작위범과 부작위범의 구성요건을 동시에 충족하는 경우 후자만 기소할 수 있다'는 판례(2005도4202)의 표현을 근거로 한 것이다. 그러나 이 판례의 취지는 '작위범과 부작위범이 경합하

는 경우 법조경합이어서 부작위범은 성립할 수 없다'는 것인데, 이런 취지에 따르면 '어떤 행위가 작위범과 부작위범의 구성요건을 동시에 충족할 수 있다'라는 표현은 적절하지 않고, 판례의 취지에 따르면 오히려 "가"와 같은 표현이 옳다. 이런 방식의 출제는 판례의 취지를 생각하게 하는 것이 아니라 판례의 표현을 그대로 외우라는 것으로서 옳지 않다. 6. ×(72도722; 99도2240: 부작위범인 직무유기죄는 성립하지 않는다.) 7. ○(99도1904. 그런데 작위범과 부작위범은 상상적 경합관계에 있을 수가 없고, 법조경합이라고 판례[99도2240]는 본다)

다음 〈사례〉에서 X사건과 Y사건 및 Z사건이 甲의 동일한 사기습벽의 발현에 의하여 저질러진 것이라고 할 때, 이에 관한 설명 중 옳지 않은 것은? (다툼이 있는 경우에는 판례에 의함) [2012년 변호사시험 형사법 문28]

【사례】

ⓐ 甲은 춘천지방법원에 단순사기의 범죄사실(X사건, 범행일 2009. 6. 20.)로 기소되어 2009. 8. 11. 징역 8월 및 집행유예 2년의 형을 선고받아 같은 달 18일 판결이 확정되었다.

ⓑ 甲은 다시 대전지방법원에서 A로부터 7회에 걸쳐 재물을 편취하였다는 상습사기의 범죄사실(Y사건, 범행일 2009. 1. 1.부터 2009. 6. 14.까지)로 재판을 받고 있던 중, 춘천지방검찰청 검사가 甲의 B에 대한 사기의 범죄사실(Z사건, 범행일 2010. 3. 2.)을 추가로 확인하였다.

① X사건에 대한 위 판결의 기판력은 Z사건에 미치지 아니한다.

② 대전지방법원은 Y사건에 대하여 면소판결을 선고하여야 한다.

③ 검사는 Y사건의 공판심리 중 공소장변경절차를 통하여 Z사건의 범죄사실을 Y사건의 공소사실에 추가할 수 있다.

④ Y사건의 판결이 2010. 7. 1. 선고되어 같은 달 8일 확정된 후에 검사가 Z사건에 대하여 공소를 제기하면 법원은 면소판결을 선고하여야 한다.

⑤ Y사건의 소송 계속 중 검사가 춘천지방법원에 Z사건을 단순사기죄로 기소하였다면 춘천지방법원은 Z사건에 대하여 공소기각의 결정을 하여야 한다.

【해설】 ②×(2001도3206전합: 상습사기죄 중 일부에 대해 유죄판결이 확정되었다하더라도 그 확정판결이 상습사기죄에 관한 것이 아니면, 그 확정판결의 사실심판결 선고 전에 저지른 사기죄로 처벌할 수 있다. 同旨: 2009도12627; 2010도2182) ①·④○(2010도1939: 상습사기죄가 단순사기죄의 확정판결 전후에 걸쳐서 있는 경우에는 그 상습사기죄가 두 개의 죄로 분리되지 않고 확정판결 후 최종 범행시점에 상습사기죄가 완료되고, 포괄일죄의 기판력은 확정판결 이전의 범행에 대해서만 미칠 수 있다. 따라서 Z사건은 단순사기죄에 관한 X사건의 확정판결 이후의 범죄이므로 X사건의 기판력이 Z사건에 미치지 않는다.) ③○(Z사건은 상습사기범죄인 Y사건의 일부로서, 두 사건은 하나의 동일한 사건이다.) ⑤○(동일사건이 사

물관할을 같이하는 수개의 법원에 걸려서 ㉮먼저 공소를 받은 법원이 심판하거나 ㉯각 법원에 공통되는 직근상급법원이 검사 또는 피고인의 신청에 따라 결정으로 뒤에 공소를 받은 법원이 심판하게 해서 재판을 할 수 없게 된 때[제13조]에는 공소기각결정을 한다[제328조 제1항].) **【정답】** ②

다음의 [사례]는 甲이 저지른 X, Y, Z 범죄사실에 관한 처리 상황이다. [전제]는 이 [사례]에 대한 가정이다. 이에 관한 설명 중 옳은 것은? (다툼이 있는 경우 판례에 의함)

[2020년 경찰간부후보생시험 형소법 문26]

【사례】 ㉠甲은 X범죄사실(범행종료일 2015. 9. 21.)로 기소되어 징역 8월 및 집행유예 2년의 형을 선고 받아 2016. 2. 27. 확정되었다. ㉡甲은 다시 Y범죄사실(범행종료일 2016. 1. 7.)로 공소가 제기되어 재판을 받고 있다. 그런데 ㉢Y공소사실의 공판심리 중 검사는 甲의 Z범죄사실(범행종료일 2016. 4. 18.)을 추가로 확인하였다.
【전제】 ⓐ X, Y, Z 범죄사실이 모두 포괄일죄인 영업범에 해당한다고 가정한다. ⓑ X, Y, Z 범죄사실이 모두 포괄일죄인 상습범으로 처벌할 수 있다고 가정한다.

① ⓐ의 경우 Z범죄사실을 Y공소사실에 추가하는 공소장변경을 할 수 있다.
② ⓐ의 경우 법원은 Y공소사실에 대해 면소판결을 선고하여야 한다.
③ ⓑ의 경우 만일 X범죄사실이 상습사기죄에 관한 것이면 Z범죄사실을 Y공소사실에 추가하는 공소장변경을 할 수 있다.
④ ⓑ의 경우 만일 X범죄사실이 단순사기죄에 관한 것이면 법원은 Y공소사실에 대해 면소판결을 선고하여야 한다.

【해설】 사실심선고일자를 기재하지 않은 오류가 있다. 1심과 2심이라면 흔히 2016. 2. 20. 선고되었다고 볼 수 있으므로 그 선고일 Y범죄사실의 범행종료일(2016. 1. 7.) 이후임이 명확하지만, 만일 대법원에서 확정되었다면 사실심 선고일이 Y범죄사실의 범행종료일(2016. 1. 7.) 이전일 수 있기 때문이다. 본 문제는 포괄일죄에 관한 기판력 효력범위와 공소장변경의 가능 여부에 관한 문제로서, 1심이나 2심을 전제로 포괄일죄의 중간에 확정판결이 있으면 그 죄는 전과 후로 분리되나, 상습사기죄인 포괄일죄의 경우에는 그 확정판결이 단순사기죄에관한 것이면 분리되지 않는다는 것이 판례의 법리를 묻고자 한 것이다. 이에 따르면 ②가 정답이다. ①×(2016도21342: 별개의 독립된 범죄이므로 공소장변경이 허용되지 않고 추가기소를 해야 한다.) ②○(2016도21342. Y는 X 확정판결 전의 범죄사실로서 두 범죄사실은 일죄이므로 면소판결의 대상이다) ③×(2001도3206전합: X범죄사실이 상습사기죄에 관한 것이면 Y범죄사실과 Z범죄사실은 분리되어 두 범죄사실은 별개의 범죄가 되므로 Z범죄사실을 Y범죄사실에 추가하는 공소장변경을 할 수 없다.) ④×(2001도3206전합: X범죄사실이 단순사기죄에 관한 것이면 Y범죄사실과 Z범죄사실은 분리되지 않아서 두 범죄사실은 하나의 범죄가 된다.) 대법원에서 확정되었다는 것을 전제로 사실심 선고일이 Y범죄사실의 범행종료일(2016. 1. 7.) 이전이라면 ①과 ③을 정답으로 봐야한다. **【정답】** 두 가능성을 모두 인정하여 공지된 답은 ①, ②, ③

• 탐구과제 •

- 공소장변경이란?
- 미국의 대배심제도란?
- 예비적 · 택일적 기재란?
- 공소장일본주의란?
- '형사판결이 확정되었다'는 것은 무엇을 의미하는가?

15강 친고죄의 고소불가분원칙과 반의사불벌죄

형사절차에서 고소 · 고발은 수사의 단서에 불과하다. 그러나 친고죄와 반의사불벌죄의 경우에는 소추조건이다. 고소 · 고발과 친고죄와 반의사불벌죄의 의미를 본다. 또한 친고죄의 고소불가분원칙이 반의사불벌죄에도 적용되는지 논란이 있다. 이에 관한 학설과 판례의 입장을 본다.

• 사례 •

A회사 감사팀으로부터 횡령 의혹을 받고 있는 직원인 甲과 乙은 공모하여 '회사의 내부비리를 금융감독원 등 관계기관에 고발하겠다'는 취지의 서면을 A회사 대표이사의 처남이자 상무이사인 B에게 팩스로 송부하였다. 그 후 甲은 B에게 전화를 하여 "당신도 그 비리에 연루되어 있으니 우리의 횡령행위를 문제삼지 말라."라고 요구하면서 위 서면의 내용과 같은 말을 하였다. 이에 B는 甲과 乙을 협박죄로 고소하여 검사는 甲과 乙을 협박죄의 공동정범으로 기소하였는데, 재판 도중 B는 乙과 합의하고 乙에 대한 고소를 취소하였다. 甲과 乙을 협박죄로 처벌할 수 있을까? (다툼이 있는 경우에는 판례에 의함)

• 해설 •

1. 형사절차에서 고소와 친고죄 · 반의사불벌죄

가. 형사절차에서 고소의 의의: 수사의 단서

고소는 범죄의 피해자 기타 고소권자가 수사기관에 대하여 범죄사실을 신고하여 범인의 처벌을 구하는 의사표시를 말하는 것으로서, 단순한 피해사실의 신고는 소추 · 처벌을 구하는 의사표시가 아니므로 고소가 아니다(2007도4977). 고소에는 범죄사실이 특정되면 충분하고, 범인이 누구이고, 또 범인 중 누가 처벌받기를 원하는지를 적시할 필요는 없다(94도2423). 양벌규정을 가진 친고죄의 경우에도, 행위자에 대한 고소가 있으면 양벌규정에 의해 처벌받는 자, 예컨대 법인이나 사용자에 대한 별도의 고소는 필요하지 않다(94도2423).

고소에는 범죄사실이 특정되어야하므로, ①고소사건으로 제출된 서류가 고소인의 진술이나 고소장의 내용이 불분명하거나 구체적 사실이 적시되어있지 않은 경우나 ②피고소인에 대한 처벌을 희망하는 의사표시가 없거나 처벌을 희망하는 의사표시가 취소된 경우에는 진정사건으로 수리할 수 있다(경찰수사규칙 제21조 제2항).

나. 친고죄 · 반의사불벌죄의 경우 고소는 소송조건

(1) 친고죄 · 반의사불벌죄 의의

형벌권의 행사를 국가가 독점하는 한 원칙적으로 피해자의 의사가 형사절차를 좌우하도록 하는 것은 옳지 않다. 범죄피해자의 감정적 대응으로 국가형벌권의 실현이 왜곡될 수 있기 때문이다. 그럼에도 불구하고 입법자가 형사절차의 진행 여부를 피해자의 의사에 의해 좌우되도록 한 경우가 있다. 친고죄와 반의사불벌죄가 그렇다. 친고죄는 고소가 있어야 공소를 제기할 수 있는 범죄인 반면, 반의사불벌죄는 피해자의 명시한 의사에 반하여 공소를 제기할 수 없는 범죄를 말한다.

두 죄 모두 형법의 보충성원칙에 이론적 근거를 두고, 국가형벌권의 행사라는 공익을 피해자의 보호라는 사익에 종속시킴으로써 분쟁의 사적 해결의 가능성을 제공한 것으로서 이념적으로는 화해사상을 지향하고 있다.[91] 친고죄에서 고소가 없거나 고소가 무효 또는 취소된 때와 반의사불벌죄에서 처벌불원의사표시가 있거나 처벌희망의사표시가 철회된 때의 법적 효과도 동일하다. 두 경우 모두 수사절차에서는 공소권없음의 불송치 결정(경찰)이나 불기소처분(검사)의 사유이고, 공판절차에서는 공소기각판결(제327조 제5호와 제6호)의 사유이다. 법원은 친고죄에서 소송조건이 되는 고소가 유효하게 존재하는지를 직권으로 조사 · 심리하여야 한다(2013도7987).

(2) 친고죄와 반의사불벌죄의 구별기준과 실익

친고죄의 유형은 크게 피해자보호형과 경미범죄형 2가지로 볼 수 있는데, 친고죄는 대부분 전자이고, 반의사불벌죄는 경미범죄의 경우에 보복의 두려움 때문에 흔히 피해자가 고소를 주저하므로 자체 분쟁해결을 촉진할 필요가 있어서 1953. 9. 18. 형법 제정 때 신설한 것이라고 판례는 파악한다(93도1689).

이론적으로는 친고죄는 피해자의 고소가 없이는 수사나 공소제기를 할 수 없는 반면 반의사불벌죄는 피해자의 고소가 없어도 수사나 공소제기할 수 있다고 봐야한다. 달리

---

91) 윤동호, "피해자의 의사와 형사절차", 피해자학연구 제14권 제1호, 2006, 126면.

말해 친고죄는 형사절차의 진행에서 적극적 기능을 하는 것과 달리 반의사불벌죄는 소극적 기능을 한다고 볼 수 있다. 이러한 차이 때문에 아청법은 청소년을 대상으로 한 성범죄를 친고죄에서 반의사불벌죄로 개정한 것이었는데(16조), 이 규정도 2013년 6월 19일 삭제되었다. 현재는 모든 성범죄가 친고죄도 반의사불벌죄도 아니다.

그러나 수사실무에서 수사의 개시 여부를 결정하는 기준은 친고죄인지 여부가 아니라 범죄의 특성이다. 극히 이례적인 경우도 있지만[92] 실무에서는 반의사불벌죄도 피해자의 고소가 없이는 공소제기를 하지 않는다. 이런 점에서 두 죄의 구별이 형사절차에서 갖는 의미는 크지 않다.

다. 고발과 구별

고소는 피해자등 고소권자의 의사표시라는 점에서 '고소권자나 범인'이 아닌 제3자가 하는 고발과 구별된다. 고발이란 고소권자나 범인 이외의 제3자가 수사기관에 범죄사실을 신고하여 범인의 처벌을 희망하는 의사표시를 말한다.

고발도 원칙적으로 수사의 단서에 불과하지만, 예외적으로 고발이 소송조건인 경우도 있다. 관세법이나 조세범처벌법 또는 독점규제 및 공정거래에 관한 법률(약칭하여 공정거래법) 등의 위반사범이 그렇다. 이를 전속고발범죄 또는 즉고발범죄라고 부른다.

고발은 범죄가 있다고 사료하는 때에는 누구든지 할 수 있지만, 공무원은 그 직무를 행함에 있어 범죄가 있다고 사료하는 때에는 반드시 고발해야한다(제234조). 따라서 공무원이 직무집행과 관계없이 또는 우연히 알게 된 범죄에 대해서는 고발의무가 없다[93]. 고소와 달리 고발의 대리는 허용되지 않고, 고발기간에도 제한이 없으며, 고발취소 후 다시 고발할 수 있다.

라. 소송조건의 흠결과 수사의 필요성: 고소나 고발이 없더라도 수사할 수 있는가

(1) 문제의 본질

92) 세월호사건 당일 박근혜 전 대통령의 7시간 동안의 행적에 관해 의문을 제기하는 인터넷기사를 정보통신망에 올린 일본의 산케이신문사 기자의 명예훼손사건과 관련하여 재판부는 피해자들의 처벌의사를 확인하지 않았어도 공소제기가 유효하다고 하였고, 무죄를 선고하였다(서울중앙지법 제30형사부 2015. 12. 17 선고 2014고합1172 판결).

93) 통일교육 지원법에는 통일부장관의 고발의무를 제11조에서 규정하고 있다. 제11조(고발) 통일부장관은 통일교육을 하는 자가 자유민주적 기본질서를 침해하는 내용으로 통일교육을 하였을 때에는 수사기관 등에 고발하여야 한다.

친고죄나 전속고발범죄의 경우에 고소나 고발이 없거나 반의사불벌죄의 경우에 처벌불원의사표시가 제출되거나 처벌희망의사표시가 철회된 경우에도 수사의 필요성을 인정할 수 있는지 다툼이 있다. 예컨대 피해자의 명예보호를 위한 친고죄의 경우 피해자의 고소가 없음에도 불구하고 수사를 하면 피해자의 명예가 침해될 수 있기 때문이다.

(2) 학설과 판례

①전면적 허용설은 고소나 고발 또는 처벌희망의사표시 등의 유무에 관계없이 언제나 수사를 할 수 있다는 입장이다. 수사는 수사기관의 활동이므로 피해자나 제3의 기관의 의사에 관계없이 수사를 해야 하고, 고소나 고발 또는 처벌희망의사표시 등은 공소단계에서 비로서 의미가 있다는 것이 그 이유이다.

②원칙적 허용설은 전면적 허용설의 입장을 중시하여 원칙적으로 수사를 허용하되 예외적으로 장래 고소나 고발의 가능성이 전혀 없거나 처벌불원의사표시가 명백히 표현된 경우에만 수사를 허용하지 않는다는 입장이다.

③예외적 허용설은 전면적 불허설의 논거를 중시하여 예외적으로만 수사의 가능성을 인정하는 입장이다. 고소나 고발의 가능성이 있는 경우가 그 예외에 해당한다는 견해도 있고 임의수사는 가능하나 강제수사는 허용되지 않는다는 견해도 있다.

④전면적 불허설은 피해자의 명예보호나 피해배상 또는 제3의 기관의 판단 등과 같은 이익을 국가형벌권의 행사라는 공적 이익보다 중시하는 친고죄나 전속고발범죄 또는 반의사불벌죄의 입법취지를 고려하면 이런 소송조건을 흠결한 경우에는 처음부터 수사를 할 수 없다는 입장이다.

⑤판례: 친고죄나 전속고발범죄에서 고소나 고발은 소송조건에 불과하고 당해 범죄의 성립 요건이나 수사의 조건은 아니므로, 장차 고소나 고발의 가능성이 전혀 없다는 등의 특별한 사정이 없는 한, 고소나 고발이 없이 이루어진 수사일지라도 적법하다(94도252). 위와 같은 취지에서 출입국사범에 대한 출입국관리사무소장 등의 고발[94]이 있기 전에 수사가 이루어진 사건에서 고발 전에 이루어진 수사라고 해서 그 사유만으로 소급하여 위법하게 되는 것은 아니고(2008도7724), 또한 전속고발범죄인 조세범처벌법위반사건에서도 고발없이 수사할 수 있고, 검사의 고발 요청에 따라 고발을 받아 기소된 경우 그 기소의 효력이 있다(94도3373).

---

94) 출입국관리법 제101조(고발) ①출입국사범에 관한 사건은 지방출입국·외국인관서의 장의 고발이 없으면 공소(공소)를 제기할 수 없다. ②출입국관리공무원 외의 수사기관이 제1항에 해당하는 사건을 입건하였을 때에는 지체 없이 관할 지방출입국·외국인관서의 장에게 인계하여야 한다.

⑶ 실무: 경찰청 범죄수사규칙(훈령) 제54조의 친고죄의 긴급수사착수

경찰은 친고죄에 해당하는 범죄가 있음을 인지한 경우 즉시 수사를 하지 않으면 향후 증거수집 등이 현저히 곤란하게 될 우려가 있다고 인정될 때에는 고소권자의 고소가 제출되기 전에도 수사할 수 있다. 다만, 고소권자의 명시한 의사에 반하여 수사할 수 없다.

2. 고소권자와 고소의 제한 및 법정대리인의 고소권

가. 고소권자와 고소의 제한

'범죄로 인한 피해자는 고소할 수 있다(제223조)'라는 문언에서 피해자는 범죄로 인한 직접적 피해자만을 의미한다(94도2196). 따라서 개인적 법익의 침해범죄의 경우에만 고소권이 발생할 수 있다. 다만 사회적 법익이나 국가적 법익의 범죄의 경우에 범죄의 수단이나 행위의 객체가 된 사람은 예외적으로 고소권이 있다(92헌바262).

고소를 할 때는 소송행위능력, 즉 고소능력이 있어야 하나, 고소능력은 피해를 입은 사실을 이해하고 고소에 따른 사회생활상의 이해관계를 알아차릴 수 있는 사실상의 의사능력으로 충분하므로, 민법상 행위능력이 없는 사람이라도 사실상의 의사능력을 갖추었다면 고소능력이 인정된다(2011도4451).

피해자의 법정대리인은 독립하여 고소할 수 있고(제225조), 예외적으로 피해자의 배우자나 친족도 고소권이 있다. ①피해자가 사망한 때에는 그 배우자, 직계친족 또는 형제자매가 고소할 수 있지만, 피해자의 명시한 의사에 반해서 할 수는 없다(제225조 제2항). ②피해자의 법정대리인이 피의자이거나 법정대리인의 친족이 피의자인 때에는 피해자의 친족도 독립하여 고소할 수 있다(제226조). ③사자(死者)의 명예를 훼손한 범죄에 대해서는 그 친족이나 자손이 고소권을 행사할 수 있다(제227조).

친고죄에서 고소할 자가 없는 경우에 이해관계인의 신청이 있으면 검사는 10일 이내에 고소할 수 있는 자를 지정해야 한다(제228조).

형소법은 자기 또는 배우자의 직계존속은 고소하지 못하도록 하고 있으나(제224조), 자기 또는 배우자의 직계존속이 가폭법과 성폭법의 범죄를 범한 경우에는 그 직계존속을 고소할 수 있다.

나. 피해자의 법정대리인의 고소권과 친고죄 및 반의사불벌죄

'피해자의 법정대리인은 독립하여 고소할 수 있다(제225조)'라는 문언에서 '독립하여'

의 의미를 두고 다툼이 있다. 독립대리권설은 피해자의 고소권은 일신전속권이고, 친고죄의 경우에 법률관계의 불안정을 막아야 한다는 이유로 독립대리권이라고 본다. 이에 따르면 법정대리인의 고소권은 피해자의 의사에 구속되고, 피해자의 고소권이 소멸하면 법정대리인의 고소권도 소멸하며, 피해자는 법정대리인의 고소를 취소할 수 있다.

이와 달리 고유권설은 무능력자를 두텁게 보호해야한다는 이유로 법정대리인의 고소권은 피해자의 의사에 구속되지 않는다고 본다. 이에 따라 피해자의 의사에 반해서도 고소할 수 있고, 법정대리인의 고소권은 피해자의 고소권의 소멸로 소멸되지 않으며, 법정대리인의 고소를 피해자가 독자적으로 취소할 수 없다.

판례는 미성년자의 보호라는 관점을 중시하여 법정대리인의 고소와 고소취소의 효력을 부여해왔다. 예컨대 강간죄가 친고죄였을 때 미성년피해자의 고소취소가 있을지라도 법정대리인인 아버지가 고소하면 이후에 제기된 공소제기는 유효하다고 본다(99도3784). 이와 같은 취지에서 강간죄가 친고죄였을 때 미성년피해자인 고유의 고소권자가 한 고소를 대리권에 근거한 고소권자가 취소할 수 없다(87도1707)고 판례는 본다.

그러나 옛 청소년보호법(현재는 아청법) 제16조(현재는 폐지)의 반의사불벌죄와 관련하여, 판례는 친고죄와 달리 반의사불벌죄의 경우에는 피해자인 청소년에게 의사능력이 있는 한 단독으로 처벌불원의사표시 또는 처벌희망의사표시의 철회를 할 수 있고, 이에 법정대리인의 동의가 있어야 하는 것은 아니라고 본다(2009도6058전합 다수의견: 소수의견은 아동 · 청소년을 두텁게 보호하기 위해서는 법정대리인의 동의가 필요하다고 봄). 그 이유는 만일 반의사불벌죄의 피해자에게 의사능력이 있음에도 불구하고 처벌불원의사표시에 법정대리인의 동의가 있어야 한다고 본다면, 이는 피고인 또는 피의자에 대한 처벌희망 여부를 결정할 수 있는 권한을 명문의 근거 없이 새롭게 창설하여 법정대리인에게 부여하는 셈이 되어 부당하며, 처벌을 희망하지 않는다는 의사표시 또는 처벌희망 의사표시의 철회는 이른바 소극적 소송조건에 해당하고, 소송조건에는 유추해석금지원칙이 적용되는데, 만일 명문의 근거 없이 그 의사표시에 법정대리인의 동의가 필요하다고 보는 것은 유추해석에 의하여 소극적 소송조건의 요건을 제한하고 피고인 또는 피의자에 대한 처벌가능성의 범위를 확대하는 결과가 되어 유추해석금지원칙에도 반한다는 것이다. 또한 판례는 폭행죄 등 반의사불벌죄의 경우 처벌불원의 의사표시는 의사능력 있는 피해자가 단독으로 할 수 있지만 피해자 사망 후 상속인이 그 의사표시를 대신할 수는 없다고 본다(2010도2680).

3. 고소의 기간과 방식 및 고소사건의 처리

가. 고소의 기간

고소 기간에 제한이 없다. 다만 친고죄의 경우는 '범인을 알게 된 날'로부터 6월을 경과하면 고소하지 못한다(84도2249). '범인을 알게 됨'은 것은 통상인의 입장에서 보아 고소권자가 고소를 할 수 있을 정도로 범죄사실과 범인을 아는 것을 의미하고, 고소권자가 친고죄에 해당하는 범죄의 피해가 있었다는 사실에 관해 확정적인 인식이 있음을 말한다(2010도4680; 2001도3106). '범인을 알게 된 날'은 범죄행위가 종료된 후에 범인을 알게 된 날을 말하므로 영업범 등 포괄일죄의 경우에는 범죄행위 도중에 범인을 알았더라도 최후의 범죄행위가 종료한 때부터 고소기간이 진행된다(2004도5014).

고소권자로부터 고소권한을 위임받은 대리인이 친고죄에 대하여 고소를 한 경우, 고소기간은 대리인이 아니라 고소권자가 범인을 알게 된 날부터 기산한다(2001도3081). 그러나 법정대리인의 고소권은 무능력자의 보호를 위하여 법정대리인에게 주어진 고유권이어서 피해자의 고소권 소멸 여부에 관계없이 고소할 수 있는 것이며, 그 고소기간은 법정대리인 자신이 범인을 알게 된 날로부터 진행한다(99도3784).

친고죄의 경우에 고소할 수 없는 불가항력의 사유가 있는 때에는 그 사유가 없어진 날로부터 기산한다(제230조 제1항). 따라서 과거 친고죄였던 강제추행죄의 피해자가 범행 당시 11세 소년이어서 고소능력이 없다가 후에 고소능력이 생긴 경우 고소기간은 고소능력이 생긴 때부터 기산해야한다(87도1707; 95도696).

고소할 수 있는 자가 여러 명인 경우에 1인이 기간을 놓쳤다하더라도 타인의 고소에 영향을 미치지 않는다(제231조).

나. 고소의 방식

고소는 서면 또는 구술로써 해당 범죄를 관할하는 수사기관(공수처, 검찰, 경찰)에 해야 하며, 수사기관이 구술에 의한 고소를 받은 때에는 조서를 작성해야 한다(제237조). 따라서 전화 또는 전보에 의한 고소는 조서로 작성되지 않으면 무효다. 수사기관 작성의 피해자진술조서에 범인의 처벌을 요구하는 의사표시가 기재된 경우 고소는 유효한 고소이다. 고소는 조서로 작성되어야하지만, 독립된 조서일 필요는 없기 때문이다(85도190).

고소나 고소취소 모두 대리인에 의해 가능하다(제236조). 이때 대리권이 정당한 고소권자에 의하여 수여되었음이 실질적으로 증명되면 충분하고, 그 방식에 특별한 제한은 없으므로, 고소를 할 때 반드시 위임장을 제출한다거나 '대리'라는 표시를 하여야 하는 것은 아니다(2001도3081). 피해자가 피고인에게 합의서를 작성하여 준 사건에서 판례는 반의사불벌죄의 피해자는 피의자나 피고인 및 그들의 변호인에게 자신을 대리하여 수사기관이나 법원에 자신의 처벌불원의사를 표시할 수 있는 권한을 수여할 수 있다고 본다(2017도8989).

다. 고소사건의 처리

(1) 고소사건 처리기간

형소법은 검사는 고소에 의해 범죄를 수사할 때에는 고소를 수리한 날로부터 3월 이내에 수사를 완료하여 공소제기 여부를 결정해야한다(제257조)고 규정하고 있지만, 이는 훈시규정이다.

경찰이 고소에 의해 범죄를 수사할 때에는 고소를 수리한 날로부터 3월 이내에 수사를 완료해야하고, 이 기간 안에 수사를 완료하지 못하였을 때는 그 이유를 소속수사부서장에게 보고하고 수사기간 연장을 승인받아야한다(경찰수사규칙 제24조).

(2) 고소인등에 대한 검사의 처분 통지

검사는 고소나 고발 사건인 경우 ①공소를 제기하거나 ②제기하지 않는 처분, ③공소의 취소 또는 ④타관송치(제256조)를 한 때에는 그 처분한 날로부터 7일 이내에 서면으로 고소인이나 고발인에게 그 취지를 통지해야 하고, 불기소 또는 타관송치(제256조)를 한 때는 피의자에게 즉시 그 취지를 통지해야 한다(제258조).

또 검사는 고소나 고발 사건에 대해 공소를 제기하지 않는 처분을 한 경우에 고소인 또는 고발인의 청구가 있는 때에는 7일 이내에 고소인 또는 고발인에게 그 이유를 서면으로 설명해야 한다(제259조).

(3) 경찰의 불송치결정권과 고소인등에 대한 경찰의 불송치통지

경찰은 고소 · 고발 사건을 포함하여 범죄를 수사하였는데, 범죄혐의가 없다고 인정하면 그 이유를 명시한 서면과 함께 관계 서류와 증거물을 지체 없이 검사에게 송부해야 하고, 검사는 송부받은 날로부터 90일 이내에 경찰에게 반환하여야 한다(제245조의5). 검사는 경찰이 사건을 불송치한 것이 위법 또는 부당한 때에는 그 이유를 문서로 명시하여 경찰에게 재수사를 요청할 수 있고, 이 요청을 받은 경찰은 사건을 재수사하여야 한다(제245조의8).

경찰이 범죄혐의가 없다고 인정하여 검사에게 불송치한 경우에는 그 송부한 날로부터 7일 이내에 서면으로 고소인 · 고발인 · 피해자 또는 그 법정대리인(피해자가 사망한 경우에는 그 배우자 · 직계친족 · 형제자매를 포함)에게 사건을 검사에게 불송치하는 취지와 그 이유를 통지하여야 한다(제245조의6). 불송치 통지를 받은 사람은 해당 경찰의 소속 관서의 장에게 이의를 신청할 수 있는데, 이의신청이 있으면 경찰은 지체 없이 검사에게 사건을 송치하고 관계 서류와 증거물을 송부해야 하며, 처리결과와 그 이유를 신청인에게 통지해야 한다(제245조의7).

4. 고소의 추완과 취소 및 고소권의 포기

가. 고소의 추완

친고죄의 경우 고소의 추완이 인정되는지(예컨대 비친고죄이어서 고소없이 공소제기된 후 친고죄로 밝혀진 이후에 한 고소도 유효한지) 여부에 관해 견해가 대립한다.

①긍정설(적극설)의 논거는 고소가 없다고 공소기각판결을 하고 다시 친고죄의 공소제기를 기다려 공판절차를 진행하는 것은 소송경제에 반하고, 친고죄 여부는 공판절차 진행 중 바뀔 수 있다는 것이다. 고소를 소송행위로 보는 법률상태설은 원칙적으로 긍정설로 연결된다.

②부정설(소극설)의 논거는 고소는 법률관계설에 따라 소송조건으로 봐야하고, 소송조건은 형사절차의 전과정에서 구비되어야하며, 친고죄의 고소는 공소제기의 유효조건이라는 것이다. 판례도 부정설의 입장이다. 1심 공판절차 진행 중 비친고죄인 강간치사죄를 친고죄인 강간죄(앞서 말했듯이 현재는 비친고죄)로 공소장변경을 한 이후에 한 고소의 효력을 부정하여, 이런 경우는 공소기각판결의 대상이라고 본다(82도1504).

나. 고소의 취소와 고소권의 포기

(1) 고소취소의 의의와 가능시점

고소한 자에게 고소취소권이 있다. 피해자가 고소장을 제출하여 처벌을 희망하는 의사를 분명히 표시한 후 고소를 취소한 바 없다면 비록 고소 전에 피해자가 처벌을 원치 않았다 하더라도 그 후에 한 피해자의 고소는 유효하다(2007도4977).

고소의 취소는 1심 판결선고 전까지만 가능하다(제232조 제1항). 국가형벌권의 행사가 피해자의 의사에 의해 장기간 방치되도록 하는 것은 형사정책적으로 바람직하지 않기 때문이다(96도1922전합). 1심 판결선고 전까지 고소를 취소할 수 있지만, 고소를 취소하면 다시 고소하지 못한다(제232조 제1항과 2항). 형소법은 반의사불벌죄의 경우 처벌희망의사표시의 철회에 대해 고소취소의 규정을 준용하고 있다(제232조 제3항). 이에 따라 1심 판결선고 전까지 처벌희망의사표시를 철회할 수 있지만, 철회를 하면 다시 처벌희망의사표시를 할 수 없다. 재심절차의 경우에도 피해자는 재심의 제1심 판결선고 전까지 처벌을 희망하는 의사표시를 철회할 수 있다(2016도9470).

판례는 항소심에서 비로소 친고죄나 반의사불벌죄로 판명되거나 친고죄나 반의사불벌죄로 공소장이 변경된 경우, 공소제기 전에 한 고소의 취소나 처벌불원의사표시의 효력이 인정되지 않는다고 본다(96도1922전합). 그 이유는 국가형벌권의 행사가 피해자의 의사에 의해 좌우되는 현상을 장기간 방치하지 않으려는 목적에서 고소취소의 시한을 획일적으로 1심판결 선고 전까지로 한정한 것이라는 것이다.[95)]

판례는 공범 모두에게 고소가 이루어지고 그 중 일부의 자에 대해 1심 판결이 선고되어 고소를 취소할 수 없게 되었다면, 아직 1심 판결이 선고되지 않은 다른 공범에 대해서도 고소를 취소할 수 없다고 본다(85도1940).

⑵ 고소취소의 방식과 처리

고소취소의 방식은 고소의 경우와 같다(제239조). '당사자 간에 원만히 합의되어 민·형사상 문제를 일체 거론하지 않기로 화해되었다'는 취지의 합의서나 탄원서의 형태도 허용된다(81도1171).

경찰이 고소의 취소를 받은 때에는 신속히 조사하여 관계서류와 증거물을 검사에게 송부해야한다(제239조, 제238조).

⑶ 고소의 취소의 효과

고소를 취소한 자는 다시 고소하지 못한다(제232조 제2항). 고소취소를 철회하는 의사표시는 효력이 없다(2007도425).

---

95) 이와 달리 이 판결의 반대의견은 형소법 제232조 제1항의 고소는 친고죄의 고소를 의미하고, 친고죄에 있어서 고소나 고소취소와 같은 소송조건의 구비 여부는 현실적 심판대상이 된 공소사실을 기준으로 판단하여야 하므로, 위 조항은 현실적 심판대상이 된 친고죄에 대한 1심판결의 선고 전까지 취소할 수 있다는 의미로 해석해야하고, 따라서 비친고죄로 공소가 제기되어 1심에서 유죄판결을 선고받은 경우, 1심에서 친고죄의 범죄사실은 현실적 심판대상이 되지 않았으므로 그 판결을 친고죄에 대한 1심판결로 볼 수는 없고, 따라서 친고죄에 대한 1심판결은 없었다고 할 것이므로 그 사건의 항소심에서도 고소를 취소할 수 있는 것으로 봐야 한다고 본다.

친고죄나 반의사불벌죄의 경우 고소의 취소 또는 처벌희망의사표시의 철회나 처벌불원의사표시는 불송치결정이나 불기소처분 또는 공소기각판결의 사유이지만(제327조), 친고죄나 반의사불벌죄가 아닌 경우에도 고소의 취소는 수사종결처분 및 양형판단에서 중요한 참고자료로 활용된다(제247조 제1항, 형법 제51조 제4호).

⑷ 고소권의 포기

고소권의 포기란 친고죄의 고소기간 안에 장차 고소권을 행사하지 않는다는 의사표시를 하거나 반의사불벌죄의 경우에 처벌불원의사표시를 미리 해두는 것을 말한다. 형소법이 이에 관한 명문규정을 두고 있지는 않지만, 고소권의 포기를 인정할 것인지 다툼이 있다. ①긍정설은 고소의 취소를 인정한 이상 고소권의 포기도 인정해야하고, 고소권의 포기로 사건을 신속하게 종결할 수 있으며, 이를 인정해도 전혀 문제가 없다는 것을 논거로 한다. ②판례(67도471)는 부정설로 고소권은 형소법이 인정한 공권(公權)으로서 사인의 처분에 맡길 수 없고, 국가형벌권의 행사 여부를 사인의 의사에 의해 지나치게 좌우되도록 하는 것은 바람직하지 않으며, 이에 관한 명문규정도 없다는 것을 논거로 한다. ③다수견해는 절충설로, 고소권의 포기를 인정하지만 고소의 취소와 같이 수사기관 또는 법원에 행사해야한다고 본다.

5. 고소나 고소취소의 효력

가. 의의

원칙적으로 소송행위의 효력은 형소법상 하나의 사건에만 미쳐야한다. 하나의 사건 또는 사건의 단일성 내지 공소사실의 동일성은 1인(주관적 요건)이 저지른 하나의 공소사실(객관적 요건)을 말한다. 따라서 고소의 효력도 공소사실의 동일성이 인정되는 이런 '하나의 사건'에 대해서만 미쳐야한다.

나. 주관적 효력범위와 그 한계

그러나 형소법은 '친고죄의 공범 중 그 1인 또는 수인에 대한 고소 또는 그 취소는 다른 공범에 대해서도 효력이 있다(제233조)'는 고소불가분원칙을 규정해서 사건의 주관적 효력범위를 명문으로 확대하고 있다. 친고죄의 고소는 소송조건으로서 공소제기 여부가 피해자의 의사에 따라 좌우되지만, 일단 고소하면 그 공소사실은 형사절차의 대상이 되는데, 만일 친고죄 경우에 범인의 일부만 고소의 대상으로 하는 것을 인정하면, 사건의 처리가 부분적으로만 이루어지게 되어 처벌의 불공평이 초래되기 때문에 사건의 획일적 처리를 위해서 제233조를 마련한 것이다. 따라서 친고죄의 공범 중 1인만 처벌을 원하고 나머지 공범을 처벌하지 말라는 고소는 적법한 고소가 아니고, 이에 따라 공소가 제기된 경우에는 공소기각판결을 해야 한다고 판례는 본다(2008도7462).

주관적 불가분원칙은 절대적 친고죄의 경우에만 적용되고 상대적 친고죄(예컨대 친족상도례처럼 피해자와 범죄자 사이의 인적 관계 여부에 따라 친고죄인지 여부가 달라지는 범죄)의 경우에는 적용되지 않는다. 주관적 불가분원칙은 고소권자와 범인 사이에서만 적용된다는 내재적 한계를 갖기 때문이다. 따라서 친족상도례의 경우에 인적 관계가 없는 자에 대한 고소의 효력은 인적 관계가 있는 자에게는 미치지 않는다.

다. 객관적 효력범위의 문제

고소의 효력은 하나의 범죄사실 전부에 미쳐야하므로, 하나의 범죄사실의 일부만 고소해도 그 효력은 전부에 미쳐야한다. 이를 객관적 불가분원칙이라고 한다. 어떤 범죄혐의사실이 '하나의 범죄사실(사건)'인지 여부에 관해 다툼이 있지만, 판례는 죄수 및 경합론상 일죄나 상상적 경합인 수죄(2010도13801)는 하나의 범죄사실로 본다. 따라서 이른바 포괄일죄을 포함하여 일죄가 하나의 범죄사실이 되는 경우에는 고소의 효력도 그 일죄의 전부에 미친다.

그러나 상상적 경합인 수죄에 친고죄가 있는 경우, 판례는 먼저 ①수죄가 모두 친고죄이지만 피해자가 다른 경우(현재는 폐지된 간통죄와 관련하여 이중간통[96]의 경우)에는 고소권자가 다르기 때문에 객관적 불가분원칙이 적용되지 않는다고 본다(89도1317). 다음으로 ②상상적 경합인 수죄 중 하나는 친고죄이고 나머지는 비친고죄인 경우, 친고죄에 대한 고소가 취소되더라도 비친고죄로 처벌할 수 있다고 본다(83도323). 예컨대 감금해서 강간하려다 미수에 그친 경우 감금죄와 강간미수죄의 상상적 경합인데, 과거처럼 강간미수죄가 친고죄인 경우 이 죄에 대한 고소가 취소되더라도 감금죄로 처벌할 수 있다는 것이다.

---

96) 배우자 A女를 둔 甲男과 배우자 B男을 둔 乙女가 간통한 경우 甲은 간통죄(피해자 A)와 乙의 간통죄에 대한 상간죄(피해자 B)를 범한 것이고 두 죄는 상상적 경합관계에 있고, 乙의 행위는 간통죄(피해자 B)와 상간죄(피해자 A)의 상상적 경합에 해당한다.

라. 고소불가분원칙과 반의사불벌죄 및 전속고발범죄

(1) 반의사불벌죄

고소불가분원칙이 반의사불벌죄의 경우에도 준용되는지에 관해 다툼이 있다. 판례는 준용부정설이다. 그 이유는 반의사불벌죄와 친고죄는 그 본질이 다르므로 반의사불벌죄의 경우는 범죄인과 피해자가 화해할 수 있도록 범죄인을 특정해서 처벌의사를 표시하도록 할 필요가 있고, 형소법이 고소취소의 시한과 재고소금지에 관한 제232조 제1항과 제2항을 준용하도록 하면서 고소불가분원칙에 관한 제233조를 준용하는 규정이 없는 것은 입법의 불비가 아니라 처벌불원의사표시나 처벌희망의사표시의 철회에 대해서는 친고죄와는 달리 주관적 불가분원칙을 적용하지 않으려는 입법자의 의사라는 것이다(93도1689). 그러나 친고죄와 반의사불벌죄는 그 본질이 다르지 않으므로 준용인정설이 옳다. 형소법이 반의사불벌죄와 친고죄의 법적 효과를 대부분 동일하게 규정하고 있고, 반의사불벌죄의 경우에 특별히 국가형벌권의 행사 여부를 피해자의 의사에 따라 좌우되도록 할 이유가 없다. 국가형벌권을 좌우하는 피해자의 의사의 효과를 획일적이고 통일적으로 부여할 필요가 있다.

(2) 전속고발범죄

공정거래위원회가 부당공동행위를 한 기업들을 고발하면서 일부기업에 대해서는 자진신고를 이유로 고발하지 않은 사건에서, 판례는 전속고발범죄에 대해서도 주관적 고소불가분원칙이 적용되지 않는다고 본다(2008도4762). 가담 정도가 중한 자일지라도 자진신고자 또는 신고협조자로서 고발이 면제되는 혜택을 보는 형평성 문제가 생길 수 있지만, 이 경우에 주관적 고소불가분원칙을 적용하는 것은 처벌의 확장을 의미하고, 이는 피고인에게 불리한 유추해석으로서 죄형법정주의에 어긋난다는 것이다.

• 기출문제 •

고소취소의 기한과 방식	1. 제1심 법원이 반의사불벌죄로 기소된 피고인에 대하여 소송촉진 등에 관한 특례법(이하 '소송촉진법'이라고 한다) 제23조에 따라 피고인의 진술 없이 유죄를 선고하여 판결이 확정된 경우, 만일 피고인이 책임을 질 수 없는 사유로 공판절차에 출석할 수 없었음을 이유로 소송촉진법 제23조의2에 따라 제1심 법원에 재심을 청구하여 재심개시결정이 내려졌다면 피해자는 재심의 제1심 판결 선고 전까지 처벌을 희망하는 의사표시를 철회할 수 있다. [2021년 법원직 9급 형소법문3]

고소취소의 기한과 방식	2. 반의사불벌죄의 피해자는 피의자나 피고인 및 그들의 변호인에게 자신을 대리하여 수사기관이나 법원에 자신의 처벌불원의사를 표시할 수 있는 권한을 수여할 수 없다. [2021년 국가직 9급 형소법 문4]
수사의 조건	3. 친고죄나 세무공무원 등의 고발이 있어야 논할 수 있는 죄에 있어서 고소 또는 고발은 이른바 소추조건에 불과하고 당해 범죄의 성립 요건이나 수사의 조건은 아니므로 위와 같은 범죄에 관하여 고소나 고발이 있기 전에 수사를 하였다고 하더라도 그 수사가 장차 고소나 고발이 있을 가능성이 없는 상태 하에서 행해졌다는 등의 특단의 사정이 없는 한 고소나 고발이 있기 전에 수사를 하였다는 이유만으로 그 수사가 위법하다고 볼 수는 없다. [2020년 제1차 순경시험 형소법 문33]

【정답 및 해설】 1. ○(2016도9470) 2. ×(2017도8989. 피해자가 피고인에게 합의서를 작성하여 준 사건) 3. ○(94도252)

소송조건에 관한 설명 중 옳지 않은 것은? (다툼이 있는 경우 판례에 의함)

[2020년 경찰간부후보생시험 형소법문5]

① 친고죄에 있어서 고소는 소송조건이 되지만, 고소가 있기 전 수사가 이루어졌다고 하더라도 그 수사가 장차 고소가 있을 가능성이 없는 상태에서 행하여졌다는 등의 특단의 사정이 없는 한 위법하다고 볼 수는 없다.

② 고소권자가 비친고죄로 고소한 사건이더라도 검사가 사건을 친고죄로 구성하여 공소를 제기하였다면 법원으로서는 친고죄에서 소송조건이 되는 고소가 유효하게 존재하는지를 직권으로 조사 · 심리하여야 한다.

③ 친고죄로 고소를 제기하였다가 공소제기 전 고소를 취소한 후 고소기간 내에 다시 동일한 친고죄로 고소하여 공소제기된 경우, 수소법원은 「형사소송법」 제327조 제2호의 '공소제기의 절차가 법률의 규정에 위반하여 무효인 때'에 해당함을 이유로 공소기각의 판결을 하여야 한다.

④ 「교통사고처리특례법」 위반으로 공소가 제기된 사건에 대해, 사건심리가 이미 완료되어 검사가 제출한 모든 증거에 의하더라도 피고인이 신호를 위반한 과실로 이 사건사고가 발생하였음을 인정하기에 부족하고, 피고인 차량이 공제조합에 가입하여 원래 공소를 제기할 수는 없는 경우라면 공소기각 판결을 해야 하고 무죄의 실체판결을 하는 것은 위법하다.

【해설】 ④×(2013도10958: 교특법의 공소불가사유에 해당하면 공소기각판결을 하는 것이 원칙이나, 사건의 실체에 관한 심리가 이미 완료되어 교특법의 업무상과실치상죄를 범하

였다고 인정되지 않는다면 공소불가사유가 있더라도 사실심법원이 피고인의 이익을 위해 교특법의 업무상과실치상죄에 대해 무죄판결을 선고하는 것은 적법하다.) ①○(94도252) ②○(2013도7987: 법원은 검사가 공소를 제기한 범죄사실을 심판하는 것이지 고소권자가 고소한 내용을 심판하는 것이 아니므로 법원은 친고죄의 소송조건인 고소가 유효하게 존재하는지를 직권으로 조사 · 심리하여야 한다.) ③○(제232조 제1항, 제2항: 고소는 제1심 판결선고전까지 취소할 수 있지만, 고소를 취소한 자는 다시 고소하지 못한다.) **【정답】** ④

고소에 관한 설명 중 옳은 것은? (다툼이 있는 경우 판례에 의함)

[2021년 변호사시험 형사법문27]

① 민사사건에서 '이 사건과 관련하여 서로 상대방에 대해 제기한 형사사건의 고소를 모두 취하한다'는 내용이 포함된 조정이 성립된 것만으로도 위 형사사건의 고소가 취소된 것으로 볼 수 있다.

② 법정대리인의 고소권은 무능력자의 보호를 위하여 법정대리인에게 주어진 독립대리권이므로, 피해자의 명시한 의사에 반하여 행사할 수 없다.

③ 항소심에서 공소장변경 또는 법원의 직권에 의하여 비친고죄를 친고죄로 인정한 경우, 항소심에 이르러 비로소 고소인이 고소를 취소하였다면 이는 친고죄에 대한 고소취소로서 효력이 있다.

④ 영업범 등 포괄일죄의 경우 고소권자가 범죄행위가 계속되는 도중에 범인을 알았다 하더라도 최후의 범죄행위가 종료한 때에 고소기간이 진행된다.

⑤ 변호사 甲이 친고죄의 피해자인 의뢰인 乙로부터 가해자인 A에 대한 고소대리권을 수여받아 고소를 제기한 경우, 고소기간은 고소대리인인 甲이 범죄사실을 알게 된 날부터 기산한다.

【해설】 ④○(2004도5014. 실용신안법사건) ①×(2003도8136. 조정이 성립된 이후에도 고소인이 수사기관 및 제1심 법정에서 여전히 피고인의 처벌을 원한다는 취지로 진술한 사건) ②×(99도3784. 법정대리인의 고소권은 고유권이다.) ③×(96도1922전합) ⑤×(2001도08: 고소권자를 기준으로 한다.) **【정답】** ④

고소 등에 대한 다음의 설명(㉠~㉤) 중 옳고 그름의 표시(○, ×)가 바르게 된 것은? (다툼이 있는 경우 판례에 의함) [2020년 제1차 순경시험 형소법 문4]

㉠ 고소능력은 피해를 입은 사실을 이해하고 고소에 따른 사회생활상의 이해관계를 알아차릴 수 있는 사실상의 의사능력으로 충분하므로, 「민법」상 행위능력이 없는 사람이라도 위와

같은 능력을 갖추었다면 고소능력이 인정된다.

ⓛ 고소권자가 비친고죄로 고소한 사건이더라도 검사가 사건을 친고죄로 구성하여 공소를 제기하였다면, 공소장 변경절차를 거쳐 공소사실이 비친고죄로 변경되지 아니하는 한, 법원으로서는 친고죄에서 소송조건이 되는 고소가 유효하게 존재하는지를 직권으로 조사 · 심리하여야 한다.

ⓒ 법정대리인의 고소권은 무능력자의 보호를 위하여 법정대리인에게 주어진 고유권이어서 피해자의 고소권 소멸여부에 관계없이 고소할 수 있는 것이며, 그 고소기간은 법정대리인 자신이 범인을 알게 된 날로부터 진행한다.

ⓔ 「형사소송법」 제236조의 대리인에 의한 고소의 경우, 대리권이 정당한 고소권자에 의하여 수여되었음을 증명하기 위해 반드시 위임장을 제출한다거나 '대리'라는 표시를 하여야 한다.

ⓜ 친고죄에 관한 고소의 주관적 불가분 원칙을 규정한 「형사소송법」 제233조는 「공정거래법」상 공정거래위원회의 고발에 준용된다.

① ㉠(○) ㉡(×) ㉢(○) ㉣(○) ㉤(×) ② ㉠(○) ㉡(○) ㉢(×) ㉣(×) ㉤(×)

③ ㉠(×) ㉡(×) ㉢(×) ㉣(○) ㉤(○) ④ ㉠(○) ㉡(○) ㉢(○) ㉣(×) ㉤(×)

【해설】 ㉠: ○(2011도4451) ㉡: ○(2013도7987) ㉢: ○(99도3784) ㉣: ×(2001도308: 대리권이 정당한 고소권자에 의하여 수여되었음이 실질적으로 증명되면 충분하고, 그 방식에 특별한 제한은 없으므로, 고소를 할 때 반드시 위임장을 제출한다거나 '대리'라는 표시를 하여야 하는 것은 아니다.) ㉤: ×(2008도4762: 가담 정도가 중한 자일지라도 자진신고자 또는 신고협조자로서 고발이 면제되는 혜택을 보는 형평성 문제가 생길 수 있지만, 주관적 고소불가분원칙을 적용하면 처벌이 확장되고, 이는 피고인에게 불리한 유추해석으로서 죄형법정주의에 어긋나기 때문이다.) **【정답】** ④

고소와 고발에 대한 다음 설명 중 적절하지 않은 것만을 고른 것은 모두 몇 개인가? (다툼이 있는 경우 판례에 의함) [2020년 제2차 순경시험 형소법 문8]

㉠ 「성폭력범죄의 처벌 등에 관한 특례법」 제27조에 따라 성폭력범죄 피해자의 변호사는 피해자를 대리하여 피고인에 대한 처벌을 희망하는 의사표시를 철회하거나 처벌을 희망하지 않는 의사표시를 할 수 있다.

㉡ 반의사불벌죄에 있어서 미성년인 피해자에게 의사능력이 있는 이상, 법정대리인의 동의 없이 단독으로 고소취소 또는 처벌불원의 의사를 표시할 수 있다.

㉢ 제1심 법원이 반의사불벌죄로 기소된 피고인에 대하여 「소송촉진 등에 관한 특례법」 제23조에 따라 피고인의 진술 없이 유죄를 선고하여 판결이 확정된 후 피고인이 제1심 법원에 동법 제23조의2에 따른 재심을 청구하는 대신 항소권 회복 청구를 하여 항소심 재판을 받게 된 경우, 항소심 절차일지라도 처벌을 희망하는 의사표시를 철회할 수 있다.

㉣ 세무공무원 등의 고발에 따른 「조세범 처벌법」 위반죄 혐의에 대하여 검사가 불기소처분을 하였다가 나중에 공소를 제기하는 경우에는 세무공무원 등의 새로운 고발이 있어야 한다.

> ⓜ 수개의 범칙사실 중 일부만을 범칙사건으로 하는 고발이 있는 경우에 고발장에 기재된 범칙사실과 동일성이 인정되지 않는 다른 범칙사실에 대해서는 고발의 효력이 미치지 않는다.

①1개 ② 2개 ③ 3개 ④ 4개

【해설】 ㉠ㅇ(2019도10678. 제27조(성폭력범죄 피해자에 대한 변호사 선임의 특례) ①성폭력범죄의 피해자 및 그 법정대리인(이하 "피해자등"이라 한다)은 형사절차상 입을 수 있는 피해를 방어하고 법률적 조력을 보장하기 위하여 변호사를 선임할 수 있다. ⑤제1항에 따른 변호사는 형사절차에서 피해자등의 대리가 허용될 수 있는 모든 소송행위에 대한 포괄적인 대리권을 가진다. ⑥검사는 피해자에게 변호사가 없는 경우 국선변호사를 선정하여 형사절차에서 피해자의 권익을 보호할 수 있다.) ㉡ㅇ(2009도6058전합) ㉢×(형사소송법 제232조 제1항 및 제3항은 반의사불벌죄에서 처벌을 희망하는 의사표시는 제1심 판결 선고 전까지 철회할 수 있다고 규정하고 있다. 따라서 재심의 제1심 판결 선고 전까지 처벌을 희망하는 의사표시를 철회할 수 있으나, 항소권회복청구를 함으로써 항소심 재판을 받게 되었다면 항소심을 제1심이라고 할 수 없으므로 항소심 절차에서는 처벌을 희망하는 의사표시를 철회할 수 없다.) ㉣×(2009도6614) ㉤ㅇ(2013도5650) **【정답】** ③

고소 등에 대한 설명으로 옳은 것은? (다툼이 있는 경우 판례에 의함)

[2020년 국가직 7급 형소법 문3]

① 반의사불벌죄에 있어서 성인인 피해자가 교통사고로 인해 의식을 회복하지 못하여 처벌희망 여부에 관한 의사표시를 할 수 있는 소송능력이 있다고 할 수 없는 경우, 피해자의 부모가 피해자를 대리하여 처벌을 희망하지 아니한다는 의사를 표시하면 처벌할 수 없다.

② 반의사불벌죄에 있어서 미성년자인 피해자는 의사능력이 있더라도 단독으로는 처벌을 희망하는 의사표시를 할 수 없고 법정대리인의 동의가 있어야 한다.

③ 「형사소송법」 제230조제1항(고소기간)의 '범인을 알게 된'은 통상인의 입장에서 보아 고소권자가 고소를 할 수 있을 정도로 범죄사실과 범인을 아는 것을 의미하고, 여기서 범죄사실을 안다는 것은 고소권자가 친고죄에 해당하는 범죄의 피해가 있었다는 사실관계에 관하여 확정적인 인식이 있음을 말한다.

④ 고소인이 사건 당일 범죄사실을 신고하면서 현장에 출동한 경찰관에게 고소장을 교부하였다면, 그 후 경찰서에 도착하여 최종적으로 고소장을 접수시키지 아니하기로 결심하고 고소장을 반환받았더라도 고소의 효력이 발생된다.

【해설】 ③ㅇ(2010도4680; 2001도3106) ①×(2012도568: 피해자가 의식을 회복하지 못하고 있는 이상 피해자에게 반의사불벌죄에서 처벌희망 여부에 관한 의사표시를 할 수 있는

소송능력이 있다고 할 수 없고, 피해자의 아버지가 피해자를 대리하여 처벌을 희망하지 아니한다는 의사를 표시하는 것 역시 허용되지 아니할 뿐만 아니라 피해자가 성년인 이상 의사능력이 없다는 것만으로 피해자의 아버지가 당연히 법정대리인이 된다고 볼 수도 없다.) ②×(2009도6058전합) ④×(2007도4977: 고소의 효력이 발생하지 않는다.) **【정답】** ③

고소의 효력에 관한 설명 중 옳지 않은 것은? (다툼이 있는 경우 판례에 의함)

[2020년 경찰간부후보생시험 형소법 문7]

① 甲이 수개의 「저작권법」 위반행위를 저질러 포괄일죄의 관계에 있는 경우에 일부의 행위에 대해서만 고소가 있었더라도 그 고소는 포괄일죄의 관계에 있는 행위 전부에 미친다.

② 의사 甲이 직무상 알게 된 비밀을 누설하는 방법으로 A의 명예를 훼손한 경우, 비친고죄인 명예훼손죄에 대한 A의 고소는 친고죄인 업무상 비밀누설행위에 대하여는 효력을 미치지 않는다.

③ 甲과 乙은 서로 짜고 주변 사람들에게 A를 모욕하는 말을 떠들고 다녔다. 이에 A는 甲과 乙을 친고죄인 모욕죄의 범죄사실로 고소하였다. 甲과 乙이 모욕죄의 공범으로 기소되어 제1심 공판심리 중 A가 甲에 대한 고소를 취소하면 수소법원은 甲과 乙 모두에 대하여 공소기각판결을 선고해야 한다.

④ 친구 사이인 甲과 乙은 공모하여 甲의 부친 A의 자동차를 절취하였다. A의 고소에 따라 제1심 법원의 공판절차가 진행되던 중에 A가 甲에 대한 고소를 취소한 경우, 수소법원은 甲과 乙 모두에 대해 공소기각판결을 선고해야 한다.

【해설】 ①○(2002도5411: 일죄의 관계에 있는 범죄사실의 일부에 대한 공소제기 및 고발의 효력은 그 일죄의 전부에 대하여 미친다. 2013도5650: 고발은 범죄사실에 대한 소추를 요구하는 의사표시로서 그 효력은 고발장에 기재된 범죄사실과 동일성이 인정되는 사실 모두에 미치므로, 조세범 처벌절차법에 따라 범칙사건에 대한 고발이 있는 경우 고발의 효력은 범칙사건에 관련된 범칙사실의 전부에 미치고 한 개의 범칙사실의 일부에 대한 고발은 전부에 대하여 효력이 생긴다.) ②○ ③○(제233조) ④×(고소나 취소의 효력이 없으므로 甲에게는 친족간 특례규정이 적용되어 형면제판결을, 乙에게는 유죄판결을 각각 선고해야 한다.) **【정답】** ④

친고죄의 고소에 대한 설명으로 옳은 것만을 모두 고르면? (다툼이 있는 경우 판례에 의함)

[2020년 국가직 9급 형소법 문17]

ㄱ. 친고죄가 아닌 범죄로 기소되었으나 항소심에서 공소장의 변경에 의하여 친고죄로 인정된 경우, 고소인이 공소제기 전에 행한 고소를 항소심에서 취소하면 법원은 공소기각의 판결을 선고하여야 한다.
ㄴ. 수사기관이 고소권이 있는 자를 증인 또는 피해자로서 신문한 경우에는 그 진술에 범인의 처벌을 요구하는 의사표시가 포함되어 있고 그 의사표시가 조서에 기재되어 있더라도 이는 고소로서 유효하지 않다.
ㄷ. 수사가 장차 고소나 고발의 가능성이 없는 상태 하에서 행해졌다는 등의 특단의 사정이 없는 한, 고소나 고발이 있기 전에 수사를 하였다는 이유만으로 그 수사가 위법하게 되는 것은 아니다.
ㄹ. 친고죄에 있어서 피해자의 고소권은 공법상의 권리로서 법이 특히 명문으로 인정하는 경우를 제외하고는 고소 전에 고소권을 포기할 수 없다.

① ㄱ, ㄴ ② ㄴ, ㄷ ③ ㄷ, ㄹ ④ ㄱ, ㄷ, ㄹ

【해설】 ㄱ:×(96도1922전합) ㄴ:×(2011도4451) ㄷ:○(94도252) ㄹ:○(67도471) **【정답】** ③

친고죄에서의 고소취소 및 고소권 포기에 대한 설명으로 가장 적절하지 않은 것은? (다툼이 있는 경우 판례에 의함) [2021년 제1차 순경시험 형소법 문3]

① 고소를 한 피해자가 가해자에게 합의서를 작성하여 준 것만으로는 적법한 고소취소로 보기 어렵지만, '가해자와 원만히 합의하였으므로 피해자는 가해자를 상대로 이 사건과 관련한 어떠한 민·형사상의 책임도 묻지 아니한다.'는 취지의 합의서를 공소제기 이전 수사기관에 제출하였다면 고소취소의 효력이 있다.
② 고소는 제1심판결 선고 전까지 취소할 수 있지만, 항소심에서 공소장변경절차를 거치지 아니하고 법원이 직권으로 친고죄가 아닌 범죄를 친고죄로 인정한 경우, 항소심에서 고소인이 고소를 취소하였다면 친고죄에 대한 고소취소로서 효력을 갖는다.
③ 일단 고소를 취소한 자는 고소기간이 남았더라도 다시 고소하지 못한다.
④ 고소권은 고소 전에 포기될 수 없으므로, 비록 고소 전에 피해자가 처벌을 원치 않았다 하더라도 피해자가 고소장을 제출하여 처벌을 희망하는 의사를 분명히 표시한 후 그 고소를 취소한 바 없다면 피해자의 고소는 유효하다.

【해설】 ②×(96도1922전합. 고소취소는 1심 판결선고 전까지만 허용된다.) ①○(81도1171) ③○(제232조 제2항) ④○(67도471) **【정답】** ②

전속고발에 대한 설명으로 가장 적절하지 않은 것은? (다툼이 있는 경우 판례에 의함)
[2021년 제1차 순경시험 형소법 문4]

① 공정거래위원회의 고발이 있어야 공소를 제기할 수 있는 「독점규제 및 공정거래에 관한 법률」 위반죄를 적용하여 위반행위자들 중 일부에 대하여 공정거래위원회가 고발을 하였다면 나머지 위반행위자에 대하여도 위 고발의 효력이 미친다.
② 전속고발사건에 있어서 수사기관이 고발에 앞서 수사를 하고 甲에 대한 구속영장을 발부받은 후 검찰의 요청에 따라 관계공무원이 고발조치를 하였다고 하더라도 공소제기 전에 고발이 있은 이상 甲에 대한 공소제기의 절차가 법률의 규정에 위반하여 무효라고 할 수는 없다.
③ 세무공무원 등의 고발이 있어야 공소를 제기할 수 있는 「조세범 처벌법」 위반죄에 관하여 일단 불기소처분이 있었더라도 세무공무원 등이 종전에 한 고발은 여전히 유효하고, 따라서 나중에 공소를 제기함에 있어 세무공무원 등의 새로운 고발이 있어야 하는 것은 아니다.
④ 공정거래위원회가 사업자에게 「독점규제 및 공정거래에 관한 법률」의 규정을 위반한 혐의가 있다고 인정하여 동법 제71조에 따라 사업자를 고발하였다면, 법원이 본안에 대하여 심판한 결과 위반되는 혐의 사실이 인정되지 아니하더라도 이러한 사정만으로는 그 고발을 기초로 이루어진 공소제기 등 형사절차의 효력에 영향을 미치지 아니한다.

【해설】 ①×(2008도762. 고소불가분원칙이 전속고발범죄에 대해서는 준용되지 않는다.) ②○(94도3373) ③○(2009도6614) ④○(2015도3926. 또한 공정거래위원회의 처분이 위법하여 행정소송에서 취소되더라도 공소제기는 유효하다.) **【정답】** ①

친고죄와 반의사불벌죄에 관한 설명 중 옳지 않은 것은? (다툼이 있는 경우 판례에 의함)
[2018년 변호사시험 형사법 문26]

① 친고죄에서 고소권자의 고소가 유효함에도 고소의 효력이 없다는 이유로 공소를 기각한 제1심 판결에 대하여 항소심 절차가 진행되던 중 고소인이 고소를 취소하였는데 항소심이 제1심의 공소기각 부분이 위법하다는 이유로 사건을 파기환송한 경우, 환송 후의 제1심 법원은 고소취소를 이유로 공소기각판결을 선고할 수 없다.
② 피해자가 반의사불벌죄의 공범 중 그 1인에 대하여 처벌을 희망하는 의사를 철회한 경우, 다른 공범자에 대하여도 처벌희망의사가 철회된 것으로 볼 수 없다.

③ 친고죄로 고소를 제기하였다가 공소제기 전 고소를 취소한 후 고소기간 내에 다시 동일한 친고죄로 고소하여 공소제기된 경우, 수소법원은 「형사소송법」 제327조 제2호의 '공소제기의 절차가 법률의 규정에 위반하여 무효인 때'에 해당함을 이유로 판결로써 공소기각의 선고를 하여야 한다.

④ 고소권자로부터 고소권한을 위임받은 대리인이 친고죄에 대하여 고소를 한 경우, 고소기간은 대리인이 아니라 고소권자가 범인을 알게 된 날부터 기산한다.

⑤ 친고죄의 공범 중 일부에 대하여 제1심 판결이 선고된 후에는 제1심 판결선고 전의 다른 공범자에 대하여 고소를 취소할 수 없고, 고소의 취소가 있다 하더라도 그 효력이 발생하지 않는다.

【해설】 ①×(2009도9112: 고소취소가 적법하므로 환송 후의 제1심 및 원심은 공소를 기각해야 한다.) ②○(93도1689) ③○(제232조 제1항, 제2항: 고소취소하면 다시 고소하지 못하므로 이에 대해 공소제기된 경우 공소기판결을 해야 한다.) ④○(2001도3081) 그러나 법정대리인의 고소권은 무능력자의 보호를 위하여 법정대리인에게 주어진 고유권이어서 피해자의 고소권 소멸여부에 관계없이 고소할 수 있는 것이며, 그 고소기간은 법정대리인 자신이 범인을 알게 된 날로부터 진행한다(99도3784). ⑤○(85도1940. 국가형벌권의 행사가 피해자의 의사에 지나치게 종속되지 않도록 하고, 획일적인 사건 처리를 위한 것이다.) **【정답】** ①

• 탐구과제 •

- 고소 · 고발 남용에 대한 대책은?
- 공정위의 전속고발권을 폐지하는 것이 기업에 미치는 영향은?

16강 체포 · 구속과 판결 확정 전 석방제도

수사의 의의와 원칙을 보고, 강제수사의 대표적인 형태인 체포 · 구속의 형태와 요건을 본다. 판결이 확정되기 전에 체포 · 구속에서 석방될 수 있는 방법을 이해한다.

• 사례 •

사법경찰관 X는 법무고등학교 앞에서 학생들이 동네 불량배로부터 금품을 갈취당하고 있다는 첩보를 입수하여 피해자 A(16세), B(16세)를 만나 피해상황에 대해 확인해본 결과 동네 불량배의 일원인 甲과 乙에게 수차례 금품을 빼앗긴 사실을 확인하였다. 사법경찰관 X는 특히 甲이 동종 전과가 수회 있고, 동종의 죄로 복역 후 출소한 지 얼마 되지 않는다는 것을 알고 甲과 乙에게 수차례 출석요구를 하였으나 甲과 乙은 이에 응하지 않았다. 그러던 중 사법경찰관 X는 우연히 노상에서 甲과 乙을 발견하였는데, 乙이 도망하는 바람에 甲만을 적법하게 긴급체포한 후 구속영장을 발부받아 구속한 다음 계속 수사를 진행하였다. 사법경찰관 X가 甲을 긴급체포한 후 구속과 관련하여서는 다음의 절차가 이루어졌다.

- 2010. 6. 1. 23:00 긴급체포
- 2010. 6. 2. 14:00 검사에게 구속영장 신청
- 2010. 6. 2. 16:00 법원에 구속영장 청구서 및 수사기록 접수시킴
- 2010. 6. 3. 10:00 판사의 구속 전 피의자 심문, 12:00 구속영장 발부, 13:00 검찰청에 구속영장 및 수사기록 반환
- 2010. 6. 3. 18:00 구속영장 집행

위와 같이 甲을 구속하였고 계속 구속함이 적절한 경우, 사법경찰관 X는 언제까지 甲을 검사에게 인치(검찰청에 송치)하여야 하는지 구체적 일자를 밝히고, 그 법적 근거를 설명하시오. (10점)
2010년 52회 사법시험 1문의1

• 해설 •

1. 수사의 의의와 원칙

가. 수사의 의의

제196조 (검사의 수사) 검사는 범죄의 혐의가 있다고 사료하는 때에는 범인, 범죄사실과 증거를 수사한다.
제197조 (사법경찰관리) ① 경무관, 총경, 경정, 경감, 경위는 사법경찰관으로서 범죄의 혐의가 있다고 사료하는 때에는 범인, 범죄사실과 증거를 수사한다. ② 경사, 경장, 순경은 사법경찰리로서 수사의 보조를 하여야 한다.

수사기관이 범죄의 혐의가 있다고 판단하면 수사를 해야 한다. 수사란 범죄혐의의 유무를 명백히 하여 공소를 제기 · 유지할 것인가의 여부를 결정하기 위하여 범인을 발견 · 확보하고 증거를 수집 · 보전하는 수사기관의 활동을 말한다(98도3329).

수사 목적을 달성함에 필요한 경우에 한하여 사회통념상 상당하다고 인정되는 방법에 의해 수사를 해야 한다(98도3329). 수사의 필요성과 상당성이 인정되어야한다. 이런 점에서 소송조건 흠결의 경우에도 수사를 할 수 있는지 다툼이 있다.

나. 수사의 원칙

제198조 (준수사항) ①피의자에 대한 수사는 불구속 상태에서 함을 원칙으로 한다. ②검사 · 사법경찰관리와 그 밖에 직무상 수사에 관계있는 자는 피의자 또는 다른 사람의 인권을 존중하고 수사과정에서 취득한 비밀을 엄수하며 수사에 방해되는 일이 없도록 하여야 한다. ③검사 · 사법경찰관리와 그 밖에 직무상 수사에 관계있는 자는 수사과정에서 수사와 관련하여 작성하거나 취득한 서류 또는 물건에 대한 목록을 빠짐 없이 작성하여야 한다.
제199조 (수사와 필요한 조사) ①수사에 관하여는 그 목적을 달성하기 위하여 필요한 조사를 할 수 있다. 다만, 강제처분은 이 법률에 특별한 규정이 있는 경우에 한하며, 필요한 최소한도의 범위 안에서만 하여야 한다.

수사는 비례성원칙을 지켜야한다. 제199조는 이를 규정한 것이다. ①수사방법이 수사목적(진실규명, 증거수집)에 적합해야한다(적합성). 수사목적 달성에 불가능한 수사방법이거나 가능한 수사방법일지라도 긍정적 효과보다 부정적 효과가 더 크면 그 수사방법은 적합하지 않다. 예컨대 피의자의 일거수일투족을 감시카메라로 촬영하는 경우이다. ②적합한 수사방법(a)일지라도 그 수사방법보다 기본권을 최소한 침해하거나 전혀 침해하지 않는 다른 수사방법(b)이 있으면 그 수사방법(b)을 사용해야한다(최소침해성, 보충성). 곧 a라는 수사방법은 적합한 것이기는 하지만 불필요한 것이다(필요성). 예컨대 피의자가 수사기관의 신문에 응하겠다고 했는데도 불구하고 피의자를 영장체포하거나 합리적인 이유가 없음에도 불구하고 심야조사[97]를 하는 경우이다. ③적합하고 필요한 수사방법일지라도 그 수사방법으로 침해되는 이익과 그 수사방법에 따른 수사목적의 달성으로 얻는 이익이 균형을 이루어야한다(균형성). 예컨대 길에 떨어진 100원짜리 동전을 주어서 가진 사람을 점유이탈물횡령죄로 입건하거나 체포하는 경우이다.

검사 · 경찰과 그 밖에 직무상 수사에 관계있는 자는 피의자 또는 다른 사람의 인권을 존중하고, 수사과정에서 취득한 비밀을 엄수하며 수사에 방해되는 일이 없도록 해야 한다(제198조 제1항). 피의자에 대한 수사는 불구속 상태에서 함을 원칙으로 한다(제198조 제1항). 검사 · 경찰과 그 밖에 직무상 수사에 관계있는 자는 수사과정에서 수사와 관련하여 작성하거나 취득한 서류 또는 물건에 대한 목록을 빠짐 없이 작성해야 한다(제198조 제3항).

다. 강제수사와 영장주의

강제수사란 강제처분에 의한 수사를 말한다. 강제처분은 ①체포 · 구속, ②수색 · 압수, ③감청 · 검증 · 감정유치(처분), ④공판기일 전 판사의 강제처분 4가지로 구별할 수 있다. 공판기일 전 판사의 강제처분은 수소법원의 공판준비과정이 장기화될 가능성에 대비하여 검사나 피의자 · 피고인의 요구에 따라 판사에 의해 이루어지는 강제적 증거확보수단이다. 강제처분은 수사기관의 강제처분과 법원의 강제처분으로 구별할 수 있는데, 형소법은 법원의 강제처분을 제68조 이하에서 먼저 규정하고, 이를 수사기관의 강제처분에 준용하고 있다(제200조의6, 제209조).

형사절차에서 강제처분의 목적은 ①증거의 수집, ②공판절차의 원활한 진행, ③형벌집행의 확보에 있다. 그런데 강제처분은 기본권을 침해한다. 따라서 헌법은 '체포 · 구속 · 수색 · 압수를 할 때에는 적법한 절차에 따라 검사의 신청에 의해 법관이 발부한 영장을 제시해야한다(제12조 제3항)'고 하고 있고, '주거에 대한 수색 · 압수를 할 때도 검사의 신청에 의해 법관이 발부한 영장을 제시해야한다(제16조)'고 하고 있다. 이를 영장주의라고 한다. 강제수사는 법률이 규정한 경우에 한해 가능하고(제199조 제1항, 강제수사법정주의, 강제처분법정주의), 법관의 영장을 필요로 한다.

---

97) 인권보호수사준칙(법무부 훈령 제556호) 제40조【심야조사 금지】① 검사는 자정 이전에 피의자 등 사건관계인에 대한 조사를 마치도록 한다. ② 제1항의 규정에도 불구하고 조사받는 사람이나 그 변호인의 동의가 있거나, 공소시효의 완성이 임박하거나, 체포기간 내에 구속 여부를 판단하기 위해 신속한 조사의 필요성이 있는 등 합리적인 이유가 있는 경우에는 인권보호관의 허가를 받아 자정 이후에도 조사할 수 있다.

2. 검사와 경찰의 상호협력관계와 수사권의 변화

가. 개관

수사기관이란 수사의 권한이 인정된 국가기관을 말한다. 형소법은 수사기관으로서 검사와 경찰을 규정하고 있다. 공소기관이란 수사종결 후 법원에 공소제기를 할 수 있는 기관을 말하는데, 검사가 이에 해당한다. 2020. 2. 4. 형소법을 개정하여 검사의 경찰에 대한 수사지휘권을 폐지하고 검사와 국가경찰을 수사와 공소제기 및 공소유지에 관한 협력관계로 규정한다. 이에 따라 국가경찰은 1차적 수사권 및 수사종결권을 갖는다. 검사는 기소권과 함께 송치 후 수사권 · 사법경찰관 수사에 대한 보완수사 및 시정조치 요구권 등 사법통제 권한을 갖는다.

그런데 특별사법경찰관과 자치경찰에 대한 검사의 수사지휘권은 유지된다. 2020. 2. 4. 검찰청법을 개정하여 검찰청법이 규정하는 특정범죄에 대해서만 직접 수사하도록 검사의 수사 개시 범위를 제한한다.

나. 경찰의 1차적 수사권과 영장불청구에 대한 심의신청권

검사의 직접 수사 대상범죄가 아닌 범죄에 대해서는 경찰이 1차적 수사권을 갖는다. 검사는 경찰과 동일한 범죄사실을 수사하게 된 때에는 경찰에게 사건을 송치할 것을 요구할 수 있고, 요구를 받은 경찰은 지체 없이 검사에게 사건을 송치하여야 하지만, 검사가 영장을 청구하기 전에 동일한 범죄사실에 관하여 경찰이 영장을 신청한 경우에는 해당 영장에 기재된 범죄사실을 계속 수사할 수 있다(제197조의4).

검사가 경찰이 신청한 영장을 정당한 이유 없이 판사에게 청구하지 않은 경우 경찰은 그 검사 소속의 지방검찰청 소재지를 관할하는 고등검찰청에 영장 청구 여부에 대한 심의를 신청할 수 있고, 이를 위해 각 고등검찰청에 영장심의위원회(약칭하여 영심위)를 두는데, 경찰은 영심위에 출석하여 의견을 개진할 수 있고, 영심위는 위원장 1명을 포함한 10명 이내의 외부 위원으로 구성하고, 위원은 각 고등검찰청 검사장이 위촉하며, 영심위의 구성 및 운영 등 그 밖에 필요한 사항은 법무부령으로 정한다(제221조의5).

다. 검사의 보완수사요구권과 시정조치요구권

검사는 송치사건의 공소제기 여부 결정 또는 공소의 유지에 관하여 필요한 경우 또는 경찰이 신청한 영장의 청구 여부 결정에 관해 필요한 경우 경찰에게 보완수사를 요구할 수 있고, 이 요구를 받은 경찰은 정당한 이유가 없는 한 지체없이 이를 이행하고, 그 결과를 검사에게 통보해야 하며, 검찰총장 또는 각급 검찰청 검사장은 경찰이 정당한 이유 없이 요구에 따르지 않는 때에는 권한 있는 사람에게 해당 경찰의 직무배제 또는 징계를 요구할 수 있다(제197조의2).

검사는 경찰의 수사과정에서 법령위반, 인권침해 또는 현저한 수사권 남용이 의심되는 사실의 신고가 있거나 그러한 사실을 인식하게 된 경우에는 경찰에게 사건기록 등본의 송부를 요구할 수 있고, 요구를 받은 경찰은 지체 없이 검사에게 사건기록 등본을 송부해야 하며, 송부를 받은 검사는 필요하다고 인정되는 경우에는 경찰에게 시정조치를 요구할 수 있고, 요구가 있는 때는 경찰은 정당한 이유가 없으면 지체 없이 이를 이행하고, 그 결과를 검사에게 통보하여야 하며, 통보를 받은 검사는 시정조치 요구가 정당한 이유 없이 이행되지 않았다고 인정되는 경우에는 경찰에게 사건을 송치할 것을 요구할 수 있고, 송치 요구를 받은 경찰은 검사에게 사건을 송치해야 하는데, 검찰총장 또는 각급 검찰청 검사장은 경찰의 수사과정에서 법령위반, 인권침해 또는 현저한 수사권 남용이 있었던 때에는 권한 있는 사람에게 해당 경찰의 징계를 요구할 수 있고, 경찰은 피의자를 신문하기 전에 수사과정에서 법령위반, 인권침해 또는 현저한 수사권 남용이 있는 경우 검사에게 구제를 신청할 수 있음을 피의자에게 알려주어야 한다(제197조의3).

라. 경찰의 1차적 수사종결권과 불송치결정권

경찰은 고소 · 고발 사건을 포함하여 범죄를 수사하였는데, 범죄혐의가 있다고 인정하면 지체 없이 검사에게 사건을 송치하고, 관계 서류와 증거물을 검사에게 송부해야 한다. 그러나 범죄혐의가 없다고 인정하면 그 이유를 명시한 서면과 함께 관계 서류와 증거물을 지체 없이 검사에게 송부해야 하고, 검사는 송부받은 날로부터 90일 이내에 경찰에게 반환하여야 한다(제245조의5).

검사는 경찰이 사건을 불송치한 것이 위법 또는 부당한 때에는 그 이유를 문서로 명시하여 경찰에게 재수사를 요청할 수 있고, 이 요청을 받은 경찰은 사건을 재수사하여야 한다(제245조의8).

3. 체포 · 구속과 통제장치 및 석방제도

가. 개관

체포 · 구속이란 신체의 자유를 제한하는 대인적 강제처분을 말한다. 흔히 인신구속(人身拘束)이란 말을 사용하기도 하지만, 변호인의 접견교통권에 관한 제34조에 있는 신체구속이란 말을 사용하기도 한다.

피의자 구속에는 영장주의가 적용되고 피의자에 대한 영장체포가 허용된다. 그러나 피의자 긴급체포와 현행범체포의 경우에는 영장주의가 적용되지 않는다. 체포 · 구속은 수사절차에서 이루어지는 피의자의 체포 · 구속과 공판절차에서 이루어지는 피고인의 구속으로 구별할 수 있다. 차이점은 아래 표와 같다.

<table>
<tr><td rowspan="3">구별</td><td colspan="4">수사기관의 피의자 체포 · 구속</td><td colspan="2">수소(受訴)법원의 피고인 구속</td></tr>
<tr><td colspan="3">체포</td><td rowspan="2">구속</td><td colspan="2">구속</td></tr>
<tr><td>영장</td><td>긴급</td><td>현행범</td><td>구인</td><td>구금</td></tr>
<tr><td rowspan="2">통제</td><td colspan="6">체포 · 구속시 권리고지제도</td></tr>
<tr><td colspan="4">구속하려면 48시간 이내 청구 및 구속영장실질심사제도</td><td colspan="2"></td></tr>
<tr><td>최장 기간</td><td colspan="4">경찰수사(10일) · 검찰기소(20일): 30일(체포 일수 포함)</td><td colspan="2">18개월(구인은 24시간)</td></tr>
<tr><td rowspan="2">석방</td><td colspan="4">– 체포적부심사(기각과 석방)
– 구속적부심사(기각과 석방 및 보증금납입조건부석방)</td><td colspan="2">보석</td></tr>
<tr><td colspan="4">체포 · 구속의 취소와 집행정지</td><td colspan="2">구속의 취소와 집행정지</td></tr>
</table>

나. 검사의 독점적 영장신청권 내지 영장청구권과 피의자 구속기간

앞서 보았듯이 헌법 제12조 제3항은 체포 · 구속 · 압수 또는 수색에 관한 영장 신청의 주체를 검사로 한정하여 규정하고 있다. 이에 따라 형소법은 '검사는 관할지방법원판사에게 청구하여 영장을 받아 구속하거나 압수할 수 있고 사법경찰관은 검사에게 신청하여 검사의 청구로 관할지방법원판사의 영장을 받아 구속하거나 압수할 수 있다(제201조, 제215조)'고 규정하고 있다. 영장청구권을 검사가 독점하고 있고, 이를 헌법에 규정하고 있다. 따라서 경찰도 법원에 영장청구권을 행사할 수 있도록 하려면 원칙적으로 헌법을 개정해야 한다.

그런데 경찰이 검사에게 신청하여 검사의 청구로 영장담당판사의 구속영장을 발부받아 피의자를 구속수사할 수 있는 최대 기간은 10일이고, 이 사건을 송치받아 검사가 피의자를 구속수사할 수 있는 기간은 최대 20일이다. 경찰과 검사를 거쳐 구속수사를 받은 피의자가 기소되기 전까지 구속될 수 있는 최대 기간은 30일인 것이다.

헌법과 형소법이 말하는 검사는 그 동안 검찰청 소속 검사만 의미했으나 공수처의 출범으로 검사는 앞으로 검찰청 검사와 공수처 검사 두 가지 의미를 갖게 되었다. 따라서 공수처 검사에게도 영장청구권이 있다고 봐야한다. 고위공직부정부패범죄에 대한 수사권은 공수처 검사에게 있고, 고위공직부정부패범죄를 범한 사람이 판 · 검사나 고위경찰공무원이면 공수처 검사에게 기소권까지 있다. 검찰청 검사의 수사권은 부패범죄, 경제범죄, 공직자범죄, 선거범죄, 방위산업범죄, 대형참사사건, 경찰공무원범죄, 이들 범죄와 경찰이 송치한 범죄의 관련범죄로 제한된다.

검찰청 검사가 피의자를 수사하고 기소하는 사건의 최대 구속기간은 20일이다. 그렇다면 공수처 검사가 피의자를 수사하고 기소하는 사건의 최대 구속기간도 20일이다. 그럼 공수처 검사가 수사하고 검찰청 검사가 기소하는 사건의 최대 구속기간은 며칠로 봐야할까. 공수처 검사의 수사를 경찰의 수사처럼 보면 10일이고, 이후 이를 송치받은 검찰청 검사가 기소 여부 판단을 위해서 최대 20일 구속할 수 있다고 볼 수 있다. 그러나 공수처 검사의 수사를 검찰청 검사의 수사처럼 봐야하고, 피의자를 구속할 수 있는 최대 기간은 20일로 봐야하지만 기소 여부를 결정해야하는 검찰청 검사와 나누어 써야한다. 그래야 공수처 검사나 검찰청 검사가 수사하고 기소하는 사건의 최대 구속기간이 20일인 것과 형평에 부합한다. 결국 공수처 검사가 수사하고 검찰청 검사가 기소하는 사건의 최대 구속기간도 20일로 봐야한다.

이렇게 보면 경찰이 수사하고 검찰청 검사가 기소하는 사건의 최대 구속기간만 30일이다. 이 또한 피의자를 구속할 수 있는 최대 기간을 20일로 줄일 필요가 있다. 공수처나 검찰청의 수사를 받는 피의자처럼 20일로 하는 것이 형평에 맞다. 그 방안으로 경찰이 검찰청 검사에게 영장을 신청하면 검찰청 검사가 영장의 청구 여부를 신속히 판단하고, 검찰청 검사가 기소 여부 판단을 위한 시간을 10일만 갖는 것을 생각해볼 수 있다. 또 다른 방안은 경찰청 내부의 독립수사조직인 국가수사본부(국수본)에도 검사를 두어서 직접 영장담당판사에게 구속영장을 청구하도록 하는 것이다. 그러면 경찰의 신청과 검찰청 검사의 청구 두 단계를 하나로 통합하여 절차의 불필요한 시간 낭비를 줄일 수 있기 때문이다. 공수처 검사가 수사하고 검찰청 검사가 기소하는 사건처럼 20일의 최대 구속기간 중 국수본 검사가 수사를 위해 10일을 사용하고, 나머지 10일은 검찰청 검사가 기소 여부 판단을 위해 사용하는 것이다.

다. 경찰이 체포한 피의자에 대한 검사의 구속영장 청구 전 대면조사의 허용 여부

검사의 경찰에 대한 수사지휘권이 인정되던 시기에 경찰이 검사에게 긴급체포한 피의자에 대한 긴급체포 승인 건의와 함께 구속영장을 신청한 경우, 검사가 구속영장을 청구하기 전에 대면조사를 할 수 있는지 여부에 관한 판례의 입장은 아래와 같았다(2008도11999). 검사는 긴급체포의 승인 및 구속영장의 청구가 피의자의 인권에 대한 부당한 침해를 초래하지 않도록 긴급체포의 적법성 여부를 심사하면서 수사서류뿐만 아니라 피의자를 검찰청으로 출석시켜 직접 대면조사할 수 있는 권한을 가지므로 검사가 구속영장 청구 전에 피의자를 대면조사하기 위하여 경찰에게 피의자를 검찰청으로 인치할 것을 명하는 것은 적법하고 타당한 수사지휘 활동에 해당하고, 경찰은 이를 준수할 의무를 부담한다. 그러나 체포된 피의자의 구금 장소가 임의적으로 변경되는 점, 법원에 의한 영장실질심사 제도를 도입하고 있는 현행 형소법하에서 체포된 피의자의 신속한 법관 대면권 보장이 지연될 우려가 있는 점 등을 고려하면, 검사의 구속영장 청구 전 피의자 대면조사는 긴급체포의 적법성을 의심할 만한 사유가 기록 기타 객관적 자료에 나타나고 피의자의 대면조사를 통해 그 여부의 판단이 가능할 것으로 보이는 예외적인 경우에 한하여 허용될 뿐, 긴급체포의 합당성이나 구속영장 청구에 필요한 사유를 보강하기 위한 목적으로 실시되어서는 안 되고, 검사의 구속영장 청구 전 피의자 대면조사는 강제수사가 아니므로 피의자는 검사의 출석 요구에 응할 의무가 없고, 피의자가 검사의 출석 요구에 동의한 때에 한하여 경찰은 피의자를 검찰청으로 호송해야 한다.

그러나 검사의 수사지휘권이 폐지되고 검 · 경관계가 상호협력관계로 변경되면서 경찰이 체포한 피의자에 대한 검사의 구속영장 청구 전 대면조사 허용 여부, 허용된다면 검사가 경찰에게 인치명령을 할 수 있는지 여부가 논란이 될 수 있다. 경찰이 체포한 피의자에 대한 검사의 구속영장 청구 전 대면조사는 검사의 독점적 영장청구권의 관점에서 허용된다고 할지라도 경찰과 검사는 상호협력관계에 있으므로 인치명령을 할 수 없을 뿐만 아니라 체포된 피의자의 출석의무가 없다. 경찰의 송치 전 검사의 수사는 원칙적으로 허용되지 않으므로 검사가 직접 체포된 피의자가 있는 장소에 가서 긴급체포의 적법성과 구속영장의 필요성을 판단할 수도 없다. 이런 경우 개정형소법 제197조의2에 근거해서 검사는 경찰에게 보완수사를 요구할 수 있다고 본다. 경찰의 영장신청사건의 청구 여부 결정을 위해 필요한 경우에 해당한다고 볼 수 있기 때문이다.

4. 피의자 체포

가. 영장체포

(1) 청구주체와 사유

피의자가 ①죄를 범하였다고 의심할 만한 상당한 이유(범죄혐의)가 있고, ②정당한 이유없이 제200조에 따른 출석요구에 불응하거나 불응할 우려(출석불응 또는 그럴 우려)가 있는 때는 검사는 관할지방법원판사에게 청구하여 체포영장을 발부받아 피의자를 체포할 수 있고, 경찰은 검사에게 신청하여 검사의 청구로 관할지방법원판사의 체포영장을 발부받아 피의자를 체포할 수 있다. 다만, 다액 50만원 이하 벌금, 구류 또는 과료에 해당하는 사건은 ①피의자가 일정한 주거가 없거나(주거부정) ②정당한 이유없이 제200조의 규정에 의한 출석요구에 불응한 경우(출석불응)에 한해 체포할 수 있고, 검사가 체포영장청구를 할 경우 동일한 범죄사실로 그 피의자를 이전에 체포영장을 청구하였거나 발부받은 사실이 있는 때는 다시 체포영장을 청구하는 취지 및 이유를 기재해야 한다(제200조의2). 검찰은 통상 피의자가 출석요구에 불응하면 최대 3차례까지 출석을 통보하고 이에 불응하면 체포영장을 법원에 청구한다.

이처럼 영장체포는 ①범죄혐의와 ②출석불응 또는 그 우려 2가지를 요건으로 한다. 따라서 위법성조각사유나 책임조각사유가 명백한 때는 범죄혐의를 인정할 수 없으므로 체포영장을 발부할 수 없다. 다만, 심신장애로 인한 치료감호법의 치료감호대상자인 경우에는 치료감호영장을 발부받을 수 있다(제6조).[98]

(2) 심사

청구를 받은 지방법원판사는 상당하다고 인정할 때는 체포영장을 발부하지만, 명백히 체포의 필요가 인정되지 않는 때는 발부하지 않고(제200조의2 제2항), 체포영장을 발

---

98) ①치료감호대상자에 대하여 치료감호에 처함이 필요하다고 인정되고 다음 각 호의 어느 하나에 해당하는 사유가 있는 때에는 검사는 관할 지방법원 판사에게 청구하여 치료감호영장을 발부받아 치료감호대상자를 보호구속(보호구금과 보호구인을 포함한다. 이하 같다)할 수 있다.
1. 일정한 주거가 없는 때
2. 증거를 인멸할 염려가 있는 때
3. 도망하거나 도망할 염려가 있는 때
②사법경찰관은 제1항의 요건에 해당하는 자에 대하여 검사에게 신청하여 검사의 청구로 관할 지방법원 판사의 치료감호영장을 발부받아 치료감호대상자를 보호구속 할 수 있다.
③제1항 및 제2항의 규정에 의한 보호구속에 관하여 「형사소송법」 제201조제2항 내지 제4항 · 제201조의2 내지 제205조 및 제208조, 제209조, 제214조의2 내지 제214조의4의 규정을 준용한다.

부하지 않는 때는 청구서에 그 취지와 이유를 기재하고 서명날인하여 청구한 검사에게 교부한다(제200조의2 제3항).

(3) 석방

영장체포한 피의자를 구속하고자 할 때에는 체포한 때부터 48시간 안에 제201조에 따라 구속영장을 청구해야 하고, 그 기간 안에 구속영장을 청구하지 않는 때는 피의자를 즉시 석방해야 한다(제200조의2 제5항).

체포영장을 발부받은 후 피의자를 체포하지 않거나 체포한 피의자를 석방한 때는 지체없이 검사는 영장발부법원에 그 사유를 서면으로 통지해야 한다(제204조).

나. 긴급체포와 법원 통지제도

(1) 사유

검사 또는 경찰은 피의자가 ①사형 · 무기 또는 장기 3년 이상 징역이나 금고에 해당하는 죄를 범하였다고 의심할 만한 상당한 이유가 있고(중대범죄혐의), ②피의자가 증거를 인멸할 염려가 있는 때 또는 도망하거나 도망할 우려가 있는 때(증거인멸염려 또는 도망이나 도망우려)에 ③긴급을 요하여 지방법원판사의 체포영장을 받을 수 없으면(긴급성) 그 사유를 알리고 영장없이 피의자를 체포할 수 있다(제200조의3 제1항). 여기서 '긴급을 요한다' 함은 피의자를 우연히 발견한 경우 등과 같이 체포영장을 받을 시간적 여유가 없는 때를 말한다. 따라서 자진출석한 자에 대한 긴급체포의 적법성을 부정함이 옳다(2006도148).

경찰이 피의자를 긴급체포한 경우에는 즉시 검사의 승인을 얻어야 하고, 검사나 경찰이 피의자를 긴급체포한 때는 즉시 긴급체포서를 작성해야 하며, 이런 긴급체포서에는 범죄사실요지, 긴급체포사유 등을 기재해야 한다(제200조의3 제2항-제4항).

긴급체포의 요건을 갖추지 못한 상태에서 수사기관이 작성한 피의자신문조서의 증거능력은 부정된다(2004도8071; 2004도42; 2000도5701).

(2) 지체 없이 48시간 안에 구속영장 청구

검사나 경찰이 긴급체포한 피의자를 구속하고자 할 때는, 지체 없이 검사는 관할지방법원판사에게 구속영장을 청구해야 하고, 경찰은 검사에게 신청하여 검사가 관할지방법원판사에게 구속영장을 청구하도록 한다. 이 경우 구속영장은 피의자를 체포한 때부터 48시간 이내에 청구해야 하며, 긴급체포서를 첨부해야 한다(제200조의4 제1항). "체포한 때부터 48시간 안에" 구속영장을 '청구해야한다'고 한 종전과 달리 "지체 없이 48시간 안"에 해야 한다"고 한 것은 48시간 안에 한 것일지라도 지체없이 한 것인지 여부를 판단하려는 데 취지가 있다.[99)]

(3) 석방

경찰은 긴급체포한 피의자에 대하여 구속영장을 신청하지 아니하고 석방한 경우에는 즉시 검사에게 보고하여야 한다(제200조의4 제6항).

구속영장을 청구하지 않거나 발부받지 못한 때에는 긴급체포한 피의자를 즉시 석방해야 하고, 석방된 자는 영장없이는 동일한 범죄사실로 다시 긴급체포하지 못한다(제200조의4 제2항, 제3항). 이는 체포영장을 청구하는 취지와 이유를 기재하면 그 전에 체포영장을 청구하였거나 발부받은 사실이 있더라도 다시 체포영장을 청구할 수 있는 것(제200조의2)과 차이가 있다.

검사는 구속영장을 청구하지 않고 피의자를 석방한 경우는 석방한 날부터 30일 이내에 서면으로 아래 사항을 법원에 통지해야 하고, 이 경우 긴급체포서의 사본을 첨부해야 한다(제200조의4 제4항). ①긴급체포 후 석방된 자의 인적사항, ②긴급체포의 일시 · 장소와 긴급체포하게 된 구체적 이유, ③석방의 일시 · 장소 및 사유, ④긴급체포 및 석방한 검사 또는 경찰의 성명. 경찰은 긴급체포한 피의자에 대해 구속영장을 신청하지 않고 석방한 경우에는 즉시 검사에게 보고해야 한다. 긴급체포의 남용을 방지하기 위한 것이다. 헌법의 영장주의에 부합하도록 하려면 통지제도로는 부족하고 사후영장주의를 도입해야 한다. 헌법 제12조 제3항 단서는 "현행범인의 경우와 장기 3년 이상 형에 해당하는 죄를 범하고 도피 또는 증거인멸의 염려가 있는 때에는 사후에 영장을 청구할 수 있다."고 하고 있고, 이것이 사후에 영장없이 체포할 수 있다는 의미는 아니기 때문이다.

긴급체포 후 석방된 자 또는 그 변호인 · 변호인선임권자는 통지서 및 관련 서류를 열람하거나 등사할 수 있다(제200조의4 제5항). 긴급체포로 인한 불법행위의 시정이나 배상을 요구하는데 사용할 수 있도록 하기 위한 것이다.[100)]

---

99) 법원행정처, 형사소송법 개정법률 해설, 2007, 29면 이하.

100) 법원행정처, 형사소송법 개정법률 해설, 2007, 30면.

다. 현행범체포와 무영장주의

(1) 현행범의 개념

현행범인은 범죄를 실행하고 있거나 실행하고 난 직후의 사람을 말한다. '범죄를 실행하고 난 직후의 사람'이란 범죄의 실행행위를 종료한 직후의 범인이라는 것이 체포하는 자의 입장에서 볼 때 명백한 경우를 말한다(2001도300).

그런데 아래 경우도 현행범인으로 간주된다(제211조). ①범인으로 불리며 추적되고 있을 때, ②장물이나 범죄에 사용되었다고 인정하기에 충분한 흉기나 그 밖의 물건을 소지하고 있을 때, ③신체나 의복류에 증거가 될 만한 뚜렷한 흔적이 있을 때, ④'누구냐'고 묻자 도망하려고 할 때.

(2) 영장없는 현행범체포

현행범인은 누구든지 영장없이 체포할 수 있지만(제212조), 다액 50만원 이하 벌금, 구류, 과료에 해당하는 죄의 현행범인의 경우에는 범인의 주거가 분명하지 않은 때에 한해 체포할 수 있다(제214조). 그런데 판례는 현행범인의 체포요건으로 행위의 가벌성, 범죄의 현행성 · 시간적 접착성, 범인 · 범죄의 명백성 외에 체포의 필요성 즉, 도망 또는 증거인멸의 염려(구속사유) 등도 제시하고 있다(98도3029).

甲이 경찰의 불심검문을 받아 운전면허증을 교부한 후 경찰에게 큰 소리로 욕설을 하였는데, 경찰이 모욕죄의 현행범으로 체포하겠다고 고지한 후 甲의 오른쪽 어깨를 붙잡자 반항하면서 경찰에게 상해를 입힌 경우, 경찰이 甲을 현행범으로 체포한 행위는 적법한 공무집행이라고 볼 수 없다고 판례는 본다(2011도3682). 그 이유는 甲은 경찰의 불심검문에 응하여 이미 운전면허증을 교부한 상태이고, 경찰뿐 아니라 인근 주민도 욕설을 직접 들었으므로, 甲이 도망하거나 증거를 인멸할 염려가 있다고 보기는 어렵고, 甲의 모욕 범행은 불심검문에 항의하는 과정에서 저지른 일시적, 우발적인 행위로서 사안 자체가 경미할 뿐 아니라, 피해자인 경찰이 범행현장에서 즉시 범인을 체포할 급박한 사정이 있다고 보기도 어렵다는 것이다.

검사나 경찰이 아닌 자가 현행범인을 체포한 때에는 '즉시' 검사나 경찰에게 인도해야 하는데(제213조), 여기서 '즉시'란 반드시 체포시점과 시간적으로 밀착된 시점이어야 하는 것은 아니고, '정당한 이유 없이 인도를 지연하거나 체포를 계속하는 등으로 불필요한 지체를 함이 없이'라는 의미이다(2012도12927). 경찰이 현행범인의 인도를 받은 때에는 체포자의 성명, 주거, 체포의 사유를 물어야 하고 필요한 때에는 체포자에 대해 경찰관서에 동행할 것을 요구할 수 있다(제213조).

(3) 48시간 안에 구속영장미청구시 즉시 석방

현행범으로 체포한 피의자를 구속하고자 할 때는 체포한 때부터 48시간 이내에 제201조에 따라 구속영장을 청구해야 하고, 그 기간 안에 구속영장을 청구하지 않은 때는 피의자를 즉시 석방해야 한다(제200조의2 제5항, 제213조의2). 수사기관이 아닌 자가 현행범을 체포하여 수사기관에 인도한 경우에는 수사기관이 인도받은 때부터 48시간 이내에 구속영장을 청구해야 한다(2011도12927).

그런데 현행범체포의 경우에는 '긴급체포의 경우 검사가 구속영장을 청구하지 않고 피의자를 석방한 경우는 석방한 날부터 30일 이내에 서면으로 법원에 통지해야 한다'는 규정조차 없다.

5. 피의자 구속과 영장실질심사제도

가. 의의

구속은 체포 후 구속과 체포없는 구속 2가지로 구별된다. 곧 체포된 피의자뿐만 아니라 체포되지 않은 피의자도 구속될 수 있다. 다만, 체포없는 구속의 경우에는 구속영장이 청구된 피의자를 판사에게 구인(拘引)해야 심문을 할 수 있으므로, 이 경우에는 구인을 위한 구속영장(실무는 이를 구인장이라고 부름)이 먼저 발부된다(201조의2 제2항). 그래서 체포 후 구속을 체포구속, 체포없는 구속을 구인구속이라고 할 수 있다.

이런 구별은 구속영장심질심사의 방법과 절차에서 의미가 있다. 구인구속의 경우 판사가 구인장을 발부하였지만 피의자가 도망가면 구인장을 집행할 수 없고, 따라서 심문을 할 수 없다. 이런 경우에는 피의자의 출석없이 심문절차를 진행하여 검사가 제출한 청구서와 수사기록으로 구속 여부를 판단할 수 있다(형소규칙 제96조의13).

나. 구속의 요건

피의자가 ①죄를 범하였다고 의심할 만한 상당한 이유(범죄혐의)가 있고 ②아래의 구속사유가 있을 때에는 검사는 관할지방법원판사에게 청구하여 구속영장을 받아 피의자를 구속할 수 있고 경찰은 검사에게 신청하여 검사의 청구로 관할지방법원판사의 구속영장을 받아 피의자를 구속할 수 있다. 다만, 다액 50만원 이하 벌금, 구류 또는 과료에 해당하는 범죄인 경우는 피의자가 일정한 주거가 없는 경우에 한하고, 구속영장의 청구에는 구속의 필요를 인정할 수 있는 자료를 제출해야 한다(제201조 제1항, 제2항).

구속사유는 아래 3가지다(제70조 제1항). ①피의자가 일정한 주거가 없는 때(주거부정), ②피의자가 증거를 인멸할 염려가 있는 때(증거인멸염려), ③피의자가 도망하거나 도망할 염려가 있는 때(도망이나 도망염려). 형소법은 범죄의 경중, 곧 사안의 중대성이나 재범의 위험성을 독자적인 구속사유로 인정하지 않지만, "법원은 구속사유를 심사함에 있어서 범죄의 중대성, 재범의 위험성, 피해자 및 중요 참고인 등에 대한 위해우려 등을 고려하여야 한다"는 규정을 두고 있다(제70조 제2항, 제209조).

다. 필요적 구속영장실질심사: 구속전 피의자심문

(1) 의의

구속영장실질심사란 법관이 피의자를 직접 심문하여 구속영장발부 여부를 결정하도록 한 제도를 말한다. 1995년 개정형소법이 도입했다. 피의자의 법관대면권을 인정한 것이다. 2007년 개정형소법은 국제적 기준[101]에 맞추어 법관대면권을 구속영장이 청구된 모든 피의자에게 필요적으로 인정하고 있다. 필수적 구속영장실질심사이다. 또한 검사가 보낸 서류나 자료만으로 구속 여부를 결정하는 형식심사와 차이가 있다.

(2) 심문의 방법과 절차

(가) 체포구속과 구인구속

체포구속의 경우 구속영장을 청구받은 판사는 지체 없이 피의자를 심문해야 한다. 특별한 사정이 없는 한 구속영장이 청구된 날의 다음 날까지 심문해야 한다(제201조의 2 제1항). 종전에 "피의자 또는 그 변호인, 법정대리인, 배우자, 직계친족, 형제자매, 호주, 가족이나 동거인 또는 고용주의 신청이 있을 때에는 피의자를 심문할 수 있다. 이 경우 피의자 이외의 자는 피의자의 명시한 의사에 반하여서도 그 심문을 신청할 수 있다"라고 한 것과 큰 차이가 있다. 신청에 의한 심문을 필수적 심문으로 변경한 것이다.

구인구속의 경우는 구속영장을 청구받은 판사는 피의자가 죄를 범하였다고 의심할 만한 이유가 있는 경우 구인장을 발부하여 피의자를 구인한 후 심문해야 하지만, 피의자

---

101) 예컨대 시민적 및 정치적 권리에 관한 국제규약(1990. 6. 13. 조약 제1007호, 이른바 국제인권규약 B규약) 제9조 제1항 제3문: 형사상의 죄의 혐의로 체포되거나 구금된 사람은 법관 또는 법률에 의해 사법권을 행사할 권한을 부여받은 기타 기관에 신속히 인치되어야 한다.

가 도망하는 등의 사유로 심문할 수 없는 경우에는 그렇지 않다(제201조의2 제2항). 구인구속의 경우에 발부하는 구인장은 일종의 구인용 구속영장으로서 통상 시효가 7일인데, 검찰이 이 기간 안에 피의자를 구인하지 못하면 다시 구인장을 3차례까지 발부해주고, 이때까지도 구인을 못하면 곧장 구속영장을 발부하고 검찰은 집행한다.

판사는 체포구속의 경우는 즉시, 구인구속의 경우는 피의자를 구인한 후 즉시 검사, 피의자 및 변호인에게 심문기일과 장소를 통지해야 하고, 체포구속의 경우에는 검사는 심문기일에 피의자를 출석시켜야 하며, 심문을 할 때 공범의 분리심문이나 그 밖에 수사상의 비밀보호를 위해 필요한 조치를 해야 한다(제201조의2 제3항).

판사는 구인받은 피의자를 유치할 필요가 있는 때에는 교도소 · 구치소 또는 경찰서 유치장에 유치할 수 있는데, 이 경우 유치기간은 인치한 때부터 24시간을 초과할 수 없다(제201조의2 제10항, 제71조의2). 구인구속의 경우 영장발부 여부를 결정하기까지 시간이 필요한 경우 법원에는 피의자를 유치할만한 시설과 감시인원이 없으므로 법원 외의 장소에 유치할 필요가 있는데, 종전 실무는 법적 근거없이 호송경찰관에게 피의자를 유치할 장소를 물어 호송경찰관이 원하는 경찰서 유치장에 유치하도록 했는데,[102] 이런 실무에 대한 근거를 마련한 것이다.

(나) 필요적 변호사건

심문할 피의자에게 변호인이 없는 때에는 지방법원판사는 직권으로 변호인을 선정해야 하는데, 이 경우 변호인의 선정은 피의자에 대한 구속영장 청구가 기각되어 효력이 소멸한 경우를 제외하고는 1심까지 효력이 있고, 법원은 변호인의 사정이나 그 밖의 사유로 변호인 선정결정이 취소되어 변호인이 없게 된 때에는 직권으로 변호인을 다시 선정할 수 있다(제201조의2 제8항, 제9항).

(다) 심문의 방식

종전 형소규칙은 '검사와 변호인은 판사의 심문이 끝난 후에 판사의 허가를 얻어 피의자를 심문할 수 있다'고 하고 있어서, 실무의 영장재판이 본안재판처럼 운영되어 문제라는 지적이 있었는데,[103] 제201조의2 제6항에 따라 영장재판과정이 조서로 남을 수 있게 되었고, 이것이 본안재판에 나올 수 있게 되면서 이런 문제가 더 심각해졌다. 이

102) 법원행정처, 형사소송법 개정법률 해설, 2007, 4면.
103) 법원행정처, 형사소송법 개정법률 해설, 2007, 36면.

에 따라 '검사와 변호인은 판사의 심문이 끝난 후에 의견을 진술할 수 있다'로 하는 형소규칙안이 나왔다가, 검찰과 변협의 반발로 ①검사와 변호인은 판사의 심문이 끝난 후에 의견을 진술할 수 있지만, 필요한 경우에는 심문 도중에도 판사의 허가를 얻어 의견을 진술할 수 있고, ②피의자는 판사의 심문 도중에도 언제든지 변호인에게 조력을 구할 수 있도록 함으로써(형소규칙 제96조의16 제3항, 제4항) 피의자의 방어권과 변호인의 변론권이 침해되지 않도록 하였다.

형소규칙은 판사가 구속 여부의 판단을 위해 필요하다고 인정하는 때에는 심문장소에 출석한 피해자 그 밖의 제3자를 심문할 수 있도록 하고 있고, 구속영장이 청구된 피의자의 법정대리인, 배우자, 직계친족, 형제자매나 가족, 동거인 또는 고용주는 판사의 허가를 얻어 사건에 관한 의견을 진술할 수 있도록 하고 있다(제96조의16 제5항, 제6항).

그러나 경찰이 심문기일에 출석하여 의견진술을 할 수 있도록 하는 규정은 없다. 경찰이 신청하여 검사가 구속영장을 청구한 사건의 경우 그 검사는 수사내용을 잘 모르는 경우가 많아서 심문기일에 출석하지 않고, 따라서 의견진술도 하지 않는다는 현실을 감안하면 경찰에게 의견진술권이 없는 것은 문제이다.[104] 경찰이 심문기일에 출석하여 구속영장이 필요한 이유를 설명할 수 있는 기회를 갖도록 하는 것이 합리적이다.

(라) 조서의 작성

피의자가 심문을 받을 때 법원사무관등은 심문의 요지 등을 조서로 작성해야 한다. 이는 그동안 피의자가 검찰 수사단계에서는 변명과 거짓말로 일관하다 구속영장이 청구되면 구속을 면하기 위해 영장실질심사단계에서는 자백해 일단 풀려난 다음 그 후 검찰수사에서 다시 부인하고 거짓진술을 하는 실무현실 때문에 2007년 개정형소법이 신설한 것이다.

영장심문조서는 공판조서에 준해서 작성해야한다. 이에 따라 조서의 작성방법(제48조), 공판조서의 기재요건(제51조), 공판조서의 서명(제53조), 공판정에서 속기 · 녹음 및 영상녹화(제56조의2), 장애인등 특별요보호자에 대한 특칙(제276조의2)을 준용한다(제201조의2 제10항). 그러나 영장심문조서가 제311조의 '법원 또는 법관의 조서'는 아니다. 제311조는 절대적 증거능력이 있는 조서로 '공판준비 또는 공판기일에 피고인이나 피고인 아닌 자의 진술을 기재한 조서와 법원 또는 법관의 검증의 결과를 기재한 조

104) 이준형 변호사, 경찰의 영장신청권 실효성 확보방안에 대한 토론문, 국민안전을 위한 수사발전 공동 학술세미나(한국비교형사법학회, 해양경찰청, 경찰청 주관) 자료집, 2013. 9. 13, 64면 이하.

서'라고 하고 있기 때문이다. 따라서 영장심문조서는 제315조 제3호의 '기타 특히 신용할만한 정황에 의하여 작성된 문서'에 해당하여 증거능력이 인정될 수 있지만, 자유를 얻기 위해 허위자백할 가능성이 있으므로 증명력을 평가할 때 각별히 유의해야 한다고 판례는 본다(2003도5693).

라. 발부와 기각

(1) 발부

구속영장청구를 받은 지방법원판사는 신속히 구속영장의 발부 여부를 결정해야 하는데, 상당하다고 인정할 때에는 구속영장을 발부하고, 발부하지 않을 때에는 청구서에 그 취지 및 이유를 기재하고 서명날인하여 청구한 검사에게 교부한다.

판사는 피의자가 심문기일에 출석을 거부하거나 질병 그 밖의 사유로 출석이 현저하게 곤란하고, 피의자를 심문할 법정에 인치할 수 없다고 인정한 때는 피의자의 출석 없이 심문절차를 진행할 수 있는데, 이 경우 출석한 검사와 변호인의 의견을 듣고, 수사기록 그 밖에 적당하다고 인정하는 방법으로 구속사유의 유무를 조사할 수 있다(형소규칙 제96조의13).

긴급체포 후 구속영장청구의 경우에만 구속영장을 발부받지 못한 때에는 즉시 석방해야한다는 규정이 있는데, 이는 다른 구속영장청구의 경우에도 적용된다고 본다. 구인구속의 경우에 구인한 피의자를 판사에게 인치한 경우에 구금할 필요가 없다고 인정한 때에는 그 인치한 때로부터 24시간 안에 석방해야 한다(제201조의2 제10항, 제71조).

(2) 기각

구속영장청구가 기각된 경우 재청구할 수 있다. 다만, 재청구의 취지와 다른 중요한 증거가 발견되었다는 사유를 기재해야한다. 제201조 제5항이 '검사가 동일한 범죄사실에 관하여 그 피의자에 대하여 전에 구속영장을 청구하거나 발부받은 사실이 있을 때에는 다시 구속영장을 청구하는 취지 및 이유를 기재해야 한다'고, 또 제208조 제1항이 '검사 또는 경찰에 의하여 구속되었다가 석방된 자는 다른 중요한 증거를 발견한 경우를 제외하고는 동일한 범죄사실에 관하여 재차 구속하지 못한다'고 하고 있기 때문이다.

판례는 기각된 구속영장청구에 대해서는 항고나 준항고를 할 수 없다고 본다. 판례는 지방법원판사가 한 압수영장(발부)재판도 마찬가지로 항고나 준항고를 할 수 없다고 본다(97모66). 검사의 영장청구에 대한 지방법원판사의 재판은 제402조의 항고의 대상이 되는 '(수소)법원'의 결정에 해당되지 않고, 제416조 제1항의 규정의 준항고의 대상이 되는 (수소법원의 구성원인) '재판장 또는 수명법관'의 구금 등에 관한 재판에도 해당되지 않는다고 본 것이다. 형소법은 제37조에서 재판의 종류를 '판결', '결정', '명령'으로 구별해서 규정하는 한편, 재판의 종류와 성질에 따라 이를 담당할 주체를 '법원', '법원합의부', '단독판사', '재판장', '수명법관', '수탁판사', '판사 또는 지방법원판사', '법관' 등으로 엄격히 구분하여 규정하고 있고(2006모646), 따라서 구속영장청구에 대한 '지방법원판사'의 기각결정은 그 성질이 결정이 아니라 명령(2004모517)이라는 것이 그 이유다. 대법원이 영장재판의 기준을 분명히 제시해야할 필요성은 크지만, 업무부담이 크며, 영장사건이 본안사건으로 변질될 우려가 있다는 이유로 판례의 입장을 지지하는 견해도 있다. 이와 달리 영장담당판사도 제402조의 법원에 해당한다는 이유로 항고할 수 있다는 견해, 영장담당판사도 제405조의 재판장에 해당하므로 준항고를 할 수 있다는 견해, 2007년 개정형소법 제184조 제4항이 수임판사의 재판에 대한 항고를 일반적으로 인정한 것이라고 해석하면서 항고할 수 있다는 견해 등도 있다.

마. 구속기간과 기간연장 및 공제

경찰이 피의자를 구속한 때에는 10일 안에 피의자를 검사에게 인치하지 않으면 석방해야 한다(제202조). 검사가 피의자를 구속한 때 또는 경찰로부터 피의자의 인치를 받은 때에는 10일 안에 공소를 제기하지 아니하면 석방해야 한다(제203조). 구속기간의 기산점은 체포 또는 구인한 날이다(제203조의2). 구속기간의 초일은 시간을 계산함이 없이 1일로 산정하고(제66조 제1항 단서), 말일이 공휴일이라도 구속기간에 산입한다(제66조 제3항 단서). 지방법원판사는 검사의 신청에 의해 수사를 계속함에 상당한 이유가 있다고 인정한 때에는 10일을 초과하지 않는 한도에서 구속기간의 연장을 1차에 한하여 허가할 수 있는데, 신청을 할 때는 구속기간 연장의 필요성을 인정할 수 있는 자료를 제출해야 한다(제205조). 판례는 지방법원판사가 내린 구속기간연장신청기각결정도 준항고나 항고의 대상이 아니라고 본다(97모1).

판사가 구속영장청구서 · 수사관계서류 및 증거물을 접수한 날부터 구속영장을 발부하여 검찰청에 반환한 날까지의 기간은 수사기관이 피의자를 구속할 수 있는 최장기간에 산입하지 않는다(제201조의2 제7항). 이는 구속영장실질심사로 인해 수사기관의 실질적 수사기간이 단축된다는 점을 고려한 것이다. 이로써 구속기간이 실질적으로 연장된다. 같은 취지에서 체포 · 구속적부심사를 위해서 법원이 수사관계서류와 증거물을 접수한 때부터 결정 후 검찰청에 반환한 때까지 기간은 영장체포나 긴급체포의 경우 구속영장을 청구해야하는 기간인 '체포 후 48시간 안'이라는 제한기간에 산입하지 않고, 또 수사기관의 최장구속기간인 30일에 산입하지 않는다(제214조의2 제13항).

바. 재구속의 제한

검사 또는 경찰에 의하여 구속되었다가 석방된 자는 다른 중요한 증거를 발견한 경우를 제외하고는 동일한 범죄사실로 다시 구속하지 못하는데, 이 경우에 1개의 목적을 위해 동시 또는 수단과 결과의 관계에서 행하여진 행위는 동일한 범죄사실로 간주한다(제208조). 재구속을 허용하면 구속기간 제한규정은 무의미해지기 때문이다.

그러나 이런 재구속의 제한은 수소법원이 피고인을 구속하는 경우에는 적용되지 않는다고 판례는 본다(85모12). 따라서 구속기간의 만료로 피고인에 대한 구속의 효력이 상실된 후 항소법원이 피고인에 대한 판결을 선고하면서 피고인을 구속하는 것도 허용되는데, 이런 구속을 법정구속이라고 한다.

6. 피고인 구속

가. 의의와 요건

피고인의 구속에는 구인과 구금이 있다(제68조). 데려감, 곧 구인(拘引)이란 피고인을 강제로 일정한 장소에 데려가는 것을 말한다. 구금이란 피고인을 강제로 일정한 장소에 머물게 하는 것을 말하는데, 구인을 전제로 함은 당연하다. 구속, 곧 구인 또는 구금에는 구속영장이 필요하다(제73조). 미결구금일수는 형기에 산입된다.

피고인 구속의 요건은 피의자 구속의 요건과 동일하다. 크게 죄를 범하였다고 의심할 만한 상당한 이유(범죄혐의)와 구속사유 2가지로 구별할 수 있고, 다시 구속사유에는 ①일정한 주거가 없는 때(주거부정), ②증거를 인멸할 염려가 있는 때(증거인멸의 염려), ③도망하거나 도망할 염려가 있는 때(도주 또는 도주염려) 3가지가 있다. 또 다액 50만원 이하 벌금, 구류 또는 과료에 해당하는 사건은 주거부정의 경우에만 구속할 수 있고(제70조 제3항), 법원은 구속의 요건을 심사할 때 범죄의 중대성, 재범의 위험성, 피해자 및 중요 참고인 등에 대한 위해 우려 등을 고려해야 한다(제70조 제2항).

나. 절차

(1) 구속 여부의 판단(구속재판)

법원이 구속영장을 발부하기 전에 피고인에게 범죄사실의 요지, 구속의 이유와 변호인을 선임할 수 있음을 말하고 또 변명할 기회도 주어야하며, 그렇지 않으면 구속할 수 없다(제72조 본문). 따라서 이런 절차를 거치지 않은 구속은 위법한 것이다. 다만 피고인이 도망한 경우에는 이런 절차를 거치지 않아도 되는데(제72조 단서), 이런 경우에는 구인이 곤란하고 피고인이 신문을 포기한 것이라고 볼 수 있기 때문이다.

피고인이 법정에 출석하고 있지 않은 경우에는 구인영장을 발부하여 먼저 피고인을 법원에 구인해야한다.

(2) 피고인 구속의 경우에는 재구속이나 별건구속 가능

법원의 피고인에 대한 구속영장은 구속기간이 만료된 피고인을 ①동일한 범죄사실로 다시 구속하는 이른바 재구속이나(85모12) ②다른 범죄사실로 구속하는 이른바 별건구속(96모46)의 제한을 받지 않는다고 판례는 본다. 예컨대 A범죄사실로 구속영장에 의해 구속된 상태에서 재판을 받던 피고인을 B범죄사실로 병합심리 중 A범죄사실의 구속영장에 의한 구속기간이 만료되자 수소법원이 B범죄사실로 구속영장을 발부하여 구속하는 별건구속이 허용된다(2015모1032).

다. 신체구속에 대한 주체

검사의 공소제기로 피의자는 그 법적 신분이 피고인으로 바뀌면서 피고인의 구속에 대한 주체가 원칙적으로 수소법원으로 바뀌지만(제70조 제1항), 아래 예외가 인정된다.

①재판장 또는 수명법관: 급속을 요하는 경우에는 재판장이 구속, 구속을 위한 신문, 구속영장발부, 구속촉탁 등을 비롯하여 소환, 출석이나 동행명령 등의 처분을 할 수 있고, 이런 처분을 합의부원이 하도록 할 수 있는데(제80조), 그 합의부원을 수명법관이라고 한다. ②수탁판사: 법원은 피고인의 현재지의 지방법원판사에게 피고인의 구속을 촉탁할 수 있고, 수탁판사는 피고인이 관할구역 내에 현재하지 않은 때에는 그 현재지의 지방법원판사에게 전촉할 수 있는데, 수탁판사는 제75조에 따라 구속영장을 발부해야 한다(제77조). 촉탁에 따라 구속영장을 발부한 판사는 피고인을 인치한 때로부터 24시간 이내에 그 피고인이 틀림없는가를 조사해야 하고, 틀림없으면 신속히 지정된 장소에 송치해야 한다(제78조). ③원심법원: 상소법원에 소송계속이 발생하면, 원심법원은

피고인 구속의 주체가 될 수 없다. 그러나 제105조는 '상소기간 중 또는 상소 중의 사건에 관하여 구속기간의 갱신, 구속의 취소, 보석, 구속의 집행정지와 그 정지의 취소에 대한 결정은 소송기록이 원심법원에 있는 때에는 원심법원이 해야 한다'고 규정하고 있다. 그런데 상소기간 중 사건에 대한 구속 여부결정을 원심법원이 하는 것은 당연하다. 원심법원이 여전히 수소법원이기 때문이다. 그러나 상소 중의 사건에 대한 구속 여부결정은 원심법원이 아니라 수소법원인 상소법원이 하는 것이 옳다. 따라서 이는 상소법원이 해야 할 결정을 원심법원이 대행하는 것이라고 볼 수 있고, 이 부분과 관련한 제105조는 이에 대한 근거규정이라고 볼 수 있다.

라. 구속기간

(1) 구인의 경우 인치기간

법원은 구인한 피고인을 법원에 인치한 경우에 구금할 필요가 없다고 인정한 때에는 그 인치한 때로부터 24시간 내에 석방해야 한다(제71조). 또 법원은 구인된 피고인을 법원이 아닌 장소에 유치할 필요가 있는 때에는 교도소 · 구치소 또는 경찰서 유치장에 유치할 수 있는데, 이때 유치기간은 인치한 때부터 24시간을 초과할 수 없다(제71조의2). 구속영장실질심사의 경우에 제71조의2를 준용하고 있다(제201조의2 제10항). 제71조의2를 둔 것은 피고인이 심야에 법원에 구인되거나(제71조의2) 피의자에 대한 영장실질심사에 시간이 많이 걸리는 경우에(제201조의2 제10항), 피의자 · 피고인을 구금시설에 유치할 수 있는 근거를 마련하기 위한 것이다.

(2) 구속기간과 갱신

2007년 개정형소법은 충분한 심리를 위해 2가지 방법으로 종전보다 구속기간을 늘였다. 하나는 상소심의 구속기간 갱신 횟수를 3회로 한 것이고, 다른 하나는 공소제기 전 신체구속기간을 피고인의 구속기간에서 공제한 것이다. 구속기간은 2개월이지만, 특히 구속을 계속할 필요가 있는 경우에는 심급마다 2개월 단위로 2차에 한하여 결정으로 갱신할 수 있는데, 다만, 상소심은 피고인 또는 변호인이 신청한 증거의 조사, 상소이유를 보충하는 서면의 제출 등으로 추가심리가 필요한 부득이한 경우에는 3차에 한하여 갱신할 수 있다. 따라서 1심부터 3심까지 피고인이 구속될 수 있는 최장기간은 18개월(1심: 6개월, 2심: 6개월, 3심: 6개월)이다. 또한 ①기피신청 · 공소장변경 · 의사무능력 등으로 인해 공판절차가 정지된 기간과 ②공소제기전 체포 · 구인 · 구금 기간은 피고인 구속기간에 산입하지 않는다(제92조). 대법원의 파기환송 판결에 의해 사건을 환송받은 법원도 구속기간을 갱신할 수 있다(2001도5225).

구속기간의 갱신은 수소법원이 결정으로 하는, 판결전의 소송절차에 관한 결정이지만, 구금에 관한 결정이므로 항고의 대상이 된다(제403조).

7. 체포 · 구속에 대한 통제장치

가. 체포 · 구속시 고지받을 권리

헌법 제12조 제5항 제1문에 따르면 "누구든지 체포 또는 구속의 이유와 변호인의 조력을 받을 권리가 있음을 고지받지 아니하고는 체포 또는 구속을 당하지 아니한다."

<table>
<tr><th rowspan="3">구별</th><th colspan="4">피의자 체포 · 구속</th><th colspan="2">피고인 구속</th></tr>
<tr><th colspan="3">체포</th><th rowspan="2">구속</th><th colspan="2">구속</th></tr>
<tr><th>영장</th><th>긴급</th><th>현행범</th><th>구인</th><th>구금</th></tr>
<tr><td>종전</td><td colspan="4">제72조와 제88조 준용</td><td colspan="2">제72조와 제88조 적용</td></tr>
<tr><td>2007년 개정형소법</td><td colspan="2">제200조의5 신설</td><td colspan="2">제200조의5 준용</td><td colspan="2">제72조와 제88조 적용</td></tr>
</table>

(1) 피의자

피의자를 체포 · 구속할 때 ①범죄사실의 요지와 ②체포 · 구속의 이유 및 ③변호인을 선임할 수 있음을 말하고 ④변명할 기회를 주어야한다. 이는 제200조5에 근거한다(제209조, 제213조의2). 체포 · 구속된 피의자와 체포 · 구속적부심청구권자(체포 · 구속된 피의자의 변호인, 법정대리인, 배우자, 직계친족, 형제자매, 가족, 동거인 또는 고용주) 중에서 피의자가 지정하는 자는 체포 · 구속한 수사기관으로부터 체포 · 구속적부심청구를 할 수 있음을 고지받을 권리가 있다(제214조의2 제2항). 이런 고지는 체포를 위한 실력행사 전에 해야 하지만, 피의자를 쫓아가 붙들거나 폭력으로 대항하는 피의자를 실력을 제압하는 경우에는 붙들거나 제압하면서 하거나 그것도 여의치 않으면 일단 붙들거나 제압한 후에 지체없이 해도 된다(2011도7193; 2008도11226).

고지의 주체는 원칙적으로 검사나 경찰이지만, 구속영장실질심사에서 구인영장이 발부된 경우에는 지방법원판사 또는 법원사무관등이 될 수 있다(제201조의2 제10항).

그런데 피의자 구속의 경우에 제200조의5의 고지를 구속영장을 집행할 때 한 번 하고,

집행 후 다시 한 번 하여 피의자는 구속 전후에 이중으로 고지받을 권리가 있다는 견해도 있다. 이는 제72조[105]와 제88조[106]를 준용하던 종전 규정의 해석을 그대로 따른 것이다. 그러나 2007년 개정형소법은 제200조의5를 신설하였으므로 이 규정에 따른 고지를 구속영장을 집행할 때 한 번만 이행해도 적법절차원칙에 어긋나지 않는다고 본다.

(2) 피고인

피고인이 구속될 때는 두 번의 고지가 이루어진다. 그 근거는 제72조와 제88조이다. 제72조에 근거한 고지의 내용은 제200조의5에 근거하여 피의자에게 고지될 내용과 동일하다. 제88조에 따라 고지될 내용은 ①공소사실의 요지와 ②변호인선임권이다. 피고인 본인이 맞는지 확인한 후에 고지를 해야 한다(2007도7961).

이런 두 번의 고지의 주체와 시점에 관해 다툼이 있다. ①제72조의 고지는 수소법원이 구속영장을 발부할지 여부를 결정하는 시점, 곧 구속재판을 할 때 수소법원이 해야 하는 것이고, 제88조의 고지는 발부된 구속영장을 집행할 때 집행기관이 해야 한다고 보는 견해, ②제88조의 고지는 '피고인 또는 피의자를 구치소나 교도소에 유치한 후 다시 한 번 권리를 환기시키도록 하는 데 그 취지가 있다'고 보는 견해 등이 있다. ③판례의 입장은 아래와 같다(2000모134). 모두 수소법원이 주체가 되며, 제72조는 마치 피의자 구속의 경우에 영장실질심사처럼 구속영장발부 전 이행해야하는 사전적 청문절차이고, 제88조는 구속영장발부 후 사후적 청문절차이다.[107] 그런데 제72조의 고지를 이행하지 않으면 그 흠결의 위법이 치유되지 않는 한 구속영장발부 결정은 위법한 반면, 제88조의 고지는 이행하지 않더라도 발부된 구속영장의 효력에 영향을 미치지 않는다. 다만 이미 변호인을 선정하여 공판절차에서 변명과 증거의 제출을 다하고 그의 변호 아래 판결을 선고받은 경우의 구속(이른바 법정구속)처럼 제72조의 절차적 권리가 실질적으로 보장된 경우는 제72조의 고지를 이행하지 않은 위법이 치유되지만(2000모134), 공판기일에 검사가 공소장에 의해 공소사실, 죄명, 적용법조를 낭독하고 이에 대해 변호인의 변호 아래 피고인이 공소사실의 일부 부인하는 진술한 후에 증거제출이나 증거조사 등 추가심리가 진

---

105) 제72조 (구속과 이유의 고지) 피고인에 대하여 범죄사실의 요지, 구속의 이유와 변호인을 선임할 수 있음을 말하고 변명할 기회를 준 후가 아니면 구속할 수 없다. 다만, 피고인이 도망한 경우에는 그러하지 아니하다.

106) 제88조 (구속과 공소사실등의 고지) 피고인을 구속한 때에는 즉시 공소사실의 요지와 변호인을 선임할 수 있음을 알려야 한다.

107) 형소규칙 제52조도 '법원이 제72조와 제88조의 절차를 이행할 때는 법원사무관등을 참여시켜 조서를 작성하게 하거나 피고인으로 하여금 확인서 기타 서면을 작성하게 해야 한다'고 하여, 그 주체를 수소법원으로 규정하고 있다.

행되지 않은 상태에서 제72조의 고지를 이행하지 않고 구속영장을 발부한 경우는 제72조의 고지를 이행하지 않은 위법이 치유되지 않는다(2015모1032).

(3) 변호인이나 변호인선임권자 중 피의자 · 피고인이 지정한 자

변호인이나 변호인선임권자(피의자 · 피고인의 법정대리인, 배우자, 직계친족, 형제자매) 중 피의자 · 피고인이 지정한 자에게는 피의 · 피고사건명, 체포 · 구속일시 · 장소, 범죄사실의 요지, 체포 · 구속의 이유와 변호인을 선임할 수 있는 취지를 지체없이 서면으로 알려야 하는데(제201조의2 제10항,[108] 제209조, 제213조의2, 제87조), 급속을 요하는 경우에는 이를 전화 또는 모사전송기 기타 상당한 방법에 의해 통지할 수 있지만, 이때는 다시 서면으로 해야 한다(형소규칙 제51조 제3항). 헌법적 근거는 "체포 또는 구속을 당한 자의 가족 등 법률이 정하는 자에게는 그 이유와 일시 · 장소가 지체없이 통지되어야한다"는 제12조 제5항 제2문이다.

나. 체포 · 구속된 피의자 · 피고인이 도움을 받을 권리

(1) 변호인의 조력을 받을 권리

피의자 · 피고인, 피의자 · 피고인의 법정대리인, 배우자, 직계친족, 형제자매는 변호인을 선임할 수 있는데(제30조), 신체구속된 피의자 · 피고인은 법원, 교도소장 또는 구치소장 또는 그 대리자에게 변호사를 지정하여 변호인의 선임을 의뢰할 수 있다(제90조, 제200조의6, 제201조의2 제10항, 제209조, 제213조의2).

변호인 또는 변호인이 되려는 자는 신체구속된 피의자 · 피고인과 접견하고 서류 또는 물건을 수수(授受)할 수 있으며 의사로 하여금 진료하게 할 수 있다(제34조).

이런 변호인의 조력권은 "누구든지 체포 또는 구속을 당한 때에는 즉시 변호인의 조력을 받을 권리를 가진다."는 헌법 제12조 제4항에 근거한 것이다.

(2) 비변호인과 접견교통권

신체구속된 피의자 · 피고인은 법률의 범위 내에서 타인과 접견하고 서류 또는 물건을 수수(授受)하며 의사의 진료를 받을 수 있다(제89조, 제200조의6, 제201조의2 제10항, 제209조, 제213조의2).

---

108) 제87조 제1항만 준용하고 있으므로 구속영장실질심사를 위해 구인을 위한 구속영장이 발부된 경우에는 '지체없이 서면으로'라는 고지방법의 제한을 받지 않는다고 해석할 여지도 있다.

비변호인과의 접견교통권은 제한될 수 있다. 법원은 도망하거나 범죄의 증거를 인멸할 염려가 있다고 인정할 만한 상당한 이유가 있는 때에는 직권 또는 검사의 청구에 의하여 결정으로 구속된 피고인과 '변호인 또는 변호인이 되려는 자'가 아닌 타인과의 접견을 금지할 수 있고, 서류나 그 밖의 물건을 수수하지 못하게 하거나 검열 또는 압수할 수 있다. 다만, 의류 · 양식 · 의료품은 수수를 금지하거나 압수할 수 없다. 비변호인과의 접견교통권을 제한하는 피고인에 대한 이 규정(제91조)은 현행범체포된 피의자를 제외하고 체포 · 구속된 피의자에게 준용한다(제200조의6, 제209조, 제201조의2, 제213조의2). 그런데 이처럼 법관의 피고인에 대한 신체구속규정(제89조부터 제91조까지)을 수사기관의 피의자에 대한 체포 · 구속규정에 준용한다는 점 때문에, 지방법원판사뿐만 아니라 수사기관도 접견교통권을 제한할 수 있다고 해석할 수 있고, 따라서 이 경우에도 법원의 통제를 받도록 하는 입법적 개선이 필요하다는 견해도 있다. 그러나 피의자의 방어권을 제한하는 불이익처분이므로, 수사기관은 비변호인과의 접견교통권을 제한할 수 없다고 해석하는 것이 옳다.

다. 체포 · 구속에 대한 사후적 통제장치

(1) 검사의 구속장소감찰제도

지방검찰청 검사장 · 지청장은 불법체포 · 구속의 유무를 조사하기 위해 매월 1회 이상 관하 수사관서의 피의자의 체포 · 구속장소를 검사가 감찰하도록 해야 하는데, 감찰하는 검사는 체포 · 구속된 자를 심문하고 관련서류를 조사해야 하고, 검사는 적법한 절차에 의하지 않고 체포 · 구속된 것이라고 의심할 만한 상당한 이유가 있는 경우에는 즉시 체포 · 구속된 자를 석방하거나 사건을 검찰에 송치할 것을 명해야 한다(제198조의2).

(2) 본래의 준항고 · 재항고제도

수소법원 그 자신이 아니라 수소법원의 구성원인 법관의 재판을 명령이라고 하는데, 형소법은 이에 대해서는 원칙적으로 항고를 허용하지 않고, 예외적으로만 이의신청(제304조)이나 준항고(제406조)를 허용한다. 재판장이나 수명법관의 구금이나 보석 또는 감정유치에 관한 재판에 대해서는 그 법관 소속의 법원이나 관할법원에 그 재판의 취소 또는 변경을 청구할 수 있다(제416조). 이를 준항고라고 한다.

준항고에 대한 수소법원이나 관할법원의 결정도 재항고의 대상이 되는데(제415조, 제419조), 재항고란 항소법원 · 항고법원 · 고등법원의 결정에 영향을 미친 헌법 · 법률 · 명령 또는 규칙의 위반을 이유로 대법원에 제기하는 즉시항고를 말한다(제415조).

(3) 수사상 준항고 · 재항고

본래 준항고란 공소제기 이후 형사절차, 곧 공판상 제도이지만, 수사기관의 구금에 관한 처분에 대해서도 불복이 있으면 그 직무집행지의 관할법원 또는 검사의 소속검찰청에 대응한 법원에 그 처분의 취소 또는 변경을 청구할 수 있는데(제417조), 이를 수사상 준항고라고 한다. 구속피의자 · 피고인에 대한 변호인의 접견교통권의 제한(96모18), 피의자신문시 변호인참여불허(2003모402) 등도 수사상 준항고의 대상이 된다. 2007년 개정형소법은 피의자신문시 변호인참여규정(제243조의2)을 신설하면서 제243조의2에 따른 변호인의 참여 등에 관한 처분도 준항고사유로 명시적으로 규정한다. 수사상 준항고에 대해서도 재항고가 허용된다(제415조, 제419조).

수사상 준항고는 행정기관의 처분에 대한 불복을 법원에 다툰다는 점에서 행정소송과 유사하지만, 행정소송과 달리 전심절차를 거치지 않는다. 수사기관의 처분에 대한 법원의 통제라는 점에서 체포 · 구속적부심사제도와 유사하지만, 체포 · 구속적부심사에 따른 결정에 대해서는 항고가 허용되지 않는다. 수사상 준항고의 청구는 서면으로 관할법원에 제출하여 해야 한다(제418조).

준항고법원이 수사기관의 처분을 취소하는 결정을 내렸음에도 불구하고 수사기관이 이를 이행하지 않고 불법한 구금처분을 계속하는 경우에는 곧바로 헌법소원을 제기할 수 있다(89헌마181).

(4) 구금장소의 임의적 변경

구금장소는 피고인의 방어권 행사에 중대한 영향을 미친다. 구금장소가 변호인이나 그 가족으로부터 지나치게 떨어져 있으면 그들의 접견교통권에 장애가 되기 때문이다. 그래서 제75조는 수소법원이 구속영장을 발부할 때 구속영장에 '인치구금할 장소'를 기재하도록 한 것이다. 따라서 판례는 예컨대 경찰이 피의자에게 발부된 구속영장에 기재된 장소가 아닌 장소로 구금장소를 임의적으로 변경하는 것은 피의자의 방어권이나 변호인의 접견교통권의 행사에 중대한 장애를 초래하는 것이므로 위법하다고 보고, 구금장소변경처분의 취소를 인정한 원심이 옳다고 본다(95모94).

그런데 형의 집행 및 수용자의 처우에 관한 법률 제20조[109]가 수용자에 대한 이송권한

---

109) 제20조 (수용자의 이송) ①소장은 수용자의 수용 · 작업 · 교화 · 의료, 그 밖의 처우를 위하여 필요하거나 시설의 안전과 질서유지를 위하여 필요하다고 인정하면 법무부장관의 승인을 받아 수용자

을 교정당국에게 부여하고 있다는 이유로, 미결구금된 피고인에 대한 구금장소의 변경은 교정당국의 권한이고, 구금장소의 변경에 대한 불복방법도 행정소송이라고 본다. 다만 구속영장에 피의자 · 피고인에 대한 구금장소가 기재되어있다고 해서 법원 이외의 다른 기관의 일방적 처분에 의한 구금장소의 변경이 법률의 규정이 있거나 법원의 사전허가를 받아야만 허용된다는 것은 아니지만, 작업이나 교화 등의 필요를 이유로 구속피고인을 다른 수용시설로 이송할 수는 없고, 제361조의2 제3항[110]에 따른 이송규칙을 어겨서도 안 된다고 본다(92두30). 그러나 형이 확정된 수형자와 형이 미확정된 미결구금자를 동일하게 보는 것은 무죄추정원칙에 어긋나며, 미결구금자 구금장소변경처분에 대한 당부를 행정법원이 맡는 것은 수소법원의 신속한 심리를 저해하므로 구금장소의 변경권한은 수소법원에 있다고 본다. 구금장소의 변경에 대한 불복방법은 그 처분을 경찰의 구금에 관한 처분에 준하는 것으로 보아서 수소법원에 준항고(제417조)할 수 있다고 본다.

8. 체포 · 구속된 사람의 판결 확정 전 석방제도

판결확정 전 석방제도는 피의자와 피고인 사이에 차이가 있다. 구속의 취소와 구속의 집행정지는 피의자와 피고인 모두에게 인정되고, 체포 · 구속적부심사청구권은 체포 · 구속된 피의자에게만 인정되는 반면 보석(청구권)은 구속된 피고인에게만 인정된다.

	체포적부심	구속영장실질심사	구속적부심	구속의 취소	구속집행정지	보석
피의자	○	○	○	○	○	△
피고인	×	×	△	○(제97조)	○(제101조)	○

가. 체포 · 구속의 취소와 체포 · 구속의 집행정지

(1) 피고인 구속의 취소

구속의 사유가 없거나 소멸된 때는 법원은 직권 또는 검사, 피고인, 변호인, 변호인선임권자의 청구에 따라 결정으로 구속을 취소해야 하는데(제93조), 법원은 구속취소의

를 다른 교정시설로 이송할 수 있다. ②법무부장관은 제1항의 이송승인에 관한 권한을 대통령령으로 정하는 바에 따라 지방교정청장에게 위임할 수 있다.

110) 피고인이 교도소 또는 구치소에 있는 경우에는 원심법원에 대응한 검찰청검사는 항소이유의 통지를 받은 날부터 14일 이내에 피고인을 항소법원 소재지의 교도소 또는 구치소에 이송해야 한다.

청구를 받은 날부터 7일 안에 결정을 해야 한다(형소규칙 제55조). 검사의 청구에 의한 경우 또는 급속을 요하는 경우 외에는 검사에게 의견을 물어야 하고, 검사는 이에 대해 지체 없이 의견을 표명해야하며, 검사는 구속취소결정에 대해 즉시항고를 할 수 있다(제97조 제2항-제4항). 이처럼 구속이 취소되면 구속영장이 실효된다.

아래 경우에도 구속영장이 실효된다. 먼저 무죄, 면소, 형의 면제, 형의 선고유예, 형의 집행유예, 공소기각 또는 벌금이나 과료의 판결이 선고된 경우이다(제331조). 다음은 형의 집행이 시작된 경우이다. 재판은 형소법에 특별한 규정이 없으면 확정한 후에 집행하는데(제459조), 형기는 판결이 확정된 날로부터 기산한다(형법 제84조).

(2) 피고인 구속의 집행정지와 집행정지의 취소

법원은 상당한 이유가 있는 때에 결정으로 구속된 피고인을 친족 · 보호단체 기타 적당한 자에게 부탁하거나 피고인의 주거를 제한하여 구속의 집행을 정지할 수 있는데, 이런 결정을 할 때는 급속을 요하는 경우를 제외하고 검사의 의견을 물어야 한다(제101조 제1항, 제2항).[111)]

구속된 국회의원에 대해 헌법 제44조 제2항에 따른 석방요구가 있으면 당연히 구속영장의 집행이 정지되는데, 이런 석방요구의 통고를 받은 검찰총장은 즉시 석방을 지휘하고 그 사유를 수소법원에 통지해야 한다(제101조 제4항, 제5항). 구속의 집행정지는 구속영장의 효력을 유지시키면서 단순히 그 집행만을 정지시키는 경우인데, 보석의 경우에도 이런 효과가 있다.

피고인이 다음 중 하나에 해당하는 경우에는 법원은 직권 또는 검사의 청구에 따라 결정으로 구속의 집행정지를 취소할 수 있는데, 다만, 국회의원의 석방요구에 따른 구속영장의 집행정지는 그 회기 중 취소하지 못한다(제102조 제2항). ①도망한 때, ②도망하거나 증거를 인멸할 염려가 있다고 믿을 만한 충분한 이유가 있는 때, ③소환을 받고 정당한 사유 없이 출석하지 아니한 때, ④피해자, 당해 사건의 재판에 필요한 사실을 알고 있다고 인정되는 자 또는 그 친족의 생명 · 신체 · 재산에 해를 가하거나 가할 염려가 있다고 믿을 만한 충분한 이유가 있는 때, ⑤법원이 정한 조건을 위반한 때.

---

111) 제101조 제3항은 '이런 결정에 대해서 검사는 즉시항고를 할 수 있다'고 규정하고 있었는데, 피고인의 모친상을 이유로 법원이 내린 구속집행정지결정사건에서 2012. 6. 27 헌재의 위헌결정을 받았다(2011헌가36). 그 이유는 즉시항고는 집행정지효력이 있기 때문에 제101조 제3항에 따른 검사의 즉시항고에 의해 법원의 구속집행정지결정이 무력화되므로 제101조 제3항은 영장주의와 적법절차 및 과잉금지원칙에 어긋난다는 것이다. 이런 헌재결정에 따라 제101조 제3항은 2015. 7. 31. 형소법 개정 때 삭제된다.

(3) 피의자 체포 · 구속의 취소

체포 · 구속의 사유가 없거나 소멸된 때에는 지방법원판사나 검사는 직권으로 또는 피의자, 변호인, 변호인선임권자의 청구나 사법경찰관의 신청을 받아 체포 · 구속을 취소해야 한다(제93조, 제200조의6, 제209조, 검찰규칙 제28조와 제50조).

(4) 피의자 체포 · 구속의 집행정지

지방법원판사 또는 검사는 상당한 이유가 있는 때에는 구속된 피의자를 친족 · 보호단체 기타 적당한 자에게 부탁하거나 피의자의 주거를 제한하여 구속의 집행을 정지할 수 있다(제209조, 제101조 제1항).

피의자 구속의 집행정지를 준용하는 규정이 피의자 체포영장의 경우에는 없다. 다만 체포영장이 발부된 피의자가 국회의원인 경우 석방요구가 있으면 체포영장의 집행이 정지된다(제200조의6, 제101조 제4항). 제101조 제4항이 피의자 영장체포의 경우에 준용되기 때문이다. 그런데 제101조 제4항을 피의자 영장구속의 경우에 준용하는 규정은 없다. 따라서 피고인 구속영장의 집행정지규정(제101조)의 취지를 피의자 체포 · 구속영장의 집행정지의 경우에도 살리자면, 피의자의 체포영장의 경우에도 집행정지가 허용되고, 피의자 구속영장의 경우에도 그 피의자가 국회의원인 경우 석방요구가 있으면 구속의 집행이 정지된다고 봐야 한다.

(5) 감정유치장의 집행시 구속의 집행 정지

구속 중인 자에 대해 감정유치장이 집행되었을 때는 유치되어 있는 기간의 구속은 그 집행이 정지된 것으로 간주하며, 유치처분이 취소되거나 유치기간이 만료된 때에는 구속의 집행정지가 취소된 것으로 간주한다(제221조의3 제2항, 제172조의2). 그러나 감정유치기간은 미결구금일수 산입에 있어서는 구속으로 간주한다(제72조 제8항).

구속에 관한 규정을 형소법에 특별한 규정이 없는 한 감정유치에 준용하므로, 판사의 유치결정에 대해서는 적부심사청구를 할 수 있다.

나. 피의자에 대한 체포 · 구속적부(適否)심사제도

(1) 의의

'누구든지 체포 또는 구속을 당한 때에는 적부의 심사를 법원에 청구할 권리를 가진다(헌법 제12조 제6항)'는 규정에 따라 형소법은 '체포 · 구속된 피의자 또는 그 변호인,

변호인선임권자(체포 · 구속된 피의자의 법정대리인, 배우자, 직계친족, 형제자매), 가족, 동거인 또는 고용주는 관할법원에 체포 또는 구속의 적부심사(適否審査)를 청구할 수 있다'고 규정하고 있다(제214조의2 제1항). 이는 종전에는 체포 · 구속적부심청구의 주체로 '체포 · 구속영장에 의하여 체포 · 구속된 피의자'로 하고 있었지만, 긴급체포나 현행범체포된 피의자에게도 적용해온 판례(97도21)의 입장을 입법에 반영한 것이다. 피고인에게는 체포 · 구속적부심사청구권이 없다.

수사상 체포 · 구속된 피의자, 그 변호인 및 일정한 범위의 자가 체포 · 구속적부심사를 법원에 청구하고 불법 · 부당하게 체포 · 구속된 피의자를 법원이 석방시키는 제도이다. 체포의 경우에는 체포의 불법 · 부당 여부를 심사하는 의미를 갖고, 구속의 경우에는 구속영장실질심사제도에 따른 영장발부 이후 사정변경과 구속의 계속 필요성을 고려한다는 점에서 구속영장발부의 적법성에 대한 사후심사 이상의 의미를 갖는다. 또한 체포 · 구속된 피의자를 석방시키는 제도라는 점에서, 공소제기후 수소법원이 체포 · 구속된 피고인을 석방시키는 제도인 피고인보석(제94조 이하)과 차이가 있다.

(2) 국선변호인 선정과 체포 · 구속영장을 발부한 법관의 원칙적 불관여

체포 · 구속된 피의자에게 변호인이 없는 때에는 법원은 직권으로 또는 피의자의 청구로 국선변호인을 선정해야한다(제214조의2 제10항, 제33조). 적부심사절차에서 변호인의 수사기록 열람 · 등사권은 헌법 제12조 제4항의 체포 · 구속된 자의 변호인의 도움을 받을 권리에서 유래하는 헌법의 기본권으로 보호된다는 것이 헌재의 입장이다(94헌마60).

체포 · 구속영장을 발부한 법관은 제214조의2 제4항부터 제6항까지의 심문 · 조사 · 결정에 관여하지 못하지만, 체포 · 구속영장을 발부한 법관 외에는 심문 · 조사 · 결정을 할 판사가 없는 경우에는 그렇지 않다(제214조의2 제12항). 이때 영장재판조서처럼 법원사무관등은 심문의 요지 등을 조서로 작성해야하며(제214조의2 제14항, 제201조의2 제6항), 이 조서는 제311조가 아니라 제315조 제3호의 '기타 특히 신용할만한 정황에 의하여 작성된 문서'에 해당하여 증거능력이 인정된다(2003도5693).

(3) 기각과 석방

(가) (간이)기각결정 = 민사소송의 각하결정

체포 · 구속적부심사청구를 받은 법원은 그 청구가 다음 중 하나에 해당하는 때에는 심문 없이 결정으로 청구를 기각할 수 있다(제214조의2 제3항). 형식적 요건의 심사에 따른 (간이)기각결정, 곧 민사소송의 각하결정에 해당한다. ①청구권자 아닌 사람이 청구하거나 동일한 체포영장 또는 구속영장의 발부에 대하여 재청구한 때, ②공범이나 공동피의자의 순차청구(順次請求)가 수사 방해를 목적으로 하고 있음이 명백한 때.

(나) 심문 후 기각결정과 석방결정

법원은 그 청구가 형식적 요건을 구비한 것이면, 심문 후 결정을 한다. 체포·구속적부심사청구를 받은 법원은 청구서가 접수된 때부터 48시간 이내(종전에는 지체없이[112])에 체포·구속된 피의자를 심문하고 수사관계서류와 증거물을 조사해야한다(제214조의2 제4항). 검사·변호인·청구인은 심문기일에 출석하여 의견을 진술할 수 있고, 법원은 심문을 하는 경우 공범의 분리심문이나 그 밖에 수사상의 비밀보호를 위한 적절한 조치를 해야 한다(제214조의2 제9항, 제11항).

법원은 심문 후에 그 청구가 이유없다고 인정한 때에는 기각결정을 하고, 이유있다고 인정한 때는 석방결정(심문후석방결정)을 명해야 한다(제214조의2 제4항).

법원의 간이기각결정과 심문후결정에 대해서 항고하지 못한다(제214조의2 제8항).

(다) 보증금납입조건부석방

법원은 구속된 피의자에 대해 피의자의 출석을 보증할 만한 보증금의 납입을 조건으로 결정으로 석방(약칭하여 보증금납입조건부석방)을 명할 수 있지만, 아래 두 경우는 아니다(제214조의2 제5항). ①범죄의 증거를 인멸할 염려가 있다고 믿을 만한 충분한 이유가 있는 때, ②피해자, 당해 사건의 재판에 필요한 사실을 알고 있다고 인정되는 사람 또는 그 친족의 생명·신체나 재산에 해를 가하거나 가할 염려가 있다고 믿을 만한 충분한 이유가 있는 때.

그런데 체포된 피의자에게는 보증금납입조건부석방이 허용되지 않고, 구속된 피의자에 대한 보증금납입조건부석방결정에 대해서는 제402조에 따라 검사의 (보통)항고가 허용된다는 것이 판례의 입장이다(97모21). 그 이유는 아래와 같다. ①체포의 경우에는 48시간 안에 구속영장을 청구해야 하므로 피의자의 신체의 자유의 보장이 미흡하지 않고, 형소법이 체포와 구속을 구별하면서 보증금납입조건부석방을 구속된 피의자로 제한하고 있다. ②위 간이기각결정과 심문후결정에 대해서는 제214조의2 제8항에서 항고를 금지하는 규정을 둔 것과 달리 보증금납입조건부석방결정에 대해서는 이런 규정을 두고 있지

112) 이 형소법규정에 따라 '지체없이 심문기일을 지정하되, 체포적부심사의 경우에는 24시간 이내로, 구속적부심사의 경우에는 3일 이내로 정해야한다'고 한 종전 형소규칙 제103조는 삭제되었다.

않다. ③심문후석방결정과 보증금납입조건부석방결정은 그 실질적인 취지와 내용이 다르다. 심문후석방결정은 체포 · 구속이 부적법한 경우에 내리는 것이지만 보증금납입조건부석방결정은 구속의 적법을 전제로 한다.[113] ④보증금납입조건부석방결정과 효과가 동일한 피고인의 보석의 경우에는 제403조 제2항에서 항고를 허용하고 있다.

체포 · 구속적부심사제도와 보석제도는 그 법적 성질이 다르다. 보석은 체포 · 구속영장의 효력을 유지하면서 보증금의 납입에 의한 출석의 담보를 조건으로 체포 · 구속의 집행을 정지하는 제도이다. 체포 · 구속적부심사제도는 체포 · 구속의 적부를 심사하여 그 영장의 효력을 상실시키는 제도이다. 보증금납입조건부석방은 두 제도를 결합한 것이지만, 보석에 가깝다. 그래서 이를 피의자 보석이라고 부르기도 한다. 그러나 형소법은 피의자 보석을 인정하고 있지 않다고 보는 것이 옳다. 보증금납입조건부석방은 법원의 직권에 의해서만 허용된다. 피고인에 대한 보석과 달리 보증금납입조건부석방은 법원의 재량이고, 이를 청구할 권리가 피의자에게 없다.

보증금납입조건부석방결정을 하는 경우에는 주거의 제한, 법원 또는 검사가 지정하는 일시 · 장소에 출석할 의무, 그 밖의 적당한 조건을 부가할 수 있다(제214조의2 제6항). 이때 피고인 보석의 경우 적용하는, 보석조건의 결정시 고려사항(제99조)과 보석집행의 절차(제100조)에 관한 규정을 준용한다(제214조의2 제7항). 이에 따라 법원은 석방의 조건을 부가할 때 ①범죄의 성질 및 죄상(罪狀), ②증거의 증명력, ③피의자의 전과(前科) · 성격 · 환경 및 자산, ④피해자에 대한 배상 등 범행 후의 정황에 관련된 사항 등을 고려해야 하는데, 법원은 피의자의 자금능력 또는 자산 정도로는 이행할 수 없는 조건을 정할 수 없다(제99조). 법원은 필요하다고 인정하는 때에는 조건의 이행 이후 보석허가결정을 집행하도록 정할 수 있고, 피의자 이외의 자에게 보증금의 납입을 허가하거나 유가증권 또는 피의자 외의 자가 제출한 보증서로써 보증금에 갈음함을 허가할 수 있는데, 보증서에는 보증금액을 언제든지 납입할 것을 기재해야 하며, 법원은 보석허가결정에 따라 석방된 피의자가 보석조건을 준수하는데 필요한 범위 안에서 관공서나 그 밖의 공사단체에 대해 적절한 조치를 할 것을 요구할 수 있다(제100조).

(라) 심사청구 후 공소제기(전격기소)된 자

체포 · 구속적부심사청구를 한 피의자에는 심사청구 후 피의자에 대해 공소제기된 자

113) 따라서 구속된 피의자에 대해 심문후석방결정을 한 경우에는 영장의 효력이 상실되지만, 보증금납입조건부석방을 한 경우에는 영장의 효력이 상실되지 않는다고 볼 수 있다.

를 포함한다(제214조의2 제4항과 제5항). 이는 이른바 전격기소된 피고인을 가리키는데, 체포 · 구속된 피의자쪽이 적부심사청구를 하여 법원이 이를 심사해야하는 상황에서 검사가 갑자기 공소를 제기하는 경우를 말한다.

체포 · 구속된 피의자가 피고인으로 신분이 바뀌면, 체포 · 구속의 계속 여부도 공소장을 접수한 수소(受訴)법원의 판단사항으로 전환되며, 적부심사청구를 받은 법원(적부심관할법원)이 적부심사를 해야 할지 논란이 있다. 그런데 만일 적부심사를 청구한 피의자가 피고인 신분으로 전환되어 적부심관할법원으로부터 적부심사를 받을 수 없다고 해석하면, 이는 "누구든지 체포 또는 구속을 당한 때에는 적부의 심사를 법원에 청구할 권리를 가진다"는 헌법 제12조 제6항과 모순된다. 그래서 이 점을 두고 헌재는 헌법불합치결정을 내렸고(2002헌바104), 이에 따라 전격기소된 피의자도 적부심관할법원이 적부심사를 한다는 규정을 명문화한 것이다.

(4) 재체포 및 재구속의 제한과 재구속등의 경우 보증금의 몰수

심문후석방된 피의자는 도망하거나 증거를 인멸하는 경우를 제외하고 동일한 범죄사실로 다시 체포 · 구속하지 못하고, 보증금납입조건부석방된 피의자는 아래 경우를 제외하고 동일한 범죄사실로 다시 체포 · 구속하지 못한다(제214조의3). ①도망한 때, ②도망하거나 증거를 인멸할 염려가 있다고 믿을만한 충분한 이유가 있는 때, ③출석요구를 받고 정당한 이유없이 출석하지 않은 때, ④주거의 제한 기타 법원이 정한 조건을 위반한 때.

보증금납입조건부석방의 경우에 위 ①-④의 사유로 다시 구속하거나 공소가 제기된 후 동일한 범죄사실로 법원이 다시 구속할 때 법원은 직권 또는 검사의 청구에 의해 결정으로 납입된 보증금의 전부 또는 일부를 몰수할 수 있고, 법원은 석방된 자가 동일한 범죄사실로 형의 선고를 받고 그 판결이 확정된 후, 집행하기 위한 소환을 받고 정당한 이유없이 출석하지 않거나 도망한 때에는 직권 또는 검사의 청구에 의해 결정으로 보증금의 전부 또는 일부를 몰수해야 한다(제214조의4).

다. 피고인 보석

(1) 의의와 종류

보석도 구속의 집행정지처럼 구속영장의 집행을 정지시키는 제도이지만, 구속의 집행정지와 달리 피고인의 출석의 담보를 위해 보증금의 납부를 조건으로 한다. 보석은 피고인쪽의 청구에 의한 청구보석과 법원의 직권에 의한 직권보석으로 구별할 수 있다.

보석은 또 법원이 허가의무를 지는 필요적 보석과 그렇지 않은 임의적 보석으로 구별할 수 있는데, 형소법은 필요적 보석을 원칙으로 하고 있다.

피고인, 피고인의 변호인 · 법정대리인 · 배우자 · 직계친족 · 형제자매 · 가족 · 동거인 또는 고용주는 법원에 구속된 피고인의 보석을 청구할 수 있고(제94조), 법원은 아래 불허사유에 해당하지 않는 한 보석을 허가해야 한다(제96조). 형소법은 필요적 보석의 불허사유로 6가지를 규정하고 있는데, 이는 그 목적에 따라 크게 3가지로 구별할 수 있다. ①공판절차의 원활한 진행을 위한 경우로, ⅰ)피고인이 사형, 무기 또는 장기 10년이 넘는 징역이나 금고에 해당하는 죄를 범한 때(제1호), ⅱ)피고인이 죄증을 인멸하거나 인멸할 염려가 있다고 믿을 만한 충분한 이유가 있는 때(제3호), ⅲ)피고인이 도망하거나 도망할 염려가 있다고 믿을 만한 충분한 이유가 있는 때(제4호), ⅳ)피고인의 주거가 분명하지 아니한 때(제5호) 등이다. 특히 제1호와 제4호는 피고인의 출석의 담보에 그 목적이 있다. ②재범방지를 위한 경우로, 피고인이 누범에 해당하거나 상습범인 때(제2호)다. ③피해자 등의 보호를 위한 경우로, 피고인이 피해자, 당해 사건의 재판에 필요한 사실을 알고 있다고 인정되는 자 또는 그 친족의 생명 · 신체나 재산에 해를 주거나 그럴 염려가 있다고 믿을 만한 충분한 이유가 있는 때(제6호)다.

법원은 피고인이 보석의 불허사유에 해당할지라도 상당한 이유가 있는 때에는 직권 또는 보석의 청구권자의 청구를 받아 결정으로 보석을 허가할 수 있다(제96조).

(2) 보석청구의 심리와 결정

(가) 심리

보석의 청구를 받은 법원은 심문불가사유[114]에 해당하지 않는 한 지체없이 심문기일을 정하여 구속된 피고인을 심문해야 하는데, 피고인 · 변호인 · 보석청구인은 피고인에게 유리한 자료를 낼 수 있고, 검사 · 변호인 · 보석청구인은 심문기일에 출석하여 의견을 진술할 수 있으며, 법원은 피고인 · 변호인 · 보석청구인에게 보석조건을 결정할 때 필요한 자료의 제출을 요구할 수 있고, 피고인의 심문을 합의부원에게 명할 수 있다(형소규칙 제54조의2). 법원은 특별한 사정이 없는 한 보석의 청구를 받은 날부터 7일 이내에 그에 관한 결정을 해야 한다(형소규칙 제55조).

청구보석이든 직권보석이든 재판장은 보석에 관한 결정을 하기 전에 검사의 의견을

---

114) ①청구권자 이외의 사람이 보석을 청구한 때, ②동일한 피고인에 대해 중복하여 보석을 청구하거나 재청구한 때, ③공판준비 또는 공판기일에 피고인에게 그 이익되는 사실을 진술할 기회를 준 때, ④이미 제출한 자료만으로 보석을 허가하거나 불허가할 것이 명백한 때.

묻어야 하고, 검사는 의견요청에 대해 지체 없이 의견을 표명해야 한다(제97조 제1항과 제3항). 종전에는 '검사가 3일 이내에 의견을 표명하지 아니한 때에는 보석허가에 대해 동의한 것으로 간주한다'고 규정되어있었고, 이를 근거로 법원이 3일 동안 보석결정을 보류했는데, 2007년 개정형소법이 이 문제를 해결한 것이다.[115)]

(나) 보석불허결정

법원은 보석불허결정을 하는 때는 결정이유에 어떠한 보석 불허사유에 해당하는지 명시해야 한다(형소규칙 제55조의2). 상소를 불허하는 결정이나 명령이 아닌 한 재판은 그 이유를 명시해야하는데(제39조), 보석에 관한 결정은 항고의 대상이 되기 때문이다(제403조 제2항).

(다) 보석허가결정

법원은 보석허가결정을 하는 경우에 필요하고 상당한 범위 안에서 아래 보석조건 가운데 하나 이상의 조건을 정해야하는데(제98조), 이때 다음 사항을 고려해야 하지만, 피고인의 자금능력 또는 자산 정도로는 이행할 수 없는 조건을 정할 수 없다(제99조). ①범죄의 성질 및 죄상(罪狀), ②증거의 증명력, ③피고인의 전과(前科) · 성격 · 환경 및 자산, ④피해자에 대한 배상 등 범행 후의 정황에 관련된 사항.

보석허가결정에 대한 즉시항고를 허용한 종전 형소법 규정[116)]이 권력분립원칙 등을 침해한다는 이유로 위헌결정을 받았다(93헌가2). 다만, 검사는 제403조 제2항에 따라 보석허가결정에 대해 (보통)항고는 할 수 있다(97모26).

(3) 보석허가결정과 보석조건

형소법은 다양한 비금전적 보석조건을 인정하여 무자력자에게도 보석의 기회를 주고 있다. 보석조건은 9가지인데, 크게 3가지 유형으로 구별할 수 있다. ①금전적 보석조건 유형으로서, ⅰ)법원이 정하는 보증금에 해당하는 금액을 납입할 것을 약속하는 약정서를 제출할 것(제2호), ⅱ)법원이 지정하는 방법으로 피해자의 권리 회복에 필요한 금전을 공탁하거나 그에 상당하는 담보를 제공할 것(제7호), ⅲ)피고인이나 법원이 지정하는 자가 보증금을 납입하거나 담보를 제공할 것(제8호)이다. ②비금전적 보석조건유

115) 법원행정처, 형사소송법 개정법률 해설, 2007, 12면.

116) 1995. 1. 1. 시행된 제4796호 형소법 제97조 (보석 · 구속의 취소와 검사의 의견) ③보석을 허가하는 결정 및 구속을 취소하는 결정에 대하여는 검사는 즉시항고를 할 수 있다.

형으로서, ⅰ)법원이 지정하는 일시·장소에 출석하고 증거를 인멸하지 않겠다는 서약서를 제출할 것(제1호), ⅱ)법원이 지정하는 장소로 주거를 제한하고 주거를 변경할 필요가 있는 경우에는 법원의 허가를 받는 등 도주를 방지하기 위하여 행하는 조치를 받아들일 것(제3호), ⅲ)피해자, 당해 사건의 재판에 필요한 사실을 알고 있다고 인정되는 사람 또는 그 친족의 생명·신체·재산에 해를 끼치는 행위를 하지 않고 주거·직장 등 그 주변에 접근하지 않을 것(제4호), ⅳ)피고인 아닌 자가 작성한 출석보증서를 제출할 것(제5호), ⅴ)법원의 허가 없이 외국으로 출국하지 않을 것을 서약할 것(제6호) 등이다. ③포괄적 보석조건유형으로서, 그 밖에 피고인의 출석을 보증하기 위해 법원이 정하는 적당한 조건을 이행할 것(제9호)이다. 법원은 출석보증서의 제출을 조건으로 한 보석허가결정에 따라 석방된 피고인이 정당한 사유 없이 기일에 불출석하는 경우에는 결정으로 그 출석보증인에게 500만원 이하 과태료를 부과할 수 있는데, 이 결정에 대해서는 즉시항고를 할 수 있다(제100조의2).

법원은 직권 또는 보석청구권자의 신청에 따라 결정으로 피고인의 보석조건을 변경하거나 일정기간 동안 당해 조건의 이행을 유예할 수 있다(제102조 제1항).

(4) 보석허가결정의 집행·취소·실효

(가) 집행

보석조건 중 출석등서약서제출(제1호), 보증금납입약정서제출(제2호), 출석보증서제출(제5호), 피해배상금공탁·담보제공(제7호), 보증금납입·담보제공(제8호) 등의 조건은 이를 이행한 후가 아니면 보석허가결정을 집행하지 못하며, 법원은 필요하다고 인정하는 때에는 다른 조건의 경우에도 그 이행 이후 보석허가결정을 집행하도록 정할 수 있다(제100조 제1항).

법원은 보석청구자 이외의 자에게 보증금의 납입을 허가할 수 있는데, 법원은 유가증권 또는 피고인 외의 자가 제출한 보증서로써 보증금에 갈음함을 허가할 수 있고, 이런 보증서에는 보증금액을 언제든지 납입할 것을 기재해야 한다(제100조 제2항-제4항).

법원은 보석허가결정에 따라 석방된 피고인이 보석조건을 준수하는데 필요한 범위 안에서 관공서나 그 밖의 공사단체에게 적절한 조치를 할 것을 요구할 수 있다(제100조). 예컨대 주거제한 등의 수인(受忍, 제3호)의 보석조건에 따라 피고인의 주거를 병원으로 제한하고 경찰공무원의 관찰을 수인할 것을 보석조건으로 정한 경우에 경찰공무원이 피고인을 감시하고 그 활동을 보고받거나 도망을 방지할 수 있는 조치를 지방경찰청장이나 경찰서장에게 요구할 수 있다.

(나) 취소와 제재

구속의 집행정지의 취소처럼 보석의 취소가 인정되고, 사유와 절차는 구속의 집행정지의 취소의 경우와 같다(제102조 제2항). 보석취소결정도 보석허가결정과 마찬가지로 (보통)항고의 대상이다(제403조 제2항). 보석취소로 피고인이 재구속되는 경우 새로운 구속영장은 필요없다. 보석취소는 보석이 정지시킨 구속영장의 집행을 재개시키는 것이기 때문이다.

그런데 보석의 경우에는 법원은 피고인이 정당한 사유 없이 보석조건을 위반한 경우에는 결정으로 피고인에게 1천만원 이하의 과태료를 부과하거나 20일 이내의 감치에 처할 수 있고, 이런 결정에 대해서는 즉시항고를 할 수 있다(제102조 제3항).

(다) 실효(제104조의2)

구속영장의 효력이 소멸한 때에는 보석조건은 즉시 그 효력을 상실한다(제1항). 보석이 취소된 경우도 보석조건의 효력이 상실되지만, 보증금납입 · 담보제공(제8호)이 보석조건인 경우에는 보증금이나 담보를 몰취(몰수)하므로 이 경우는 실효되지 않는다(제2항).

(5) 보석보증금 · 담보의 몰수와 환부

(가) 보석보증금 · 담보의 몰수

법원은 보석을 취소하는 때에는 직권 또는 검사의 청구에 따라 결정으로 보증금 또는 담보의 전부 또는 일부를 몰수할 수 있다(제103조 제1항). 몰수하지 않은 보증금 · 담보는 환부해야하므로, 조속한 환부를 위해서는 몰수결정을 보석취소와 동시에 하는 것이 옳다. 그러나 판례는 몰수결정과 보석취소는 별개라고 본다(2001모53; 2000모22전합).

법원은 보증금의 납입 또는 담보제공을 조건으로 석방된 피고인이 동일한 범죄사실로 형의 선고를 받고 그 판결이 확정된 후 형의 집행을 위한 소환을 받고 정당한 사유 없이 출석하지 않거나 도망한 때에는 직권 또는 검사의 청구에 따라 결정으로 보증금 또는 담보의 전부 또는 일부를 몰수해야 한다(제103조 제2항).

(나) 보석보증금 · 담보의 환부

구속 또는 보석을 취소하거나 구속영장의 효력이 소멸된 때에는 몰수하지 않은 보증금 또는 담보를 청구한 날로부터 7일 안에 환부해야 한다(제104조).

• 기출문제 •

구속	구속되었다가 석방된 자는 다른 중요한 증거가 발견된 경우가 아니면 동일한 범죄사실에 관하여 재차 구속하지 못한다. [2020년 변호사시험 형사법 문31]

【정답 및 해설】 △(구속되었다가 석방된 자가 피의자이면 옳지만[제208조] 피고인이면 옳지 않다[85모12])

「검사와 사법경찰관의 상호협력과 일반적 수사준칙에 관한 규정」에 대한 설명으로 가장 적절하지 않은 것은? [2021년 제1차 순경시험 형소법 문5]

① 검사 또는 사법경찰관은 특별한 사정이 없으면 총조사시간 중 식사시간, 휴식시간 및 조서의 열람시간 등을 제외한 실제 조사시간이 12시간을 초과하지 않도록 해야 한다.

② 검사 또는 사법경찰관은 조사에 상당한 시간이 소요되는 경우에는 특별한 사정이 없으면 피의자 또는 사건관계인에게 조사 도중에 최소한 2시간마다 10분 이상의 휴식시간을 주어야 한다.

③ 검사 또는 사법경찰관은 피의자에게 출석요구를 하려는 경우 피의자와 조사의 일시 · 장소에 관하여 협의해야 하고, 이 경우 변호인이 있는 경우에는 변호인과도 협의해야 한다.

④ 검사 또는 사법경찰관은 임의동행을 요구하는 경우 상대방에게 동행을 거부할 수 있다는 것과 동행하는 경우에도 언제든지 자유롭게 동행 과정에서 이탈하거나 동행 장소에서 퇴거할 수 있다는 것을 알려야 한다.

【해설】 ①×(제22조. 대기시간, 휴식시간, 식사시간은 포함되나 조서열람시간은 제외된다.) ②○(제23조) ③○(제19조 제2항) ④○(제20조, 2020도398) **【정답】** ①

체포제도에 대한 설명 중 가장 적절하지 않은 것은? (다툼이 있는 경우 판례에 의함)

[2020년 제1차 순경시험 형소법 문7]

① 사법경찰관이 긴급체포된 피의자에 대해 검사에게 긴급체포의 승인건의와 구속영장 신청을 함께 한 경우 검사는 긴급체포의 합당성이나 구속영장 청구에 필요한 사유를 보강하기 위해 피의자 대면조사를 실시할 수 있다.

② 현행범 체포의 요건으로서 행위의 가벌성, 범죄의 현행성 · 시간적 접착성, 범인 · 범죄의 명백성 이외에 체포의 필요성 즉, 도망 또는 증거인멸의 우려가 있어야 한다.

③ 체포영장이 발부된 피의자를 체포하기 위하여 타인의 주거 등을 수색하는 경우에는 피의자가 그 장소에 소재할 개연성 이외에도 별도로 사전에 수색영장을 발부받기 어려운 긴급한 사정이 있는 경우에만 제한적으로 이루어져야 한다.

④ A가 경찰관 B의 불심검문을 받아 운전면허증을 교부한 후 B에게 큰 소리로 욕설을 하는 것을 인근에 있던 C, D 등도 들은 상황에서 B가 A를 현행범으로 체포하는 것은 적법한 공무집행이라 볼 수 없다.

【해설】 ①×(2008도11999: 검사의 구속영장 청구 전 피의자 대면조사는 긴급체포의 적법성을 의심할 만한 사유가 기록 기타 객관적 자료에 나타나고 피의자의 대면조사를 통해 그 여부의 판단이 가능할 것으로 보이는 예외적인 경우에 한하여 허용될 뿐, 긴급체포의 합당성이나 구속영장 청구에 필요한 사유를 보강하기 위한 목적으로 실시되어서는 안 되고, 검사의 구속영장 청구 전 피의자 대면조사는 강제수사가 아니므로 피의자는 검사의 출석 요구에 응할 의무가 없고, 피의자가 검사의 출석 요구에 동의한 때에 한하여 사경은 피의자를 검찰청으로 호송해야 한다. 그러나 검사의 수사지휘권이 폐지되고 사경과 검사의 관계가 상호협력관계로 변경되면서 경찰이 체포한 피의자에 대한 검사의 구속영장 청구 전 대면조사는 허용되지 않게 되었고, 2020년 개정형소법 제197조의2에 근거하여 보완수사만 요구할 수 있다.) ②○(98도3029) ③○(제216조 제1항 제1호. 2015헌바370결정[영장에 의한 체포 · 구속의 경우에는 미리 수색영장을 발부받기 어려운 긴급한 사정이 있는 경우에 한정하여 영장없는 피의자수색이 영장주의에 부합한다]에 따라 개정된 사항이다.) ④○(2011도3682 경찰관의 불심검문에 응하여 이미 운전면허증을 교부한 상태이고, 경찰관뿐 아니라 인근 주민도 욕설을 직접 들었으므로, A가 도망하거나 증거를 인멸할 염려가 있다고 보기는 어렵고, A의 모욕 범행은 불심검문에 항의하는 과정에서 저지른 일시적, 우발적인 행위로서 사안 자체가 경미할 뿐 아니라, 피해자인 경찰관이 범행현장에서 즉시 범인을 체포할 급박한 사정이 있다고 보기도 어렵다.) **【정답】** ①

체포에 관한 설명 중 옳지 않은 것은? (다툼이 있는 경우 판례에 의함)

[2020년 경찰간부후보생시험 형소법 문9]

① 경찰관이 피의자의 집 문을 강제로 열고 들어가 피의자를 긴급체포한 경우, 피의자가 마약투약을 하였다고 의심할만한 상당한 이유가 있었더라도, 경찰관이 이미 피의자의 주거지 및 전화번호 등을 모두 파악하고 있었고, 당시 증거가 급속하게 소멸될 상황도 아니었다면 미리 체포영장을 받을 시간적 여유가 없었던 경우에 해당하지 않는다.

② 경찰관이 시위에 참가한 6명의 조합원을 「집회 및 시위에 관한 법률」 위반 혐의로 현행범 체포 후 경찰서로 연행하였는데, 그 과정에서 체포의 이유를 설명하지 않다가

조합원들의 항의를 받고 1시간이 지난 후 그 이유를 설명한 것은 위법하다.

③ 피의자의 소란행위가 업무방해죄의 구성요건에 해당하지 않아 사후적으로 무죄로 판단된다고 하더라도, 피의자가 경찰관 앞에서 소란을 피운 당시 상황에서는 객관적으로 보아 피의자가 업무방해죄의 현행범이라고 인정할 만한 충분한 이유가 있었다면 경찰관이 피의자를 체포하려고 한 행위는 적법하다.

④ 순찰 중이던 경찰관이 교통사고를 낸 차량이 도주하였다는 무전연락을 받고 주변을 수색하다가 범퍼 등의 파손상태로 보아 사고차량으로 인정되는 차량에서 내리는 사람을 발견하고 준현행범인으로 체포한 행위는 위법하다.

【해설】 ①ㅇ(2016도5814) ②ㅇ(2013도2168) ③ㅇ(2011도4763: 현행범 체포의 적법성은 체포 당시의 구체적 상황을 기초로 객관적으로 판단하여야 하고, 사후에 범인으로 인정되었는지에 의할 것은 아니다.) ④×(99도4341: 형사소송법 제211조 제2항 제2호 소정의 '장물이나 범죄에 사용되었다고 인정함에 충분한 흉기 기타의 물건을 소지하고 있는 때'에 해당하므로 준현행범으로서 영장 없이 체포할 수 있다.) **【정답】** ④

메트암페타민 투약 등 혐의가 있어서 체포영장이 발부된 甲에 대한 사법경찰관 A의 체포행위와 검사 B가 법원에 청구한 구속영장에 관한 설명 중 옳은 것은? (다툼이 있는 경우 판례에 의함) [2021년 변호사시험 형사법 문30]

① 영장을 집행함에 있어서는 원본을 제시하여야 하므로, A가 체포영장을 소지하지 아니하여 영장 원본을 제시할 수 없는 경우 급속을 요하는 경우라도 영장을 집행할 수 없다.

② A가 체포영장의 제시 및 미란다원칙을 고지하려고 할 때, 만약 甲이 흉기를 꺼내 폭력으로 대항하여 甲을 실력으로 제압할 수밖에 없는 경우에는 A가 甲을 제압하고 지체 없이 체포영장을 제시하면서 미란다원칙을 고지할 수 있다.

③ 구속 전 피의자심문을 받을 甲에게 변호인이 없는 때에는 판사는 직권으로 변호인을 선정하여야 하고, 이 경우 甲에 대한 구속영장 청구가 기각되더라도 변호인의 선정은 제1심까지 효력이 있다.

④ A는 체포영장에 의하여 체포된 甲에게 구속의 필요성이 인정되어 체포된 다음 날 구속영장을 신청하였고, B의 구속영장 청구와 지방법원판사가 발부한 구속영장에 의해 甲이 구속된 경우, A는 구속영장에 의해 甲이 구속된 때로부터 10일 이내에 검사에게 甲을 인치하지 아니하면 석방하여야 한다.

⑤ 지방법원판사가 구속영장청구를 기각한 경우에는 B는 구속영장을 재청구하거나 「형사소송법」 제416조의 준항고를 통해 불복할 수 있다.

【해설】 ②○(2017도10866. 실력행사에 나아가기 전에 체포영장을 제시하고 미란다원칙을 고지할 여유가 있었음에도 미란다원칙을 체포 후에 고지할 생각으로 먼저 체포행위에 나선 행위는 적법한 공무집행이라고 보기 어렵다고 본 사건) ①×(제85조 제3항 · 제4항. 급속을 요하는 때는 피의자 · 피고인에 대해 피의 · 공소사실의 요지와 영장이 발부되었음을 알리고 집행할 수 있지만, 집행을 완료한 후에는 신속히 영장을 제시해야한다.) ③×(제201조의2 제8항. 구속영장 청구가 기각되어 효력이 소멸한 경우에는 변호인선임의 효력이 없다.) ④×(제201조의2 제7항 체포한 때부터 10일이다.) ⑤×(2006모646. 영장재판에 대해서는 불복할 수 없다.) **【정답】** ②

피의자 구속에 관한 설명 중 옳지 않은 것은? (다툼이 있는 경우 판례에 의함)

[2020년 경찰간부후보생시험 형소법 문10]

① 구속영장을 청구받은 지방법원 판사는 체포된 피의자에 대하여 지체없이 심문하여야 하나, 체포되지 않은 피의자에 대하여는 직권으로 심문 여부를 결정한다.

② 구속기간의 초일은 시간을 계산함이 없이 1일로 산정하고, 구속기간의 말일이 공휴일 또는 토요일에 해당하는 경우에도 구속기간에 산입한다.

③ 지방법원판사가 검사의 구속영장청구를 기각한 경우에 이에 대한 불복방법으로서 준항고는 허용되지 않는다.

④ 구속되었다가 석방된 피의자는 다른 중요한 증거가 발견된 경우가 아니면 동일한 범죄사실에 관하여 재차 구속하지 못한다.

【해설】 ①×(제201조의2 제1항: 체포된 피의자에 대하여 구속영장을 청구받은 판사는 지체없이 피의자를 심문하여야 한다. 이 경우 특별한 사정이 없는 한 구속영장이 청구된 날의 다음날까지 심문하여야 한다.) ②○(제66조 제1항, 제3항 단서) ③○(2006모646) ④○(제208조 제1항) **【정답】** ①

체포와 구속에 대한 설명 중 옳은 것(○)과 옳지 않은 것(×)을 바르게 연결한 것은? (다툼이 있는 경우 판례에 의함) **[2020년 국가직 7급 형소법 문8]**

ㄱ. 체포된 피의자에 대하여 구속영장을 청구받은 판사는 지체 없이 피의자를 심문하여야 한다. 이 경우 특별한 사정이 없는 한 구속영장이 청구된 날의 다음날까지 심문하여야 한다.
ㄴ. 사법경찰관리가 현행범인의 인도를 받은 때에는 체포자의 성명, 주거, 체포의 사유를 물어야 하고 필요한 때에는 체포자에 대하여 경찰관서에 동행함을 요구할 수 있다.

ㄷ. 구속의 사유가 없거나 소멸된 때에는 피고인, 피고인의 변호인 · 법정대리인 · 배우자 · 직계친족 · 형제자매 · 가족 · 동거인 또는 고용주는 법원에 구속된 피고인의 구속취소를 청구할 수 있다.
ㄹ. 구속기간이 만료될 무렵에 종전 구속영장에 기재된 범죄사실과 다른 범죄사실로 피고인을 구속하였다는 사정만으로는 피고인에 대한 구속이 위법하다고 할 수 없다.

	ㄱ	ㄴ	ㄷ	ㄹ
①	○	○	○	○
②	×	○	○	○
③	○	×	○	×
④	○	○	×	○

【해설】 ㄱ : ㅇ(제201조의2 제1항) ㄴ : ㅇ(제213조) ㄷ : ×(제93조 : 구속취소청구권자는 피고인과 피고인의 변호인 및 변호인선임권자[법정대리인 · 배우자 · 직계친족 · 형제자매]이다. 변호인선임권자와 가족 · 동거인 · 고용주는 체포 · 구속적부심청구권자이자 보석청구권자이다.) ㄹ : ㅇ(85모21 ; 2000모134) 【정답】 ④

체포 · 구속적부심사제도에 관한 설명 중 옳지 않은 것은? (다툼이 있는 경우 판례에 의함) [2020년 경찰간부후보생시험 형소법 문11]

① 공범 또는 공동피의자가 한 체포 · 구속적부심사의 순차청구가 수사방해의 목적임이 명백한 때에는 심문없이 결정으로 청구를 기각할 수 있다.
② 구속적부심사를 청구한 피의자에 대해 법원이 석방결정을 한 후, 그 결정서 등본이 검찰청에 송달되기 전에 검사가 공소를 제기(전격기소)할 경우 그 석방결정은 무효가 된다.
③ 구속적부심사절차와는 달리 체포적부심사절차에서는 보증금납입조건부 피의자석방결정을 할 수 없다.
④ 체포 · 구속적부심문조서는 「형사소송법」 제315조 제3호의 당연히 증거능력 있는 서류에 해당한다.

【해설】 ①ㅇ(제214조2조 제3항) ②×(제214의2조 제5항) ③ㅇ(97모21) ④ㅇ(2003도5693)
【정답】 ②

다음 중 '피의자 또는 피고인'의 가족 · 동거인 · 고용주에게 인정되는 권리로만 묶인 것은? (다툼이 있는 경우 판례에 의함) [2020년 경찰간부후보생시험 형소법 문24]

가. 변호인선임권	나. 체포 · 구속적부심청구권
다. 보석청구권	라. 구속취소청구권

① 가, 나 ② 가, 라 ③ 나, 다 ④ 다, 라

【해설】 변호인선임권자는 피고인 또는 피의자, 그의 법정대리인, 배우자, 직계친족과 형제자매이다(형소법 제30조). 구속취소청구권(형소법 제93조, 제209조)은 변호인선임권자에게만 있다. 변호인선임권자와 가족 · 동거인 · 고용주에게 보석청구권(제94조)과 체포 · 구속적부심청구권(제214조의2 제1항)이 있다. **【정답】** ③

다음 사례에서 사법경찰관이 피의자를 구속할 수 있는 기간은?

[2013년 7급 국가직 형소법 문10]

ㅇ 2013. 2. 23.(토) 23:50 사법경찰관 피의자 긴급체포
ㅇ 2013. 2. 24.(일) 12:30 검사에게 구속영장청구 신청
13:00 법원 구속영장청구서 등 접수
ㅇ 2013. 2. 25.(월) 10:00 판사 구속 전 피의자 심문
12:00 판사 구속영장 발부
18:00 검찰청에 구속영장 · 수사기록 반환
ㅇ 2013. 2. 26.(화) 02:00 검사지휘 아래 사법경찰관 구속영장 집행
※ 2013년 2월은 28일까지임

① 2013. 3. 4.까지 ② 2013. 3. 5.까지
③ 2013. 3. 6.까지 ④ 2013. 3. 7.까지

【해설】 경찰의 구속 가능 기간 10일은 긴급체포일 2. 23.부터 산정하나, 구속영장실질심사로 인해 수사기관의 실질적 수사기간이 단축된다는 점을 고려하여, 법원이 구속영장청구서 · 수사관계서류 및 증거물을 접수한 날부터 구속영장을 발부하여 검찰청에 반환한 날까지의 기간은 수사기관이 피의자를 구속할 수 있는 최장기간에 산입하지 않는다(제201조의2 제7항). 따라서 2. 24.과 25. 이틀은 불산입된다. 따라서 3. 6.이다. 이로써 체포 · 구속의 기간이 실질적으로 연장된다. 같은 취지에서 체포 · 구속적부심사를 위해서 법원이 수사관계서류와 증거물을 접수한 때부터 결정 후 검찰청에 반환된 때까지 기간은 영장체포나 긴급체포의 경우 구속영장을 청구해야하는 기간인 '체포 후 48시간 안'이라는 제한기간에 산입하지 않고, 또 수사기관의 최장구속기간인 30일에 산입하지 않는다(제214조의2 제13항). **【정답】** ③

다음은 「형사소송법」의 조문으로서 수소법원이 영장에 의해 피고인을 구속할 때 고지해야 하는 내용을 규정한 것이다. 이에 관한 설명 중 옳은 것은? (다툼이 있는 경우 판례에 의함) [2020년 경찰간부후보생시험 형소법 문25]

> 가. 제72조(구속과 이유의 고지) 피고인에 대하여 범죄사실의 요지, 구속의 이유와 변호인을 선임할 수 있음을 말하고 변명할 기회를 준 후가 아니면 구속할 수 없다. 다만, 피고인이 도망한 경우에는 그러하지 아니하다.
> 나. 제88조(구속과 공소사실 등의 고지) 피고인을 구속한 때에는 즉시 공소사실의 요지와 변호인을 선임할 수 있음을 알려야 한다.

① 제72조의 고지는 피고인 구속에 관한 사후 청문절차이다.

② 제88조의 고지는 피고인 구속에 관한 사전 청문절차이다.

③ 제88조의 고지는 이를 이행하지 않으면 구속영장은 효력이 없다.

④ 제72조의 고지는 이를 이행하지 않았더라도 제72조에 따른 절차적 권리가 실질적으로 보장되었다면 구속영장은 효력이 있다.

【해설】 제72조는 마치 피의자 구속의 경우에 영장실질심사처럼 구속영장발부 전 이행해야 하는 사전 청문절차이고, 제88조는 구속영장발부 후 사후 청문절차이다(2000모134). 제88조의 고지는 이행하지 않더라도 발부된 구속영장의 효력에 영향을 미치지 않지만, 제72조의 고지를 이행하지 않은 경우에는 제72조에 따른 절차적 권리를 실질적으로 보장함으로써 그 위법을 치유하지 않는 한 구속영장은 효력이 없다(2000모134). **【정답】** ④

법원의 구속기간과 갱신에 관한 다음 설명 중 가장 옳지 않은 것은?

[2021년 법원 9급 공무원시험 형소법 문4]

① 구속기간은 2개월로 하며, 구속을 계속할 필요가 있는 경우에는 심급마다 2개월 단위로 2차에 한하여 결정으로 갱신할 수 있다. 다만, 상소심은 검사, 피고인 또는 변호인이 신청한 증거의 조사, 상소이유를 보충하는 서면의 제출 등으로 추가 심리가 필요한 부득이한 경우에는 3차에 한하여 갱신할 수 있다.

② 대법원의 파기환송 판결에 의하여 사건을 환송받은 법원은 형사소송법 제92조 제1항에 따라 2월의 구속기간이 만료되면 특히 계속할 필요가 있는 경우에는 2차(대법원이 형사소송규칙 제57조 제2항에 의하여 구속기간을 갱신한 경우에는 1차)에 한하여 결정으로 구속기간을 갱신할 수 있는 것이고, 무죄추정을 받는 피고인이라고

하더라도 이러한 조치가 무죄추정의 원칙에 위배되는 것이라고 할 수는 없다.

③ 기피신청으로 소송진행이 정지된 기간, 공소장의 변경이 피고인의 불이익을 증가할 염려가 있다고 인정되어 피고인으로 하여금 필요한 방어의 준비를 하게 하기 위하여 결정으로 공판절차를 정지한 기간, 공소제기 전의 체포 · 구인 · 구금 기간은 법원의 구속기간에 산입하지 아니한다.

④ 구속 중인 피고인에 대하여 감정유치장이 집행되어 피고인이 유치되어 있는 기간은 법원의 구속기간에 산입하지 않지만 미결구금일수 산입에 있어서는 구속으로 간주한다.

【해설】 ①×(형소법 제92조 제1항과 제2항: 검사가 신청한 증거조사 등으로 추가심리를 위해서는 구속기간을 갱신할 수 없다. 피고인의 의사에 반해서 구속기간이 부당하게 늘어나는 것이기 때문이다.) ②○(2001도5225) ③○(제92조 제3항) ④○(구속 중인 자에 대해 감정유치장이 집행되었을 때는 유치되어 있는 기간의 구속은 그 집행이 정지된 것으로 간주하며, 유치처분이 취소되거나 유치기간이 만료된 때에는 구속의 집행정지가 취소된 것으로 간주한다[제221조의3 제2항, 제172조의2]. 그러나 감정유치기간은 미결구금일수 산입에 있어서는 구속으로 간주한다[제72조 제8항].) **【정답】** ①

• 탐구과제 •

- 전속고발범죄의 경우 고발이 없더라도 수사할 수 있는가?
- 함정수사란 무엇이고, 적법한가?
- 위장수사란 무엇이고, 적법한가?
- 피의자에 대한 보증금납입조건부석방의 경우에 영장의 효력은 상실되는가?
- 피의자에 대한 구속영장실질심사단계에서 조건부 석방제도란?

17강 수색 · 압수 · 감청 · 검증 · 감정유치(처분)의 원칙과 예외

강제수사인 수색 · 압수 · 감청 · 검증 · 감정유치(처분)에는 원칙적으로 사전 영장이 필요하다. 그러나 수색 · 압수 · 감청 · 검증 · 감정유치(처분)의 효율성을 위해서 사전영장이 필요없는 경우도 있다. 어떤 경우인지, 또 그 요건은 무엇인지 본다.

• 사례 •

甲은 자기 집에서 2014년에 피해자 A의 의사에 반해 성기를 촬영한 범행을 저질렀다. A는 피해사실을 경찰에 신고하면서 甲의 집에서 가지고 나온 甲 소유의 휴대전화 2대(아이폰과 삼성폰)에 甲이 촬영한 동영상과 사진이 저장되어 있다는 취지로 말하고 이를 범행의 증거물로 임의제출하였다. 경찰은 휴대전화 2대를 영장 없이 압수하면서 A에게 휴대전화에 저장된 전자정보 전부를 제출하는 취지인지 등 제출 범위에 관한 의사를 따로 확인하지 않았다. 甲은 아이폰에 대한 비밀번호를 제공하고 그 파일 이미징 과정에 참여한 반면, 삼성폰에 대해서는 사실상 비밀번호 제공을 거부하고, 저장된 동영상 파일의 복원 · 추출 과정에 참여하지 않았다. 경찰은 아이폰에서 A에 대한 범행을 확인한 다음 삼성폰에서 추가 영상을 찾던 중 피해자 B에 대해 저지른 2013년 범행을 인지하였다. 그 후 경찰은 압수수색영장을 발부받아 B에 대한 범행 영상의 전자정보를 복제한 CD를 증거물로 압수하였다(임의제출물사건). 이 CD가 B에 대한 甲의 범죄에 대해 증거능력이 있는가?

• 해설 •

1. 수색 · 압수 · 감청 · 검증 · 감정유치(처분)과 영장주의

가. 영장주의

수색 · 압수 · 감청 · 검증 · 감정유치(처분) 등의 강제수사에 대해서는 영장주의가 적용된다. 수사기관이 수색 · 압수 · 감청 · 검증 · 감정유치(처분)을 하려면 원칙적으로 법관이 발부한 사전영장이 필요하다. 금융거래정보조사(이른바 계좌추적)도 수색의 일종인데, 이는 금융실명거래 및 비밀보장에 관한 법률(약칭하여 금융실명제법)에 근거한다. 금융실명제법 제4조 제1항은 금융기관은 명의자의 요구나 동의없이 금융거래정보를 누설하거나 제공하는 것을 원칙적으로 금지하면서 일정한 경우 사용목적에 필요한 최소한의 범위 안에서 예외적으로 허용하고 있다. 다만 검사는 법원에 직접 영장을 청구할 수 있으나 경찰은 그럴 수 없고 검사에게 신청하고 검사가 영장의 정당성과 필요성을 인정한 경우 청구한다.

영장은 수통을 작성하여 다수의 경찰에게 교부할 수 있는데, 이 경우 그 사유를 영장에 기재해야 한다(제200조의6, 제209조, 제82조). 영장의 유효기간은 7일이지만, 법원 또는 법관이 상당하다고 인정한 때에는 7일을 넘는 기간을 정할 수 있다(형소규칙 제178조). 영장의 유효기간은 집행에 착수할 수 있는 종기(終期)를 의미하는 것일 뿐이지, 이 기간 안에는 언제든지 다시 집행할 수 있다는 의미는 아니다(99모161). 따라서 수사기관이 압수 · 수색영장을 제시하고 집행에 착수하여 압수 · 수색을 실시하고 그 집행을 종료하였다면 이미 그 영장은 목적을 달성하여 효력이 상실되는 것이고, 동일한 장소 또는 목적물에 대하여 다시 압수 · 수색할 필요가 있다면 그 필요성을 소명하여 법원의 새로운 압수 · 수색영장을 발부 받아야 하는 것이지, 앞서 발부 받은 압수 · 수색영장의 유효기간이 남아있다고 하여 이를 제시하고 다시 압수 · 수색을 할 수는 없다.

수색 · 압수영장에는 피의자 · 피고인의 성명, 죄명, 압수할 물건, 수색할 장소 · 신체 · 물건, 발부연월일, 유효기간과 그 기간을 경과하면 집행에 착수하지 못하며 영장을 반환해야 한다는 취지 기타 대법원규칙으로 정한 사항을 기재하고 법관이 서명날인을 해야 하고, 피의자 · 피고인의 성명이 분명하지 않은 때에는 인상, 체격, 기타 대상자를 특정할 수 있는 사항을 표시할 수 있으며, 압수 · 수색할 물건이 전기통신에 관한 것인 경우에는 작성기간을 기재해야 한다(제219조, 제114조). 압수 · 수색영장에서 압수할 물건을 '압수장소에 보관 중인 물건'이라고 기재하고 있는 것을 '압수장소에 현존하는 물건'으로 해석할 수는 없다(2008도763).

수색 · 압수영장을 집행할 때는 반드시 영장을 제시해야 한다. 영장주의의 절차적 보장과 더불어 압수 · 수색영장에 기재된 물건, 장소, 신체에 대해서만 압수 · 수색을 하도록 하여 개인의 사생활과 재산권의 침해를 최소화하는 한편, 준항고 등 피압수자의 불복신청의 기회를 실질적으로 보장하기 위한 것이다(2019모3526). 다만 영장제시의무는 수색 · 압수영장 제시가 현실적으로 가능한 상황을 전제로 한다고 봐야 하므로, 피처분자가 현장에 없거나 현장에서 그를 발견할 수 없는 경우 등 영장제시가 현실적으로 불가능한 경우에는 영장을 제시하지 않은 채 압수 · 수색을 하더라도 위법이 아니다(2014도10978선합).

나. 수색 · 압수

(1) 대상: 범죄혐의사건과 관계가 있는 신체, 물건, 주거, 기타 장소

수색이란 압수할 물건이나 사람을 발견할 목적으로 사람의 신체나 물건 또는 일정한 장소에 대해 하는 강제처분을 말한다. 압수란 물건의 점유를 취득하기 위한 강제처분을 말한다. 수색 · 압수는 신체의 자유와 주거의 자유 및 재산권을 침해한다.

수색의 대상은 신체, 물건 또는 주거 기타 장소이다. "필요한 때"는 피의 · 피고사건과 관계가 있다고 인정할 수 있는 것에 한정하여 ①피의자 · 피고인의 신체, 물건, 주거 기타 장소를 수색할 수 있지만, ②피의자 · 피고인 아닌 자의 신체, 물건, 주거 기타 장소는 압수할 물건이 있음을 인정할 수 있는 경우에 한해 수색할 수 있다(제219조, 제109조). 압수의 대상은 증거물 또는 몰수할 것으로 사료하는 물건이다. "필요한 때"는 피의 · 피고사건과 관계가 있다고 인정할 수 있는 것에 한정하여 증거물 또는 몰수할 것으로 사료하는 물건을 압수할 수 있지만, 법률에 다른 규정이 있는 때에는 예외로 한다(제219조, 제106조). 여기서 "필요한 때"는 범죄혐의의 인정과 필요성 2가지를 의미한다.

영장 발부의 사유로 된 범죄 혐의사실과 무관한 별개의 증거를 압수하였을 경우 이는 원칙적으로 유죄 인정의 증거로 사용할 수 없고, 압수 · 수색의 목적이 된 범죄나 이와 관련된 범죄의 경우에만 유죄의 증거로 사용할 수 있다. 여기서 압수 · 수색영장의 범죄 혐의사실과 관계있는 범죄라는 것은 압수 · 수색영장에 기재한 혐의사실과 객관적 관련성이 있고 압수 · 수색영장 대상자와 피의자 · 피고인 사이에 인적 관련성이 있는 범죄를 의미한다. 여기서 ①혐의사실과의 객관적 관련성은 압수 · 수색영장에 기재된 혐의사실 자체 또는 그와 기본적 사실관계가 동일한 범행과 직접 관련되어 있는 경우는 물론 범행 동기와 경위, 범행 수단과 방법, 범행 시간과 장소 등을 증명하기 위한 간접증거나 정황증거 등으로 사용될 수 있는 경우에도 인정될 수 있는데, 그 관련성은 압수 · 수색영장에 기재된 혐의사실의 내용과 수사의 대상, 수사 경위 등을 종합하여 구체적 · 개별적 연관관계가 있는 경우에만 인정되고, 혐의사실과 단순히 동종 또는 유사 범행이라는 사유만으로 관련성이 있다고 할 수는 없다. ②피의자 · 피고인과 인적 관련성은 피의자 · 피고인이 압수 · 수색영장에 기재된 대상자와 공동정범이나 교사범 등 공범이나 간접정범은 물론 필요적 공범인 경우 인정될 수 있다(2017도13458).

경찰이 피의자 甲의 공직선거법 위반사실로 발부받은 수색 · 압수영장에 근거해 甲의 휴대전화를 압수하였는데, 여기에서 乙, 丙의 공직선거법 위반사실이 담긴 乙, 丙의 대화녹음파일이 발견된 사건에서, 이 파일은 甲사건과 관련성이 없다고 판례는 본다

(2013도7101). 압수 · 수색영장에 기재된 '피의자' 甲은 녹음파일에 의해 의심되는 乙, 丙의 혐의사실과 무관하므로 별도의 압수 · 수색영장을 발부받지 않은 채 압수한 녹음파일은 甲의 '피의사건'(제219조, 제106조 제1항, 제215조)과 관계가 없다는 것이다. 따라서 이 압수는 헌법의 영장주의를 위반한 중대한 절차적 위법에 해당하므로 제308조의2의 위법수집증거배제법칙에 따라 녹음파일의 증거능력은 부정된다.

(2) 수색 · 압수의 대상이 디지털정보저장매체인 경우

압수의 목적물이 컴퓨터용디스크, 그 밖에 이와 비슷한 정보저장매체(약칭하여 디지털정보저장매체)인 경우에는 ①기억된 정보의 범위를 정하여 출력하거나 복제하여 제출받아야 하고, ②범위를 정하여 출력 또는 복제하는 방법이 불가능하거나 압수의 목적을 달성하기에 현저히 곤란하다고 인정되는 때에는 디지털정보저장매체를 압수할 수 있으며, ③이에 따라 정보를 제공받은 경우 개인정보보호법 제2조 제3호에 따른 정보주체에게 해당 사실을 지체 없이 알려야 한다(제219조, 제106조).

이는 아래 판례(2009모1190)의 입장을 반영하여, 2011년 7월 18일 개정형소법 때 신설된 것이다. 전자정보에 대한 수색 · 압수의 법리는 임의제출물에도 그대로 적용된다(2016도348전합). 디지털정보저장매체에 대한 수색 · 압수영장을 집행할 때는 원칙적으로 영장 발부의 사유가 된 혐의사실과 관련된 부분만을 문서 출력물로 수집하거나 휴대한 저장매체에 해당 파일을 복사하는 방식(A)으로 해야 하고, 예외적으로 집행현장의 사정상 이런 방식으로는 집행이 불가능하거나 현저히 곤란한 부득이한 사정이 존재할지라도 그 저장매체 자체를 직접 혹은 하드카피나 이미징 등 형태로 수사기관 사무실 등 외부로 반출하여 해당 파일을 압수 · 수색하는 것(B)은 그렇게 하도록 영장에 기재되어 있고 실제 그와 같은 사정이 발생한 때에 한하여 허용될 수 있을 뿐이며, 이처럼 저장매체 자체를 수사기관 사무실 등으로 옮긴 후 영장에 기재된 범죄혐의 관련 전자정보를 탐색하여 해당 전자정보를 문서로 출력하거나 파일을 복사하는 과정 역시 전체적으로 수색 · 압수영장 집행의 일환에 포함된다.

따라서 저장매체 자체를 수사기관 사무실로 옮겨서 증거를 분류 · 추출하는 경우(B) 이 과정도 역시 수색 · 압수이므로 수색 · 압수 당사자나 그 변호인의 참여권이 보장되어야 하고, 이 과정에서 영장에 기재된 범죄사실과 다른 범죄사실을 발견한 경우 즉시 탐색을 중단하고 새로 발견된 범죄사실에 대한 별도의 추가적 수색 · 압수영장을 받아야만 그 범죄사실에 대한 수색 · 압수를 계속할 수 있으며, 물론 이 과정에도 최초 수색 · 압수 당사자나 그 변호인의 참여권이 당연히 보장되어야 한다(2011모1839전합).

그러나 수사기관이 정보저장매체에 기억된 정보 중에서 키워드 또는 확장자 검색 등을 통해 범죄혐의사실과 관련 있는 정보를 선별한 다음 정보저장매체와 동일하게 비트열 방식으로 복제하여 생성한 파일(약칭하여 '이미지 파일')을 제출받아 압수한 경우(C)는 이로써 압수의 목적물에 대한 압수 · 수색 절차는 종료된 것이므로, 수사기관이 수사기관 사무실에서 위와 같이 압수된 이미지 파일을 탐색 · 복제 · 출력하는 과정에서도 피의자 등에게 참여의 기회를 보장해야 하는 것은 아니다(2017도13263).

수사기관이 국가보안법위반혐의를 받고 있는 인터넷서비스이용자 甲의 이메일 등 전자정보를 압수 · 수색할 경우, 그 대상은 그 정보를 보관 · 저장하고 있는 서버나 그 ISP가 아니라 그 정보의 소유자 내지 소지자이므로, 甲의 이메일 계정에 대한 접근권한에 갈음하여 발부받은 압수 · 수색영장에 따라 원격지의 저장매체에 적법하게 접속하여 내려받거나 현출된 전자정보를 대상으로 하여 범죄혐의사실과 관련된 부분을 압수 · 수색하는 것은, 영장의 집행에 필요한 처분으로서 허용되며, 이 법리는 원격지의 저장매체가 국외에 있다는 사정만으로 달라지지는 않는다고 판례는 본다(2017도9747).

다. 감청

(1) 타인간의 대화 감청 금지와 감청영장

흔히 도청(盜聽)으로 불리는 감청(監聽)을 종전에는 대화나 정보와 같은 무체물에 대한 수사상 압수로 이해했지만, 현재는 통신비밀보호법(약칭하여 통비법)이 이를 통신제한조치라는 이름으로 규제하고 있다. 우편물검열도 통비법의 규제대상이다. 통비법은 통신제한조치를 강제수사로 파악하여 법원이 통제하도록 하고 있다. 다만, 형소법이 법원의 통제형태를 영장이라고 한 것과 달리 통비법은 허가서라는 말을 쓰고 있다. 용어를 통일할 필요가 있다.

통비법은 감청을 "전기통신에 대하여 당사자의 동의없이 전자장치 · 기계장치 등을 사용하여 통신의 음향 · 문언 · 부호 · 영상을 청취 · 공독하여 그 내용을 지득 또는 채록하거나 전기통신의 송 · 수신을 방해하는 것을 말한다"고 정의하고 있다(제2조 제7호). 통비법의 감청은 전자장치나 기계장치 등 과학적 장비를 이용하는 것이므로 단순히 다른 사람의 대화를 직접 엿듣는 것은 감청이 아니다.

통비법 제3조 제1항이 "타인간의 대화" 감청을 금지하고 있으므로 전화통화 당사자의 일방이 상대방 몰래 통화내용을 녹음하거나 대화당사자 일방이 상대방 모르게 그 대화내용을 녹음한 경우 또는 3인 간의 대화에서 그 중 한 사람이 그 대화를 녹음한 경우는 합법이지만(2006도4981), 제3자가 전화통화자 중 일방만의 동의를 얻어 통화내용을 녹음한 경우는 불법이다(2002도123; 2013도16404).

수사기관이 甲으로부터 乙의 마약류관리에 관한 법률 위반(향정) 범행에 대한 진술을 듣고 추가적인 증거를 확보할 목적으로, 구속수감되어 있던 甲에게 그의 압수된 휴대전화를 제공하여 乙과 통화하고 위 범행에 관한 통화 내용을 녹음하게 하여 작성된 녹취록 첨부 수사보고는 乙의 증거동의에 상관없이 증거능력이 없다(2010도9016). 수사기관 스스로가 주체가 되어 甲의 동의만을 받고 그 상대방 乙의 동의가 없는 상태에서 그들의 통화 내용을 녹음한 것으로서 불법감청에 해당하기 때문이다.

비명소리는 대화에 해당하지 않는다고 판례는 본다(2016도19843). 예컨대 증인이 친분이 있던 피해자와 통화를 마친 후 전화가 끊기지 않은 상태에서 그 전화를 통해 몸싸움을 연상시키는 '악'하는 소리와 '우당탕' 소리를 1-2분 들었다고 증언한 경우, 그 소리는 통비법에서 말하는 타인간의 대화에 해당하지 않는다.

(2) 수신이 완료된 전기통신은 압수 · 수색영장의 대상

전자우편이 송신되어 수신인이 이를 확인하는 등으로 이미 수신이 완료된 전기통신에 남아 있는 기록이나 내용을 열어보는 등의 행위는 감청에 포함되지 않고, 이는 전자우편의 '검열'이라고 볼 수 있지만, 이는 통비법이 말하는 '우편물의 검열'에는 해당하지 않는다고 판례는 본다(2012도4644; 2011도12407; 2010도9007).[117] 통비법은 '우편물의 검열'을 우편법에 의한 통상우편물과 소포우편물을 당사자의 동의없이 개봉하거나 기타의 방법으로 그 내용을 지득 또는 채록하거나 유치하는 것으로 정의하고 있고(제2조 제2호와 제6호), 감청은 현재 이루어지고 있는(곧 실시간) 전기통신의 내용을 지득 · 채록하는 경우와 통신의 송 · 수신을 직접적으로 방해하는 경우를 의미한다는 것이다.

따라서 송 · 수신이 완료된 전기통신의 내용은 압수 · 수색영장을 통해 확인할 수밖에 없고, 감청영장을 근거로 이미 수신이 완료된 전자우편을 압수한 경우, 그 전자우편의 증거능력은 부정된다(2016도8137). 수사기관으로부터 통신제한조치의 집행을 위탁받은 통신기관 등이 집행에 필요한 감청설비가 없을 때에는 수사기관에 감청설비의 제공을 요청해야 하고, 그런 요청 없이 통신제한조치허가서에 기재된 사항을 준수하지 않고 압수수색의 방식으로 통신제한조치를 집행하였다면 그런 전기통신의 내용은 위법하게

117) 이에 따라 컴퓨터 서버를 통해 고객들의 휴대폰으로 문자메시지 등을 전달하거나 전달받는 영업을 하던 중 서버에 저장되어 있던 다량의 문자메시지를 열람하는 것은 통비법의 전기통신감청죄나 우편물검열죄에 해당하지 않는다고 판례는 본다(2012도4644).

수집한 증거이기 때문이다.

라. 검증

검증이란 사람이나 물건 또는 장소의 성질과 상태를 시각 · 청각 등 오관의 작용으로 인식하는 것이다. 검증은 그 대상에 따라 신체에 대한 검증, 곧 신체검증과 물건이나 장소에 대한 검증으로 구별할 수 있다. 형소법은 신체검증을 신체검사라고 부르고, 이에 관한 특별한 절차를 마련하고 있다(제219조, 제141조). 신체검사의 일종인 체내검사란 혈액이나 오줌, 정액 등의 직접 채취 등을 비롯하여 항문내부나 위장내부의 검사 등과 같은 신체내부검사를 말한다. 신체표면의 검사나 특별한 방법이 필요없는 구강검사와 같은 신체수색과 구별된다. 체내검사는 신체검사의 일종으로 영장이 필요하다.

검증은 본래 수소(受訴)법원이 하는 증거조사방법의 하나로서, 법원은 사실을 발견함에 필요한 때에는 검증을 할 수 있다(제139조). 그러나 증거보전청구를 받은 수임판사가 하는 경우도 있고(제184조), 수사기관이 하는 경우도 있다. 다만 수사기관의 검증은 수사기관의 강제처분으로서 수색 · 압수와 같이 원칙적으로 사전영장이 필요하고(제215조), 검증영장의 청구와 집행은 수색 · 압수영장의 그것에 준한다(제219조).

검증의 경우도 사전영장주의의 예외가 인정된다. 범행 중 또는 직후의 범죄 장소에서 긴급을 요하여 법관의 영장을 받을 수 없는 때에는 영장없이 검증을 할 수 있으나, 사후에 지체없이 영장을 받아야 한다(제216조 제3항). 체포현장에서 영장없는 검증이 허용된다(제216조 제1항 제2호). 수사기관은 체포 · 구속 할 때 그 현장에서 피의자의 지문이나 족형을 채취하고 신장과 체중 등 신체특징을 측정할 수 있다. 변사자검시로 범죄혐의를 인정하고 긴급을 요할 때는 영장없이 검증할 수 있다(제222조 제2항). 긴급체포된 자가 소유 · 소지 또는 보관하는 물건에 대해 긴급히 압수할 필요가 있는 경우 체포한 때부터 24시간 이내에 한해 영장 없이 검증을 할 수 있다(제217조 제1항).

마. 감정유치 · 감정처분

감정도 수소법원의 증거조사 방법의 하나이다. 법원은 학식경험있는 자에게 감정을 명할 수 있다(제169조). 그러나 수사기관이 감정을 위촉할 수도 있다. 수사상 감정위촉은 임의수사이고, 수사상 감정의 경과와 결과를 기재한 서류는 공판준비나 공판기일에 수탁감정인의 진술에 의해 그 성립의 진정이 증명된 때에 증거능력을 갖는다(제313조

제3항). 그러나 수사상 감정에 강제력이 필요한 경우도 있다. 감정유치와 감정처분이 이에 해당하며, 이때는 법원의 통제를 받아야 한다. 검사는 감정을 위촉하는 경우에 정신 또는 신체에 관한 감정을 위해서 감정유치처분이 필요할 때에는 판사에게 이를 청구해야 하고, 판사는 그 청구가 상당하다고 인정할 때에는 감정유치장을 발부하여, 유치처분을 해야 한다(제221조의3 제1항과 제2항).

수탁감정인은 감정을 위해 필요한 때는 법원의 허가를 얻어 타인의 주거, 간수자 있는 가옥, 건조물, 항공기, 배 안에 들어 갈 수 있고 신체의 검사, 사체의 해부, 분묘의 발굴, 물건의 파괴를 할 수 있는데, 허가청구는 검사가 하고, 판사는 그 청구가 상당하다고 인정할 때에는 허가장을 발부해야 한다(제221조의4). 감정처분허가장에는 피의자의 성명, 죄명, 들어갈 장소, 검사할 신체, 해부할 사체, 발굴할 분묘, 파괴할 물건, 수탁감정인의 성명과 유효기간을 기재한 허가장을 발부해야 하고, 수탁감정인은 감정처분을 받는 자에게 허가장을 제시해야 하며, 신체검사시 주의사항과 검증시각제한규정을 지켜야한다(제221조의4, 제173조 제5항, 제141조, 제143조).

2. 사전영장에 의한 수색 · 압수의 예외

<table>
<tr><td rowspan="5">사전영장 없는 수색 · 압수</td><td>㉮ 범행 중 · 직후의 범죄장소 (제216조 제3항)</td><td colspan="2">지체없이 사후영장을 받아야 함</td></tr>
<tr><td>㉯ 체포 · 구속을 위한 체포현장 (제216 제1항 제2호)</td><td>무영장</td><td rowspan="2">계속 압수의 필요성이 있으면 체포 후 48시간 내 압수영장 청구</td></tr>
<tr><td>㉰ 긴급체포된 자가 소유 · 소지 · 보관하는 물건(제217조)</td><td>무영장 단, 체포 후 24시간 내 가능</td></tr>
<tr><td>㉱ 체포 · 구속을 위한 타인의 주거 안 피의자 수색</td><td colspan="2">단, 영장에 의한 체포 · 구속의 경우에는 수색영장을 발부받기 어려운 긴급한 사정이 있어야 함</td></tr>
<tr><td colspan="3">㉲ 유류물이나 임의제출의 압수</td></tr>
</table>

가. 범행 중 · 직후의 범죄장소 긴급수색 · 압수

범행 중 · 직후의 범죄 장소(a)에서 긴급을 요하여 법관의 영장을 받을 수 없는 때는 영장없이 수색 · 압수를 할 수 있지만, 사후에 지체없이 영장을 받아야 한다(제216조 제3항). '범행 중 · 직후의 범죄 장소'를 판례는 '범행 중 · 직후라는 증거가 명백히게 존재하는 범죄 장소'로 해석한다(2015도364).

아래에서 보듯이 체포현장에서 수색 · 압수에는 사후영장도 필요없으므로 현행범의 체포현장(b)에서는 영장없이 수색 · 압수가 허용된다(제216조 제1항 제2호). 그럼에도 불구하고 이런 규정을 둔 것은, 현행범체포 전이나 실패 후 범인의 체포와 관계없이 수사관의 안전을 지키고 증거를 신속하게 확보할 필요성이 있기 때문이다. 결국 a상황에서는 수색 · 압수 후 지체없이 영장을 받아야하는 반면, b상황에서는 수색 · 압수에 사후영장도 필요없지만, 물건을 계속 압수할 필요가 있으면 체포후 48시간 안에 지체없이 영장을 청구해야한다. 이런 두(a와 b)상황에서 이루어지는 수색 · 압수는 아래 긴급체포된 자가 소유 · 소지 · 보관하는 물건의 수색 · 압수와 달리 주거주 등의 참여가 없어도 가능하고 또 야간에도 할 수 있다(제220조).

나. 체포 · 구속을 위한 체포현장에서 수색 · 압수

영장체포 · 긴급체포 · 현행범체포 · 구속영장구속에 따라 피의자를 체포 · 구속하는 경우에 필요한 때에는 영장없이 '체포현장'에서 수색 · 압수를 할 수 있다(제216조 제1항 제2호). 체포자의 안전과 피의자의 증거인멸 방지를 위해 마련한 규정이다. 다만 압수한 물건을 계속 압수할 필요가 있는 경우에는 지체 없이 체포한 때부터 48시간 이내에 수색 · 압수영장을 청구해야 하며, 수색 · 압수영장을 발부받지 못한 때에는 압수한 물건을 즉시 반환해야 한다(제217조 제2항). 음란물유포죄 혐의로 압수 · 수색영장을 발부받은 수사관이 피의자의 주거지를 수색하는 과정에서 대마를 발견하자, 피의자를 마약류관리법위반죄의 현행범으로 체포하면서 대마를 압수하였으나 그 다음 날 피의자를 석방하고도 사후수색 · 압수영장을 발부받지 않은 사건에서, 판례는 압수물인 대마와 그 압수조서의 증거능력을 부정한다(2008도10914). 그런데 마약류범죄(필로폰 매도) 혐의로 甲을 영장체포하면서 차량에서 필로폰을 압수한 후 2km 떨어진 집은 체포현장으로 볼 수 없고(2015도364), 이 집을 수색하여 추가로 마약류를 압수하고 이와 함께 총포 · 도검 · 화약류등단속법 위반의 증거로 도검을 압수한 것은 범행 중 · 직후의 범죄장소 긴급수색 · 압수로도 볼 수 없으므로 사후영장을 받았더라도 이 도검은 위법수집증거라고 판례는 본다(2015도364). 그 이유는 아래와 같다. ①수사관들이 영장체포현장에서 압수 · 수색에 착수할 당시 甲이 주거지에 마약류를 소지하고 있음이 명백하였다고 보기는 어려울 뿐만 아니라 도검에 관하여는 수사관들이 그 소지에 관한 단서조차 가지고 있지 않았으므로 甲의 주거지를 마약류 내지 도검의 소지에 관해 "범행 중 또는 직후"라는 죄증이 명백하게 존재하는 범죄장소로 볼 수는 없다. ②당시 甲의 주거지에 제

3자가 동거 중이었으므로 甲의 체포사실이 알려지는 경우 위 주거지에 소지 중이던 마약류가 공범 등에 의하여 은닉될 위험성이 있었다고는 보이나 甲에 대해 이미 사전에 필로폰 매도 등 혐의로 체포영장이 발부되었던 사정을 고려하면 甲의 주거지에 대한 압수 · 수색영장을 미리 발부받을 시간적 여유가 없을 정도로 긴급을 요하는 상황이었다고 단정하기도 어렵다.

압수의 범위에 대해 다툼이 있다. ①부수처분설은 영장없는 압수는 체포 · 구속에 부수한 것이므로 그 범위가 제한되지 않는다고 본다. 체포 · 구속영장이 발부되었거나 발부될 수 있는 경우에는 체포 · 구속보다 작은 기본권침해인 수색 · 압수는 별도로 영장을 요구할 필요가 없다는 것이다. 그래서 대소포함명제설이라고도 한다. ②긴급행위설은 피의자의 기본권을 좀 더 철저히 보호하기 위해서 수사관의 안전을 보장하거나 또는 피의자가 증거를 파괴 · 은닉하는 것을 예방하는 범위 안에서만 영장없는 압수가 허용된다고 본다. 긴급행위설을 지지한다.

압수가 체포와 어떤 관계에 있어야 압수가 허용되는지에 관해서도 견해대립이 있다. ①압수와 체포가 시간적 · 장소적 근접성만 있으면, 압수는 체포 전후를 불문하고 허용된다는 입장(체포접착설), ②압수할 때 체포될 피의자가 현장에 있으면 허용된다는 입장(체포현장설), ③피의자가 압수현장에 있고 현실적으로 피의자의 체포에 착수할 때 허용된다는 입장(체포착수설), ④피의자가 현실적으로 체포될 때 압수가 허용된다는 입장(체포실현설). 범행 중 · 직후의 범죄장소에서 영장없는 수색 · 압수(제216조 제3항)와 긴급체포 후 긴급체포된 자가 소유 · 소지 · 보관하는 물건의 수색 · 압수(제217조)가 인정되므로 엄격하게 해석할 필요가 있다는 점에서 체포실현설이 옳다고 본다.

다. 긴급체포된 자가 소유 · 소지 · 보관하는 물건의 수색 · 압수

검사 또는 경찰은 긴급체포(제200조의3)된 자가 소유 · 소지 또는 보관하는 물건에 대해 긴급히 압수할 필요가 있는 경우에는 체포한 때부터 24시간 이내에 한해 영장 없이 수색 · 압수를 할 수 있다(제217조). 긴급체포된 사실이 알려지면 피의자와 관련된 사람들이 증거물을 은닉하므로, 이를 방지하기 위해 긴급체포 후 체포현장 이외의 장소에서 별도로 수색 · 압수가 가능하도록 한 규정이다. 다만 압수한 물건을 계속 압수할 필요가 있으면 지체 없이 체포한 때부터 48시간 이내에 수색 · 압수영장을 청구해야 하며, 수색 · 압수영장을 발부받지 못한 때에는 압수한 물건을 즉시 반환해야 한다(제217조). 긴급체포한 후에 이 현장에서 25미터 정도 떨어진 긴급체포된 자의 집에서 압수한

증거물은 이 규정(제217조)에 근거해 증거능력이 있다고 본다.[118)]

어떤 물건이 제217조의 수색 · 압수의 대상인지는 긴급체포의 사유가 된 범죄사실 수사에 필요한 최소한의 범위 내의 것으로서 당해 범죄사실의 구체적인 내용과 성질, 압수하고자 하는 물건의 형상 · 성질, 당해 범죄사실과의 관련 정도와 증거가치, 인멸의 우려는 물론 압수로 인해 발생하는 불이익의 정도 등 압수 당시의 여러 사정을 종합적으로 고려하여 객관적으로 판단해야 한다(2008도2245). 이에 따라 주민등록증압수사건[119)]에서 주민등록증은 전화사기범행과 관련된다고 의심할만한 상당한 이유가 있으므로 이를 압수한 것은 전화사기범행의 수사에 필요한 범위 내의 것으로서 적법하다.

긴급체포된 자가 소유한 물건도 긴급수색 · 압수의 대상이 되므로, 그 물건을 보관중인 제3자의 주거도 수색할 수 있다. 따라서 2007년 형소법 개정논의에서 긴급체포된 자가 소지한 물건에 한정해야한다는 주장이 있었지만, 예컨대 마약류수사에 어려움이 발생한다는 이유로 종전대로 유지되었다. 그러나 2007년 개정형소법은 종전과 달리 "긴급히 압수할 필요"라는 긴급성 요건을 명시하고, 체포 후 24시간 이내로 수색 · 압수 가능시간을 제한하며, 긴급체포 후 구속영장발부 여부에 관계없이 체포 후 48시간 안에 지체없이 수색 · 압수영장을 청구해야 한다고 하여 인권침해 여지를 줄였다.[120)]

라. 체포 · 구속을 위한 타인의 주거 등 안에서 피의자 · 피고인 수색

(1) 체포 · 구속을 위한 타인의 주거등 안에서 피의자 수색

118) 2011. 12. 1. 14:00경 甲은 A의 신용카드를 강취했다. 같은 날 15:00경 집으로 가는 길에 강취한 A의 신용카드를 이용하여 의류가게에서 50만 원 상당의 의류를 구입하였다. 위 강도사건을 수사하던 경찰관은 2011. 12. 1. 21:00경 甲이 살고 있는 집에서 25미터 정도 떨어진 곳에서 외출하러 나오는 甲을 발견하고 긴급체포하였다. 경찰관은 그 직후 긴급체포한 甲을 그의 집으로 데려가 그의 방 책상 서랍에 있던 A의 신용카드를 압수하였고 그 후 적법하게 그 신용카드에 대한 압수수색영장을 발부받았다. 甲이 범행 일체를 부인하자 검사는 甲의 주거지에서 압수한 A의 신용카드를 증거물로 제출하였다. 검사가 제출한 그 신용카드의 증거능력 유무 및 그 근거에 대하여 논하시오. (20점) 2012년 1회 변호사시험 1문의3

119) 친구 사이인 甲과 乙은 전화사기 범행을 공모한 후 甲은 丙에게 전화하여 자신은 경찰관인데 丙의 계좌가 범죄에 이용되고 있다며 B의 계좌로 300만원이 이체되게 하였고, 乙은 현금인출기에서 위 돈을 인출하였다. 이 사건을 조사하던 사법경찰관 A는 2016. 9. 6. 19:00경 우연히 乙을 발견하고 긴급체포하면서 乙이 소지하던 가방을 수색하여 C의 주민등록증을 압수하였고, 2016. 9. 7. 18:00경 위 주민등록증에 대하여 사후압수영장을 받았다. 이후 甲도 체포되었고, 甲과 乙은 A에게 사기범행 일체를 자백하였고, C의 주민등록증은 길에서 주운 것이라고 진술하였다. A는 이와 관련하여 甲과 乙에 대한 피의자신문조서를 작성하였다. 검사가 C의 주민등록증에 대해 점유이탈물횡령죄로 기소했는데 변호인은 공판정에서 "C의 주민등록증은 전화사기와 관련이 없는 물건이므로 위법수집증거이다"라고 주장한다. 이 주장은 타당한가? (10점) 2017년 경찰간부후보생 선발 제2차시험

120) 법원행정처, 형사소송법 개정법률 해설, 2007, 44면 이하.

제216조 제1항 제1호의 “영장체포(제200조의2) · 긴급체포(제200조의3) · 현행범체포(제212조) · 구속영장구속(제201조)에 따라 피의자를 체포 · 구속하는 경우에 필요한 때에는 영장없이 타인의 주거나 타인이 간수하는 가옥, 건조물, 항공기, 배 안에서 피의자 수사를 할 수 있다”라는 규정에 “영장에 의해 체포 · 구속하는 경우의 피의자 수색은 미리 수색영장을 발부받기 어려운 긴급한 사정이 있는 때에 한정한다”라는 단서 규정이 2019년 12월 31일 신설되고, ‘수사’는 ‘수색’으로 개정된다. ‘체포영장의 집행을 위해 타인의 주거를 수색하는 경우 별도로 영장을 발부받기 어려운 긴급한 사정이 있는지 여부를 구별하지 않고 피의자가 그 장소에 소재할 개연성만 소명되면 수색영장 없이 피의자 수색을 할 수 있도록 허용하는 제216조 제1항 제1호 중 영장체포(제200조의2)에 관한 부분은 영장주의에 위반된다’는 헌재의 헌법불합치 결정(2016헌가7, 2015헌바370 병합)에 따른 것이다. 이에 따라 현행범체포와 긴급체포의 경우에는 피의자가 발견될 개연성만 있으면 타인의 주거에 영장없이 들어가서 수색이 가능하나, 영장에 의해 체포 · 구속하는 경우에는 이에 추가하여 수색영장을 발부받기 어려운 긴급한 사정이 있어야 한다.[121]

위 헌재결정 이전에 경찰 P는 마약류관리법 위반 혐의로 피의자 甲에 대한 체포영장을 발부받고 집행을 위해 甲의 통화기록과 甲의 주거지의 우편함의 우편물 및 CCTV의 출입상황 등을 조사한 후 甲이 그의 주거지 안에 있음을 확신하고, 甲의 주거지의 현관 출입문 초인종을 여러 차례 누르고 체포영장을 집행하겠다고 고지하였으나 문을 열어주지 않자 열쇠수리공을 불러 현관 출입문의 잠금장치를 열게 하고 집안으로 들어가서, 잠겨있는 2개의 방도 열쇠수리공을 시켜 열게 하여 온 집안을 수색하였으나 甲은 물론 다른 사람도 발견하지 못하고 현관출입문과 방문을 잠근 후 철수한 사안과 관련하여 P의 수색행위의 적법성 여부를 두고 다툼이 있었다. 국가인권위원회는 P의 수색행위는 제216조 제1항에 근거한 것으로서 적법하지만 제123조에 따라 책임자 등을 참여시키지 않은 불법이 있다고 결정한다.[122]

121) 이주원, 형사소송법, 박영사, 2019, 170면.

122) 국가인권위원회 사건번호: 10-진정-0496800, 2011. 11. 14. 이와 달리 체포영장의 발부는 수사의 시작 단계에서 수사의 편의를 위해 이루어지는 것인 반면 구속영장 발부는 범죄혐의가 공소제기를 할 수 있을 만큼 소명되고 도망이나 증거인멸의 우려가 있을 때에 발부되므로 체포영장과 구속영장의 효력은 차이가 있고(그래서 영장재판실무도 구속영장청구심사는 매우 엄격하고 신중하지만 체포영장청구심사는 형식적이다), 제216조 제1항은 피의자를 발견한 후에 현실적으로 체포 · 구속할 때 한정되며(시간적 한계) 주거 내 수색이 허용됨을 의미하지 주거 밖에서 주거의 잠금장치를 해제 · 제거하는 것은 포함되지 않는다(장소적 한계)는 이유로 P의 수색행위는 불법이라는 견해(윤남근, “경찰관이 체포영장 발부된 피의자 수색 목적으로 타인의 주거에 잠금장치 해제하고 들어갈 수 있나”, 법률신문 제4006호, 2012. 2. 9.)도 있다.

(2) 구속영장의 집행을 위한 피고인 수색

구속영장의 집행을 위한 피고인 수색에 관한 규정인 제137조도 '구속영장을 집행할 경우에 필요한 때에는 "미리 수색영장을 발부받기 어려운 긴급한 사정이 있는 경우에 한정하여" 타인의 주거, 간수자있는 가옥, 건조물, 항공기, 선차(배) 내에 들어가 피고인을 수색할 수 있다'라고 개정된다.

구속영장의 집행을 위해 피고인을 수색하면서 타인의 출입을 금지할 수 있고, 이를 어긴 자는 퇴거하게 하거나 집행종료시까지 간수자를 붙일 수 있으며(제119조), 건정(잠금장치)을 열거나 개봉 기타 필요한 처분을 할 수 있고(제120조), 공무소, 군사용의 항공기 또는 배 등의 내부인 경우에는 책임자 등에게 참여할 것을 통지해야 하며(제123조), 집행을 중지한 경우에 필요한 때는 집행이 종료될 때까지 그 장소를 폐쇄하거나 간수자를 둘(제127조) 수도 있다(제138조).

마. 유류물이나 임의제출물의 영장 없는 압수

검사나 경찰은 ⓐ피의자 기타 사람이 유류한 물건이나 ⓑ소유자, 소지자 또는 보관자가 임의로 제출한 물건, 곧 임의제출물은 영장없이 압수할 수 있다(제218조).

경찰이 피고인 소유의 쇠파이프를 피고인의 주거지 앞 마당에서 발견하였으면서도 그 소유자, 소지자 또는 보관자가 아닌 피해자로부터 임의로 제출받는 형식으로 위 쇠파이프를 압수한 후 그 압수물의 사진을 찍은 경우, 압수물과 그 사진은 영장주의를 위반한 위법수집증거로서 그 절차 위반행위가 적법절차의 실질적인 내용을 침해하는 정도에 해당한다고 할 것이므로, 피고인의 증거동의에도 불구하고 유죄의 증거로 사용할 수 없다(2009도10092).

위 임의제출물사건에서 판례는 CD의 증거능력을 부정한다(2016도348전합). 그 이유는 아래와 같다. ①전자정보의 임의제출에 따른 압수의 범위는 이에 관한 제출자의 의사에 따라 달라진다. ②전자정보의 제출 범위에 관한 제출자의 의사가 명확하지 않거나 알 수 없는 경우에는 임의제출의 동기가 된 범죄혐의사실과 간접증거나 정황증거를 포함하는 구체적 · 개별적 연관관계가 있는 전자정보로 압수의 범위가 제한된다. ③B에 대한 범행이 담긴 전자정보는 이에 해당하지 않는다. B에 대한 범행은 A에 대한 범행과 그 시점에 상당한 간격이 있고, 범행에 이용한 휴대폰도 전혀 다르기 때문이다.

• 기출문제 •

「형사소송법」 제216조 내지 제217조의 규정에 따른 영장에 의하지 아니한 압수 · 수색에 관한 설명 중 옳은 것은? (다툼이 있는 경우 판례에 의함) [2016년 변호사시험 형사법 문24]

① 무면허운전으로 현행범체포된 피의자에 대하여 절도 범행이 의심되는 상황에서 사법경찰관은 경찰서 주차장에 세워 둔 피의자 차량의 문을 열고 내부를 수색하여 절도 범행의 증거물인 현금, 수표 등을 영장 없이 압수할 수 있다.

② 사법경찰관이 특수절도 혐의로 지명수배되어 도피 중인 피의자의 숙소에 대하여 제보를 받고 급습하였는데 피의자가 숙소에 없는 경우 그곳에 있는 특수절도 범행의 증거물인 통장, 카드 등을 영장 없이 압수할 수 있다.

③ 사법경찰관은 속칭 '대포통장' 거래 혐의로 체포영장이 발부된 피의자를 공원에서 체포한 후 피의자를 주거지에 데리고 가 범행 증거물인 통장을 영장 없이 압수할 수 있다.

④ 음주운전 혐의가 있는 피의자가 교통사고를 야기한 후 의식불명의 상태로 병원 응급실에 후송되었고 피의자의 신체와 의복에서 술 냄새 등이 현저하더라도 병원 응급실을 범죄장소에 준한다고 볼 수 없으므로 영장 없이 채혈할 수 없다.

⑤ 사법경찰관은 속칭 '전화사기' 피의자를 주거지에서 긴급체포하면서 그 주거지에 보관하던 타인의 주민등록증, 운전면허증이 든 지갑 등을 영장 없이 압수할 수 있다.

【해설】 ⑤○(2008도2245: 주민등록증 등은 전화사기 범행과 관련성이 있고, 긴급체포된 자가 소유 · 소지 · 보관하는 물건은 체포한 때부터 24시간 이내 영장 없이 수색 · 압수 가능[제217조]) ①×(제216조 제1항 제2호: 체포 · 구속을 위한 체포현장에서 영장 없이 수색 · 압수 가능하나 절도범행은 체포구속의 근거가 된 무면허운전과 별개의 범죄이므로 영장 없이 수색 · 압수 불가) ②×(혐의자도 부재하고, 범행 중 · 직후의 범죄장소도 아니므로 영장 없이 수색 · 압수 불가) ③×(체포현장이나 범행중 · 직후의 범죄장소도 아니므로 수색 · 압수 불가)④×(2011도15258: 범행 직후의 장소에 해당하여 영장 없이 수색 · 압수 가능) **【정답】** ⑤

강제처분에 관한 설명 중 옳지 않은 것은? (다툼이 있는 경우 판례에 의함)

[2019년 변호사시험 형사법 문25]

① 「형사소송법」 제217조 제1항은 수사기관이 피의자를 긴급체포한 상황에서 피의자가 체포되었다는 사실이 공범이나 관련자들에게 알려짐으로써 관련자들이 증거를 파괴하거나 은닉하는 것을 방지하고, 범죄사실과 관련된 증거물을 신속히 확보할 수 있도록 하기 위한 것이므로, 긴급체포된 자가 체포현장이 아닌 장소에서 소유 · 소지 또는 보관하는 물건을 압수할 수는 없다.

② 체포영장의 제시나 고지 등은 체포를 위한 실력행사에 들어가기 이전에 미리 하여야 하는 것이 원칙이나, 달아나는 피의자를 쫓아가 붙들거나 폭력으로 대항하는 피의자를 실력으로 제압하는 경우에는 붙들거나 제압하는 과정에서 하거나, 그것이 여의치 않은 경우에는 일단 붙들거나 제압한 후에 지체없이 하여야 한다.

③ 현행범 체포현장이나 범죄장소에서 소지자 등이 임의로 제출하는 물건은 영장없이 압수할 수 있고, 이 경우에는 검사나 사법경찰관이 사후에 영장을 받을 필요가 없다.

④ 피고인이 수사 당시 긴급체포되었다가 수사기관의 조치로 석방된 후 법원이 발부한 구속영장에 의하여 구속이 이루어진 경우 「형사소송법」 제200조의4 제3항, 제208조에 규정된 재체포 또는 재구속 제한에 위배되는 위법한 구속이라고 볼 수 없다.

⑤ A가 필로폰을 투약한다는 제보를 받은 경찰관이 A의 주거지를 방문하였다가, 그곳에서 A를 발견하고 A의 전화번호로 전화를 하여 나오라고 하였으나 응하지 않자 A의 집 문을 강제로 열고 들어가 긴급체포한 경우, 경찰관이 A의 신원과 주거지 및 전화번호 등을 모두 파악하고 있었고, 당시 마약 투약의 범죄 증거가 급속하게 소멸될 상황도 아니었다면, 위법한 체포이다.

【해설】 ①×(제217조 제1항: 긴급체포된 자가 소유·소지 또는 보관하는 물건에 대하여 긴급히 압수할 필요가 있는 경우에는 체포한 때부터 24시간 이내에 한하여 영장 없이 압수·수색 또는 검증을 할 수 있으므로, 체포현장이 아닌 장소에서도 가능하다.) ②○(2011도7193) ③○(제218조) ④○(2001도4291: 재구속의 제한은 구속영장에 의하여 구속되었다가 석방된 경우를 말하는 것이지, 긴급체포나 현행범으로 체포되었다가 사후영장발부 전에 석방된 경우는 포함되지 않는다.) ⑤○(2016도5814: 미리 체포영장을 받을 시간적 여유가 없었던 경우에 해당하지 않아 긴급체포가 위법하다.) **【정답】** ①

압수·수색에 관한 설명 중 옳지 않은 것은? (다툼이 있는 경우 판례에 의함)

[2019년 변호사시험 형사법 문27]

① 압수·수색영장은 피압수자로 하여금 법관이 발부한 영장에 의한 압수·수색이라는 사실을 확인함과 동시에 압수·수색영장에 필요적으로 기재하도록 정한 사항이나 그와 일체를 이루는 사항을 충분히 알 수 있도록 제시하여야 한다.

② 정보통신서비스 회사에서 보관 중인 이메일에 대하여 압수·수색영장을 집행하면서 팩스로 영장사본을 송신하였다면, 집행 시에 그 영장의 원본을 제시하지 않더라도 위법하지 않다.

③ 수사기관이 압수·수색을 실시하여 그 집행을 종료하였다면 영장의 유효기간이 남아

있다고 하더라도 그 영장의 효력은 상실된다.

④ 전자정보에 대한 압수 · 수색영장에 기하여 저장매체 자체를 반출한 후 유관정보를 탐색하는 과정에서 당해 영장의 범죄혐의와는 다른 별도의 범죄혐의와 관련된 증거를 발견하게 되어 이를 압수하려는 경우에는 더 이상의 집행을 중단하고 법원으로부터 별도의 범죄혐의에 대한 압수 · 수색영장을 발부받아야 한다.

⑤ 피의자의 이메일 계정에 대한 접근권한에 갈음하여 발부받은 압수 · 수색영장의 집행에 필요한 처분은 원격지 서버에 있는 피의자의 이메일 등 관련 전자정보를 수색장소의 정보처리장치로 내려받거나 그 화면에 현출시키는 행위와 같이 집행의 목적을 달성하기 위한 필요 최소한도의 범위 내에서 그 수단과 목적에 비추어 사회통념상 상당하다고 인정되는 행위이어야 한다.

【해설】 ②×(2015도10648: 이메일을 수색 · 압수하면서 팩스로 영장 사본을 송신한 사실은 있으나 영장 원본을 제시하지 않은 경우 그 이메일은 위법수집증거이다.) ①○(2015도12400) ③○(99모161: 영장의 유효기간은 영장의 집행에 착수할 수 있는 종기를 의미하는 것이지, 이 기간 안에는 언제든지 다시 집행할 수 있다는 의미는 아니다.) ④○(2011모1839 전합) ⑤○(2017도9747) **【정답】** ②

전자정보 압수 · 수색에 대한 설명으로 옳은 것은 몇 개인가? (다툼이 있는 경우 판례에 의함) [2020년 제1차 순경시험 형소법 문10]

㉠ 전자정보에 대한 압수 · 수색영장을 집행할 때에는 원칙적으로 영장 발부의 사유인 혐의사실과 관련된 부분만을 문서 출력물로 수집하거나 수사기관이 휴대한 저장매체에 해당 파일을 복사하는 방식으로 이루어져야 하고, 집행현장 사정상 위와 같은 방식에 의한 집행이 불가능하거나 현저히 곤란한 부득이한 사정이 존재하더라도 저장매체 자체를 직접 혹은 하드카피나 이미징 등 형태로 수사기관 사무실 등 외부로 반출하여 해당 파일을 압수 · 수색할 수 있도록 영장에 기재되어 있고 실제 그와 같은 사정이 발생한 때에 한하여 위 방법이 예외적으로 허용될 수 있을 뿐이다 불가능하거나 현저히 곤란한 부득이한 사정이 존재하더라도 저장매체 자체를 직접 혹은 하드카피나 이미징 등 형태로 수사기관 사무실 등 외부로 반출하여 해당 파일을 압수 · 수색할 수 있도록 영장에 기재되어 있고 실제 그와 같은 사정이 발생한 때에 한하여 위 방법이 예외적으로 허용될 수 있을 뿐이다.

㉡ 수사기관 사무실 등으로 반출된 저장매체 또는 복제본에서 혐의사실 관련성에 대한 구분 없이 임의로 저장된 전자정보를 문서로 출력하거나 파일로 복제하는 행위는 원칙적으로 영장주의 원칙에 반하는 위법한 압수가 된다.

㉢ 수사기관이 피의자 甲의 공직선거법 위반 범행을 영장 범죄사실로 하여 발부받은 압수 · 수색영장의 집행 과정에서 乙, 丙 사이의 대화가 녹음된 녹음파일을 압수하여 乙, 丙의 공직선거법 위반 혐의사실을 발견한 사안에서, 별도의 압수 · 수색영장을 발부받지 않고 압

수한 위 녹음파일은 위법수집증거로서 증거능력이 없다.
㉣ 수사기관이 정보저장매체에 기억된 정보 중에서 키워드 또는 확장자 검색 등을 통해 범죄혐의사실과 관련 있는 정보를 선별한 다음 정보저장매체와 동일하게 비트열 방식으로 복제하여 생성한 파일('이미지 파일')을 제출받아 압수하였다면 이로써 압수의 목적물에 대한 압수 · 수색 절차는 종료된 것이므로, 수사기관이 수사기관 사무실에서 위와 같이 압수된 이미지 파일을 탐색 · 복제 · 출력하는 과정에서도 피의자 등에게 참여의 기회를 보장하여야 하는 것은 아니다.

① 1개 ② 2개 ③ 3개 ④ 4개

【해설】 ㉠ㅇ(2009모1190) ㉡ㅇ(2011모1839전합) ㉢ㅇ(2013도7101. 피의자 甲은 乙, 丙의 혐의사실과 무관하다면 乙, 丙의 혐의사실의 녹음파일은 위법증거라는 취지이다.) ㉣ㅇ(2017도13263) **【정답】** ④

압수 · 수색에 대한 설명으로 가장 적절하지 않은 것은? (다툼이 있는 경우 판례에 의함)

[2021년 제1차 순경시험 형소법 문7]

① 설령 피압수자가 수사기관에 압수 · 수색영장의 집행에 참여하지 않는다는 의사를 명시하였다고 하더라도, 특별한 사정이 없는 한 그 변호인에게는 미리 집행의 일시와 장소를 통지하는 등으로 압수 · 수색영장의 집행에 참여할 기회를 별도로 보장하여야 한다.
② 압수 · 수색영장을 집행하는 수사기관은 원칙적으로 피압수자로 하여금 법관이 발부한 영장에 의한 압수 · 수색이라는 사실을 확인함과 동시에 「형사소송법」이 압수 · 수색영장에 필요적으로 기재하도록 정한 사항이나 그와 일체를 이루는 사항을 충분히 알 수 있도록 압수 · 수색영장을 제시하여야 한다.
③ 저장매체에 대한 압수 · 수색 과정에서 압수의 목적을 달성하기에 현저히 곤란한 예외적인 사정이 인정되어 전자정보가 담긴 저장매체 등을 수사기관 사무실 등으로 옮겨 복제 · 탐색 · 출력하는 경우에도 피압수자나 변호인에게 참여 기회를 보장하여야 하는데, 이는 수사기관이 저장매체 등에서 혐의사실과 관련된 전자정보만을 복제 · 출력하는 경우에도 마찬가지이다.
④ 검사나 사법경찰관에게는 현행범 체포현장에서 소지자 등이 임의로 제출하는 물건을 「형사소송법」 제218조에 의하여 영장 없이 압수하는 것이 허용되는데, 이후 검사나 사법경찰관이 압수한 물건을 계속 압수할 필요가 있는 경우에는 지체 없이 영장을 청구하여야 한다.

【해설】 ④×(2019도13290. 임의제출물이므로 사후에도 영장이 필요하지 않다.) ①○(2020도10729. 변호인의 참여권은 피압수자의 보호를 위해 변호인에게 주어진 고유권이라는 취지) ②○(2019모3526) ③○(2020도10729) 【정답】 ④

통신제한조치에 관한 설명 중 옳지 않은 것은? (다툼이 있는 경우 판례에 의함)

[2020년 경찰간부후보생시험 형소법 문14]

① 수사기관이 범죄수사를 위하여 당사자의 동의 없이 전기통신을 감청하기 위해서는 통신 당사자의 쌍방 또는 일방의 주소지 · 소재지 등을 관할하는 지방법원 또는 지원에 청구하여 발부받은 통신제한조치허가서를 통신당사자가 가입된 전기통신사업자에게 제시하여야 한다.

② 범죄수사를 위한 통신제한조치의 기간은 2개월을 초과하지 못하고, 그 기간 중 통신제한조치의 목적이 달성되었을 경우에는 즉시 종료하여야 한다.

③ 전자우편이 송신되어 수신인이 이를 확인하는 등으로 이미 수신이 완료된 전기통신에 관하여 남아 있는 기록이나 내용을 열어보는 등의 행위는 「통신비밀보호법」에서 규정하는 '전기통신의 감청'에 포함되지 않는다.

④ 수사기관은 감청의 실시를 종료하면 감청대상이 된 전기통신의 가입자에게 감청사실 등을 통지하여야 하지만, 통지로 인하여 수사에 방해될 우려가 있다고 인정할 때에는 그 사유가 해소될 때까지 통지를 유예할 수 있다.

【해설】 ④× (통비법 제9조의2: 검사는 통신제한조치를 집행한 사건에 관해 수사종결처분을 한 날부터 30일 이내에 우편물 검열의 경우에는 그 대상자에게, 감청의 경우에는 그 대상이 된 전기통신의 가입자에게 통신제한조치를 집행한 사실과 집행기관 및 그 기간 등을 서면으로 통지하여야 하는데, 아래 사유가 있는 때에는 그 사유가 해소될 때까지 통지를 유예할 수 있다. 1. 통신제한조치를 통지할 경우 국가의 안전보장 · 공공의 안녕질서를 위태롭게 할 현저한 우려가 있는 때 2. 통신제한조치를 통지할 경우 사람의 생명 · 신체에 중대한 위험을 초래할 염려가 현저한 때) ①○(통비법 제6조) ②○(통비법 제6조 제7항) ③○(2016도8137)
【정답】 ④

압수 · 수색 절차에 관한 설명 중 옳은 것을 모두 고른 것은? (다툼이 있는 경우 판례에 의함) **[2021년 변호사시험 형사법 문25]**

ㄱ. 압수 · 수색영장은 처분을 받는 자에게 반드시 제시하여야 하지만, 피처분자가 현장에 없거나 현장에서 그를 발견할 수 없는 경우 등 영장 제시가 현실적으로 불가능한 경우에는 영장을 제시하지 아니한 채 압수 · 수색을 하더라도 위법하지 아니하다.

ㄴ. 수사기관이 휴대전화 등을 압수할 당시 압수당한 피의자가 수사관에게 압수 · 수색영장의 내용을 보여 달라고 요구하였으나 수사관이 영장의 겉표지만 보여 주고 내용은 확인시켜 주지 않았더라도, 그 후 변호인이 피의자조사에 참여하면서 영장을 확인하였다면 압수처분은 위법하지 아니하다.

ㄷ. 수사기관이 압수 · 수색에 착수하면서 그 장소의 관리책임자에게 영장을 제시하였더라도 물건을 소지하고 있는 다른 사람으로부터 이를 압수하고자 하는 때에는 그 사람에게 따로 영장을 제시하여야 한다.

ㄹ. 수사기관이 피의자 참여하에 정보저장매체에 기억된 정보 중에서 키워드 또는 확장자 검색 등을 통해 범죄 혐의 사실과 관련 있는 정보를 선별한 다음 정보저장매체와 동일하게 비트열 방식으로 복제하여 생성한 파일을 제출받아 압수한 경우, 수사기관에서 위와 같이 압수된 파일을 탐색 · 복제 · 출력하는 과정에서도 피의자 등에게 참여의 기회를 보장하여야 한다.

ㅁ. 환부를 받을 피압수자가 수사기관에 압수물의 환부청구권을 포기한다는 의사표시를 한 경우에도 수사기관의 필요적 환부의무는 면제되지 않는다.

①ㄱ, ㄴ, ㅁ ②ㄱ, ㄷ, ㅁ ③ㄱ, ㄴ, ㄷ, ㄹ ④ㄱ, ㄷ, ㄹ, ㅁ ⑤ㄴ, ㄷ, ㄹ, ㅁ

【해설】 ㄱ:ㅇ(2014도10978전합) ㄴ:×(2019모3526: 변호인이 피의자조사에 참여하여 영장을 확인하였다는 사정만으로 적법하다고 볼 수 없다.) ㄷ:ㅇ(2015도12400; 2008도763) ㄹ:×(2017도13263) ㅁㅇ(94모51전합: ①환부청구권은 포기할 수 없는 주관적 공권이다. ②검사가 수사종결처분을 내리면서 소유권포기로 압수물 환부의무를 벗어나는 것은 적법절차에 따른 형벌권의 행사가 아니다. ③압수 계속의 필요성이 없는 물건까지 국고에 귀속하는 것은 재산권을 보장하는 헌법에 어긋난다. 또 이를 인정하면 ④몰수재판을 인정하지 않는 현행 몰수제도가 훼손되고, ⑤압수물 환부를 필요적인 것으로 규정한 제133조를 사문화시킨다.) **【정답】** ②

압수에 대한 설명으로 옳지 않은 것은? (다툼이 있는 경우 판례에 의함)

[2020년 국가직 7급 형소법 문10]

① 영장 발부의 사유로 된 범죄 혐의사실과 무관한 별개의 증거를 영장 없이 압수한 후에 수사기관이 그 증거를 피압수자 등에게 환부하고 후에 임의제출받아 다시 압수한 경우, 그 제출의 임의성에 관하여 검사가 합리적 의심을 배제할 수 있을 정도로 증명하지 못한다면 증거능력을 인정할 수 없다.

② 범행 현장에서 지문채취 대상물에 대한 지문채취가 적법하게 이루어진 이상, 수사기관이 그 이후에 지문채취 대상물을 적법한 절차에 의하지 아니한 채 압수하였더라도 이미 채취된 지문은 위법하게 압수한 지문채취 대상물로부터 획득한 2차적 증거에 해당하지 않으므로 위법수집증거라고 할 수 없다.

③ 범인으로부터 압수한 물품에 대하여 몰수의 선고가 없어 그 압수가 해제된 것으로 간주되더라도 공범자에 대한 범죄수사를 위하여 그 물품의 압수가 필요하다거나 공범자에 대한 재판에서 그 물품이 몰수될 가능성이 있다면 검사는 그 물품을 다시 압수할 수 있다.

④ 피압수자 등 환부를 받을 자가 압수 후 수사기관에 대하여 「형사소송법」상의 환부청구권을 포기한다는 의사표시를 하면 수사기관의 필요적 환부의무가 면제된다.

【해설】 ④×(94모51전합: 면제되지 않는다.) ①ㅇ(2013도11233: 원칙적으로 유죄 인정의 증거로 사용할 수 없다. 다만 수사기관이 별개의 증거를 피압수자 등에게 환부하고 후에 임의제출받아 다시 압수하였다면 증거를 압수한 최초의 절차 위반행위와 최종적인 증거수집 사이의 인과관계가 단절되었다고 평가할 수 있으나, 환부 후 다시 제출하는 과정에서 수사기관의 우월적 지위에 의하여 임의제출 명목으로 실질적으로 강제적인 압수가 행하여질 수 있으므로, 제출에 임의성이 있다는 점에 관하여는 검사가 합리적 의심을 배제할 수 있을 정도로 증명하여야 하고, 임의로 제출된 것이라고 볼 수 없는 경우에는 증거능력을 인정할 수 없다.② ㅇ(2008도7471: 위법한 압수 이전에 채취된 것이다.) ③ㅇ(96모34)

【정답】 ④

압수 · 수색에 대한 설명으로 옳지 않은 것만을 모두 고르면? (다툼이 있는 경우 판례에 의함) [2021년 9급 국가직 형소법 문5]

ㄱ. 수사기관이 정보저장매체에 기억된 정보 중에서 범죄혐의사실과 관련 있는 정보를 선별한 다음, 선별한 파일을 복제하여 생성한 파일을 제출받아 적법하게 압수하였다면 수사기관 사무실에서 위와 같이 압수된 이미지 파일을 탐색 · 복제 · 출력하는 과정에서 피의자 등에게 참여의 기회를 보장하여야 하는 것은 아니다.
ㄴ. 영장담당판사가 발부한 압수 · 수색영장에 법관의 서명이 있다면 비록 날인이 없다고 하더라도 그 압수 · 수색영장은 「형사소송법」이 정한 요건을 갖추지 못하였다고 볼 수는 없다.
ㄷ. 압수 · 수색영장의 피처분자가 현장에 없거나 현장에서 그를 발견할 수 없는 등 영장제시가 현실적으로 불가능한 경우에도 영장을 제시하지 아니한 채 압수 · 수색을 하면 위법하다.
ㄹ. 수사기관이 압수 · 수색영장을 집행하면서 압수 · 수색 대상 기관에 팩스로 영장 사본을 송신하기만 하였을 뿐 영장 원본을 제시하거나 압수조서와 압수물 목록을 작성하여 피압수 · 수색 당사자에게 교부하지도 않았다면 그 압수 · 수색은 위법하다.

①ㄱ, ㄴ ②ㄱ, ㄹ ③ㄴ, ㄷ ④ㄷ, ㄹ

【해설】 ㄱ:ㅇ(2017도13263) ㄴ:×(2018도20504) ㄷ:×(2014도10978전합) ㄹ:ㅇ(2015도10648) **【정답】** ③

압수 · 수색에 관한 설명 중 옳지 않은 것은? (다툼이 있는 경우 판례에 의함)

[2020년 변호사시험 형사법 문29]

① 수사기관이 피의자의 동의 없이 피의자의 소변을 채취하는 것은 법원으로부터 감정처분허가장을 받아 '감정에 필요한 처분'으로 할 수 있지만, 압수수색영장을 받아 집행할 수도 있다.

② 검사 또는 사법경찰관은 체포현장에서 영장 없이 압수한 물건을 계속 압수할 필요가 있는 경우에는 지체 없이 압수수색영장을 청구하여야 하는데, 이 경우 압수수색영장의 청구는 압수한 때부터 48시간 이내에 하여야 한다.

③ 소유자, 소지자 또는 보관자 아닌 자로부터 임의로 제출받은 물건을 영장 없이 압수한 경우 그 압수물 및 압수물을 찍은 사진은 이를 유죄의 증거로 사용할 수 없다.

④ 범행 중 또는 범행직후의 범죄장소에서 긴급을 요하여 법원판사의 영장을 받을 수 없는 때에는 영장 없이 압수, 수색 또는 검증을 할 수 있고, 이 경우에는 사후에 지체 없이 영장을 받아야 한다.

⑤ 전자정보에 대한 압수수색영장을 집행할 때에는 원칙적으로 영장 발부의 사유인 혐의사실과 관련된 부분만을 문서 출력물로 수집하거나 수사기관이 휴대한 저장매체에 해당 파일을 복사하는 방식으로 이루어져야 하지만, 집행현장 사정상 이러한 방식에 의한 집행이 불가능하거나 현저히 곤란한 부득이한 사정이 존재하는 경우, 압수수색영장에 저장매체 자체를 직접 혹은 하드카피나 이미징 등 형태로 수사기관 사무실 등 외부로 반출하여 해당 파일을 압수 · 수색할 수 있도록 기재되어 있고 실제 그와 같은 사정이 발생한 때에 한하여 위 방법이 예외적으로 허용될 수 있을 뿐이다.

【해설】 ②×(제217조 제2항: 체포한 때부터 48시간 이내에 압수수색영장을 청구해야 한다.) ①○(2018도6219: 甲의 소변, 모발, 마약류 불법사용 도구 등에 대한 압수 · 수색 · 검증영장을 발부받고, 이 영장에 따라 소변과 모발을 제출하도록 설득하였음에도 甲이 계속 거부하면서 자해를 하자 이를 제압하고 수갑과 포승을 채운 뒤 강제로 병원 응급실로 데려고 가 응급구조사가 甲의 신체에서 소변을 채취하도록 하여 이를 압수하는 것은 적법하다.) ③○(2009도10092, 제218조: 소유자, 소지자, 보관자가 임의로 제출한 물건만 영장없이 압수할 수 있다.) ④○(제216조 제3항) ⑤○(제106조) **【정답】** ②

압수 · 수색에 대한 설명으로 가장 적절하지 않은 것은? (다툼이 있는 경우 판례에 의함)

[2019년 제2차 순경시험 형소법 문5]

① 수사기관의 압수 · 수색은 법관이 발부한 압수 · 수색영장에 의하여야 하는 것이 원칙

이고, 그 영장에는 피의자의 성명, 압수할 물건, 수색할 장소 · 산체 · 물건과 압수수색의 사유 등이 특정되어야 하며, 피의자 아닌 자의 신체 또는 물건은 압수할 물건이 있음을 인정할 수 있는 경우에 한하여 수색할 수 있다.

② 법관이 압수 · 수색영장을 발부하면서 '압수할 물건'을 특정하기 위하여 기재한 문언은 엄격하게 해석해야 하고, 함부로 피압수자 등에게 불리한 내용으로 확장 또는 유추해석해서는 안되므로, 압수 · 수색영장에서 압수할 물건을 '압수장소에 보관중인 물건'이라고 기재하고 있는 것을 '압수장소에 현존하는 물건'으로 해석할 수는 없다.

③ 피의자의 컴퓨터 내에 저장되어 있는 이메일 등 전자정보를 압수 · 수색하는 것은 전자정보의 소유자 내지 소비자를 상대로 해당 전자정보를 압수 · 수색하는 대물적 강제처분으로 형사소송법의 해석상 허용된다.

④ 영장에 수색할 장소를 특정하도록 한 취지에 비추어 보면, 수색장소에 있는 정보처리장치를 이용하여 정보통신망으로 연결된 원격지의 저장매체에서 수색장소에 있는 정보처리장치로 전자정보를 내려받아 이를 압수하는 것은 압수 · 수색영장에서 허용한 집행의 장소적 범위를 위법하게 확대하는 것이다.

【해설】 ④×(2017도9747: 피의자의 이메일 계정에 대한 접근권한에 갈음하여 발부받은 압수 · 수색영장에 따라 원격지의 저장매체에 적법하게 접속하여 내려받거나 현출된 전자정보를 대상으로 하여 범죄혐의사실과 관련된 부분에 대하여 압수 · 수색하는 것은, 압수 · 수색영장의 집행을 원활하고 적정하게 행하기 위하여 필요한 최소한도의 범위 내에서 이루어지며 그 수단과 목적에 비추어 사회통념상 타당하다고 인정되는 대물적 강제처분 행위로서 허용되며, 제120조 제1항에서 정한 압수 · 수색영장의 집행에 필요한 처분에 해당한다. 그리고 이러한 법리는 원격지의 저장매체가 국외에 있는 경우라 하더라도 그 사정만으로 달리 볼 것은 아니다.) ①○(제219조, 제106조, 제109조) ②○(2008도763) ③○(2017도9747: 수사기관이 인터넷서비스이용자인 피의자를 상대로 피의자의 컴퓨터 등 정보처리장치 내에 저장되어 있는 이메일 등 전자정보를 압수 · 수색하는 것은 전자정보의 소유자 내지 소지자를 상대로 해당 전자정보를 압수 · 수색하는 대물적 강제처분으로 형사소송법의 해석상 허용된다.) **【정답】** ④

강제처분에 대한 설명 중 가장 적절하지 않은 것은? (다툼이 있는 경우 판례에 의함)

[2020년 제2차 순경시험 형소법 문9]

① 압수 · 수색영장 대상자와 피의자 사이에 요구되는 인적 관련성은 압수 · 수색영장에 기재된 대상자의 공동정범, 간접정범, 교사범 등은 물론이며 필요적 공범 등에 대한 피고사건에 대해서도 인정될 수 있다.

② 사법경찰관은 피내사자를 대상으로 하는 통신제한조치에 대한 허가를 검사에게 신청

하고, 검사는 법원에 대하여 그 허가를 청구할 수 있다.

③ 「통신비밀보호법」 제12조의2에 의하면 사법경찰관은 인터넷 회선을 통하여 송신·수신하는 전기통신을 대상으로 제6조 또는 제8조(제5조 제1항의 요건에 해당하는 사람에 대한 긴급통신제한조치에 한정한다)에 따른 통신제한조치를 집행한 경우 그 전기통신의 보관등을 하고자 하는 때에는 집행종료일부터 14일 이내에 보관 등이 필요한 전기통신을 선별하여 검사에게 보관 등의 승인을 신청하고 검사는 신청일부터 14일 이내에 통신제한조치를 허가한 법원에 그 승인을 청구할 수 있다.

④ 「마약류 불법거래 방지에 관한 특례법」 제4조 제1항에 따른 조치의 일환으로 특정한 수출입물품을 개봉하여 검사하고 그 내용물의 점유를 취득한 행위는 수출입물품에 대한 적정한 통관 등을 목적으로 하는 조사와 달리 범죄수사인 압수 또는 수색에 해당하여 사전 또는 사후에 영장을 받아야 한다.

【해설】 ③×(통비법 제12조의2: 검사는 신청일부터 7일 이내에 통신제한조치를 허가한 법원에 그 승인을 청구할 수 있다.) ①○(2017도13458) ②○(통비법 제6조) ④○(2014도8719)

【정답】 ③

압수·수색에 관한 설명 중 옳지 않은 것은? (다툼이 있는 경우 판례에 의함)

[2020년 경찰간부후보생시험 형소법 문12]

① 이메일 등 전자정보 압수·수색시, 압수·수색할 전자정보가 압수·수색영장에 기재된 수색장소에 있는 컴퓨터 등 정보처리장치 내에 있지 아니하고 그 정보처리장치와 정보통신망으로 연결된 해외 인터넷서비스 제공자가 관리하는 저장매체에 있는 경우라고 할지라도 피의자의 이메일 관련 전자정보를 수색 장소의 정보처리장치로 내려받거나 그 화면에 현출시키는 것은 적법하다.

② oo평생교육원에 대한 압수·수색 당시 원장은 현장에 없었고, 이사장도 수사관들에게 자신의 신분을 밝히지 않은 채 건물 밖에서 지켜보기만 하는 등 영장제시가 사실상 불가능한 상황에서 수사관들이 영장의 제시 없이 압수·수색을 집행한 것은 적법하다.

③ 정보통신서비스 회사에서 보관 중인 이메일에 대하여 압수·수색영장을 집행하면서 팩스로 영장사본을 송신하였다면, 집행 시에 그 영장의 원본을 제시하지 않더라도 적법하다.

④ 우편물 통관검사절차에서 이루어지는 우편물의 개봉, 시료채취, 성분분석 등의 검사

는 수출입물품에 대한 적정한 통관 등을 목적으로 한 행정조사의 성격을 가지는 것으로서 수사기관의 강제처분이라고 할 수 없으므로, 압수 · 수색영장 없이 우편물을 개봉, 시료채취, 성분분석 등 검사가 진행되었다고 하더라도 특별한 사정이 없는 한 적법하다.

【해설】 ③×(2015도10648) ①○(2017도9747) ②○(2014도10978전합) ④○(2013도7718) **【정답】** ③

영장에 의하지 아니한 강제처분에 대한 설명으로 가장 적절하지 않은 것은? (다툼이 있는 경우 판례에 의함) [2019년 제2차 순경시험 형소법 문9]

① 체포영장의 집행을 위하여 타인의 주거를 수색하는 경우 별도로 영장을 발부받기 어려운 긴급한 사정이 있는지 여부를 구별하지 않고 피의자가 그 장소에 소재할 개연성만 소명되면 수색영장 없이 피의자 수색을 할 수 있도록 허용하는 형사소송법 제216조 제1항 제1호 중 제200조의2에 관한 부분은 영장주의에 위반된다.

② 사법경찰관은 긴급체포된 자가 소유 · 소지 또는 보관하는 물건에 대하여 긴급히 압수할 필요가 있는 경우에는 체포한 때부터 24시간 이내에 한하여 영장 없이 압수 · 수색 또는 검증을 할 수 있다.

③ 긴급체포된 자가 소유 · 소지 또는 보관하는 물건을 영장 없이 압수한 이후 이 물건을 계속 압수할 필요가 있는 경우 사법경찰관은 압수한 때부터 48시간 이내에 압수 · 수색영장을 청구하여야 한다.

④ 교통사고를 가장한 살인사건의 범행일로부터 약 3개월 가까이 경과한 후 범죄에 이용된 승용차의 일부분인 강판조각이 범행현장에서 발견된 경우 이 강판조각은 형사소송법 제218조에 규정된 유류물에 해당하므로 영장 없이 압수할 수 있다.

【해설】 ③×(제217조: 긴급체포된 자가 소유 · 소지 또는 보관하는 물건에 대하여 긴급히 압수할 필요가 있는 경우에는 체포한 때부터 24시간 이내에 한하여 영장 없이 압수 · 수색 또는검증을 할 수 있고, 이에 따라 압수한 물건을 계속 압수할 필요가 있는 경우에는 지체 없이 압수 · 수색영장을 청구하여야 하는데, 이 경우 압수 · 수색영장의 청구는 체포한 때부터 48시간 이내에 하여야 한다.) ①○(2016헌가7, 2015헌바370 병합) ②○(제217조) ④○(2011도1902) **【정답】** ③

영장 없는 압수 · 수색 · 검증에 관한 설명 중 옳지 않은 것은? (다툼이 있는 경우 판례에 의함) [2020년 경찰간부후보생시험 형소법 문13]

① 체포영장이 발부된 피의자를 체포하기 위하여 경찰관이 타인의 주거 등을 수색하는 경우에는 피의자가 그 장소에 소재할 개연성 이외에도 별도로 사전에 수색영장을 발부받기 어려운 긴급한 사정이 있는 경우에만 제한적으로 이루어져야 한다.

② 음주운전 중 교통사고를 야기하고 의식불명 상태에 빠져 병원 응급실에 후송된 피의자의 신체 내지 의복류에 주취로 인한 냄새가 강하게 나고, 교통사고 발생 시각으로부터 사회통념상 범행 직후라고 볼 수 있는 시간 내라면 경찰관은 의료진에게 요청하여 피의자의 혈액을 채취하도록 하여 압수할 수 있다.

③ 경찰관이 음주운전과 관련한 도로교통법 위반죄의 수사를 목적으로 미성년자인 피의자의 혈액을 채취해야 할 경우, 피의자에게 의사능력이 있다면 피의자 본인의 동의를 받아서 하면 되고 별도로 법정대리인의 동의를 받을 필요는 없다.

④ 경찰관이 2020.10.5. 20:00 도로에서 마약류 거래를 하고 있는 피의자를 긴급체포한 뒤 같은 날 20:24경 영장 없이 체포현장에서 약 2km 떨어진 피의자의 주거지에 대한 수색을 실시해서 작은 방 서랍장 등에서 메스암페타민 약 10g을 압수한 것은 위법하다.

【해설】 ④×(2017도10309: 긴급체포한 상황에서 체포현장이 아닌 장소에서도 긴급체포된 자가 소유 · 소지 또는 보관하는 물건을 대상으로 할 수 있다.) ①ㅇ(제216조 제1항 제1호; 2015헌바370) ②ㅇ(2011도15258: 제216조 제3항의 범죄 장소에 준한다 볼 수 있다.) ③ㅇ(2013도1228) **【정답】** ④

• 탐구과제 •

– 피의자로부터 압수한 휴대폰의 비밀번호 제공을 피의자에게 강제할 수 있을까?

– 수색 · 압수 영장을 기각한 법원의 재판에 대해 검사는 불복할 수 있는가?

18강 경찰 작성 피신조서의 증거능력 요건과 형소법 제310조의2

증거법의 체계를 전반적으로 보고, 실무에서 증거로 많이 활용되고 있는 형소법 제310조의2의 증거와 전문법칙의 의미 및 체계를 본다. 특히 경찰작성 피신조서의 증거능력 요건을 정확하게 이해한다.

• 사례 •

甲이 경영하는 병원의 사무국장으로 근무하던 乙이 2011. 8. 23.부터 2012. 2. 21.까지 총 43회에 걸쳐 합계 23,490,000원을 환자 소개의 대가 등 명목으로 교부함으로써 영리를 목적으로 환자를 소개 · 알선 · 유인하는 행위를 했다. 검사는 甲을 양벌규정인 의료법 제91조[123]를 적용하여 기소하였다. 甲은 제1심 제3회 공판기일에서 검사가 증거로 제출한 경찰 작성의 乙에 대한 피의자신문조서를 증거로 함에 동의하지 않고 그 내용을 부인하였다. 경찰이 작성한 乙에 대한 피신조서에는 乙이 범행을 인정하는 내용이 담겨있는데, 乙이 사망하여 공판기일에 출석하여 진술을 할 수 없게 되었다. 乙에 대한 경찰작성 피신조서를 甲의 범죄에 대한 유죄의 증거로 사용할 수 있는가?

• 해설 •

1. 증거법 개관

형사소송의 목적은 범죄의 성립 여부 또는 범죄성립을 전제로 한 형벌의 종류나 양형 등 구체적 법률관계의 확정에 있는데, 이는 사실관계의 확정(사실의 인정)을 전제로 한다. 증거란 사실의 인정의 확정을 위한 자료를 말하고, 증명이란 증거에 의해 사실관계가 확정되는 과정을 말한다. 증명의 대상이 되는 사실(관계)을 가리켜 요증사실(要證事實)이라고 한다. 형소법 제2편 제3장의 제1심 공판절차 가운데 제2절의 '증거'라는 제목 아래 규정된 17개의 조문(제307조-제318조의3)은 증거의 증거능력과 증명력에 관

123) 제91조(양벌규정) 법인의 대표자나 법인 또는 개인의 대리인, 사용인, 그 밖의 종업원이 그 법인 또는 개인의 업무에 관하여 제87조, 제87조의2, 제88조, 제88조의2, 제89조 또는 제90조의 위반행위를 하면 그 행위자를 벌하는 외에 그 법인 또는 개인에게도 해당 조문의 벌금형을 과(科)한다. 다만, 법인 또는 개인이 그 위반행위를 방지하기 위하여 해당 업무에 관하여 상당한 주의와 감독을 게을리하지 아니한 경우에는 그러하지 아니하다.

한 규정이다. 이는 항소심과 상고심에 준용되며, 이를 가리켜 협의의 증거법이라고 한다. 그런데 흔히 자유심증주의의 예외로 인정되는 형소법 제56조(공판조서는 절대적 증명력을 갖는다)도 여기에 포함시킬 수 있다. 협의의 증거법에 증거조사에 관한 규정을 포함하여 광의의 증거법이라고 한다.

①증거재판주의(제307조)는 증거능력에 관한 규정이다. 위법수집증거(제308조의2, 위법수집증거배제법칙)나 임의성없는 자백(제309조, 자백배제법칙)은 증거능력이 없다. 제310조의2의 증거는 원칙적으로 증거능력이 없고, 예외규정(제311조-제316조)에 해당하거나 증거동의가 있어야 증거능력이 인정된다(제318조와 제318조의3). 이처럼 형소법은 전문법칙에 앞서 위법수집증거배제법칙과 자백배제법칙을 규정하고 있다. 그런데 형사실무에서는 수사절차에서 수집된 대부분의 진술증거는 각종 조서나 서류의 형태로 전환되어 증거조사절차에서 증거서류로 제출되므로, 형사실무는 일단 전문법칙에 어긋나지 않는 증거에 대해서만 위법수집증거배제법칙과 자백배제법칙을 검토한다. ②증거의 증명력은 법관이 자유롭게 판단할 수 있다. 이를 자유심증주의(제308조)라고 한다. 그러나 공판조서는 절대적 증명력을 갖는다(제56조). 다른 보강증거없이 자백만으로는 증명력을 가질 수 없다(제310조, 자백보강법칙). 또한 증거능력없는 전문증거일지라도 진술증거의 증명력을 다투기 위한 탄핵증거(제318조의2)로는 사용할 수 있다. 자유심증주의에 따라 법관은 증거의 제출자나 신청자의 입증취지에 구속되지 않으므로, 증거가 오히려 증거제출자에게 불리하게 사용될 수 있는데, 이를 증거공통(證據共通)의 원칙이라고 한다.

2. 증거재판주의와 엄격한 증명

가. 증거재판주의

증거재판주의[124]란 제307조가 규정하고 있듯이 '사실의 인정은 증거에 의하여야 하고, 범죄사실의 인정은 합리적인 의심이 없는 정도의 증명(proof beyond a reasonable doubt)에 이르러야 한다'는 원칙을 말한다. 증명에는 엄격한 증명과 자유로운 증명 두 가지가 있다. 범죄사실의 증명을 위한 증거는 적법한 증거조사절차를 거친 것으로서 법률상 증거능력을 가진 것이어야 한다. 이런 증거를 엄격한 증거라고 하

124) 이러한 규정이 일본 형소법에는 있지만, 독일과 프랑스의 형소법은 물론 영미의 증거법에는 없다.

고, 엄격한 증거로 증명하는 것을 엄격한 증명이라고 한다. 자유로운 증명은 엄격한 증명에 대비되는 개념으로서, 법령이 정한 증거조사방식을 거치지 않은 증거 또는 법률상 증거능력이 없는 증거로 사실관계를 확정하는 것을 말한다. 다만 법정에서 이에 관한 증거조사는 필요하다(97도1770).

엄격한 증명과 자유로운 증명은 증거능력의 유무와 증거조사의 실시방법에 차이가 있을 뿐 심증의 정도에 차이가 있는 것은 아니다. 두 증명 모두 '합리적 의심없는 정도의 증명' 또는 '확신'을 요구한다(86도586). 이런 정도의 심증을 형성하는 증거가 없다면 피고인이 유죄라는 의심이 들더라도 무죄로 판단할 수밖에 없다(2008도507).

나. 엄격한 증명의 대상

(1) 형벌권의 존부와 양형에 관한 사실: 주요사실

공소장에 기재된 범죄사실, 곧 공소사실은 법관의 형사처벌법규 적용의 전제가 되는 사실이므로, 이는 엄격한 증명의 대상이 된다.

공소(범죄)사실은 범죄구성요건에 해당하는 위법 · 유책한 사실을 말한다. 구성요건해당사실은 그것이 객관적인 것인지, 아니면 주관적인 것인지를 가리지 않고 모두 엄격한 증명의 대상이 된다. 따라서 교사자의 교사행위(99도1252), 행위의 주체, 객체, 결과발생, 인과관계 등의 객관적 구성요건해당사실뿐만 아니라, 고의나 목적(2014도10978 전합), 공동정범에서 공모(88도1114; 99도4923; 2000도1899; 2002도6103) 등과 같은 주관적 구성요건해당사실도 엄격한 증명의 대상이 된다. 피고인이 공모(2011도9721)나 목적(2010도1189전합)을 부인하는 경우 정황사실 또는 간접사실로 증명할 수 밖에 없다. 구성요건해당사실의 존부를 알아내기 위해 과학공식 등의 경험법칙을 이용하는 경우 그 법칙적용의 전제가 되는 개별적이고 구체적인 사실, 예컨대 위드마크(Widmark)공식을 사용하여 혈중알콜농도를 추정할 경우, 그 전제사실인 음주량, 음주시각, 체중, 평소의 음주정도 등은 엄격한 증명의 대상이 된다(99도128).

구성요건해당성으로 추정되는 행위의 위법성과 책임은 위법성조각사유와 책임조각사유의 존재로 깨져서 그 행위가 범죄로 성립할 수 없으므로, 위법성조각사유와 책임조각사유의 부존재도 엄격한 증명의 대상이 된다고 봐야 한다. 공소사실에 대한 입증책임은 검사에게 있고, 유죄의 인정은 법관이 합리적인 의심을 할 여지가 없을 정도로 공소사실이 진실이라는 확신을 가지게 하는 증명력을 가진 증거로 해야 하기 때문이다(2014도3163; 2001도2823). 그런데 명예훼손죄의 위법성조각사유(형법 제310조)의 '진실한 사실'은 자유로운 증명의 대상으로서 피고인이 부담한다고 판례는 본다(95도1473). 피고인의 범행 당시 정신상태가 심신상실인지, 심신미약인지는 법률적 판단이므로 엄격한 증명의 대상이 아니라고 판례는 본다(71도212; 96도638; 98도159).

형법 제6조 본문에 의하여 외국인이 대한민국 영역 외에서 대한민국 국민에 대하여 범죄를 저지른 경우 우리 형법이 적용되지만, 같은 조 단서에 의하여 행위지 법률에 의하여 범죄를 구성하지 아니하거나 소추 또는 형의 집행을 면제할 경우에는 우리 형법을 적용하여 처벌할 수 없고, 이 경우 행위지 법률에 의하여 범죄를 구성하는지는 엄격한 증명의 대상이 된다(2011도6507).

형벌의 종류와 형량은 형벌권의 존부에 못지않게 피고인의 이익에 중대한 영향을 미치므로, 이것도 원칙적으로 엄격한 증명의 대상이 된다. 누범전과, 상습범에서 상습성, 미수, 자수 · 자복 등은 엄격한 증명의 대상이 된다. 몰수 · 추징은 부가형으로서 형벌의 일종(정확히 말하면 추징은 몰수의 환형처분)이므로 엄격한 증명의 대상이 된다고 봐야 한다. 그러나 몰수 · 추징의 대상이 되는지 여부나 추징액은 범죄구성요건사실에 관한 것이 아니므로 자유로운 증명으로 충분하다고 판례는 본다(73도279; 80도2722; 81도3040; 87도399; 91도3346).

(2) 간접사실과 보조사실 및 소송법적 사실

간접사실이란 주요사실을 간접적으로 추론하게 하는 사실을 말하며, 간접사실을 증명하는 증거를 간접증거 또는 정황증거(情況證據)라고 부른다.

유죄의 심증이 반드시 직접증거에 의해 형성되어야만 하는 것은 아니고 경험칙과 논리법칙에 위반되지 않는 한 간접증거에 의해 형성되어도 되는 것이며, 간접증거가 개별적으로는 범죄사실에 대한 완전한 증명력을 가지지 못하더라도 전체 증거를 상호관련 아래 종합적으로 고찰할 경우 그 단독으로는 가지지 못하는 종합적 증명력이 있는 것으로 판단되면 그에 의하여도 범죄사실을 인정할 수 있다고 판례는 본다(2008도507). 요증사실이 엄격한 증명의 대상이 되는 형벌권의 존부나 범위에 관한 주요사실이면, 이를 추론하게 하는 간접사실도 엄격한 증명의 대상이 된다. 정황증거만으로 유죄의 심증형성이 가능하다(2000도3307).

보조사실은 흔히 수집된 증거의 증명력에 영향을 미치는 사실을 말한다. 예컨대 증인의 전력(前歷)이나 약한 기억력 또는 시각 · 청각의 상태와 같이 증언의 신빙성에 영향을 미치는 사실이 이에 해당한다. 보조증거는 흔히 실질증거의 증명력을 다투기 위한 증거를 말한다. 여기서 실질증거란 범죄사실을 직 · 간접적으로 증명하는 사실, 곧 주요

사실과 간접사실에 대한 증거를 말한다. 보조증거에는 보강(증강)증거와 탄핵증거가 있다. 보강증거는 실질증거의 증거능력을 뒷받침하여 증명력을 강화시키는 증거를 말한다. 탄핵증거는 실질증거의 증명력을 약화시키는 증거로서, 예컨대 강간범행의 피해자가 피해망상증으로 정신병원에서 치료를 받은 적이 있다는 사실이나 그 피해자가 전에도 다른 사람을 강간혐의로 고소한 적이 있는데 그 사건이 무혐의 처리되었다는 사실을 말한다. 증명력을 약화시키는 탄핵보조사실은 자유로운 증명의 대상이다(95도1333; 97도1770). 진정성립이 인정되지 않고 증거동의가 없는 증거일지라도 공소사실과 양립할 수 없는 반대사실을 증명하는 자료로 쓸 수 있다(94도1159).

소송법적 사실이란 범죄사실이나 양형사실 이외의 사실로서, 이는 ①소송조건의 존부나 절차진행의 적법성에 관한 순수한 소송법적 사실과 ②증거능력을 인정하기 위한 기초사실로서 범죄사실의 인정 여부에 중대한 영향을 미치는 책임관련적 소송법적 사실로 구별할 수 있다. 친고죄에서 고소의 유무나 취소(99도947) 등은 순수한 소송법적 사실로서 자유로운 증명으로 충분하다. 이에 따라 예컨대 고소 위임의 효력을 서류만으로 인정할 수 있고 증거조사절차를 거쳐 심리할 필요없으며(98도2074) 증거능력없는 수사보고서일지라도 반의사불벌죄의 경우 피해자의 처벌희망의사표시 철회의 효력 여부를 판단하는 증거로 사용할 수 있다(2010도5610, 2010전도31).

3. 형소법 제310조의2와 전문법칙

가. 이른바 '조서재판'과 제310조의2

형소법은 공판중심주의와 구두변론주의를 대원칙으로 해야 한다. 그래야 시민들이 형사재판을 이해할 수 있고, 감시할 수 있으며, 납득할 수 있기 때문이다. 국민참여재판제도는 이 원칙을 절실히 요구하며, 이에 맞추어 형소법의 개정이 필요했고, 이에 따라 이 원칙에 좀 더 가까이 다가갔다.

그러나 사실 제정형소법(1954. 9. 23) 때부터 이 원칙은 충실히 지켜질 수 없었다. 그것은 일제는 조선통치상황에서 형사재판을 할 때 장애가 된 언어문제를 이른바 '조서재판'으로 해결할 수 있었는데, 제정형소법은 이런 소송경제적 관점을 수용했기 때문이다.[125] 다만 조서의 작성자가 누구인가(법관, 검사, 사경)에 따라, 곧 법관작성조서, 검

125) 신동운, "사법개혁추진과 형사증거법의 개정", 서울대학교 법학 제47권 제1호, 2006. 3. 110면 이하.

사작성조서, 경찰작성조서에 따라 그 조서의 증거능력 인정요건을 달리해 왔다. 작성주체에 따라 진술을 왜곡할 우려도 차이가 있다고 본 것이다. 이로써 수사기관의 고문을 방지하려고 한 것이다. 그런데 2020. 1. 27. 형소법 제312조를 개정하여 검사작성조서와 경찰작성조서의 증거능력 요건을 동일하게 한다. 피의자신문조서의 작성 주체가 검사인지, 경찰인지에 따라 (신뢰의) 차이를 두어오던 것을 없앤 것이다.

조서의 증거능력에 관한 규정이라고 할 수 있는 제310조의2는 '전문증거와 증거능력의 제한'이라는 제목 아래 '제311조 내지 제316조에 규정한 것 이외에는 공판준비 또는 공판기일에서의 진술에 대신하여 진술을 기재한 서류나 공판준비 또는 공판기일 외에서의 타인의 진술을 내용으로 하는 진술은 이를 증거로 할 수 없다'고 하고 있다. 제310조의2는 제311조-제316조의 증거를 제외하고, 직접 법정에 제출되지 않고 다른 매체를 통해 간접적으로 제출된 진술의 증거능력을 부정한 것이다. 제310조의2가 증거능력을 원칙적으로 부정하는 증거의 유형은 두 가지이다. 하나는 공판준비 또는 공판기일에서의 진술에 대신하여 진술을 기재한 서류이고, 다른 하나는 공판준비 또는 공판기일 외에서의 타인의 진술을 내용으로 하는 진술이다. 흔히 전자는 전문서류로, 후자는 전문증인으로 각각 부른다. 제310조의2가 예외적으로 인정하는 증거규정들은 아래 표와 같이 개관할 수 있다. 제311조-제315조는 전문서류이고, 제316조는 전문증인이다.

	조문		2007년 개정형소법	2020년 개정형소법
전문서류	제311조		법원·법관작성조서	
	제312조	①	검사작성 피고인이 된 피의자신문조서	검사작성 피의자신문조서
		②		삭제
		③	경찰작성 피의자신문조서	
		④	수사기관작성 피고인 아닌 자 진술조서	
		⑤	수사기관면전 진술서(①-④ 준용)	
		⑥	수사기관작성 검증조서	
	제313조	①	피고인·피고인 아닌 자의 진술서면	
		②	감정서	
	제314조		제312와 제313에 대한 예외	
	제315조		당연히 증거능력이 있는 서류	
전문증인	제316조	①	피고인의 진술을 내용으로 하는 피고인 아닌 자의 진술(조사자증언제도)	
		②	피고인 아닌 타인의 진술을 내용으로 하는 피고인 아닌 자의 진술	

나. 제310조의2의 이론적 근거

제310조의2가 영미법의 전문법칙(傳聞法則)을 도입한 규정이라는 점에 대해서는 다툼이 없다(2006도2556). 그러나 대륙법계의 직접주의도 이론적 근거가 되는지에 대해서는 견해가 대립한다. 전문법칙만을 규정한 것이라는 일원설(전문법칙설)과 전문법칙 외에 직접주의도 그 이론적 근거가 된다는 이원설(직접주의설)이 그것이다.

(1) 전문법칙설

전문법칙이란 전문증거(傳聞證據, Hearsay Evidence)는 증거능력이 없다는 영미법계의 원칙을 말한다. 미국연방증거법 제801(c)조는 전문증거를 '공판정에서 증언하는 진술자의 진술 이외의 진술로서, 주장된 문제의 진실성을 증명하기 위해서 제시된 증거'로 규정하고 있다. 예컨대 甲에게서 강간을 당한 피해자가 어머니에게 이 사실을 알렸고, 이 사실을 어머니가 증인으로서 진술한 경우 어머니의 진술이 전문증거에 해당한다.

전문법칙은 영미 증거법의 가장 중요한 특징으로서 배심제에서 유래한 것이다.[126] 법률적 지식이 부족하고 재판경험이 없는 배심원이 왜곡의 우려가 높은 전문증거를 접하면 합리적 심증형성을 그르칠 우려가 있기 때문이다. 그러나 구체적인 이론적 근거에 관해서는 다툼이 있다. 선서(宣誓)결여, 원진술자의 공판정불출석, 부정확한 전달의 위험, 반대신문결여, 신용성결여 등을 들 수 있다.[127] ①선서의 결여는 선서가 가지는 의식의 엄숙함과 위증죄의 경고절차를 거치지 않았으므로, ②원진술자의 공판정불출석은 원진술자가 공판정의 엄숙함과 방청객의 비판적 시선을 받지 않으므로, ③부정확한 전달의 위험은 타인의 말을 전달하는 경우에는 경험한 사실을 재생하는 경우에 견줘 오류의 가능성이 크므로, 각각 증거능력을 인정할 수 없다는 논리이다. ④반대신문결여설은 진술증거에는 기억이나 표현 또는 서술의 과정에 잘못이 개입될 위험이 크므로, 이런 오류는 이로 인해 불이익을 받을 당사자의 반대신문을 통해 걸러내어 원진술의 진실성을 담보하는 것이 옳은데, 전문증거는 이런 반대신문기회를 갖지 못한 증거이므로 증거능력을 인정할 수 없다고 본다. ⑤신용성결여설은 신용성결여가 전문증거의 증거능력을 부정하는 결정적인 근거라고 본다.

---

126) Tohn W. Strong 외 5인, McCormick on Evidence, 2003(제5판), §244.

127) Tohn W. Strong 외 5인, 앞의 책, §245; 주광일, 전문법칙연구, 1986, 21면 이하.

(2) 직접주의설

직접주의설은 전문법칙 외에 대륙법계의 직접주의도 그 이론적 근거가 된다는 견해이다. 헌재도 이 입장이라고 볼 수 있다. 제314조의 위헌소원사건에서 이 규정이 직접주의와 전문법칙의 예외라고 판단했기 때문이다(93헌바26).

직접주의설은 법원이 원진술자의 진술을 공판정에서 직접 증거조사를 해야만 그의 진술내용뿐만 아니라 그의 진술태도를 관찰할 수 있고, 이러한 태도증거로 심증을 형성할 수 있는데, 전문증거는 이를 가로막기 때문에 증거로 사용할 수 없다고 본다. 또 제310조의2는 영미법의 전문법칙으로 상당부분 설명될 수는 있지만 불충분하다고 한다. 반대신문은 증인신문을 전제로 하여 그 증인의 진술을 두고 검사와 피고인이 서로 다투는 것을 의미하므로, 피고인의 진술에 대해서는 이런 다툼 또는 반대신문을 생각할 수 없음에도 불구하고, 우리 형소법은 제311조-제313조, 제316조 제1항 등에서 보듯 피고인의 진술을 원진술로 하는 전문증거를 인정하고 있는데, 이는 반대신문결여설로 설명할 수 없다는 것이다. 이런 전문증거는 피고인신문제도(제287조)를 두고 피고인에게 진술거부권(제283조의2)을 인정하는 대륙법계의 직접주의에 근거한다는 것이다.

(3) 소결: 전문법칙과 제310조의2의 차이

제310조의2의 제목에 전문증거라는 말이 나오고, 이 조문은 전문법칙을 규정한 것이라고 흔히 본다. 그러나 제310조의2와 그 예외규정들은 영미법의 전문법칙에서 말하는 전문증거 개념과 다음 두 가지 점에서 차이가 있다. 하나는 우리 형소법은 피고인의 진술을 원진술로 하는 전문증거도 인정하고 있다는 것이다. 다른 하나는 영미법의 전문증거는 진술에서 주장된 문제의 진실성을 증명하기 위해서 제시된 증거이어야 하지만, 제310조의2는 이런 제한을 두고 있지 않다. 이런 문제가 생기게 된 이유는 특히 제311조-제313조는 형사소송법 제정 때부터 있던 조서나 서류에 관한 증거능력 규정인데, 이 규정을 그대로 두면서 1961년 형사소송법 개정 때 제310조의2의 전문법칙을 도입했기 때문이다. 따라서 제311조-제316조의 예외는 전문법칙만으로는 설명하기 어렵다는 점에서 직접주의설이 옳다고 본다. 그런데 흔히 전문법칙과 제310조의2의 차이를 무시하고 제310조의2의 전문증거와 영미법의 전문증거를 동일하게 본다.

다. 수사기관 작성 조서의 증거능력

검사나 경찰 등 수사기관은 피의자나 참고인(피의자 아닌 자)을 조사하면서 흔히 문답식 조서를 작성한다. 특히 수사기관이 피의자를 신문할 때 작성하는 조서를 피신조서라고 한다. 그런데 이러한 조서에 대해 피고인이 증거동의를 하면 그대로 증거능력이 인정되나, 그렇다고 피고인이 증거동의를 하지 않으면 증거로 사용할 수 없는 것은 아니다. 수사기관의 조서는 일종의 전문증거인데, 앞서 보았듯이 형소법 제310조의2는 전문증거의 증거능력을 원칙적으로 부정하면서도 형소법 제311조 내지 제316조의 요건을 갖추면 증거능력을 인정한다고 규정하고 있기 때문이다.

수사기관이 작성하는 조서의 증거능력 요건은 작성 대상이 피의자인지, 참고인인지에 따라 차이가 있다. 이때 공동피고인이나 공범을 피의자로 볼 것이지, 아니면 참고인으로 볼 것인지 다툼이 있다. 그런데 작성 주체가 검사인지, 경찰인지에 따라 차이가 있었으나, 2022. 1. 1.부터 동일하게 되었다. 2020. 2. 4. 형소법이 개정되어 검사 작성 피신조서와 경찰 작성 피신조서의 증거능력 요건이 동일하게 되었기 때문이다. 2020. 2. 4. 형소법 개정 때 제312조 제2항은 삭제되고 제312조 제1항은 아래와 같이 개정되었다.

> 제312조 (검사 또는 사법경찰관의 조서 등) ①검사가 작성한 피의자신문조서는 적법한 절차와 방식에 따라 작성된 것으로서 공판준비 또는 공판기일에 그 피의자였던 피고인 또는 변호인이 그 내용을 인정할 때에 한하여 증거로 할 수 있다.

2007년에 형소법 개정작업을 추진한 사법제도개혁추진위원회(약칭하여 사개추위)는 제312조는 고문방지라는 목적달성에 취약하다고 보았고, 또 헌재는 합헌결정을 내렸지만(2003헌가7), 검사 작성 피신조서가 경찰 작성 피신조서에 견줘 그 증거능력이 쉽게 인정되도록 한 것은 검사에게 특혜를 주는 것이어서 피고인의 공정한 재판을 받을 권리를 침해하는 위헌이라는 지적도 있고, 경찰 조사를 마친 사건임에도 다시 검찰 조사를 하여 검사 작성 피신조서를 만들어둘 요인으로 작용하여 이중조사의 폐해가 발생한다는 이유로 제312조를 개혁대상으로 삼고, 검사 작성 피신조서에 대해서도 경찰작성의 그것과 마찬가지로 '내용의 인정'을 증거능력의 인정요건으로 하려고 하였지만,[128] 실패한다. 이에 따라 2007년 개정형소법은 종전과 달리 피고인이 진술로 실질적 진정성립을 부인할지라도 '실질적 진정성립이 영상녹화물이나 그 밖의 객관적 방법으로 증명'되면 조서의 증거능력을 인정할 수 있도록 한 것이다. 결국 검사 작성 피신조서의 증거능력 인정요건을 경찰 작성의 그것과 동일하게 하려는 사개추위는 그 뜻을 이루지 못한데 그

128) 신동운, "사법개혁추진과 형사증거법의 개정", 서울대학교 법학 제47권 제1호, 2006. 3. 109면.

친 것이 아니라 오히려 증거능력의 인정요건이 종전보다 완화되었다. 피고인이 진술로 실질적 진정성립을 부인하는 경우 그 이전에는 실질적 진정성립을 증명할 다른 방법이 없었으나 '영상녹화물이나 그 밖의 객관적 방법'으로도 가능해진 것이기 때문이다. 결국 2007년 개정형소법 때 이루지 못한 사개추위의 뜻이 2020년 2월에 이루어진 것이다.

4. 수사기관 작성 조서의 증거능력 요건

가. 검사 작성 피신조서의 증거능력 요건

2022년 1월 1일 이전에 기소된 사건에 대해서는 아래와 같은 종전 형소법 제312조 제1항과 제2항이 적용된다.

> 제312조 (검사 또는 사법경찰관의 조서 등) ①검사가 피고인이 된 피의자의 진술을 기재한 조서는 적법한 절차와 방식에 따라 작성된 것으로서 피고인이 진술한 내용과 동일하게 기재되어 있음이 공판준비 또는 공판기일에서의 피고인의 진술에 의하여 인정되고, 그 조서에 기재된 진술이 특히 신빙할 수 있는 상태하에서 행하여졌음이 증명된 때에 한하여 증거로 할 수 있다. ②제1항에도 불구하고 피고인이 그 조서의 성립의 진정을 부인하는 경우에는 그 조서에 기재된 진술이 피고인이 진술한 내용과 동일하게 기재되어 있음이 영상녹화물이나 그 밖의 객관적인 방법에 의하여 증명되고, 그 조서에 기재된 진술이 특히 신빙할 수 있는 상태 하에서 행하여졌음이 증명된 때에 한하여 증거로 할 수 있다.

아래 표는 검사 작성 피신조서의 증거능력 요건에 관한 2020년 개정된 형소법과 그 이전 형소법을 비교한 것이다.

신문대상	유형	종전	2020년 개정형소법
피고인이 된 피의자	1	① 적법한 절차와 방식에 따라 작성 ② 진술로 실질적 진정성립[129] 인정 ③ 특신상태 증명 → 증거능력 인정	① 적법한 절차와 방식에 따라 작성 ② 피의자였던 피고인 또는 변호인의 내용인정 → 증거능력 인정
	2	① 적법한 절차와 방식에 따라 작성 ② 영상녹화물 기타 객관적 방법으로 실질적 진정성립 증명 ③ 특신상태 증명 → 증거능력 인정	삭제

① '적법한 절차와 방식'은 조서의 형식적 진정성립은 물론 조서 작성의 절차와 방식의 적법성을 말한다. 피신조서의 작성방법(제244조), 진술거부권과 변호인의 조력을 받을 권리(제244조의3), 수사과정의 기록(제244조의4) 등 형소법이 정한 절차와 방식에 따라 조서가 작성되어야 한다(2013도1370). 여기서 형식적 진정성립이란 '조서에 기재된 간인과 서명 및 날인이 피고인의 것과 동일한 상태'를 말한다.

②실질적 진정성립이란 피고인이 검사 앞에서 진술한 내용과 동일하게 조서에 기재되어있는 상태를 가리킨다. 곧 '조서의 내용과 진술한 내용의 일치'를 말한다. 실질적 진정성립이 원진술자의 진술이나 영상녹화물 그 밖의 객관적 방법에 의해 증명되어야한다. 이에 따라 2007년 개정형소법은 제221조 제1항에서 검사 또는 경찰은 수사에 필요한 때에는 피의자가 아닌 자의 출석을 요구하여 진술을 들을 수 있는데, 이때 그의 동의를 받아 영상녹화할 수 있도록 했다. 종전에는 원진술자가 실질적 진정성립을 인정해야만 그 조서의 증거능력이 있었으나, 2007년 개정형소법에서는 그러한 실질적 진정성립이 '영상녹화물 그 밖의 객관적 방법'으로 '인정'되어도 증거능력이 인정될 수 있도록 하면서, 인정을 증명으로 그 표현을 바꾼 것이다.

③'진술이 특히 신빙할 수 있는 상태하에서 행하여진 것'이어야 한다는 이른바 특신상태, 특신상황, 특신정황은 그러한 진술을 하였다는 것에 허위개입의 여지가 거의 없고, 그 진술내용의 신빙성이나 임의성을 담보할 구체적이고 외부적인 정황이 있는 경우를 말한다(2004도3619; 2000도159).

나. 경찰 작성 피신조서의 증거능력 요건

> 제312조 (검사 또는 사법경찰관의 조서 등) ③검사 이외의 수사기관이 작성한 피의자신문조서는 적법한 절차와 방식에 따라 작성된 것으로서 공판준비 또는 공판기일에 그 피의자였던 피고인 또는 변호인이 그 내용을 인정할 때에 한하여 증거로 할 수 있다.

경찰이 작성한 피신조서의 증거능력 인정요건은 2가지이다. ①적법한 절차와 방식에 따라 작성된 것이어야 한다. ②공판준비 또는 공판기일에 그 피의자였던 피고인 또는 변호인이 그 내용을 인정해야 한다. 내용인정이란 조서에 기재된 내용이 진실한 것임을 인정하는 진술을 말한다. 이와 달리 내용의 부정은 흔히 피고인이 경찰에서 진술한 내용이 강요에 의한 거짓자백이거나 착오에 의한 거짓자백인 경우에 한다.

'조서의 기재내용이 진실임을 인정', 곧 내용인정을 해야 하므로 경찰 작성 피신조서가 피의자의 범행사실에 대한 자백내용을 담고 있다고 하더라도, 피고인이 된 그 피의자가 공판정에서 내용인정을 하지 않으면 그 조서는 증거능력을 갖추지 못해 마치 휴지처럼 된다. 내용인정을 증거능력의 인정요건으로 한 의도는 바로 여기에 있다. 그러나 공판정에서 내용이 부인될 경찰 작성 피신조서일지라도 구속영장을 청구하는 단계에서는 현실적으로 매우 유용했다.[129] 형소법의 전문법칙과 제312조는 법원이 유·무죄를 판단할 때는 적용되나, 신체구속 여부를 결정하는 단계에서는 적용되지 않기 때문이다.

다. 조사자 증언제도

경찰 작성 피신조서는 공판정에서 그 내용이 부인되면 휴지처럼 될 수 있다는 점에서 검사는 경찰에 견주면 증거법의 영역에서 독점적 지위를 누렸다. 이런 독점적 지위를 약화시키려고 조사자증언제도가 채택됐다.[130] 조사자 증언제도는 공판중심주의에 부합하고, 경찰 작성 피신조서가 휴지로 될 가능성에 대비한 검사의 이중수사와 이로 인한 피의자의 불편을 해소하며, 경찰의 무리한 수사를 억제하는 효과를 갖는다.

사실 종전에도 조사자 증언제도가 해석상 가능했다. 제316조 제1항의 '피고인이 아닌 자'에는 '공소제기 전에 피고인을 피의자로 조사하였거나 그 조사에 참여하였던 자'도 포함한다고 해석할 수 있고, 제312조 제2항의 피의자신문'조서'와 제316조 제1항의 '진술'은 다르다고 볼 수도 있기 때문이다. 이런 해석은 물론 종전 제316조 제1항의 적용을 우회하려는 시도인데, 판례는 일관되게 허용하지 않았다(2002도2112). 이에 따라 피고인이 공판정에서 경찰 작성 피신조서의 내용을 부인하는 경우, 그 조서를 작성한 경찰이 공판기일에 피의자가 자백한대로 조서를 작성했다고 진술하거나 검사가 조사경찰에 대해 같은 내용으로 참고인진술조서를 작성했다고 진술하더라도 그 증거능력을 인정하지 않았다. 다만 현행범을 체포한 경찰의 진술은 증거능력을 인정했다(95도535). 그 이유는 범행을 목격한 부분에 관한 한 목격자와 다르지 않다는 것이다.

그런데 2007년 개정형소법 제316조 제1항이 '피고인이 아닌 자'에는 '공소제기 전에 피고인을 피의자로 조사하였거나 그 조사에 참여하였던 자'도 포함한다고 명시적으로 규정하면서 조사자증언제도를 도입한다. 이에 따라 피의자를 수사한 경찰이 법정에 증인으로 나와서 위증죄의 부담을 안고 피고인쪽의 반대신문을 받으면서 증언의 기회를 갖고 그 증언을 증거능력있는 증거로 활용할 수 있는 명백한 근거가 마련된 것이다. 조

129) 신동운, "사법개혁추진과 형사증거법의 개정", 서울대학교 법학 제47권 제1호, 2006. 3, 117면.
130) 신동운, "사법개혁추진과 형사증거법의 개정", 서울대학교 법학 제47권 제1호, 2006. 3, 124면.

사자에는 당연히 경찰은 물론 수사검사도 포함된다. 따라서 수사검사도 법정에서 나와서 조사자로서 증언할 수 있다.

라. 수사기관 작성 피고인이 아닌 자(예컨대 참고인) 진술조서의 증거능력 요건

> 第312조 (검사 또는 사법경찰관의 조서 등) ④검사 또는 사법경찰관이 피고인이 아닌 자의 진술을 기재한 조서는 적법한 절차와 방식에 따라 작성된 것으로서 그 조서가 검사 또는 사법경찰관 앞에서 진술한 내용과 동일하게 기재되어 있음이 원진술자의 공판준비 또는 공판기일에서의 진술이나 영상녹화물 또는 그 밖의 객관적인 방법에 의하여 증명되고, 피고인 또는 변호인이 공판준비 또는 공판기일에 그 기재 내용에 관하여 원진술자를 신문할 수 있었던 때에는 증거로 할 수 있다. 다만, 그 조서에 기재된 진술이 특히 신빙할 수 있는 상태하에서 행하여졌음이 증명된 때에 한한다.

2007년 개정형소법은 수사기관작성 '피고인 아닌 자'의 진술조서의 증거능력 인정요건을 그 조서의 작성주체가 검사인지, 경찰인지를 구별하지 않고 동일하게, ①적법한 절차와 방식에 따라 작성, ②원진술자의 진술이나 영상녹화물 그 밖의 객관적 방법으로 실질적 진정성립 증명, ③원진술자를 신문할 수 있었던 때(반대신문의 기회보장), ④특신상태의 증명 4가지로 규정한다(제312조 제4항). 다만 반대신문의 기회를 주면 족하지, 현실적으로 반대신문이 이루어져야만 하는 것은 아니다.[131]

성폭력범죄의 피해자가 19세 미만이거나 신체적 · 정신적 장애로 사물을 변별하거나 의사를 결정할 능력이 미약한 경우에 촬영 · 보존되는 영상녹화물[132]에 수록된 피해자의 진술에 대해 증거능력을 인정하는 아래 규정(성폭법 제30조 제6항)은 위 규정에 대한 특칙이다. 영상녹화물에 수록된 피해자의 진술은 공판준비기일 또는 공판기일에 ①

---

131) 법원행정처, 형사소송법 개정법률 해설, 2007, 137면.

132) 성폭법제30조(영상물의 촬영 · 보존 등) ① 성폭력범죄의 피해자가 19세 미만이거나 신체적인 또는 정신적인 장애로 사물을 변별하거나 의사를 결정할 능력이 미약한 경우에는 피해자의 진술 내용과 조사 과정을 비디오녹화기 등 영상물 녹화장치로 촬영 · 보존하여야 한다. ② 제1항에 따른 영상물 녹화는 피해자 또는 법정대리인이 이를 원하지 아니하는 의사를 표시한 경우에는 촬영을 하여서는 아니 된다. 다만, 가해자가 친권자 중 일방인 경우는 그러하지 아니하다. ③ 제1항에 따른 영상물 녹화는 조사의 개시부터 종료까지의 전 과정 및 객관적 정황을 녹화하여야 하고, 녹화가 완료된 때에는 지체 없이 그 원본을 피해자 또는 변호사 앞에서 봉인하고 피해자로 하여금 기명날인 또는 서명하게 하여야 한다. ④ 검사 또는 사법경찰관은 피해자가 제1항의 녹화장소에 도착한 시각, 녹화를 시작하고 마친 시각, 그 밖에 녹화과정의 진행경과를 확인하기 위하여 필요한 사항을 조서 또는 별도의 서면에 기록한 후 수사기록에 편철하여야 한다. ⑤ 검사 또는 사법경찰관은 피해자 또는 법정대리인이 신청하는 경우에는 영상물 촬영과정에서 작성한 조서의 사본을 신청인에게 발급하거나 영상물을 재생하여 시청하게 하여야 한다.

피해자나 ②조사 과정에 동석하였던 신뢰관계에 있는 사람 또는 ③진술조력인의 진술에 의해 그 성립의 진정함이 인정된 경우에 증거로 할 수 있기 때문이다. 그런데 헌재는 19세 미만 성폭력범죄 피해자에 관한 부분은 피고인의 반대신문권을 침해한다는 이유로 위헌이라고 결정한다(2018헌바524).

가명진술조서일지라도 가명이라는 이유만으로 조서작성의 절차와 방식의 적법성을 부정하여 증거능력을 부정해서는 안 된다고 판례는 본다(2011도7757). 그 이유는 '적법한 절차와 방식'이란 조서 작성 과정에서 지켜야 할 진술거부권의 고지 등 형소법이 정한 제반 절차를 준수하고 조서의 작성방식에도 어긋나지 않음을 의미하지만, 형소법은 조서에 진술자의 실명 등 인적 사항을 확인하여 이를 그대로 밝혀 기재할 것을 요구하는 규정을 따로 두고 있지는 않으므로 특정범죄신고자 등 보호법등에서처럼 명시적으로 진술자의 인적 사항의 전부 또는 일부의 기재를 생략할 수 있도록 한 경우가 아니더라도 진술자와 피고인의 관계, 범죄의 종류, 진술자 보호의 필요성 등 여러 사정으로 볼 때 상당한 이유가 있는 경우에는 가명으로 조서를 작성할 수 있기 때문이다.

마. 검사 작성 증인진술조서의 증거능력 요건

증인에 대한 검사 작성 진술조서는 형소법 제312조 제4항의 적용대상이 된다고 볼 수 있다. 아래 표에서 보듯이 '피고인이 아닌 자'란 피고인이 된 피의자(甲)를 제외한 사람 모두를 의미하기 때문이다. 다만 이를 참고인으로 보아서 수사기관작성 참고인진술조서라고 부르기도 하지만, 증인도 이에 해당될 수 있으므로 적절하지 않다.

피의자(甲), 공동피의자(乙 또는 丙)	공소제기 시점	피고인(甲)
참고인		증인

그러나 이에 해당한다고 하여 곧바로 그 조서의 증거능력이 인정되는 것은 아니다. 검사가 법정에서 증언한 증인을 다시 검찰청으로 소환하여 진술조서를 작성하는 것은 형소법 제275조의2의 '공판정에서의 변론은 구두로 해야 한다'는 구두변론주의에 어긋나므로, 적법한 절차와 방식이라는 첫 번째 요건을 흠결하여 증거능력이 없다. 공판준비 또는 공판기일에 이미 증언을 마친 증인을 검사가 소환한 후 피고인에게 유리한 그 증언 내용을 추궁하여 이를 일방적으로 번복시키는 방식으로 작성된 진술조서(99도1108전합)나 진술서(2012도534) 또는 피신조서(2012도13665) 모두 피고인이 증거동

의를 하지 않는 한 증거능력이 부정된다. 그 조서에 대한 원진술자인 증인이 다시 법정에 출석하여 증언을 하면서 그 진술조서의 성립의 진정함을 인정하고 피고인 쪽에 반대신문의 기회를 부여한 경우 그 증언 자체를 유죄의 증거로 할 수 있음은 또 다른 문제이고, 이런 검사의 행위는 당사자주의 · 공판중심주의 · 직접주의를 지향하는 현행 형소법의 소송구조에 어긋나는 것일 뿐만 아니라, 수사라기보다는 검사가 공판정에서 하는 재신문행위로서 조서나 서류에 해당한다고 볼 수 없기 때문이다.

5. 진술서면과 녹음 · 녹화진술(제313조)

제313조 (진술서등) ①전2조의 규정 이외에 피고인 또는 피고인이 아닌 자가 작성한 진술서나 그 진술을 기재한 서류로서 그 작성자 또는 진술자의 자필이거나 그 서명 또는 날인이 있는 것(피고인 또는 피고인 아닌 자가 작성하였거나 진술한 내용이 포함된 문자 · 사진 · 영상 등의 정보로서 컴퓨터용디스크, 그 밖에 이와 비슷한 정보저장매체에 저장된 것을 포함한다. 이하 이 조에서 같다)은 공판준비나 공판기일에서의 그 작성자 또는 진술자의 진술에 의하여 그 성립의 진정함이 증명된 때에는 증거로 할 수 있다. 단, 피고인의 진술을 기재한 서류는 공판준비 또는 공판기일에서의 그 작성자의 진술에 의하여 그 성립의 진정함이 증명되고 그 진술이 특히 신빙할 수 있는 상태하에서 행하여 진 때에 한하여 피고인의 공판준비 또는 공판기일에서의 진술에 불구하고 증거로 할 수 있다. ②제1항 본문에도 불구하고 진술서의 작성자가 공판준비나 공판기일에서 그 성립의 진정을 부인하는 경우에는 과학적 분석결과에 기초한 디지털포렌식 자료, 감정 등 객관적 방법으로 성립의 진정함이 증명되는 때에는 증거로 할 수 있다. 다만, 피고인 아닌 자가 작성한 진술서는 피고인 또는 변호인이 공판준비 또는 공판기일에 그 기재 내용에 관하여 작성자를 신문할 수 있었을 것을 요한다. ③감정의 경과와 결과를 기재한 서류도 제1항 및 제2항과 같다.

가. 진술서면의 증거능력

(1) 진술서면의 개념과 유형

제311조와 제312조의 조서를 제외하고 피고인 또는 피고인 아닌 자가 작성한 진술서나 그 진술을 기재한 서류를 진술서면이라고 한다. 예컨대 메모나 일기 또는 의사가 작성한 진단서가 이에 해당한다. 다만 일기나 고해성사에 대해서는 그 주체의 절대적 정보지배권이 미치고, 따라서 일기의 증거사용은 인격의 핵심부를 침해하는 것이므로 일기는 증거능력을 부정함이 옳다고 볼 수도 있다.[133)]

133) 배종대/이상돈/정승환/이주원, 신형사소송법, 홍문사, 2012, 방주 58/85

진술서면은 피고인 또는 피고인 아닌 자가 직접 작성한 서면인 진술서와 이들의 부탁을 받아 타인이 작성한 서면인 진술기재서로 구별할 수 있다. 진술서가 자신의 진술을 직접 적은 것이라면 진술기재서는 자신의 진술을 타인이 적도록 한 것이다.

(2) 아날로그진술서면과 디지털진술서면의 구별

피고인 또는 피고인 아닌 자의 진술이 컴퓨터 등 각종 정보저장매체에 담겨서 전자적 정보의 형태로 디지털화되어 증거로 제출되는 것이 현실의 법정이 되었다. 종전의 진술서면이 아날로그진술서면이라면 요즘의 진술서면은 디지털진술서면인 것이다. 이런 진술서면의 증거능력 요건은 그 작성자 또는 진술자가 피고인인지, 아니면 피고인이 아닌 자인지에 따른 차이만 있었다. 그런데 2016년 5월 29일 형소법을 개정하여 디지털진술서면의 증거능력 요건에 관한 별도의 규정을 마련하면서 그 진술서면이 아날로그진술서면인지, 아니면 디지털진술서면인지에 따라서도 차이가 생겼다.

(아날로그)진술서면은 작성자 또는 진술자의 자필이거나 그 서명 또는 날인이 있어야 하지만, 디지털진술서면은 이런 요건이 필요없고 피고인 또는 피고인 아닌 자가 작성하였거나 진술한 내용이 포함된 문자 · 사진 · 영상 등의 정보로서 컴퓨터용디스크, 그 밖에 이와 비슷한 정보저장매체에 저장된 것이면 된다.

(3) 진정성립의 증명: 진술뿐만 아니라 객관적 방법으로도 가능

형소규칙 제134조의7에 따라 증거조사를 한 압수물인 디지털정보저장매체로부터 출력한 문건을 증거로 사용하기 위해서는 먼저 디지털정보저장매체 원본에 저장된 내용과 출력한 문건의 동일성이 인정되어야 하는데, 이를 위해서는 ①디지털정보저장매체 원본이 압수시부터 문건 출력시까지 변경되지 않았음이 담보되어야 하고, 특히 ②디지털정보저장매체 원본을 대신하여 저장매체에 저장된 자료를 '하드카피' 또는 '이미징'한 매체로부터 출력한 문건인 경우에는 디지털정보저장매체 원본과 '하드카피' 또는 '이미징'한 매체 사이에 자료의 동일성도 인정되어야 할 뿐만 아니라, ③이를 확인하는 과정에서 이용한 컴퓨터의 기계적 정확성, 프로그램의 신뢰성, 입력 · 처리 · 출력의 각 단계에서 조작자의 전문적인 기술능력과 정확성이 담보되어야 한다.

다음으로 압수된 디지털정보저장매체로부터 출력한 문건을 진술증거로 사용하려면, 그 기재 내용의 진실성에 관하여는 전문법칙이 적용되고 (작성자가 수사기관이 아니므로) 제313조 제1항에 따라 그 작성자나 진술자의 진술에 의해 그 성립의 진정이 증명되어야만 하였으나(2007도7257[일심회사건]. 同旨: 99도2318[영남위원회사건]),[134] 2016년 5월 29일 형소법 제313조 제2항을 신설하여, 아날로그진술서면이든 디지털진술서면이든 '과학적 분석결과에 기초한 디지털포렌식 자료, 감정 등 객관적 방법'으로도 진정성립을 증명할 수 있도록 한다. 디지털진술서면의 경우 성립의 진정을 부인하는 진술(예컨대 "내가 작성하지 않았다")로 쉽게 증거능력이 부정되는 것은 문제이기 때문이다.

(4) 피고인의 진술서면의 증거능력 요건

피고인의 진술서와 진술기재서의 증거능력 요건이 동일한지 여부를 두고 다툼이 있다. 판례는 다르게 본다(구별설). 판례는 형소법 제313조 제1항 단서의 '피고인의 진술을 기재한 서류'는 피고인의 진술기재서를 의미한다는 전제 아래 피해자가 피고인과의 대화내용을 녹음한 테이프의 증거능력과 관련하여 이는 피고인의 진술기재서와 같다고 보고 제313조 제1항 단서의 "작성자"는 기재한 사람, 곧 녹음한 자인 피해자를 의미하고, ①피해자가 법정에서 진정성립을 인정하고 ②피고인의 진술의 특신상태가 인정되면 진정성립을 부인하는 피고인의 진술에도 불구하고 증거능력이 인정된다고 본다(2005도2945; 2007도10804; 2012도7461).[135] 이에 따르면 피고인의 진술기재서와 달리 피고인의 진술서는 법정에서 피고인의 진술로 진정성립이 인정되어야 증거능력이 인정되나(제313조 제1항 본문) 진정성립이 부인될 경우에는 과학적 분석결과에 기초한 디지털포렌식 자료, 감정 등 객관적 방법으로 진정성립이 증명되면 증거능력이 인정된다(제313조 제2항 본문). 결국 피고인의 진술기재서는 진정성립이 객관적 방법으로 대체하여 증명될 수 없다.

그러나 피고인 아닌 자(E)가 피고인 아닌 자(V)와의 대화 내용을 촬영한 비디오테이프는 V의 진술서면으로 보고 진정성립의 주체를 E가 아니라 V로 보는 판례[136]에 견줘보면 옳지 않다. 또한 이런 논리에 따르면 수사기관작성조서의 경우도 원진술자의 진술보다 조서 작성자의 진술에 무게를 두어야 한다. 만일 판례처럼 작성자를 피해자로 보면 피고인의 진술을 내용으로 하는 피해자의 전문진술서면으로 보는 것이 옳고, 따라

134) 다만 디지털정보저장매체에 기억된 문자정보의 내용의 진실성이 아닌 그와 같은 내용의 문자정보가 존재하는 것 자체가 증거로 되는 경우에는 전문법칙이 적용되지 않고, 또한 어떤 진술을 범죄사실에 대한 직접증거로 사용할 때에는 그 진술이 전문증거가 된다고 하더라도 그와 같은 진술을 하였다는 것 자체 또는 그 진술의 진실성과 관계없는 간접사실에 대한 정황증거로 사용할 때에는 반드시 전문증거가 되는 것은 아니라고 판례는 보았다(2013도2511).

135) 이창섭, "형사소송법 제313조 제1항에 관한 몇 가지 검토", 동아법학, 2014. 2, 236면.

136) 대법원 2004. 9. 13. 선고 2004도3161 판결.

서 이 경우 제313조와 제316조에 따라 증거능력을 인정해야한다. 이런 점에서 피고인의 진술서와 피고인의 진술기재서의 증거능력 요건은 동일하게 봐야한다(비구별설). 피고인의 진술서와 진술기재서는 동일하게 피고인의 진술을 담고 있고, 진술기재서는 작성만 타인이 하도록 한 것이므로 그 문서의 작성명의인은 분명히 피고인이기 때문이다. 이에 따라 피고인의 진술서면은 ①원진술자인 피고인의 진술로 진정성립이 증명되고 ② 그 진술의 특신상태가 인정되면 법정에서 피고인의 내용부인의 진술에도 불구하고 증거능력이 인정되고(제313조 제1항),[137] 진정성립이 부인되더라도 과학적 분석결과에 기초한 디지털포렌식 자료, 감정 등 객관적 방법으로 진정성립이 증명되면 증거능력이 인정된다고 봐야한다(제313조 제2항 본문). 물론 아날로그진술서면은 원진술자의 자필이거나 서명 또는 날인이 있어야한다.

(5) 피고인 아닌 자의 진술서면의 증거능력 요건

피고인 아닌 자의 진술서와 진술기재서의 증거능력 요건도 다르게 보기도 한다(구별설). 구별설에 따르면 피고인 아닌 자의 진술기재서는 작성자인 피고인 아닌 자가 아니라 원진술자인 피고인 아닌 자가 법정에서 진술로 진정성립을 증명하면 증거능력이 인정되나(제313조 제1항 본문) 진정성립을 부인하는 경우에는 과학적 분석결과에 기초한 디지털포렌식 자료, 감정 등 객관적 방법으로 진정성립이 증명되면 증거능력이 인정된다(제313조 제2항 본문). 반면에 피고인 아닌 자의 진술서는 원진술자이자 작성자인 그 피고인 아닌 자가 법정에서 진술로 진정성립을 증명하면 증거능력이 인정되고(제313조 제1항 본문) 진정성립을 부인하더라도 과학적 분석결과에 기초한 디지털포렌식 자료, 감정 등 객관적 방법으로 진정성립이 증명되면 증거능력이 인정되지만, 이 경우에는 추가적으로 피고인 또는 변호인이 법정에서 그 기재 내용에 관해 피고인 아닌 자를 신문할 수 있어야한다(제313조 제2항 단서).[138] 곧 피고인 아닌 자의 진술기재서는 반대신문을 증거능력 요건으로 하지 않지만, 피고인 아닌 자의 진술서는 반대신문을 증거능력 요건으로 한다고 보는 견해이다.

그러나 피고인의 진술서면처럼 피고인 아닌 자의 진술서와 진술기재서의 증거능력 요건도 동일하게 보는 것이 옳다(비구별설). 모두 피고인 아닌 자의 진술을 내용으로 하는 서면이기 때문이다. 따라서 피고인 아닌 자(원진술자)의 진술서면이 증거능력이 인정되

137) 예컨대 임동규, 형사소송법, 법문사, 2012, 516면.

138) 배종대 · 홍영기, 형사소송법, 홍문사, 2017, 352면.

려면 ①법정에서 피고인 아닌 자(원진술자)의 진술(제313조 제1항)이나 과학적 분석결과에 기초한 디지털포렌식 자료, 감정 등 객관적 방법(제313조 제2항)으로 진정성립이 증명되고, ②피고인 또는 변호인이 법정에서 그 기재 내용에 관해 피고인 아닌 자(원진술자)를 신문할 수 있었을 것이 필요하다. 반대신문의 기회를 피고인에게 보장한 것이다. 물론 아날로그진술서면은 원진술자[139]의 자필이거나 서명 또는 날인이 있어야한다.

아울러 앞서 보았듯이 판례는 피고인 아닌 자(E)가 피고인 아닌 자(V)와의 대화 내용을 촬영한 비디오테이프는 V의 진술서면으로 보고 진정성립의 주체를 E가 아니라 V라고 본다(2004도3161).

구별	진술서면(제313조)
공통요건	아날로그진술서면의 경우는 원진술자의 자필이거나 서명 또는 날인이 있을 것(제1항 본문)
피고인	· 구별설: 진술서–진정성립 증명(피고인의 진술 또는 객관적 방법)(제1 · 2항 본문) 진술기재서–진정성립 증명(피고인이 아니라 작성자의 진술로만), 특신상태(제1항 단서) · 비구별설: 진정성립 증명(피고인의 진술 또는 객관적 방법), 특신상태(제1항 단서)
피고인 아닌 자	· 구별설: 진술서–진정성립 증명(원진술자의 진술 또는 객관적 방법), 단 객관적 방법으로 진정성립을 증명한 경우에는 반대신문 필요(제2항 단서) 진술기재서–진정성립 증명(원진술자의 진술 또는 객관적 방법)(제1 · 2항 본문) · 비구별설: 진정성립 증명(원진술자의 진술 또는 객관적 방법), 반대신문 필요(제2항 단서)

(6) 감정서

제313조 제3항은 '감정의 경과와 결과를 기재한 서류도 전항과 같다'고 하고 있다. 감정의 경과와 결과를 기재한 서류의 작성주체는 감정인이고, 이는 피고인 아닌 자에 해당하므로, 피고인 아닌 자의 진술서면의 증거능력 요건과 같다.

나. 녹음 · 녹화된 진술

(1) 피해자가 피고인과의 대화내용을 녹음한 테이프

피해자가 피고인과 대화내용을 녹음한 테이프의 녹취서가 공소사실의 증거로 제출되어 그 녹취서의 기재내용과 녹음테이프의 녹음내용이 동일한지 여부에 관해 법원이 검증을 실시한 경우에 증거자료가 되는 것은 녹음테이프에 녹음된 대화내용 그 자체이고,

139) 진정성립의 주체가 작성자인지 기재한 자인지 논란이 될 수 있으므로 아예 이렇게 원진술자로 규정하자는 주장: 노수환, "디지털증거의 진정성립 증명과 증거능력–형사소송법 제313조 제1항의 해석과 관련한 판례의 비판적 검토–", 법조 2015.8, 47면의 각주 63.

그 중 피고인의 진술내용은 실질적으로 제313조 제1항 단서가 말하는 피고인의 진술을 기재한 서류와 다름없으며, 피고인이 그 녹음테이프를 증거로 함에 동의하지 않은 이상 그 녹음테이프 검증조서의 기재 중 피고인의 진술내용을 증거로 사용하기 위해서는 제313조 제1항 단서에 따라 ①공판준비 또는 공판기일에 그 작성자인 피해자의 진술에 의해 녹음테이프에 녹음된 피고인의 진술내용이 피고인이 진술한 대로 녹음된 것임(진정성립)이 증명되고, ②그 진술이 특히 신빙할 수 있는 상태에서 행해진 것임(특신상태)이 인정되어야 하며, ③녹음테이프는 그 성질상 작성자나 진술자의 서명 혹은 날인이 없을 뿐만 아니라, 녹음자의 의도나 특정한 기술에 의하여 그 내용이 편집, 조작될 위험성이 있음을 고려하여, 그 대화내용을 녹음한 원본이거나 혹은 원본으로부터 복사한 사본일 경우에는 복사과정에서 편집되는 등의 인위적 개작 없이 원본의 내용 그대로 복사된 사본임이 입증되어야만 하고, 디지털녹음기(보이스 펜)에 대한 증거조사절차를 거치지 않은 채 그 녹음내용을 재녹음한 카세트테이프에 대한 1심 검증조서 중 피고인의 진술부분을 유죄의 증거로 채택한 것은 위법이라고 판례는 본다(2005도2945).

피해자 V가 디지털 녹음기로 피고인과 대화를 녹음한 후 저장된 녹음파일 원본을 컴퓨터에 복사하고 디지털 녹음기의 파일 원본을 삭제한 뒤 다음 번 대화를 다시 녹음하는 과정을 반복하여 작성한 녹음파일 사본과 해당 녹취록을 공갈죄의 증거로 제출한 사건에서도, 제313조 제1항 단서에 따라 녹음파일 사본과 해당 녹취록의 증거능력을 인정하여 유죄를 인정하면서, 진술자인 피고인이 아니라 작성자라고 할 수 있는 V의 진술로 진정성립이 인정되어야 한다고 판례는 본다(2012도7461).

(2) 피고인 아닌 A가 피고인 아닌 B(피해자)와 대화 내용을 촬영한 비디오테이프

피고인 아닌 A가 피고인 아닌 B와의 대화 내용을 촬영한 비디오테이프는 B의 진술을 기재한 서류와 다르지 않으므로, 그 진술 부분에 대해 증거능력을 부여하기 위해서는 ㉮비디오테이프가 ⓐ원본이거나 ⓑ사본일 경우에는 복사과정에서 편집되는 등 인위적 개작 없이 원본의 내용 그대로 복사된 사본이어야 하고, ㉯제313조 제1항에 따라 공판준비나 공판기일에서 원진술자인 B의 진술에 의해 그 비디오테이프에 녹음된 진술내용이 자신이 진술한 대로 녹음된 것이라는 점이 인정되어야 한다고 판례는 본다(2004도3161). 곧 녹음 · 녹화과정에서 편집되는 등 인위적 개작 없이 녹음 · 녹화된 것임이 입증되고, 녹음 · 녹화된 사람이 녹음 · 녹화된 내용을 확인해야 한다는 것이다.

피고인 아닌 A가 피고인 아닌 B(피해자)와의 통화를 녹음한 녹음테이프에 대한 법원의 검증조서의 경우에는 법원이 실시한 검증의 내용이 ㉮녹음테이프에 녹음된 통화의 내용이면 제313조 제1항에 따라 공판준비나 공판기일에서 원진술자의 진술에 의해 그 녹음테이프에 녹음된 진술내용이 자신이 진술한 대로 녹음된 것이라는 점이 인정되어야 하지만, ㉯통화 당시 진술자의 상태(예컨대 술에 취한 상태에서 횡설수설한 것은 아닌지) 등을 확인하기 위한 것이면 그 검증조서는 법원의 검증의 결과를 기재한 조서로서 제311조에 따라 당연히 증거능력이 인정된다고 판례는 본다(2007도10755).

6. 형소법 제314조: 제312조와 제313조에 대한 예외

> 제314조 (증거능력에 대한 예외) 제312조 또는 제313조의 경우에 공판준비 또는 공판기일에 진술을 요하는 자가 사망 · 질병 · 외국거주 · 소재불명 그 밖에 이에 준하는 사유로 인하여 진술할 수 없는 때에는 그 조서 및 그 밖의 서류(피고인 또는 피고인 아닌 자가 작성하였거나 진술한 내용이 포함된 문자 · 사진 · 영상 등의 정보로서 컴퓨터용디스크, 그 밖에 이와 비슷한 정보저장매체에 저장된 것을 포함한다)를 증거로 할 수 있다. 다만, 그 진술 또는 작성이 특히 신빙할 수 있는 상태하에서 행하여졌음이 증명된 때에 한한다.

가. 요건 개관

제314조는 제312조와 제313조에 대한 예외규정이다. 제314조에 따르면 제312조나 제313조의 조서나 서류 또는 디지털조서 · 서류(피고인 또는 피고인 아닌 자가 작성하였거나 진술한 내용이 포함된 문자 · 사진 · 영상 등의 정보로서 컴퓨터용디스크, 그 밖에 이와 비슷한 정보저장매체에 저장된 것. 이는 2016년 5월 29일 형소법을 개정하여 제313조에 디지털진술서면의 증거능력 요건에 관한 규정을 별도로 마련하면서 추가한 것임)가 다음 2가지를 충족하면 증거능력이 인정된다. ①진술불능이다. 진술을 요할 자가 사망, 질병, 외국거주, 소재불명 '그 밖에 이에 준하는 사유'로 인하여 공판준비 또는 공판기일에 진술할 수 없는 경우이어야 한다. 2007년 개정형소법은 '소재불명'을 신설하고, 종전의 '기타 사유'를 '그 밖에 이에 준하는 사유'로 개정한다. ②그 진술 또는 서류의 작성이 특히 신빙할 수 있는 상태에서 한 것이어야 한다(특신상태). '특신상태'의 증명은 단지 그러할 개연성이 있다는 정도로는 부족하고 합리적인 의심의 여지를 배제할 정도에 이르러야 한다(2012도725). 원진술자의 진술불능에도 불구하고 제312조나 제313조의 조서가 진실발견을 위해 필요한 것이라는 점에서 전자는 필요성의 요건, 후자는 신용성의 정황적 보장의 요건이다(2004도3619).

만 5세 무렵에 당한 성추행으로 인해 외상 후 스트레스 증후군을 앓고 있다는 등의 이유로 공판정에 출석하지 않은 약 10세 남짓의 성추행 피해자에 대한 진술조서는 위 두 요건을 갖추지 못하여 증거능력이 없다고 판례는 본다(2004도3619). 그러나 수사기관에서 진술한 피해자인 만 3세가 조금 넘은 유아가 공판정에서 진술을 하였지만 증인신문 당시 일정한 사항에 관하여 기억이 나지 않는다는 취지로 진술하여 그 진술의 일부가 재현 불가능하게 된 경우는, 제314조와 제316조 제2항에서 말하는 '원진술자가 진술을 할 수 없는 때'에 해당한다고 본다(2005도9561).

판례는 제314조의 적용대상이 되는 서류에는 외국수사기관이 작성한 조서도 포함된다고 보고, 미합중국 주검찰 수사관이 작성한 질문서와 형사사법공조요청에 따라 미합중국 법원의 지명을 받은 자가 작성한 증언녹취서의 증거능력을 인정한다(97도1351).

나. 진술불능

진술을 요하는 자가 거주하는 외국의 주소나 연락처 등이 파악되고 해당 국가와 대한민국 사이에 국제형사사법공조조약이 체결된 경우는 위 제314조에 해당할 수 없다고 판례는 본다(2015도17115). 그 이유는 진술을 요하는 자가 외국에 있다는 것만으로는 부족하고 가능하고 상당한 수단을 다하더라도 진술을 요할 자를 법정에 출석하게 할 수 없는 사정이 있어야 한다는 것이다.

판례는 필요성의 요건 중 '질병'은 진술을 요할 자가 공판이 계속되는 동안 임상신문이나 출장신문도 불가능할 정도의 중병을 말하고, 2007년 개정형소법 이전의 '기타 사유'는 ①사망 또는 질병에 준하여 증인으로 소환될 당시부터 기억력이나 분별력의 상실 상태에 있는 경우, ②법정에 출석하여 증언거부권을 행사하는 경우(92도1211; 92도1244), ③증인소환장을 송달받고 출석하지 않아서 구인을 명하였으나 끝내 구인 집행이 되지 않은 경우 등을 말한다고 보았다(2004도3619). 그런데 변호사가 의뢰인에게 법률자문을 한 내용을 적은 '법률의견서'는 제313조 제1항의 진술서면에 해당하고, 변호사가 정당하게 증언거부권을 행사하여 증언을 거부함으로써 성립의 진정이 증명되지 않았다면 제314조에 근거해서도 증거능력을 인정할 수 없다는 판례(2009도6788전합)가 나와서 위 ②는 제314조에 해당하지 않게 되었다.[140] 변호인과 의뢰인 사이에서 비

140) 판례변경을 하지 않은 것은 2007년 개정형소법의 '그 밖에 이에 준하는 사유'는 그 이전의 '기타 사유'와 달리 예외사유를 엄격히 제한하여 직접심리주의와 공판중심주의를 강화하기 위한 것으로서 두 문언은 실질적으로 차이가 있다고 본 것이다. 이와 달리 법률의견서는 요증사실에 대한 체험이 아니라 단지 의견표명에 불과하므로 전문증거가 아니고, 전문증거로 본다고 하더라도 '그 밖에

밀리에 이뤄진 의사교환에 대해 공개를 거부할 수 있는 특권을 인정하여 변호사가 법정에서 증언거부권을 행사한 경우는 '그 밖에 이에 준하는 사유'에 해당하지 않는다고 본 것이다. 법정에서 증언을 거부하여 법정진술이 확보되지 않은 상황에서 만일 제314조를 근거로 그 진술이 기재된 서류의 증거능력을 인정하면 정당한 증거거부권의 행사를 무의미하게 한다.

그러나 증인이 정당하게 증언거부권을 행사한 것으로 볼 수 없는 경우도, 피고인이 증인의 증언거부 상황을 초래하였다는 등의 특별한 사정이 없는 한, 제314조의 '그 밖에 이에 준하는 사유'에 해당하지 않다고 판례는 본다(2018도13945전합).[141] 그 이유는 아래 4가지다. 첫째, 증인이 정당하게 증언거부권을 행사한 경우와 증언거부권의 정당한 행사가 아닌 경우를 비교하면, 피고인의 반대신문권이 보장되지 않는다는 점에서 아무런 차이가 없다. 둘째, 증인의 증언거부가 정당하게 증언거부권을 행사한 것인지 여부는 피고인과는 상관없는 증인의 영역에서 일어나는 문제이고, 피고인으로서는 증언거부권이 인정되는 증인이건 증언거부권이 인정되지 않는 증인이건 상관없이 형사소송법이 정한 반대신문권이 보장되어야 한다. 셋째, 증인의 증언거부권의 존부라는 우연한 사정에 따라 제314조의 해당 여부가 달라지는 것은 피고인의 형사소송절차상 지위에 심각한 불안정을 초래한다. 넷째, 사안에 따라서는 증인의 증언거부에 정당한 이유가 있는지를 명확히 판별하기 쉽지 않은 경우도 있으므로, 증인이 정당하게 증언거부권을 행사했는지 여부에 따라 증인의 수사기관 조서의 증거능력에 관한 판단을 달리하는 것은 형사소송절차의 안정마저 저해할 우려가 있다.

'그 밖에 이에 준하는 사유'를 보다 엄격하게 해석해서, 형식적으로 구인장 집행이 불가능하다는 취지의 서면이 제출되었다는 것만으로는 부족하고, 증인에 대한 구인장의 강제력에 기해 증인의 법정 출석을 위한 가능하고도 충분한 노력을 다하였음에도 불구하고, 부득이 증인의 법정 출석이 불가능하게 되었다는 사정을 검사가 입증한 경우이어야 한다(2006도7228).

판례는 진술거부권을 피고인의 권리로서 보장되어야하므로, 피고인이 증거서류의 진

이에 준하는 사유'와 '기타 사유'라는 두 문언은 실질적인 차이가 없으므로 변호사가 증언거부권을 행사하는 경우도 종전처럼 제314조의 '그 밖에 이에 준하는 사유'로 봐야 한다는 반대의견이 있다.

141) 피고인이 필로폰을 증인에게 매매한 사건에서 증인 자신의 재판이 확정되었음에도 불구하고 피고인의 사건에서 증인으로 출석하여 증언을 거부한 경우로서, 다수의견은 피고인이 증인의 증언거부 상황을 초래한 것도 아니라는 이유로 '그 밖에 이에 준하는 사유'에 해당하지 않는다고 본 것이다. 이 판결의 별개의견은 증인이 정당하게 증언거부권을 행사한 것으로 볼 수 없는 경우는 '그 밖에 이에 준하는 사유'에 해당한다고 본다.

정성립을 묻는 검사의 질문에 대해 진술거부권을 행사하여 진술을 거부한 경우는 제314조의 '그 밖에 이에 준하는 사유'에 해당하지 않는다고 본다(2012도16001).

다. 피고인과 공범인 피의자의 진술이 기재된 경찰작성 피신조서와 제314조

A는 경부고속철도 차량공급업체 선정에 대한 로비와 관련하여 특가법의 알선수재혐의로 1999. 9. 28. 출국금지조치를 받고 같은 해 10. 2. 여권을 압수당한 후 같은 해 10. 29. 경찰에 출석하여 위 차량공급업체 선정과 관련하여 피고인이 관계공무원에게 영향력을 행사해 줄 것을 부탁하고 그 대가로 3회에 걸쳐 피고인에게 4억 원을 교부하였다는 취지의 피의자신문조서와 진술조서를 작성한 후 행방불명이 되었고, 그 후 경찰이 A의 소재에 대해 수사한 결과 A는 미국으로 도피하여 현재 그곳에 거주하고 있는 것으로 확인된 경우, A의 조서에 대해 제314조를 적용하여 피고인의 죄의 증거로 사용할 수 있는가?

공동피고인이 아닌 공범의 경우에는 그 공범이 흔히 공판정에서 진술할 수 없는 경우도 있으므로 제314조의 적용 여부가 문제된다. 위 A의 조서에 대해 제314조가 적용될 수 있는지 논란이 있다.

판례(2008도10787; 2003도7185전합)는 부정한다. 그 이유는 피고인과 '공범관계'인 피의자에 대한 경찰 작성 피신조서는 그 피의자의 법정진술에 의해 그 내용인정을 하더라도 피고인이 공판기일에서 그 조서의 내용을 부인하면 증거능력이 부정된다는 것이다. 여기서 말하는 '공범관계'는 형법총칙의 공범관계는 물론 필요적 공범 내지 대향범 관계도 포함한다. 필요적 공범 내지 대향범의 경우 형법총칙의 공범관계와 마찬가지로 어느 한 피고인이 자기의 범죄에 대하여 한 진술이 나머지 대향적 관계에 있는 자가 저지른 범죄에도 내용상 불가분적으로 관련되어 있어 목격자, 피해자 등 제3자의 진술과는 본질적으로 다른 속성을 지니고 있기 때문이다.

판례는 양벌규정에 따라 처벌되는 행위자와 행위자가 아닌 법인 · 개인(사업주)의 관계는, 행위자가 저지른 범행이 사업주의 범행과 사실관계가 동일하거나 적어도 중요 부분을 공유한다는 점에서 내용상 불가분적 관련성을 갖고 있고, 형법총칙의 공범관계 등과 마찬가지로 인권보장적인 요청에 따라 형소법 제312조 제3항이 이들 사이에서도 적용되고, 따라서 제314조도 적용되지 않는다고 본다(2016도9367).

7. 형소법 제315조: 당연히 증거능력 있는 서류

제315조 (당연히 증거능력이 있는 서류) 다음에 게기한 서류는 증거로 할 수 있다.
1. 가족관계기록사항에 관한 증명서, 공정증서등본 기타 공무원 또는 외국공무원의 직무상 증명할 수 있는 사항에 관하여 작성한 문서
2. 상업장부, 항해일지 기타 업무상 필요로 작성한 통상문서
3. 기타 특히 신용할 만한 정황에 의하여 작성된 문서

아래 서류는 제315조에 따라 당연히 증거능력이 있다. 첫째, 공무원이 직무상 증명할 수 있는 사항에 관해 작성한 문서이다(제1호). 옛 호적을 대신하는 가족관계기록사항에 관한 증명서, 공정증서 등본, 등기부등초본, 주민등록등초본, 법원판결서의 사본 등이 이에 해당하며, 공무원에는 외국공무원도 포함된다(83도3145). 둘째, 상업장부, 항해일지 기타 업무상 필요로 작성한 통상문서이다(제2호). 셋째, 기타 특히 신용할만한 정황에 의해 작성된 문서이다(제3호). 공공기록, 스포츠기록, 공무소작성의 각종 통계와 연감 등이 이에 해당한다. 이러한 문서는 업무의 기계적 반복성으로 인하여 허위가 개입될 여지가 적고, 또 문서의 성질에 비추어 고도의 신용성이 인정되어 반대신문의 필요가 없거나 작성자를 소환해도 서면제출 이상의 의미가 없는 것이어서 제315조가 당연히 증거능력을 인정한 것이고, 제315조 제3호에서 규정한 '기타 특히 신용할 만한 정황에 의하여 작성된 문서'는 제315조 제1호와 제2호에서 열거된 공권적 증명문서 및 업무상 통상문서에 준하여 '굳이 반대신문의 기회 부여 여부가 문제 되지 않을 정도로 고도의 신용성의 정황적 보장이 있는 문서'를 의미한다고 헌재는 본다(2011헌바79).

어떤 문서가 제315조 제2호의 업무상 통상문서에 해당하는지를 구체적으로 판단할 때는 제315조 제2호 및 제3호의 입법 취지를 참작하여 당해 문서가 정규적 · 규칙적으로 이루어지는 업무활동으로부터 나온 것인지 여부, 당해 문서를 작성하는 것이 일상적인 업무 관행 또는 직무상 강제되는 것인지 여부, 당해 문서에 기재된 정보가 취득된 즉시 또는 그 직후에 이루어져 정확성이 보장될 수 있는 것인지 여부, 당해 문서의 기록이 비교적 기계적으로 행하여지는 것이어서 기록 과정에 기록자의 주관적 개입의 여지가 거의 없다고 볼 수 있는지 여부, 당해 문서가 공시성이 있는 등으로 사후적으로 내용의 정확성을 확인 · 검증할 기회가 있어 신용성이 담보되어 있는지 여부 등을 종합적으로 고려해야 한다고 판례는 본다(2015도2625전합). 이에 따라 원세훈전국정원장의 대선 · 정치 개입사건에서 판례는 국정원 직원들이 사용한 트위터 계정이 담긴 전자우

편 첨부파일[142)]의 증거능력을, 그 내용의 출처가 불분명하고 작성자가 기계적으로 반복해 작성한 것인지 알 수 없다는 이유로 부정한다(2015도2625전합).[143)] 그러나 이런 범죄적 업무가 비밀조직인 국가정보원에서 이루어진 점을 감안하면 관련 서류는 비공식적 비밀문서일 수밖에 없고 오히려 그렇기 때문에 더 신뢰할만한 문서라고 볼 수 있다. 따라서 형소법 제315조 제2호의 업무상 통상문서로서 그 증거능력을 인정한 항소심(2014노2820)이 옳다.[144)]

피고인이 뇌물공여 혐의를 받기 전에 이와는 관계없이 준설공사에 필요한 각종 인·허가 등의 업무를 위임받아 이를 추진하는 과정에서 그 업무수행에 필요한 자금을 지출하면서, 스스로 지출한 자금내역을 자료로 남겨두기 위해 뇌물자금과 기타 자금을 구별하지 않고 그 지출 일시, 금액, 상대방 등 내역을 그때그때 계속적, 기계적으로 기입한 수첩을 판례는 제315조 제2호의 업무상 통상문서로 보고 그 기재내용에 대해 증거능력을 인정한다(94도2865전합). 판례는 성매매업소에 고용된 여성들이 성매매를 업으로 하면서 영업에 참고하기 위해 성매매 상대방의 아이디와 전화번호 및 성매매방법 등을 메모지에 적어두었다가 직접 메모리카드에 입력하거나 업주가 고용한 다른 여직원이 그 내용을 입력한 사건에서, 메모리카드의 내용은 제315조 제2호의 '영업상 필요로 작성한 통상문서'로서 당연히 증거능력 있는 문서에 해당한다고 본다(2007도3219).

보험사기 사건에서 건강보험심사평가원이 수사기관의 의뢰에 따라 보내온 자료를 토대로 입원진료의 적정성에 대한 의견을 제시하는 내용의 '건강보험심사평가원의 입원진

---

142) 첨부파일은 '425지논' 파일과 '시큐리티' 파일 2개인데, 전자는 4월 25일 논지로 추정되는 A4 용지 420장 분량의 파일로서 2012년 4월 25일부터 12월 5일까지 매일 원전원장이 내린 지시사항의 요점이 담겨있고, 후자는 A4 19장 분량의 파일로서 국정원 직원 K씨가 사용한 트위터 계정 30개와 비밀번호, 다른 요원의 이름 앞 두 글자와 이들이 사용한 것으로 추정되는 계정들이 나열돼 있고, K씨의 트위터 활동내역과 함께 리트위트할 우판 논객 트위터 계정, 팔로어 늘리는 방법도 적혀 있다. 검찰은 이 파일에 적힌 계정들을 출발점으로 삼아 연결 계정 1157개와 78만6698건의 트위터 글을 찾아냈다. K씨는 검찰에서는 자신이 파일을 작성했다고 했으나 1심 법정에서 "전자우편은 내가 쓴 게 맞지만 첨부파일은 누가 썼는지 모른다"고 진술을 번복하여, 형소법 제313조의 증거능력 요건인 성립의 진정을 부정했으나, 첨부파일에는 K씨만 알 수 있는 활동내역이 날짜와 장소별로 기록돼 있다.

143) 1심은 국정원 직원이 시인한 일부 계정 및 이 계정과 자동전파 프로그램(트위트덱)으로 연결된 계정 등 총 175개 계정이 쓴 글 11만 3621건만 증거로 인정하고, 트위터 내용이 정부를 홍보하거나 야당을 비판하는 내용이어서 정치관여는 맞지만, 선고를 앞두고는 오히려 글이 감소해 선거개입의 목적이 아니라고 판단해서 국정원법위반죄는 유죄를 공직선거법위반죄는 무죄를 각각 선고했으나, 2심은 두 파일의 증거능력을 인정하여 공직선거법위반죄도 유죄를 인정하였다. 대법원이 증거능력을 부정한 트위터 글로 예컨대 "안철수 교수가 대권에 출마할 생각을 한 순간부터 자신에 대한 시중 루머는 각오해야하지 않았을까요? 시중에 퍼진 얘기를 다시 리마인딩 시킨 걸 가지고 조직적 뒷조사라며 우긴다는 건 좀 시대착오적 발상 같네요"를 들 수 있다.

144) 同旨: 김인회, "증거능력이 인정되는 통상문서의 요건", 대한변협신문 제566호, 2015. 11. 16.

료 적정성 여부 등 검토의뢰에 대한 회신'은 제315조 제3호의 '기타 특히 신용할 만한 정황에 의하여 작성된 문서'에 해당하지 않는다고 판례는 본다(2017도12671). 사무처리 내역을 계속적, 기계적으로 기재한 문서가 아니라 수사기관의 의뢰에 따라 그 보내온 자료를 토대로 범죄사실의 인정 여부와 관련 있는 입원진료의 적정성에 대한 의견을 제시하는 내용을 담고 있는 문서라는 것이다.

문서의 사본이라도 특히 신용할만한 정황에 의해 작성된 문서인 경우에는 그 증거능력이 있다고 판례는 본다(90도2601). 그러나 복사기술의 발달로 원본의 신용성이 재현될 수 있지만 조작의 가능성도 여전히 남아있으므로 전자복사 등 고도의 정밀성을 가진 기계에 의한 복사문서일지라도 복사문서는 제315조 제3호의 '기타 특히 신용할만한 정황에 의해 작성된 문서'에 해당한다고 보는 것은 옳지 않다.

8. 형소법 제316조의 전문진술

> 제316조 (전문의 진술) ①피고인이 아닌 자(공소제기 전에 피고인을 피의자로 조사하였거나 그 조사에 참여하였던 자를 포함한다. 이하 이 조에서 같다)의 공판준비 또는 공판기일에서의 진술이 피고인의 진술을 그 내용으로 하는 것인 때에는 그 진술이 특히 신빙할 수 있는 상태하에서 행하여졌음이 증명된 때에 한하여 이를 증거로 할 수 있다. ②피고인 아닌 자의 공판준비 또는 공판기일에서의 진술이 피고인 아닌 타인의 진술을 그 내용으로 하는 것인 때에는 원진술자가 사망, 질병, 외국거주, 소재불명 그 밖에 이에 준하는 사유로 인하여 진술할 수 없고, 그 진술이 특히 신빙할 수 있는 상태하에서 행하여졌음이 증명된 때에 한하여 이를 증거로 할 수 있다.

제316조는 피고인 아닌 자의 진술이 다른 사람의 진술을 내용으로 한 경우, 이른바 전문진술의 증거능력 인정요건에 관한 규정이다. 그 다른 사람이 피고인인지, 아니면 피고인 아닌 타인인지에 따라 그 요건이 다르다.

가. 피고인의 진술을 내용으로 하는 피고인 아닌 자의 진술(제316조 제1항)

폭행치사사건에서 피고인으로부터 "피해자가 하도 때려서 내가 밀었어"라는 말을 들었다는 증인의 법정진술이 이에 해당하는데(2010도5948), 원진술자, 곧 피고인의 진술이 특신상태에서 이루어진 것임이 증명된 때에 한해 증거능력이 인정된다. 또한 위 증인으로부터 피고인의 진술을 전해들었다는 또 다른 증인의 진술은 재전문진술이라고 하는데, 이는 피고인이 증거로 동의하지 않는 한 증거능력이 없다(2010도5948).

2007년 개정형소법은 피고인 아닌 자에 '공소제기 전에 피고인을 피의자로 조사하였거나 그 조사에 참여하였던 자를 포함한다'고 하여 조사자증언제도를 도입한다.

나. '피고인 아닌 타인'의 진술을 내용으로 하는 피고인 아닌 자의 진술(제316조 제2항)

①원진술자의 진술이 특신상태에서 이루어졌음이 증명되고(특신상태의 증명), ②원진술자가 사망, 질병, 외국거주, 소재불명 그 밖에 이에 준하는 사유로 진술할 수 없는 경우(진술불능)에 증거능력이 인정된다. 여기서 특신상태란 그 진술에 허위개입의 여지가 거의 없고, 그 진술내용의 신빙성이나 임의성을 담보할 구체적이고 외부적인 정황이 있는 경우를 말한다(2015도12981). 예컨대 사건발생과 동시 또는 직후, 흥분상태, 진찰 및 치료상황, 사건 당시 심리상태나 감정을 표현하는 상황 등이다.

'피고인 아닌 타인'에는 공동피고인도 해당하나 원진술자인 공동피고인이 법정에서 공소사실을 부인하고 있다면 '원진술자의 진술불능' 요건을 충족하지 못하여 그 전문진술은 증거능력이 부정된다(99도5679. 同旨: 2019도11552). 같은 취지에서 범죄현장을 목격한 자를 참고인으로 조사한 경찰이 법정에서 "참고인이 범죄현장을 목격했다고 말했다"는 취지로 증언하더라도 원진술자가 법정에 출석하여 그런 진술을 한 적이 없다고 부인하면 경찰의 법정진술은 증거능력이 없다(2008도6985). 조사자증언에 대해서도 제316조 제2항이 적용되는데, 원진술자인 참고인의 진술불능 요건을 흠결했기 때문이다.

9. 피고인과 공범인 피의자에 대한 수사기관 작성 조서의 증거능력 요건

가. 피고인과 공범인 피의자 진술이 기재된 경찰 작성 피신조서

A 공범(甲)과 다른 공범(乙)이 공동피고인으로서 공소제기 되었는데, 공동피고인(甲)이 경찰의 수사를 받을 때 피고인(乙)과 함께 범죄를 저질렀다고 자백하여 그 자백진술이 피신조서의 형태로 공판정에 제출된 경우, 그 조서를 피고인(乙)의 유죄인정을 위한 증거로 사용할 수 있는가?

B. 일본에 거주하는 조총련계 대남공작원 공범(丙)은 '피고인(丁)에게 입북을 지령해서 밀봉교육을 받은 후 민단으로 위장전향하고 남조선으로 침투하여 각종 정보를 수집하라는 취지의 지령을 했다'는 진술을 했고, 경찰은 이 내용이 담긴 조서를 작성한 경우 그 조서를 피고인(丁)의 국가보안법 위반죄의 증거로 사용할 수 있는가?

피고인과 공범인 피의자 진술이 기재된 경찰 작성 피신조서의 피고인에 대한 증거능력 요건에 관해 다툼이 있다. 내용인정설은 형소법 제312조 제3항을 적용하여 피고인이 그 조서의 내용을 인정해야 한다는 입장이다. 반대신문설은 제312조 제4항을 적용하여 공범인 피의자가 피고인의 법정에 나와서 피고인의 반대신문을 받아야 한다는 입장이다.

판례는 내용인정설로 공범(甲, 丙)의 내용인정만으로는 부족하고 피고인(乙, 丁)이 그 조서의 내용을 인정해야한다는 입장이다(2009도10139; 2009도1889; 2009도2865; 2005도4202; 2003도7185전합; 96도667; 93도3612; 86도1783; 79도287). 예컨대 공범이 법정에서 피고인과 함께 절도범행을 했다고 내용인정의 진술을 하더라도 피고인이 공판기일에 그 진술내용은 사실과 다르다고 내용부인의 진술을 하면 그 조서는 피고인에 대해 증거능력이 부정된다. 그 논거는 3가지다(86도1783). ①공범이 자기와 관련해서는 내용을 부인하고 피고인과 관련해서는 내용을 인정하게 되면 불합리해진다. ②반대신문의 기회도 없이 피고인이 불이익해진다. ③내용인정을 변호인이 한 것이라면 피고인은 자기의 변호인도 아닌 사람의 소송행위로 불이익을 받는 것이다. 판례는 2007년 개정형소법 제312조 제3항은 공범이 공동피고인인 경우(위 A)는 물론이고 공동피고인이 아닌 경우(위 B)에도 적용된다고 본다(2003도7185전합).

반대신문설은 위 조서에 대해 반대신문권을 명문화한 2007년 개정형소법 제312조 제4항을 적용하는 것은 2007년 개정형소법 제312조 제3항을 적용하는 것보다는 덜 피고인에게 유리하지만 2007년 개정형소법 제312조 제3항의 '피의자였던 피고인'에 '공동피고인'도 포함한다는 '무리한' 해석을 할 필요가 없다고 본다. 여기서 피고인에 공동피고인도 포함하는 해석을 '무리'라고 한 것은 피고인에 공동피고인도 포함할지 여부는 2007년 개정형소법 제312조 제3항뿐만 아니라 제310조를 비롯한 제312조 제1항 · 제2항에도 관련되므로 통일적 해석이 필요하기 때문이다. 형소법 제310조, 그리고 제312조 제1항 · 제2항의 피고인에는 공동피고인은 포함하지 않는다는 해석을 하면서 2007년 개정형소법 제312조 제3항의 피고인에는 공동피고인도 포함된다는 해석을 하는 것은 이에 어긋난다는 논리이다. 그러나 내용인정설이 2007년 개정형소법의 취지라고 이해하기도[145] 한다. "개정법은 …, 다만 참고인 진술조서로 보아 제312조 제4항을 적용하는 것보다는 현행 판례와 마찬가지로 제312조 제3항을 적용하는 것이 피고인에게 더 유리하므로, 제312조 제3항의 적용을 받는 것을 전제로 하였다"는 것이다.

145) 법원행정처, 형사소송법 개정법률 해설, 2007, 135면.

나. 피고인과 공범인 피의자의 진술이 기재된 검사 작성 피신조서

A. 공범 甲과 乙이 공동피고인으로서 공소제기가 되었는데, 공동피고인(甲)이 검사의 수사를 받을 때 피고인(乙)과 함께 범죄를 저질렀다고 자백하여 그 자백진술이 피의자신문조서의 형태로 공판정에 제출된 경우, 그 조서를 피고인(乙)의 유죄인정을 위한 증거로 사용할 수 있는가?

B. 공범(丙)이 먼저 검거되어 검찰수사단계에서 다른 공범(丁)과의 범행을 자백하여 유죄판결이 확정된 후, 나중에 검거되어 공소제기된 丁이 범죄사실을 부인하는 경우에 검사가 작성한 丙의 자백이 기재된 피의자신문조서를 丁의 유죄인정을 위한 증거로 사용할 수 있는가?

2007년 개정형소법은 제312조 제4항을 신설한다. 이에 따라 수사기관이 작성한 '피고인이 아닌 자'에 대한 조서의 증거능력 인정요건으로 ①적법한 절차와 방식에 따른 작성, ②실질적 진정성립의 증명, ③반대신문의 기회보장, ④특신상태의 증명 4가지를 요구함으로써 반대신문에 관한 규정이 명문화된다. "공동피고인에 대한 검사 작성의 피의자신문조서도 제312조 제1항 · 제2항에 따라 증거능력이 인정되는 것이 아니라, 이를 참고인 진술조서로 취급하여 제312조 제4항에 따라 증거능력을 인정함으로써 다른 공동피고인의 반대신문권을 강화"하는 것이 2007년 개정형소법의 취지이다.[146]

따라서 甲에 대한 조서는 제312조 제4항의 요건을 충족해야 乙에 대해 증거능력이 인정된다. 丙에 대한 조서도 마찬가지로 제312조 제4항의 요건을 충족해야 丁에 대해 증거능력이 인정된다. 다만 판례는 공범인 공동피고인의 증인적격을 부정하므로 공동피고인(甲)이 법정에서 진술하고 피고인(乙)의 반대신문에 답변하려면 피고인(乙)과 변론을 분리하여 증인적격을 가질 수 있도록 해야 한다. 그러나 유죄가 확정된 丙은 丁의 재판에 증인으로 출석하여 진술할 수 있고, 또 그래야 한다.

그런데 앞서 보았듯이 2020. 2. 4. 형소법이 개정되어 검사 작성 피신조서와 경찰 작성 피신조서의 증거능력 요건이 동일해졌다. 따라서 경찰 작성 피신조서에 관한 위 논의가 검사 작성 피신조서에 대해서도 그대로 적용될 것으로 예상한다.

10. 공범의 공판정 자백과 공판조서의 증거능력 요건

가. 공동피고인인 공범의 자백의 증거능력

146) 법무부, 개정 형사소송법, 2007, 237면; 법원행정처, 형사소송법 개정법률 해설, 2007, 135면.

공무원 甲이 乙로부터 1천만원의 뇌물을 받고 공동피고인으로 기소되어 피고인(甲)은 일관되게 범행을 부인하고 공동피고인(乙)은 공판정에서 자백한 경우, 그 자백을 甲의 뇌물수수죄의 증거로 사용할 수 있는가?

판례에 따르면 공동피고인인 공범은 변론을 분리하지 않는 한 증인적격이 없다. 따라서 공동피고인인 공범의 자백을 피고인의 유죄인정을 위한 증거로 사용하기 위해서 공범을 증인으로 세울 수는 없다. 그렇다고 피고인에 대해 불리한 진술을 한 공동피고인인 공범에 대한 반대신문의 기회를 주지 않는 것은 옳지 않다.

그런데 판례는 공범이 공동피고인인 경우 피고인의 반대신문권이 보장되어 있어서 증인으로 신문한 경우와 다르지 않다는 이유로 공판정 자백의 증거능력을 인정한다(2006도1944; 92도917; 87도1020; 85도691; 78도1031).[147] 공동정범인 공동피고인 상호간 이해관계가 상반된다고 해도 마찬가지라고(2006도1944) 본다.

이와 달리 공동피고인인 공범(甲)의 자백은 피고인(乙)에 대한 유죄의 증거로 사용할 수 없다는 견해도 있다. 형소법은 공범인 공동피고인(甲)에 대한 피고인(乙)의 반대신문권을 보장하고 있지 않고, 또 공동피고인(甲)은 진술거부권을 갖고 있으므로 피고인(乙)이 반대신문권을 충실히 행사하기가 현실적으로 곤란하며, 증인의 자격이 아니므로 진술의 진실성이 선서에 의해 담보될 수도 없으므로, 변론을 분리하여 공동피고인(甲)을 증인으로 세워 이에 대해 피고인(乙)이 반대신문을 행사할 수 있어야 한다는 것이다.

나. 공범의 자백이 기재된 공판조서

A. 공범 甲과 乙이 공동피고인으로서 소송계속 중 공범(甲)은 자백을 하고 피고인(乙)은 공소시실을 부인한 상태에서 공판절차가 갱신된 경우, 공범(甲)의 자백이 기재된 공판절차갱신 전 공판조서를 피고인(乙)의 유죄인정을 위한 증거로 사용할 수 있는가?

B. 丙과 丁이 공동하여 A의 카메라를 절취하였는데 丙이 먼저 잡혀서 절도혐의로 공소가 제기되어 공판정에서 그 공소사실을 자백하였고 그 후 몇 개월 후에 잡힌 丁이 재판을 받게 되었는데 일관되게 절도의 공소사실을 부인하는 경우 丙의 자백이 기재된 공판조서의 등본을 丁의 유죄인정을 위한 증거로 사용할 수 있는가?

---

147) 다만 63도185판결과 80도2722판결에서는 공동피고인이 공범인지 여부를 가리지 않고 공동피고인의 진술의 증거능력을 인정했다.

공판절차의 갱신, 심급의 변경, 파기환송, 이송, 관할위반의 재판확정 후 재기소 등으로 판결법원이 달라진 경우 공범인 공동피고인의 자백이 공판조서의 형태로 등장할 수 있다. 판례(66도316)는 위 A의 경우 甲의 자백이 기재된 공판조서는 형소법 제311조의 조서에 해당한다고 보아서 피고인(乙)의 동의가 필요없이 증거능력을 인정한다. 이와 달리 조서이므로 전문법칙의 예외규정에 해당해야 할 뿐만 아니라 피고인(乙)이 공동피고인(甲)에 대해 충분히 반대신문을 하였거나 그 기회를 가진 경우에 한해 증거능력을 인정해야한다는 견해도 있다.

공범이 공동피고인이 아닌 경우는 드물지만, 공범이 서로 다른 법원에서 심리를 받는 경우도 있다. 위 B의 경우 丙의 자백이 기재된 공판조서의 등본에 대해 판례는 제315조 제3호에 따라 증거능력을 인정한다(66도617). 그 이유는 형소법 제311조의 공판조서는 당해사건에 제한된다는 것이다. 이와 달리 그 공판조서의 내용에 대해 법관이 실제로 특신정황을 인정할 수 있을 때만 증거능력이 인정된다는 견해와 丁이 丙에 대해 반대신문을 한 때에 한하여 증거능력이 인정된다는 견해도 있다.

• 기출문제 •

전문증거의 증거능력에 대한 설명으로 옳지 않은 것은? (다툼이 있는 경우 판례에 의함)

[2021년 9급 국가직 형소법 문6]

① 「형사소송법」 제312조 제4항에서 '적법한 절차와 방식에 따라 작성'한다는 것은 「형사소송법」이 피고인 아닌 사람의 진술에 대한 조서 작성 과정에서 지켜야 한다고 정한 여러 절차를 준수하고 조서의 작성 방식에도 어긋나지 않아야 한다는 것을 의미한다.

② 「형사소송법」 제313조에 따르면 피고인이 작성한 진술서는 공판준비나 공판기일에서의 피고인의 진술에 의하여 그 성립의 진정함이 증명된 때에만 증거로 할 수 있고, 피고인이 그 성립의 진정을 부인한 경우에는 증거로 할 수 있는 방법은 없다.

③ 「형사소송법」 제314조의 '외국거주'는 진술을 하여야 할 사람이 외국에 있다는 사정만으로는 부족하고, 가능하고 상당한 수단을 다하더라도 그 사람을 법정에 출석하게 할 수 없는 사정이 있어야 예외적으로 그 요건이 충족될 수 있다.

④ 「형사소송법」 제316조제2항에서 '그 진술이 특히 신빙할 수 있는 상태하에서 행하여졌음'이란 진술 내용에 허위가 개입할 여지가 거의 없고, 진술 내용의 신빙성이나 임

의성을 담보할 구체적이고 외부적인 정황이 있는 경우를 의미한다.

【해설】 ②×(형소법 제313조 제2항: 성립의 진정을 부인하는 경우에는 과학적 분석결과에 기초한 디지털포렌식 자료, 감정 등 객관적 방법으로 성립의 진정함이 증명되는 때에는 증거로 할 수 있다.) ①ㅇ(2013도1370) ③ㅇ(2006도7228) ④ㅇ(2004도3619) 【정답】 ②

전문법칙에 관한 설명 중 옳은 것(○)과 옳지 않은 것(×)을 올바르게 조합한 것은? (다툼이 있는 경우 판례에 의함) [2021년 변호사시험 형사법 문38]

ㄱ. 다른 사람의 진술, 즉 원진술의 내용인 사실이 요증사실인 경우에는 전문증거이지만, 원진술의 존재 자체가 요증사실인 경우에는 본래증거이지 전문증거가 아니다.
ㄴ. 어떠한 내용의 진술을 하였다는 사실 자체에 대한 정황증거로 사용될 것이라는 이유로 서류의 증거능력을 인정한 다음 그 사실을 다시 진술 내용이나 그 진실성을 증명하는 간접사실로 사용하는 경우에는 그 서류는 전문증거에 해당한다.
ㄷ. 甲이 정보통신망을 통하여 "너를 죽이고 싶다"라는 문자메시지를 반복적으로 乙에게 도달하게 하는 행위를 하였다는 정보통신망이용촉진및정보보호등에관한법률위반의 공소사실에 대하여 휴대전화기에 저장된 문자정보(위 협박문자)가 그 증거가 되는 경우, 그 문자정보는 피고인의 진술에 해당하므로 「형사소송법」 제313조 제1항의 요건이 충족되어야 증거능력이 인정된다.
ㄹ. 「형사소송법」 제314조의 적용에 있어서 증인이 소재불명이거나 그 밖에 이에 준하는 사유로 인하여 진술할 수 없는 때에 해당한다고 법원이 인정할 수 있으려면 증인의 법정 출석을 위한 가능하고도 충분한 노력을 다하였음에도 부득이 증인의 법정 출석이 불가능하게 되었다는 사정을 검사가 입증하여야 한다.

①ㄱ(○), ㄴ(○), ㄷ(○), ㄹ(○)
②ㄱ(○), ㄴ(○), ㄷ(×), ㄹ(×)
③ㄱ(○), ㄴ(○), ㄷ(×), ㄹ(○)
④ㄱ(○), ㄴ(×), ㄷ(×), ㄹ(○)
⑤ㄱ(×), ㄴ(×), ㄷ(×), ㄹ(○)

【해설】 ㄱ: ㅇ(2012도16001. 예컨대 甲의 사기죄에 대한 공판절차에서 증인이 '피고인 甲이 피해자에게 "토지를 공시지가로 구입하게 해주겠다"고 말하는 것을 들었다'고 진술하거나 [2012도2937] 알선수재죄와 관련하여 증인이 '피고인이 "공무원이 해외연수를 가므로 그에게 사례비를 주어야한다"고 말하는 것을 들었다'고 진술한 경우[2008도8007]) ㄴ: ㅇ(2018도2738전합) ㄷ: ×(2006도556: 진술의 대체물이 아니라 범행의 직접적인 수단이다.) ㄹ: ㅇ(2006도7228) 【정답】 ③

전문법칙에 대한 설명으로 적절한 것만을 고른 것은 모두 몇 개인가? (다툼이 있는 경우 판례에 의함) [2021년 제1차 순경시험 형소법 문16]

㉠ 다른 사람의 진술을 내용으로 하는 진술이 전문증거인지는 요증사실이 무엇인지에 따라 정해지는 바, 다른 사람의 진술, 즉 원진술의 내용인 사실이 요증사실인 경우에는 전문증거이지만 원진술의 존재 자체가 요증사실인 경우에는 본래증거이지 전문증거가 아니다.
㉡ 어떤 진술이 기재된 서류가 어떠한 내용의 진술을 하였다는 사실 자체에 대한 정황증거로 사용될 것이라는 이유로 서류의 증거능력을 인정한 다음 그 사실을 다시 진술 내용이나 그 진실성을 증명하는 간접사실로 사용하는 경우에 그 서류는 전문증거에 해당한다.
㉢ 甲이 乙로부터 들은 피고인 A의 진술내용을 수사기관이 진술조서에 기재하여 증거로 제출하였다면, 그 진술조서 중 피고인 A의 진술을 기재한 부분은 乙이 증거로 하는 데 동의하지 않는 한 「형사소송법」 제310조의2의 규정에 의하여 이를 증거로 할 수 없다.
㉣ 「형사소송법」 제312조부터 제316조까지의 규정에 따라 증거로 할 수 없는 서류나 진술이라도 공판준비 또는 공판기일에서의 피고인 또는 피고인 아닌 자의 진술의 증명력을 다투기 위하여 증거로 할 수 있다.

①1개 ②2개 ③3개 ④4개

【해설】 ㉠o(2012도16001) ㉡o(2018도2738전합) ㉢o(2010도5948; 2003도171: 재전문진술조서이기 때문이다.) ㉣o(형소법 제318조의2 제1항) **【정답】** ④

검사 이외의 수사기관이 작성한 피의자신문조서에 관한 설명 중 옳지 않은 것은? (다툼이 있는 경우 판례에 의함) [2020년 경찰간부후보생시험 형소법 문27]

① 양벌규정에 따라 처벌되는 행위자와 사업주가 공동피고인으로 기소된 경우 그 행위자에 대해 검사 이외의 수사기관이 작성한 피의자신문조서는 그 행위자의 법정진술에 의해 그 성립의 진정이 인정되는 등 「형사소송법」 제312조 제4항의 요건을 갖추면 그 사업주가 공판기일에서 그 조서의 내용을 부인하더라도 증거능력이 인정된다.
② 검사 이외의 수사기관이 작성한 피의자신문조서는 적법한 절차와 방식에 따라 작성된 것으로서 공판준비 또는 공판기일에 그 피의자였던 피고인 또는 변호인이 그 내용을 인정할 때에 한하여 「형사소송법」 제312조 제3항에 따라 증거로 할 수 있다.
③ 피고인과 공범관계에 있는 다른 피의자에 대한 검사 이외의 수사기관 작성의 피의자신문조서에 대하여는 사망 등 사유로 인하여 법정에서 진술할 수 없는 때에 예외적으로 증거능력을 인정하는 규정인 「형사소송법」제314조가 적용되지 않는다.
④ 「형사소송법」 제312조 제3항은 형법 총칙의 공범 이외에도, 서로 대향된 행위의 존재를 필요로 할 뿐 각자의 구성요건을 실현하고 별도의 형벌 규정에 따라 처벌되는 강학상 필요적 공범 내지 대향범 관계에 있는 자들 사이에서도 적용된다.

【해설】 ①×(2016도9367: 양벌규정에 따라 행위자와 사업주가 공동피고인으로 기소된 경우에도 행위자에 대한 사법경찰관 작성 피의자신문조서에 대해서도 형소법 제312조 제3항 적용되어 사업주가 그 조서의 내용을 부정하면 증거능력이 부정된다) ②○(형소법 제312조 제3항) ③○(2003도7185전합; 2016도9367) ④○(2016도9367) 【정답】 ①

사법경찰관 작성 피의자신문조서의 증거능력에 대한 설명 중 가장 적절하지 않은 것은? (다툼이 있는 경우 판례에 의함) [2020년 제1차 순경시험 형소법 문15]

① 검사 이외의 수사기관이 작성한 피의자신문조서는 적법한 절차와 방식에 따라 작성된 것으로서 공판준비 또는 공판기일에 그 피의자였던 피고인 또는 변호인이 그 내용을 인정할 때에 한하여 증거로 할 수 있다.

② 피고인이 제1심 제4회 공판기일부터 공소사실을 일관되게 부인하여 경찰 작성 피의자신문조서의 진술 내용을 인정하지 않는 경우, 제1심 제4회 공판기일에 피고인이 그 서증의 내용을 인정한 것으로 공판조서에 기재된 것은 착오 기재 등으로 보아 피의자신문조서의 증거능력을 부정하여야 한다.

③ 사법경찰관이 피의자에게 진술거부권을 행사할 수 있음을 알려 주고 그 행사 여부를 질문하였다면, 비록 「형사소송법」 제244조의3 제2항에 규정한 방식에 위반하여 진술거부권 행사 여부에 대한 피의자의 답변이 자필로 기재되어 있지 않더라도 사법경찰관 작성의 피의자신문조서는 특별한 사정이 없는 한 그 증거능력을 인정할 수 있다.

④ 당해 피고인과 공범관계에 있는 공동피고인에 대하여 검사 이외의 수사기관이 작성한 피의자신문조서는 그 공동피고인의 법정진술에 의하여 성립의 진정이 인정되더라도 당해 피고인이 공판기일에서 그 조서의 내용을 부인하면 증거능력이 부정된다.

【해설】 ③×(형소법 제312조에 정한 '적법한 절차와 방식'에 위반된 증거일 뿐만 아니라 제308조의2에서 정한 '적법한 절차에 따르지 아니하고 수집한 증거'에 해당하므로 이를 증거로 할 수 없다.) ①○(형소법 제312조 제3항) ②○(2010도5040) ④○(2009도11889) 【정답】 ③

피의자신문조서에 관한 설명 중 옳은 것(○)과 옳지 않은 것(×)을 올바르게 조합한 것은? (다툼이 있는 경우 판례에 의함) [2019년 변호사시험 형사법 문30]

ㄱ. 피고인과 공범관계에 있는 공동피고인에 대해 검사 이외의 수사기관이 작성한 피의자신문조서는 그 공동피고인이 피의자신문조서에 기재된 것과 같은 내용으로 진술하였다는취

지로 증언하였더라도 당해 피고인이 공판기일에서 그 조서의 내용을 부인하면 증거능력이 부정된다.
ㄴ. 공동피고인이 아닌 공범에 관한 검사 작성의 피의자신문조서가 증거능력을 인정받기 위해서는 피고인이 위 공범에 대한 피의자신문조서를 증거로 함에 동의하지 않는 이상, 그 공범이 현재의 사건에 증인으로 출석하여 그 서류의 성립의 진정을 인정하여야 한다.
ㄷ. 피고인과 공범관계가 있는 다른 피의자에 대한 검사 이외의 수사기관 작성의 피의자신문조서에 대하여는 사망 등 사유로 인하여 법정에서 진술할 수 없는 때에 예외적으로 증거능력을 인정하는 규정인 「형사소송법」 제314조가 적용되지 않는다.
ㄹ. 절도범과 장물범이 공동피고인으로 기소된 경우, 피고인이 증거로 함에 동의한 바 없는 검사 작성의 공동피고인에 대한 피의자신문조서가 증거능력을 인정받기 위해서는 공동피고인의 증언에 의하여 그 성립의 진정이 인정되어야 한다.
ㅁ. 피고인이 검사 작성의 피고인에 대한 피의자신문조서의 성립이 진정함을 인정하는 진술을 하고, 그 피의자신문조서에 대하여 증거조사가 완료되었다면, 절차적 안정성을 위해 진술의 취소는 허용될 수 없다.

① ㄱ(○), ㄴ(○), ㄷ(○), ㄹ(○), ㅁ(×) ② ㄱ(○), ㄴ(○), ㄷ(○), ㄹ(×), ㅁ(○)
③ ㄱ(○), ㄴ(×), ㄷ(○), ㄹ(○), ㅁ(○) ④ ㄱ(×), ㄴ(○), ㄷ(○), ㄹ(○), ㅁ(×)
⑤ ㄱ(×), ㄴ(○), ㄷ(×), ㄹ(×), ㅁ(○)

【해설】 ㄱ:○(2009도1889) ㄴ:△(2007년 개정형소법 이전 판례[99도3063]에 따르면 옳지만, 2007년 개정형소법에 따르면 제312조 제4항의 요건을 갖추어야 증거능력이 인정되고, 그 핵심은 피고인이 공범에 대해 반대신문권을 행사할 수 있는 기회를 가져야 한다는 것이다.) ㄷ:○(2003도7185전합: 피고인이 내용부인을 하면 증거능력이 부정되기 때문이다.) ㄹ:△(2007년 개정형소법 이전 판례[2005도7601]에 따르면 옳지만, 2007년 개정형소법에 따르면 제312조 제4항의 요건을 갖추어야 증거능력이 인정된다. 다만 공동피고인의 증인적격이 문제되는데 판례는 절도범과 장물범은 공범이 아니므로 변론을 분리하지 않더라도 증인이 될 수 있다고 본다.) ㅁ:×(2007도7760: 증거조사가 완료된 후에는 진술을 번복하더라도 원칙적으로 이미 인정된 조서의 증거능력이 당연히 상실되는 것은 아니지만, 적법절차관점에서 성립의 진정을 인정한 최초 진술의 효력을 유지하기 어려운 중대한 하자가 있고 그에 관해 진술인에게 귀책사유가 없는 경우에 한해 예외적으로 증거조사 절차가 완료된 뒤에도 그 진술을 취소할 수 있고, 취소의 이유가 정당하다면 법원은 증거배제결정을 해야 한다.) **【정답】** 공지된 답은 ①

엄격한 증명과 자유로운 증명에 대한 다음 설명(㉠~㉣) 중 옳고 그름의 표시(○, ×)가 바르게 된 것은? (다툼이 있는 경우 판례에 의함) [2020년 제1차 순경시험 형소법 문14]

㉠ 내란선동죄에서 국헌문란의 목적은 초과주관적 위법요소로서 엄격한 증명사항에 속하므로 확정적 인식임을 요한다.

ⓛ 법원은 재심청구 이유의 유무를 판단함에 필요한 경우에는 사실을 조사할 수 있으며, 공판절차에 적용되는 엄격한 증거조사 방식에 따라야 한다.
ⓒ 공모관계를 인정하기 위해서는 엄격한 증명이 요구되지만 피고인이 공모관계를 부인하는 경우에는 상당한 관련성이 있는 간접사실 또는 정황사실을 증명하는 방법으로 이를 증명할 수밖에 없다.
ⓔ 목적범의 목적은 내심의 의사로서 이를 직접 증명하는 것이 불가능하므로 고의 등과 같이 내심의 의사를 인정하는 통상적인 방법에 따라 정황사실 또는 간접사실 등에 의하여 이를 증명하여야 한다.

① ㉠(○) ㉡(○) ㉢(○) ㉣(×)
② ㉠(○) ㉡(×) ㉢(○) ㉣(○)
③ ㉠(×) ㉡(○) ㉢(×) ㉣(×)
④ ㉠(×) ㉡(×) ㉢(○) ㉣(○)

• 탐구과제 •

- 양벌규정이란?
- 영상녹화물의 증거능력은 인정되는가?
- 위법수집증거배제법칙이란?
- 자백배제법칙과 자백보강법칙이란?

19강 즉결심판절차 등 특별형사절차

2020년에 각급 법원에서 처리한 형사사건 1,440,170명 중 공판사건은 334,804명(23.2%)이었다. 반면 약식사건(전자약식 포함)은 445,107명(31%)이었고, 즉결사건은 76,101명(5.3%)이었으며, 영장사건 438,146명(30.4%, 체포구속 58,872명, 4.1%)이었다.[148] 간이한 형사절차로 처리되는 건수가 정식의 형사절차로 처리되는 건수의 약 2배에 이른다. 즉결심판절차를 비롯한 특별형사절차를 본다.

• 사례 •

경찰서장의 즉결심판청구를 받은 피고인이 정식재판을 청구하였다. 그런데 검사가 이 사건의 기록과 증거물을 법원에 그대로 송부하지 않고 약식명령을 청구하였다. 검사의 약식명령청구는 적법한가?

• 해설 •

1. 즉결심판절차

가. 의의

즉결심판절차는 범증이 명백하고 죄질이 경미한 범죄사건을 신속 · 적정한 절차로 심판하기 위해 마련된 즉결심판법의 절차를 말한다. '지방법원, 지원 또는 시 · 군법원의 판사'(약칭하여 즉결심판판사)는 즉결심판절차에 따라 피고인을 20만원 이하 벌금, 구류 또는 과료로 처벌할 수 있다(제2조). 즉결심판사건에 대해서는 즉결심판법에 특별한 규정이 없는 경우 그 성질에 반하지 않는 한 형소법의 규정을 준용한다(제19조).

즉결심판절차는 범죄즉결례(1910. 12. 15. 제령 10호)에 뿌리를 둔 것인데, 범죄즉결례는 일본의 위경죄즉결례가 일제강점기에 조선에 적용된 것으로서, 경찰서장이 경미한 사건에 대해 바로 즉결심판할 수 있도록 한 법령이다.

나. 즉결심판청구

148) 2021 사법연감, 법원행정처, 2021년, 640면 이하.

즉결심판은 관할경찰서장 또는 관할해양경찰서장이 관할법원에 청구하는데, 즉결심판청구서를 제출하여 해야 하며, 즉결심판청구서에는 피고인의 성명 기타 피고인을 특정할 수 있는 사항, 죄명, 범죄사실과 적용법조를 기재해야 한다(제3조).

경찰서장은 즉결심판청구와 동시에 즉결심판을 함에 필요한 서류 또는 증거물을 판사에게 제출해야 한다(제4조).

지방법원 또는 그 지원의 판사는 소속 지방법원장의 명령을 받아 소속 법원의 관할사무와 관계없이 즉결심판청구사건을 심판할 수 있다(제3조의2).

다. 즉결심판의 심리와 재판

(1) 기각

즉결심판판사는 사건이 즉결심판을 할 수 없거나 즉결심판절차에 따라 심판함이 적당하지 않다고 인정할 때에는 결정으로 즉결심판청구를 기각(이하 간이기각)해야 하고, 이런 결정이 있는 때에는 경찰서장은 지체없이 사건을 관할지방검찰청 또는 지청의 장에게 송치해야 한다(제5조).

(2) 심리

즉결심판청구가 있는 때에는 즉결심판판사는 앞서 본 간이기각결정의 대상인 경우를 제외하고 즉시 심판을 해야 한다(제6조).

즉결심판절차에 의한 심리와 재판의 선고는 공개된 법정에서 하되, 그 법정은 경찰관서(해양경찰관서를 포함) 외의 장소에 설치해야 하고, 법정은 판사와 법원서기관, 법원사무관, 법원주사 또는 법원주사보가 열석하여 개정하는데, 이런 규정에도 불구하고 판사는 상당한 이유가 있는 경우에는 개정없이 피고인의 진술서와 관련 서류 또는 증거물로 심판할 수 있지만, 구류로 처벌하는 경우에는 그렇지 않다(제7조).

피고인이 기일에 출석하지 않은 때에는 즉결심판법 또는 다른 법률에 특별한 규정이 있는 경우를 제외하고는 개정할 수 없는데(제8조), 벌금 또는 과료를 선고하는 경우에는 피고인이 출석하지 않더라도 심판할 수 있고, 피고인 또는 즉결심판출석통지서를 받은 자는 법원에 불출석심판을 청구할 수 있으며 법원이 이를 허가한 때에는 피고인이 출석하지 않더라도 심판할 수 있다(제8조의2).

판사는 피고인에게 피고사건의 내용과 진술거부권이 있음을 알리고 변명할 기회를 주어야 하고, 판사는 필요하다고 인정할 때에는 적당한 방법으로 법정에 있는 증거에 한하여 조사할 수 있으며, 변호인은 기일에 출석하여 증거조사에 참여할 수 있으며 의견을 진술할 수 있다(제9조). 즉결심판절차에서는 형소법의 자백보강법칙, 경찰 작성 피신조서, 진술서면 등과 관련한 규정은 적용하지 않는다(제10조).

(3) 선고와 정식재판청구

(가) 유죄의 선고

즉결심판으로 유죄선고할 때에는 형, 범죄사실과 적용법조를 명시하고 피고인은 7일 이내에 정식재판을 청구할 수 있다는 것을 고지해야 하고, 참여한 법원사무관등은 선고의 내용을 기록해야 하는데, 피고인이 판사에게 정식재판청구의 의사를 표시하였을 때에는 이를 기록에 명시해야 한다(제11조). 유죄의 즉결심판서에는 피고인의 성명 기타 피고인을 특정할 수 있는 사항, 주문, 범죄사실과 적용법조를 명시하고 즉결심판판사가 서명 · 날인해야 한다(제12조 제1항).

피고인은 즉결심판의 선고 · 고지를 받은 날부터 7일 이내에 정식재판청구서를 경찰서장에게 제출해야 하는데, 피고인의 정식재판청구서를 받은 경찰서장은 지체없이 즉결심판판사에게 이를 송부해야 하고, 즉결심판판사는 정식재판청구서를 받은 날부터 7일 이내에 경찰서장에게 정식재판청구서를 첨부한 사건기록과 증거물을 송부하고, 경찰서장은 지체없이 관할지방검찰청 또는 지청의 장에게 이를 송부하여야 하며, 그 검찰청 또는 지청의 장은 지체없이 관할법원에 이를 송부하여야 한다(제14조 제1항과 제3항).

관할법원은 검사의 공소제기가 없더라도 공판절차에 따라 심판해야 한다(2017도10368). 즉결심판을 받은 피고인의 적법한 정식재판청구가 있으면 경찰서장의 즉결심판청구는 공소제기와 동일한 소송행위에 해당하기 때문이다. 따라서 피고인이 정식재판을 청구한 즉결심판 사건에 대하여 검사가 법원에 사건기록과 증거물을 그대로 송부하지 않고 즉결심판이 청구된 위반 내용과 동일성 있는 범죄사실에 대해 약식명령을 청구했다면, 이는 공소제기 절차가 법률의 규정에 위반하여 무효인 때에 해당하거나 공소가 제기된 사건에 대해 다시 공소가 제기된 경우에 해당한다(2017도10368).

(나) 무죄 · 면소 또는 공소기각의 선고

즉결심판판사는 사건이 무죄 · 면소 또는 공소기각을 함이 명백하다고 인정할 때에는 이를 선고 · 고지할 수 있고(제11조 제5항), 그 선고 · 고지를 한 날부터 7일 이내에 경찰서장은 정식재판을 청구할 수 있는데, 경찰서장은 관할지방검찰청 또는 지청의 검사의 승인을 얻어 정식재판청구서를 즉결심판판사에게 제출해야 한다(제14조 제2항).

(다) 즉결심판의 효력

즉결심판은 정식재판청구의 기간 경과, 정식재판청구권의 포기 또는 그 청구의 취하로 확정판결과 동일한 효력이 생기는데, 정식재판청구를 기각하는 재판이 확정된 때에도 같다(제16조). 즉결심판은 정식재판청구에 의한 판결이 있는 때 그 효력을 잃는다(제15조). 약식명령에 관한 종전의 불이익변경금지원칙을 판례는 즉결심판에 대해 피고인만이 정식재판을 청구한 경우에도 즉결심판법 제19조의 형소법 준용규정에 따라 준용했다(98도2550). 따라서 약식명령에 관해 변경된 형종상향금지원칙이 즉결심판절차에도 적용된다고 봐야 할지 논란이 있을 수 있다.

즉결심판판사는 구류의 선고를 받은 피고인이 일정한 주소가 없거나 도망할 염려가 있을 때에는 5일을 초과하지 않는 기간 경찰서유치장(지방해양경찰관서의 유치장 포함)에 유치할 것을 명령할 수 있다(제17조).

2. 경범죄 처벌법과 범칙금통고제도

경범죄처벌법의 목적은 경범죄의 종류 및 처벌에 필요한 사항을 정함으로써 국민의 자유와 권리를 보호하고 사회공공의 질서유지에 이바지함에 있다.

가. 경범죄의 종류

경범죄는 보호법익에 따라 아래와 같이 분류할 수 있다. 그런데 이들 죄를 짓도록 시키거나 도와준 사람은 죄를 지은 사람에 준하여 벌한다(제4조). 다만 이들 죄로 사람을 벌할 때에는 그 사정과 형편을 헤아려서 그 형을 면제하거나 구류와 과료를 함께 부과할 수 있다(제5조).

(1) 개인적 법익에 관한 경범죄

제3조 (경범죄의 종류) ① 다음 각 호의 어느 하나에 해당하는 사람은 10만원 이하의 벌금, 구류 또는 과료(科料)의 형으로 처벌한다.
8. (물품강매 · 호객행위) 요청하지 아니한 물품을 억지로 사라고 한 사람, 요청하지 아니한 일을 해주거나 재주 등을 부리고 그 대가로 돈을 달라고 한 사람 또는 여러 사람이 모이거나 다니는 곳에서 영업을 목적으로 떠들썩하게 손님을 부른 사람
14. (단체가입 강요) 싫다고 하는데도 되풀이하여 단체 가입을 억지로 강요한 사람

26. (동물 등에 의한 행패 등) 소나 말을 놀라게 하여 달아나게 하거나 개나 그 밖의 동물을 시켜 사람이나 가축에게 달려들게 한 사람
27. (무단소등) 여러 사람이 다니거나 모이는 곳에 켜 놓은 등불이나 다른 사람 또는 단체가 표시를 하기 위하여 켜 놓은 등불을 함부로 끈 사람
35. (자릿세 징수 등) 여러 사람이 모이거나 쓸 수 있도록 개방된 시설 또는 장소에서 좌석이나 주차할 자리를 잡아 주기로 하거나 잡아주면서, 돈을 받거나 요구하거나 돈을 받으려고 다른 사람을 귀찮게 따라다니는 사람
40. (장난전화 등) 정당한 이유 없이 다른 사람에게 전화 · 문자메시지 · 편지 · 전자우편 · 전자문서 등을 여러 차례 되풀이하여 괴롭힌 사람
41. (지속적 괴롭힘) 상대방의 명시적 의사에 반하여 지속적으로 접근을 시도하여 면회 또는 교제를 요구하거나 지켜보기, 따라다니기, 잠복하여 기다리기 등의 행위를 반복하여 하는 사람

제3조 (경범죄의 종류) ② 다음 각 호의 어느 하나에 해당하는 사람은 20만원 이하의 벌금, 구류 또는 과료의 형으로 처벌한다.

1. (출판물의 부당게재 등) 올바르지 아니한 이익을 얻을 목적으로 다른 사람 또는 단체의 사업이나 사사로운 일에 관하여 신문, 잡지, 그 밖의 출판물에 어떤 사항을 싣거나 싣지 아니할 것을 약속하고 돈이나 물건을 받은 사람
2. (거짓 광고) 여러 사람에게 물품을 팔거나 나누어 주거나 일을 해주면서 다른 사람을 속이거나 잘못 알게 할 만한 사실을 들어 광고한 사람
4. (암표매매) 흥행장, 경기장, 역, 나루터, 정류장, 그 밖에 정하여진 요금을 받고 입장시키거나 승차 또는 승선시키는 곳에서 웃돈을 받고 입장권 · 승차권 또는 승선권을 다른 사람에게 되판 사람

2021. 4. 20. 제정된 스토킹범죄의 처벌 등에 관한 법률(약칭하여 스토킹처벌법)은 스토킹범죄를 아래와 같이 처벌한다. 따라서 경범죄처벌법 제3조 제41호의 지속적 괴롭힘은 스토킹처벌법으로 처벌될 수 있다.

제18조 (스토킹범죄) ① 스토킹범죄를 저지른 사람은 3년 이하의 징역 또는 3천만원 이하의 벌금에 처한다. ② 흉기 또는 그 밖의 위험한 물건을 휴대하거나 이용하여 스토킹범죄를 저지른 사람은 5년 이하의 징역 또는 5천만원 이하의 벌금에 처한다.

③ 제1항의 죄는 피해자가 구체적으로 밝힌 의사에 반하여 공소를 제기할 수 없다.

제2조 (정의) 이 법에서 사용하는 용어의 뜻은 다음과 같다.

1. "스토킹행위"란 상대방의 의사에 반(反)하여 정당한 이유 없이 상대방 또는 그의 동거인, 가족에 대하여 다음 각 목의 어느 하나에 해당하는 행위를 하여 상대방에게 불안감 또는 공포심을 일으키는 것을 말한다.

가. 접근하거나 따라다니거나 진로를 막아서는 행위
나. 주거, 직장, 학교, 그 밖에 일상적으로 생활하는 장소(이하 "주거등"이라 한다) 또는 그 부근에서 기다리거나 지켜보는 행위

다. 우편 · 전화 · 팩스 또는 「정보통신망 이용촉진 및 정보보호 등에 관한 법률」 제2조제1항 제1호의 정보통신망을 이용하여 물건이나 글 · 말 · 부호 · 음향 · 그림 · 영상 · 화상(이하 "물건등"이라 한다)을 도달하게 하는 행위
라. 직접 또는 제3자를 통하여 물건등을 도달하게 하거나 주거등 또는 그 부근에 물건등을 두는 행위
마. 주거등 또는 그 부근에 놓여져 있는 물건등을 훼손하는 행위
2. "스토킹범죄"란 지속적 또는 반복적으로 스토킹행위를 하는 것을 말한다.

경찰은 진행 중인 스토킹행위에 대하여 신고를 받은 경우 즉시 현장에 나가 다음 조치를 해야 한다(스토킹처벌법 제3조). ①스토킹행위의 제지, 향후 스토킹행위의 중단 통보 및 스토킹행위를 지속적 또는 반복적으로 할 경우 처벌 경고, ②스토킹행위자와 피해자등의 분리 및 범죄수사, ③피해자등에 대한 긴급응급조치 및 잠정조치 요청의 절차 등 안내, ④스토킹 피해 관련 상담소 또는 보호시설로의 피해자등 인도(피해자등이 동의한 경우만 해당).

(2) 공공의 안전과 평온에 관한 경범죄

제3조 (경범죄의 종류) ① 다음 각 호의 어느 하나에 해당하는 사람은 10만원 이하의 벌금, 구류 또는 과료(科料)의 형으로 처벌한다.
1. (빈집 등에의 침입) 다른 사람이 살지 아니하고 관리하지 아니하는 집 또는 그 울타리 · 건조물(建造物) · 배 · 자동차 안에 정당한 이유 없이 들어간 사람
2. (흉기의 은닉휴대) 칼 · 쇠몽둥이 · 쇠톱 등 사람의 생명 또는 신체에 중대한 위해를 끼치거나 집이나 그 밖의 건조물에 침입하는 데에 사용될 수 있는 연장이나 기구를 정당한 이유 없이 숨겨서 지니고 다니는 사람
3. (폭행 등 예비) 다른 사람의 신체에 위해를 끼칠 것을 공모(共謀)하여 예비행위를 한 사람이 있는 경우 그 공모를 한 사람
9. (광고물 무단부착 등) 다른 사람 또는 단체의 집이나 그 밖의 인공구조물과 자동차 등에 함부로 광고물 등을 붙이거나 내걸거나 끼우거나 글씨 또는 그림을 쓰거나 그리거나 새기는 행위 등을 한 사람 또는 다른 사람이나 단체의 간판, 그 밖의 표시물 또는 인공구조물을 함부로 옮기거나 더럽히거나 훼손한 사람 또는 공공장소에서 광고물 등을 함부로 뿌린 사람
16. (타인의 가축 · 기계 등 무단조작) 다른 사람 또는 단체의 소나 말, 그 밖의 짐승 또는 매어 놓은 배 · 뗏목 등을 함부로 풀어 놓거나 자동차 등의 기계를 조작한 사람
17. (물길의 흐름 방해) 개천 · 도랑이나 그 밖의 물길의 흐름에 방해될 행위를 한 사람
18. (구걸행위 등) 다른 사람에게 구걸하도록 시켜 올바르지 아니한 이익을 얻은 사람 또는 공공장소에서 구걸을 하여 다른 사람의 통행을 방해하거나 귀찮게 한 사람
19. (불안감조성) 정당한 이유 없이 길을 막거나 시비를 걸거나 주위에 모여들거나 뒤따르거나 몹시 거칠게 겁을 주는 말이나 행동으로 다른 사람을 불안하게 하거나 귀찮고 불쾌하

게 한 사람 또는 여러 사람이 이용하거나 다니는 도로 · 공원 등 공공장소에서 고의로 험악한 문신(文身)을 드러내어 다른 사람에게 혐오감을 준 사람

20. (음주소란 등) 공회당 · 극장 · 음식점 등 여러 사람이 모이거나 다니는 곳 또는 여러 사람이 타는 기차 · 자동차 · 배 등에서 몹시 거친 말이나 행동으로 주위를 시끄럽게 하거나 술에 취하여 이유 없이 다른 사람에게 주정한 사람
21. (인근소란 등) 악기 · 라디오 · 텔레비전 · 전축 · 종 · 확성기 · 전동기(電動機) 등의 소리를 지나치게 크게 내거나 큰소리로 떠들거나 노래를 불러 이웃을 시끄럽게 한 사람
22. (위험한 불씨 사용) 충분한 주의를 하지 아니하고 건조물, 수풀, 그 밖에 불붙기 쉬운 물건 가까이에서 불을 피우거나 휘발유 또는 그 밖에 불이 옮아붙기 쉬운 물건 가까이에서 불씨를 사용한 사람
23. (물건 던지기 등 위험행위) 다른 사람의 신체나 다른 사람 또는 단체의 물건에 해를 끼칠 우려가 있는 곳에 충분한 주의를 하지 아니하고 물건을 던지거나 붓거나 또는 쏜 사람
24. (인공구조물 등의 관리소홀) 무너지거나 넘어지거나 떨어질 우려가 있는 인공구조물이나 그 밖의 물건에 대하여 관계 공무원으로부터 고칠 것을 요구받고도 필요한 조치를 게을리하여 여러 사람을 위험에 빠트릴 우려가 있게 한 사람
25. (위험한 동물의 관리 소홀) 사람이나 가축에 해를 끼치는 버릇이 있는 개나 그 밖의 동물을 함부로 풀어놓거나 제대로 살피지 아니하여 나다니게 한 사람
28. (공중통로 안전관리소홀) 여러 사람이 다니는 곳에서 위험한 사고가 발생하는 것을 막을 의무가 있으면서도 등불을 켜 놓지 아니하거나 그 밖의 예방조치를 게을리한 사람
31. (미신요법) 근거 없이 신기하고 용한 약방문인 것처럼 내세우거나 그 밖의 미신적인 방법으로 병을 진찰 · 치료 · 예방한다고 하여 사람들의 마음을 홀리게 한 사람
36. (행렬방해) 공공장소에서 승차 · 승선, 입장 · 매표 등을 위한 행렬에 끼어들거나 떠밀거나 하여 그 행렬의 질서를 어지럽힌 사람
37. (무단 출입) 출입이 금지된 구역이나 시설 또는 장소에 정당한 이유 없이 들어간 사람
38. (총포 등 조작장난) 여러 사람이 모이거나 다니는 곳에서 충분한 주의를 하지 아니하고 총포, 화약류, 그 밖에 폭발의 우려가 있는 물건을 다루거나 이를 가지고 장난한 사람
39. (무임승차 및 무전취식) 영업용 차 또는 배 등을 타거나 다른 사람이 파는 음식을 먹고 정당한 이유 없이 제 값을 치르지 아니한 사람

(3) 공중의 건강에 관한 경범죄

제3조 (경범죄의 종류) ① 다음 각 호의 어느 하나에 해당하는 사람은 10만원 이하의 벌금, 구류 또는 과료(科料)의 형으로 처벌한다.

10. (마시는 물 사용방해) 사람이 마시는 물을 더럽히거나 사용하는 것을 방해한 사람
11. (쓰레기 등 투기) 담배꽁초, 껌, 휴지, 쓰레기, 죽은 짐승, 그 밖의 더러운 물건이나 못쓰게 된 물건을 함부로 아무 곳에나 버린 사람
12. (노상방뇨 등) 길, 공원, 그 밖에 여러 사람이 모이거나 다니는 곳에서 함부로 침을 뱉거나 대소변을 보거나 또는 그렇게 하도록 시키거나 개 등 짐승을 끌고 와서 대변을 보게 하고 이를 치우지 아니한 사람
15. (자연훼손) 공원 · 명승지 · 유원지나 그 밖의 녹지구역 등에서 풀 · 꽃 · 나무 · 돌 등을 함부로 꺾거나 캔 사람 또는 바위 · 나무 등에 글씨를 새기거나 하여 자연을 훼손한 사람

(4) 사회의 풍속에 관한 경범죄

제3조 (경범죄의 종류) ① 다음 각 호의 어느 하나에 해당하는 사람은 10만원 이하의 벌금, 구류 또는 과료(科料)의 형으로 처벌한다.

5. (시체 현장변경 등) 사산아(死産兒)를 감추거나 정당한 이유 없이 변사체 또는 사산아가 있는 현장을 바꾸어 놓은 사람

33. (과다노출) 공개된 장소에서 공공연하게 성기 · 엉덩이 등 신체의 주요한 부위를 노출하여 다른 사람에게 부끄러운 느낌이나 불쾌감을 준 사람

(5) 국가의 기능에 관한 경범죄

제3조 (경범죄의 종류) ① 다음 각 호의 어느 하나에 해당하는 사람은 10만원 이하의 벌금, 구류 또는 과료(科料)의 형으로 처벌한다.

6. (도움이 필요한 사람 등의 신고불이행) 자기가 관리하고 있는 곳에 도움을 받아야 할 노인, 어린이, 장애인, 다친 사람 또는 병든 사람이 있거나 시체 또는 사산아가 있는 것을 알면서 이를 관계 공무원에게 지체 없이 신고하지 아니한 사람

7. (관명사칭 등) 국내외의 공직(公職), 계급, 훈장, 학위 또는 그 밖에 법령에 따라 정하여진 명칭이나 칭호 등을 거짓으로 꾸며 대거나 자격이 없으면서 법령에 따라 정하여진 제복, 훈장, 기장 또는 기념장(記念章), 그 밖의 표장(標章) 또는 이와 비슷한 것을 사용한 사람

13. (의식방해) 공공기관이나 그 밖의 단체 또는 개인이 하는 행사나 의식을 못된 장난 등으로 방해하거나 행사나 의식을 하는 자 또는 그 밖에 관계 있는 사람이 말려도 듣지 아니하고 행사나 의식을 방해할 우려가 뚜렷한 물건을 가지고 행사장 등에 들어간 사람

29. (공무원 원조불응) 눈 · 비 · 바람 · 해일 · 지진 등으로 인한 재해, 화재 · 교통사고 · 범죄, 그 밖의 급작스러운 사고가 발생하였을 때에 현장에 있으면서도 정당한 이유 없이 관계 공무원 또는 이를 돕는 사람의 현장출입에 관한 지시에 따르지 아니하거나 공무원이 도움을 요청하여도 도움을 주지 아니한 사람

30. (거짓 인적사항 사용) 성명, 주민등록번호, 등록기준지, 주소, 직업 등을 거짓으로 꾸며대고 배나 비행기를 타거나 인적사항을 물을 권한이 있는 공무원이 적법한 절차를 거쳐 묻는 경우 정당한 이유 없이 다른 사람의 인적사항을 자기의 것으로 거짓으로 꾸며댄 사람

32. (야간통행제한 위반) 전시 · 사변 · 천재지변, 그 밖에 사회에 위험이 생길 우려가 있을 경우에 경찰청장이나 해양경찰청장이 정하는 야간통행제한을 위반한 사람

34. (지문채취 불응) 범죄 피의자로 입건된 사람의 신원을 지문조사 외의 다른 방법으로는 확인할 수 없어 경찰공무원이나 검사가 지문을 채취하려고 할 때에 정당한 이유 없이 이를 거부한 사람

제3조 (경범죄의 종류) ② 다음 각 호의 어느 하나에 해당하는 사람은 20만원 이하의 벌금, 구류 또는 과료의 형으로 처벌한다.

3. (업무방해) 못된 장난 등으로 다른 사람, 단체 또는 공무수행 중인 자의 업무를 방해한 사람

제3조 (경범죄의 종류) ③ 다음 각 호의 어느 하나에 해당하는 사람은 60만원 이하의 벌금, 구류 또는 과료의 형으로 처벌한다.

1. (관공서에서의 주취소란) 술에 취한 채로 관공서에서 몹시 거친 말과 행동으로 주정하거나 시끄럽게 한 사람
2. (거짓신고) 있지 아니한 범죄나 재해 사실을 공무원에게 거짓으로 신고한 사람

나. 경범죄 처리의 특례: 범칙금 통고처분제도

(1) 의의

경범죄처벌법 제7조에 따르면 경찰서장, 해양경찰서장, 제주특별자치도지사 또는 철도특별사법경찰대장은 범칙자에게 그 이유를 명백히 나타낸 서면으로 범칙금의 납부를 통고처분(通告處分)할 수 있다. 여기서 범칙자란 경범죄처벌법 제3조 제1항과 제2항의 범칙행위를 한 사람으로서 아래에 해당하지 않는 사람을 말한다. ①범칙행위를 상습적으로 하는 사람, ②죄를 지은 동기나 수단 및 결과를 헤아려볼 때 구류처분을 하는 것이 적절하다고 인정되는 사람, ③피해자가 있는 행위를 한 사람, ④18세 미만인 사람(제6조). 다만 ①통고처분서 받기를 거부한 사람, ②주거 또는 신원이 확실하지 않은 사람, ③그 밖에 통고처분을 하기가 매우 어려운 사람에게는 통고처분을 할 수 없다.

(2) 본질

범칙금 통고처분은 일정한 범죄를 저지른 자가 행정기관이 통고처분한 사항을 이행하면, 형벌을 면하게 해주는 제도이다. 그 본질이 행정처분인지, 아니면 사법처분인지 다툼이 있고, 또 위헌이라는 견해도 있지만, 현실적으로는 형벌을 신속하게 부과할 수 있도록 해주면서도 동시에 형벌을 면하게 해주며, 각 행정기관의 재정수입에도 기여한다.

판례도 경범죄처벌법의 범칙금 통고처분제도는 범칙행위에 대하여 형사절차에 앞서 경찰서장의 통고처분에 따라 범칙금을 납부한 사람은 기소를 하지 않는 처벌의 특례를 마련해 둔 것으로 법원의 재판절차와는 제도적 취지와 법적 성질에서 차이가 있다고 본다(2017도13409; 2012도6612). 또한 범칙자가 통고처분을 불이행하였더라도 기소독점주의의 예외를 인정하여 경찰서장의 즉결심판청구를 통해 공판절차를 거치지 않고 사건을 간이하고 신속·적정하게 처리함으로써 소송경제를 도모하되, 즉결심판 선고 전까지 범칙금을 납부하면 형사처벌을 면할 수 있도록 함으로써 범칙자에게 형사소추와 형사처벌을 면제받을 기회를 부여한 것이다. 범칙자의 이와 같은 절차적 지위를 보장할 필요가 있으므로 범칙금 통고처분을 하였는데 통고처분에서 정한 범칙금 납부기간이 경과하지 않은 경우 원칙적으로 경찰서장은 즉결심판을 청구할 수 없고, 검사도 그 범칙

행위에 대하여 공소를 제기할 수 없다. 따라서 범칙행위에 대한 경찰서장의 통고처분 후 범칙금 납부기간이 지나기 전에 제기된 공소는 효력이 없다(2017도13409).

(3) 내용

통고처분서를 받은 사람은 통고처분서를 받은 날부터 10일 이내에 경찰청장·해양경찰청장 또는 철도특별사법경찰대장이 지정한 은행, 그 지점이나 대리점, 우체국 또는 제주특별자치도지사가 지정하는 금융기관이나 그 지점에 범칙금을 납부해야 하고, 납부기간에 범칙금을 납부하지 않은 사람은 납부기간의 마지막 날의 다음 날부터 20일 이내에 통고받은 범칙금에 그 금액의 100분의 20을 더한 금액을 납부해야 한다(제8조).

범칙금을 납부기간 내에 납부하지 않은 사람에 대하여 경찰서장은 지체 없이 즉결심판을 청구해야 하고(제9조 제1항 제2호), 즉결심판이 청구되더라도 그 선고 전까지 피고인이 통고받은 범칙금에 50/100을 더한 금액을 납부하고 그 증명서류를 제출하였을 경우에는 경찰서장은 즉결심판 청구를 취소해야 한다(제9조 제2항).

통고받은 범칙금을 납부한 사람은 그 범칙행위에 대하여 다시 처벌받지 않는다(제8조 제3항, 제9조 제3항).

3. 약식절차

가. 의의

형소법 제448조 이하에 규정된 약식절차란 공판절차를 거치지 않고 서면심리만으로 형을 선고하는 간이한 형사절차를 말한다. 지방법원의 관할에 속하는 사건으로서 벌금, 과료 또는 몰수로 처벌할 수 있는 사건이 그 대상이 된다(제448조 제1항). 따라서 법정형이 벌금형 이하인 경우이어야 하는 것은 아니다. 법정형에 징역이 있을지라도 벌금형 이하가 선택적으로 규정되어있으면 된다. 약식명령으로 피고인을 벌금, 과료 또는 몰수로 처벌하면서, 추징 기타 부수의 처분을 할 수도 있다(제448조 제2항).

약식명령을 청구할 수 있는 사건 중 피의자가 약식절차에서의 전자문서 이용 등에 관한 법률(약칭하여 전자약식절차법)의 약식절차에 따를 것을 동의한 도교법 제148조의2의 음주운전죄, 제152조 제1호와 제154조 제2호의 무면허운전죄, 이 죄들과 관련된 도교법 제159조의 양벌규정 사건에 대해서는 전자약식절차법이 적용된다(제3조).

나. 약식명령의 청구와 약식명령

약식명령의 청구는 공소의 제기와 동시에 서면으로 해야 한다(제449조). 약식명령의 청구가 있는 경우에 그 사건이 약식명령으로 할 수 없거나 약식명령으로 하는 것이 적당하지 않다고 인정한 때에는 공판절차에 따라 심판해야 한다(제450조). 예컨대 무죄나 면소, 공소기각의 재판을 해야 할 경우가 이에 해당한다.

약식명령은 그 청구가 있은 날로부터 14일 이내에 해야 한다(소촉법 제22조). 약식명령에는 범죄사실, 적용법령, 주형, 부수처분과 약식명령의 고지를 받은 날로부터 7일 이내에 정식재판의 청구를 할 수 있음을 명시해야 한다(제451조). 약식명령의 고지는 검사와 피고인에 대한 재판서의 송달로 한다(제452조). 변호인이 있는 경우라도 반드시 변호인에게 약식명령 등본을 송달해야 하는 것은 아니므로 정식재판 청구기간은 피고인에 대한 약식명령 고지일을 기준으로 하여 기산하여야 한다(2017모1557).

약식명령은 정식재판의 청구기간이 경과하거나 그 청구의 취하 또는 청구기각의 결정이 확정한 때에는 확정판결과 동일한 효력이 있다(제457조). 그런데 약식명령은 정식재판청구에 따른 판결이 있는 때는 그 효력을 잃는다(제456조). 따라서 약식명령에 대해 정식재판절차에서 유죄판결이 선고되어 확정된 것임에도 불구하고 피고인이 약식명령에 대해 재심의 청구를 했고, 법원도 이를 확인하지 못하고 약식명령에 대해 재심개시결정을 했으며 검사나 피고인 등이 모두 불복하지 아니함으로써 재심개시결정이 확정된 경우, 재심절차를 진행하는 법원은 재심이 개시된 대상을 유죄의 확정판결로 변경할 수는 없고, 재심개시결정은 재심을 개시할 수 없는 약식명령을 대상으로 한 것이므로, 그 재심개시결정에 따라 재심절차를 진행하는 법원으로서는 심판의 대상이 없어 아무런 재판을 할 수 없다(2011도10626).

다. 정식재판의 청구

검사 또는 피고인은 약식명령의 고지를 받은 날로부터 7일 이내에 정식재판의 청구를 할 수 있는데, 피고인은 정식재판의 청구를 포기할 수 없고, 정식재판의 청구는 약식명령을 한 법원에 서면으로 제출하여 해야 하며, 정식재판의 청구가 있는 때에는 법원은 지체없이 검사 또는 피고인에게 그 사유를 통지해야 한다(제453조).

정식재판의 청구는 1심판결 선고 전까지 취하할 수 있다(제454조). 정식재판의 청구가 법령상의 방식에 위반하거나 청구권의 소멸 후인 것이 명백한 때에는 결정으로 기각해야 하는데, 이 결정에 대해서는 즉시항고를 할 수 있으며, 정식재판의 청구가 적법한 때에는 공판절차에 따라 심판해야 한다(제455조).

'피고인이 정식재판을 청구한 사건에 대해서는 약식명령의 형보다 중한 형을 선고하지 못한다'는 불이익변경금지원칙이 형종변경금지원칙으로 변경되었다(2017. 12. 19). 이에 따라 피고인이 정식재판을 청구한 사건에 대하여는 '약식명령의 형보다 중한 종류의 형을 선고하지 못하고, 약식명령의 형보다 중한 형을 선고하는 경우에는 판결서에 양형의 이유를 적어야 한다'(제457조의2). 약식명령을 받은 벌금형을 징역형으로 바꿀 수는 없으나 벌금형의 액수를 상향하여 선고할 수 있도록 한 것이다. 약식명령에 대해서도 불이익변경금지원칙을 인정하는 것은 옳지 않다는 지적을 수용하면서도 불이익변경금지원칙을 완전히 폐지하면 약식명령에 대한 정식재판청구가 위축될 수 있다는 점을 감안한 것이다.

교특법위반죄로 벌금형의 약식명령을 고지받아 정식재판을 청구한 사건과 음주운전죄로 공소가 제기된 사건을 병합 · 심리한 후 교특법위반죄는 금고형을, 음주운전죄는 징역형을 각각 선택하여 경합범으로 처단하면서 징역형을 선고한 것은 실질적인 불이익한 변경이므로 불이익변경금지원칙에 어긋난다(2004도6784). 그러나 벌금형의 약식명령에 대해 피고인이 정식재판을 청구한 사건과 징역 8월에 집행유예 2년이 선고된 다른 사건을 병합 · 심리한 후 경합범으로 처단하면서 징역 8월에 집행유예 2년을 선고한 것은 불이익변경금지원칙에 어긋나지 않는다(2005도5105).

상소의 권한자, 일부상소, 상소권회복청구, 상소의 포기와 취하, 피고인의 출정 등에 관한 규정은 정식재판의 청구 또는 그 취하에 준용한다(제458조).

약식명령에 대하여 피고인만 정식재판을 청구한 사건에서 공소사실의 동일성이 인정되면 법정형에 유기징역형만 있는 범죄로 공소장을 변경할 수 있다(2011도14986). 벌금형을 선고할 수 없는 것은 아니기 때문이다.

4. 국민참여재판절차

국민참여재판법의 목적은 사법의 민주적 정당성과 신뢰를 높이기 위하여 국민이 형사재판에 참여하는 제도를 시행함에 있어서 참여에 따른 권한과 책임을 명확히 하고, 재판절차의 특례와 그 밖에 필요한 사항에 관하여 규정함에 있다.

가. 대상사건

국민참여재판법 제5조는 대상사건을 아래와 같이 규정하고 있다. ①합의부 관할사건(법원조직법 제32조 제1항), ②①사건의 미수 · 교사 · 방조 · 예비 · 음모 사건, ③①과 ② 사건과 관련사건(형소법 제11조)으로서 병합심리하는 사건. 그러나 이런 대상사건일지라도 아래 경우는 국민참여재판을 하지 않는다.

합의부 관할사건은 다음과 같다(제32조 제1항). ①합의부에서 심판할 것으로 합의부가 결정한 사건, ②특정사건[149]을 제외하고 법정형이 사형 · 무기 또는 단기 1년 이상 징역 또는 금고에 해당하는 사건, ③이런 사건과 동시에 심판할 공범사건, ④지방법원 판사에 대한 제척 · 기피사건, ⑤다른 법률에 의해 합의부의 권한에 속하는 사건. 예컨대 공직선거법의 선거범죄는 법정형에 관계없이 합의부 관할사건이다(제269조).

나. 제외사건

(1) 피고인이 서면으로 국민참여재판을 원하지 않는 경우

법원은 대상사건의 피고인에 대해 국민참여재판을 원하는지 여부에 관한 의사를 서면 등의 방법으로 반드시 확인해야 하는데, 피고인의 의사의 구체적인 확인 방법은 대법원 규칙으로 정하되, 피고인의 국민참여재판을 받을 권리가 최대한 보장되도록 해야 하고, 피고인은 공소장 부본을 송달받은 날부터 7일 이내에 국민참여재판을 원하는지 여부에 관한 의사가 기재된 서면을 제출해야 한다(제8조).

그런데 판례는 공소장 부본을 송달받은 날로부터 7일 이내에 의사확인서를 제출하지 않은 피고인도 1회 공판기일이 열리기 전까지는 국민참여재판을 신청할 수 있다고 본다(2009모1032). 그 이유는 ①입법취지가 위 기한이 지나면 피고인이 국민참여재판 신청을 할 수 없도록 하려는 데 있지 않고, ②당초 국민참여재판을 희망하지 않는다는 의사확인서를 제출한 피고인도 1회 공판기일이 열리기 전까지 의사를 변경하여 국민참여재판 신청을 할 수 있음에도 불구하고 의사확인서를 제출하지 않은 피고인은 1회 공판기일이 열리기 전에도 국민참여재판 신청을 할 수 없다고 보는 것은 형평성에 어긋나며,

---

149) ①형법의 특수절도죄(제331조), 상습특수절도죄와 그 각 미수죄에 해당하는 사건, ②폭처법 제2조 제1항 · 제3항(상습폭행등과 그 누범), 제3조 제1항 · 제2항(집단폭행등과 그 상습), 제6조(그 미수죄), 제9조(사법경찰관리의 직무유기)에 해당하는 사건, ③병역법 위반사건, ④특가법 제5조의3 제1항(사고후도주운전죄), 제5조의4 제5항(그 누범)에 해당하는 사건, ⑤보건범죄단속에 관한 특별조치법 제5조(무면허의료)에 해당하는 사건, ⑥부정수표단속법 제5조(수표의 위 · 변조)에 해당하는 사건.

③의사확인서를 제출하지 않은 피고인이 1회 공판기일이 열리기 전까지 국민참여재판 신청을 할 수 있도록 허용하더라도 재판이 지연되는 정도는 중하지 않고 오히려 국민참여재판으로 진행되는 경우 재판이 더욱 신속하게 종결될 가능성이 크다는 것이다.

법원이 국민참여재판을 원하는지 여부에 관한 피고인의 의사를 확인하지 않은 채 통상의 공판절차를 진행한 경우, (항소심에서) ㉮국민참여재판절차에 관한 충분한 안내와 그 희망 여부에 관해 숙고할 수 있는 상당한 시간이 부여된 상황에서 ㉯피고인이 국민참여재판을 원하지 않는다고 하면서 1심의 절차적 위법을 문제삼지 않겠다는 의사를 명백히 표시한 경우가 아닌 한 1심의 하자는 치유되지 않는다(2012도1225. 同旨: 2012도13896; 2011도15484). 이에 따라 국민참여재판을 희망하는지 여부에 관한 피고인의 의사를 확인하지 않은 것에 대해 1회 공판기일에 피고인과 변호인이 이의가 없다고 진술하자 항소심이 같은 날 변론을 종결한 후 2회 공판기일에 피고인의 항소를 기각하는 판결을 선고한 경우처럼 위 ㉮의 요건을 충족하지 않은 경우 1심의 하자가 치유되지 않는다고 본다. 같은 취지에서 판례는 1심법원이 피고인의 강간치상사건에 대해 공소장부본 송달일로부터 7일이 경과하기 전에 1회 공판기일을 진행하면서 국민참여재판 신청 의사를 확인하지 않고, 그 이후 도착한 피고인의 국민참여재판 신청에 대해 배제결정도 하지 않은 채 통상의 공판절차로 재판을 진행한 경우, 이런 위법한 공판절차에서 이루어진 소송행위는 무효라고 본다(2011도7106).

(2) 법원이 국민참여재판을 하지 않기로 결정한 경우

법원은 공소제기 후부터 공판준비기일이 종결된 다음 날까지 아래 중 하나에 해당하면 국민참여재판을 하지 않기로 결정을 할 수 있는데, 이에 대하여는 즉시항고를 할 수 있다(제9조). ①배심원 · 예비배심원 · 배심원후보자 또는 그 친족의 생명 · 신체 · 재산에 대한 침해 또는 그 우려가 있어서 출석에 어려움이 있거나 국민참여재판법에 따른 직무를 공정하게 수행하지 못할 염려가 있다고 인정되는 경우, ②공범 관계에 있는 피고인들 중 일부가 국민참여재판을 원하지 않아서 진행에 어려움이 있다고 인정되는 경우, ③성폭법 제2조의 범죄의 피해자 또는 법정대리인이 국민참여재판을 원하지 않는 경우, ④그 밖에 국민참여재판으로 진행하는 것이 적절하지 않다고 인정되는 경우.

헌재는 국민참여재판으로 진행하는 것이 적절하지 않다고 인정한 경우 법원이 배제결정을 할 수 있도록 한 제9조 제1항 제4호가 헌법과 법률이 정한 법관에 의한 재판을 받을 권리(제27조 제1항)를 침해하지 않는다고 본다(2012헌바298). 그 이유는 배심재판을 받을 권리를 헌법에 규정한 미국과 달리 피고인이 가진 재판을 받을 권리에 배심재판을 받을 권리가 포함되지 않는다는 것이다. 이는 헌법의 '헌법과 법률이 정한 법관에 의한 재판을 받을 권리'는 직업법관에 의한 재판을 주된 내용으로 하는 것이므로 국민참여재판을 받을 권리가 헌법 제27조 제1항에서 규정한 재판을 받을 권리의 보호범위에 속한다고 볼 수 없다고 본 종전 헌재 결정(2008헌바12)의 취지와 같다.

다. 국민참여재판으로 진행하는 것이 부적절한 경우의 관할

법원은 공소사실의 일부 철회 또는 변경으로 인해 대상사건에 해당하지 않게 된 경우에도 국민참여재판법에 따른 재판을 계속 진행하지만, 법원은 심리의 상황이나 그 밖의 사정을 고려하여 국민참여재판으로 진행하는 것이 적당하지 않다고 인정하는 경우에는 결정으로 당해 사건을 지방법원 본원 합의부가 국민참여재판에 의하지 않고 심판하게 할 수 있는데, 이런 결정에 대해서는 불복할 수 없고, 이런 결정이 있는 경우에는 국민참여재판에 참여한 배심원과 예비배심원은 해임된 것으로 보고, 이런 결정 전에 한 소송행위는 그 결정 이후에도 그 효력에 영향이 없다(제6조).

법원은 피고인의 질병 등으로 공판절차가 장기간 정지되거나 피고인에 대한 구속기간의 만료, 성폭력범죄 피해자의 보호, 그 밖에 심리의 제반 사정에 비추어 국민참여재판을 계속 진행하는 것이 부적절하다고 인정하는 경우에는 직권 또는 검사 · 피고인 · 변호인이나 성폭력범죄 피해자 또는 법정대리인의 신청에 따라 결정으로 사건을 지방법원 본원 합의부가 국민참여재판에 의하지 않고 심판하게 할 수 있는데, 이런 결정을 하기 전에 검사 · 피고인 또는 변호인의 의견을 들어야 하며, 이런 결정에 대해서는 불복할 수 없다(제11조).

라. 배심원

(1) 배심원의 수

법정형이 사형 · 무기징역 또는 무기금고에 해당하는 대상사건에 대한 국민참여재판에는 9인의 배심원이 참여하고, 그 외의 대상사건에 대한 국민참여재판에는 7인의 배심원이 참여하지만, 법원은 피고인 또는 변호인이 공판준비절차에서 공소사실의 주요 내용을 인정한 때에는 5인의 배심원이 참여하게 할 수 있다(제13조). 법원은 사건의 내용에 비추어 특별한 사정이 있다고 인정되고 검사 · 피고인 또는 변호인의 동의가 있는 경우 결정으로 배심원의 수를 7인과 9인 중에서 위와 달리 정할 수 있다.

법원은 배심원의 결원 등에 대비하여 5인 이내의 예비배심원을 둘 수 있다(제14조).

(2) 배심원의 선정절차

배심원은 만 20세 이상 대한민국 국민이면서 아래 사유 등에 해당하지 않는 사람 가운데 아래 절차에 따라 선정한다(제16조).

- 권리 제한에 따른 결격사유(제17조)[150]
- 배심제의 취지에 반하는 직업 등에 따른 제외사유(제18조)[151]
- 불공정한 판단의 우려에 따른 제척사유(제19조)[152]
- 직무수행의 어려움에 따른 면제사유(제20조)[153]

---

150) 제17조(결격사유) 다음 각 호의 어느 하나에 해당하는 사람은 배심원으로 선정될 수 없다.
1. 피성년후견인 또는 피한정후견인
2. 파산선고를 받고 복권되지 아니한 사람
3. 금고 이상의 실형을 선고받고 그 집행이 종료(종료된 것으로 보는 경우를 포함한다)되거나 집행이 면제된 후 5년을 경과하지 아니한 사람
4. 금고 이상의 형의 집행유예를 선고받고 그 기간이 완료된 날부터 2년을 경과하지 아니한 사람
5. 금고 이상의 형의 선고유예를 받고 그 선고유예기간 중에 있는 사람
6. 법원의 판결에 의하여 자격이 상실 또는 정지된 사람

151) 제18조(직업 등에 따른 제외사유) 다음 각 호의 어느 하나에 해당하는 사람을 배심원으로 선정하여서는 아니 된다.
1. 대통령
2. 국회의원 · 지방자치단체의 장 및 지방의회의원
3. 입법부 · 사법부 · 행정부 · 헌법재판소 · 중앙선거관리위원회 · 감사원의 정무직 공무원
4. 법관 · 검사
5. 변호사 · 법무사
6. 법원 · 검찰 공무원
7. 경찰 · 교정 · 보호관찰 공무원
8. 군인 · 군무원 · 소방공무원 또는 「예비군법」에 따라 동원되거나 교육훈련의무를 이행 중인 예비군

152) 제19조(제척사유) 다음 각 호의 어느 하나에 해당하는 사람은 당해 사건의 배심원으로 선정될 수 없다.
1. 피해자
2. 피고인 또는 피해자의 친족이나 이러한 관계에 있었던 사람
3. 피고인 또는 피해자의 법정대리인
4. 사건에 관한 증인 · 감정인 · 피해자의 대리인
5. 사건에 관한 피고인의 대리인 · 변호인 · 보조인
6. 사건에 관한 검사 또는 사법경찰관의 직무를 행한 사람
7. 사건에 관하여 전심 재판 또는 그 기초가 되는 조사 · 심리에 관여한 사람

153) 제20조(면제사유) 법원은 직권 또는 신청에 따라 다음 각 호의 어느 하나에 해당하는 사람에 대하여 배심원 직무의 수행을 면제할 수 있다.
1. 만 70세 이상인 사람
2. 과거 5년 이내에 배심원후보자로서 선정기일에 출석한 사람
3. 금고 이상의 형에 해당하는 죄로 기소되어 사건이 종결되지 아니한 사람
4. 법령에 따라 체포 또는 구금되어 있는 사람
5. 배심원 직무의 수행이 자신이나 제3자에게 위해를 초래하거나 직업상 회복할 수 없는 손해를 입게 될 우려가 있는 사람
6. 중병 · 상해 또는 장애로 인하여 법원에 출석하기 곤란한 사람
7. 그 밖의 부득이한 사유로 배심원 직무를 수행하기 어려운 사람

(가) 선정기일

법원은 배심원후보예정자명부 중에서 필요한 수의 배심원후보자를 무작위 추출 방식으로 정하여 배심원과 예비배심원의 선정기일을 통지해야 한다(제23조).

법원은 합의부원이 선정기일의 절차를 진행하게 할 수 있는데, 이때 수명법관은 선정기일에 관해 법원 또는 재판장과 동일한 권한이 있고, 선정기일은 공개하지 않으며, 선정기일에서는 배심원후보자의 명예가 손상되지 않고 사생활이 침해되지 않도록 배려해야 한다(제24조). 법원은 선정기일의 2일 전까지 검사와 변호인에게 배심원후보자의 성명 · 성별 · 출생연도가 기재된 명부를 송부해야 하는데, 선정절차에 질문표를 사용하는 때에는 선정기일을 진행하기 전에 배심원후보자가 제출한 질문표 사본을 검사와 변호인에게 교부해야 한다(제26조).

법원은 검사 · 피고인 또는 변호인에게 선정기일을 통지해야 하고, 검사와 변호인은 선정기일에 출석해야 하며, 피고인은 법원의 허가를 받아 출석할 수 있고, 변호인이 선정기일에 출석하지 않은 경우 국선변호인을 선정해야 한다(제27조).

(나) 선정절차

법원은 배심원후보자가 결격 · 제외 · 제척 · 면제(제17조-제20조)사유에 해당하는지 여부 또는 불공평한 판단을 할 우려가 있는지 여부 등을 판단하기 위해 배심원후보자에게 질문을 할 수 있고, 검사 · 피고인 또는 변호인은 법원으로 하여금 필요한 질문을 하도록 요청할 수 있고, 법원은 검사 또는 변호인으로 하여금 직접 질문하게 할 수 있으며, 법원은 배심원후보자가 결격 · 제외 · 제척 · 면제(제17조-제20조)사유에 해당하거나 불공평한 판단을 할 우려가 있다고 인정되는 때에는 직권 또는 검사 · 피고인 · 변호인의 기피신청에 따라 당해 배심원후보자에 대해 불선정결정을 해야 하며, 검사 · 피고인 또는 변호인의 기피신청을 기각하는 경우에는 이유를 고지해야 한다(제28조).

검사와 변호인은 각자 아래의 범위 내에서 배심원후보자에 대해 이유를 제시하지 않는 기피신청(약칭하여 무이유부기피신청)을 할 수 있는데, 무이유부기피신청이 있는 때에는 법원은 당해 배심원후보자를 배심원으로 선정할 수 없고, 법원은 검사 · 피고인 또는 변호인에게 순서를 바꿔가며 무이유부기피신청을 할 수 있는 기회를 주어야 한다(제30조). 배심원이 ①9인인 경우는 5인, ②7인인 경우는 4인, ③5인인 경우는 3인.

법원은 출석한 배심원후보자 중에서 당해 재판에서 필요한 배심원과 예비배심원의 수에 해당하는 배심원후보자를 무작위로 뽑고 이들을 대상으로 직권, 기피신청 또는 무이유부기피신청에 따른 불선정결정을 하고, 절차를 거쳐 필요한 수의 배심원과 예비배심원 후보자가 확정되면 법원은 무작위의 방법으로 배심원과 예비배심원을 선정하며, 예비배심원이 2인 이상인 경우에는 그 순번을 정해야 하는데, 법원은 배심원과 예비배심원에게 누가 배심원으로 선정되었는지 여부를 알리지 않을 수 있다(제31조).

마. 국민참여재판절차의 진행

(1) 공판준비기일(제37조)

법원은 주장과 증거를 정리하고 심리계획을 수립하기 위해 공판준비기일을 지정해야 하는데, 법원은 합의부원이 공판준비기일을 진행하게 할 수 있고, 이 경우 수명법관은 공판준비기일에 관하여 법원 또는 재판장과 동일한 권한이 있다.

공판준비기일은 공개하지만, 법원은 공개함으로써 절차 진행이 방해될 우려가 있다면 공개하지 않을 수 있는데, 공판준비기일에는 배심원이 참여하지 않는다.

(2) 공판절차

공판기일은 배심원과 예비배심원에게 통지해야 한다(제38조). 공판정은 판사 · 배심원 · 예비배심원 · 검사 · 변호인이 출석하여 개정한다. 검사와 피고인 및 변호인은 대등하게 마주 보고 위치하지만, 피고인신문을 하는 때에는 피고인은 증인석에 위치한다. 배심원과 예비배심원은 ①재판장과 ②검사 · 피고인 및 변호인 사이 왼쪽에 위치한다. 증인석은 ①재판장과 ②검사 · 피고인 및 변호인 사이 오른쪽에 배심원과 예비배심원을 마주 보고 위치한다(제39조).

법원은 특별한 사정이 없는 한 공판정에서의 심리를 속기사로 하여금 속기하게 하거나 녹음장치 또는 영상녹화장치를 사용하여 녹음 또는 영상녹화해야 하는데, 속기록 · 녹음테이프 또는 비디오테이프는 공판조서와는 별도로 보관해야 하며, 검사 · 피고인 또는 변호인은 비용을 부담하고 속기록 · 녹음테이프 또는 비디오테이프의 사본을 청구할 수 있다(제40조).

배심원과 예비배심원은 피고인 · 증인에 대하여 필요한 사항을 신문하여 줄 것을 재판장에게 요청하거나 필요하다고 인정되는 경우 재판장의 허가를 받아 각자 필기를 하여 이를 평의에 사용할 수 있지만, ①심리 도중에 법정을 떠나거나 평의 · 평결 또는 토의가 완결되기 전에 재판장의 허락 없이 평의 · 평결 또는 토의 장소를 떠나는 행위, ②평의가 시작되기 전에 당해 사건에 관한 자신의 견해를 밝히거나 의논하는 행위, ③재판절차 외에서 당해 사건에 관한 정보를 수집하거나 조사하는 행위, ④평의 · 평결 또는 토의에 관한 비밀을 누설하는 행위를 해서는 안 된다(제41조). 배심원 또는 예비배심원은 법원의 증거능력에 관한 심리에 관여할 수 없다(제44조).

국민참여재판에는 형소법의 간이공판절차(제286조의2)를 적용하지 않는다(제43조).

공판절차가 개시된 후 새로 재판에 참여하는 배심원 또는 예비배심원이 있는 때에는 공판절차를 갱신해야 하고, 갱신절차는 새로 참여한 배심원 또는 예비배심원이 쟁점 및 조사한 증거를 이해할 수 있도록 하되, 그 부담이 과중하지 않도록 해야 한다(제45조).

(3) 평의 · 평결 · 토의 및 판결 선고

재판장은 변론이 종결된 후 법정에서 배심원에게 공소사실의 요지와 적용법조, 피고인과 변호인 주장의 요지, 증거능력, 그 밖에 유의할 사항에 관해 설명해야 한다. 이 경우 필요한 때에는 증거의 요지에 관해 설명할 수 있다. 심리에 관여한 배심원은 이런 설명을 들은 후 유 · 무죄에 관해 평의하고, 전원의 의견이 일치하면 그에 따라 평결하는데, 이때 배심원 과반수의 요청이 있으면 심리에 관여한 판사의 의견을 들을 수 있다(임의적 의견청취). 배심원은 유 · 무죄에 관해 전원의 의견이 일치하지 않는 때에는 평결을 하기 전에 심리에 관여한 판사의 의견을 들어야 하는데(필요적 의견청취), 이 경우 유 · 무죄의 평결은 다수결의 방법으로 한다. 심리에 관여한 판사는 평의에 참석하여 의견을 진술한 경우에도 평결에는 참여할 수 없다. 평결이 유죄인 경우 배심원은 심리에 관여한 판사와 함께 양형에 관해 토의하고 그에 관한 의견을 개진한다. 재판장은 양형에 관한 토의 전에 처벌의 범위와 양형의 조건 등을 설명해야 한다. 평결과 의견은 법원을 기속하지 않는다(권고적 효력, 제46조). 그런데 2008-2020년 국민참여재판 전체사건 2718건 중 2541건(93.5%)은 배심원 평결과 재판부 판결이 일치했다. 평결과 판결이 일치하지 않은 사건은 177건(6.5%)이었다.

배심원은 평의 · 평결 및 토의 과정에서 알게 된 판사 및 배심원 각자의 의견과 그 분포 등을 누설해서는 안 된다(제47조).

판결의 선고는 변론을 종결한 기일에 해야 한다. 다만 특별한 사정이 있는 때에는 따로 선고기일을 지정할 수 있는데, 변론종결 후 14일 이내로 선고기일을 정해야 한다. 변론을 종결한 기일에 판결을 선고하는 경우에는 판결서를 선고 후에 작성할 수 있다. 재판장은 판결의 선고를 할 때 피고인에게 배심원의 평결결과를 고지해야 하며, 배심원의 평결결과와 다른 판결을 선고하는 때에는 피고인에게 그 이유를 설명해야 하고(제48조), 판결서에 그 이유를 기재해야 한다(제49조).

판결서에는 배심원이 재판에 참여했다는 취지를 기재해야 하고, 배심원의 의견을 기재할 수 있다(제49조).

바. 국민참여재판절차와 항소심

국민참여재판으로 진행된 1심에서 배심원이 만장일치로 한 평결 결과를 받아들여 강도상해의 공소사실을 무죄로 판단한 것을, 항소심이 피해자에 대하여만 증인신문을 추가로 실시한 다음 유죄로 인정한 것은 공판중심주의와 실질적 직접심리주의의 위반 및 증거재판주의에 관한 법리오해의 위법이 있다고 판례는 본다(2009도14065. 同旨: 2016도18031). 그 이유는 실질적 직접심리주의 및 공판중심주의의 취지와 정신에 비추어 항소심은 1심 증인이 한 진술의 신빙성 유무에 대한 1심의 판단이 명백히 잘못되었거나 현저히 부당하지 않는 한 항소심의 판단과 다르다는 이유로 1심의 판단을 함부로 뒤집어서는 안 되고, 사법의 민주적 정당성과 신뢰를 높이기 위해 도입된 국민참여재판절차에서는 더욱 그렇다는 것이다.

5. 소년형사절차

가. 소년법의 소년

소년법의 적용 대상이 되는 소년은 다음과 같다(제4조). ①죄를 범한 소년(범죄소년), ②형벌 법령에 저촉되는 행위를 한 10세 이상 14세 미만인 소년(촉법소년), ③다음에 해당하는 사유가 있고 그의 성격이나 환경에 비추어 앞으로 형벌 법령에 저촉되는 행위를 할 우려가 있는 10세 이상인 소년(우범소년). ⓐ집단적으로 몰려다니며 주위 사람들에게 불안감을 조성하는 성벽(性癖)이 있는 것, ⓑ정당한 이유 없이 가출하는 것, ⓒ술을 마시고 소란을 피우거나 유해환경에 접하는 성벽이 있는 것.

소년법은 '소년'을 19세 미만인 자로 규정하고 있다(제2조). 따라서 범죄를 저지른 소년 중 나이가 10세 이상 14세 미만인 경우는 촉법소년으로, 14세 이상 19세 미만인 경우는 범죄소년으로 각각 부른다. 그런데 판례는 소년법의 소년을 '심판시에 19세 미만'인 자로 해석하고, 소년인지 여부는 사실심판결 선고시를 기준으로 판단해야 한다고 본다(2009도2682, 2009전도7).

나. 소년보호사건과 소년형사사건

소년법은 소년사건을 소년보호사건과 소년형사사건을 구별해서 처리하도록 하고 있다. 소년보호사건은 비공개가 원칙이지만 소년형사사건은 형소법에 따라 공개가 원칙이다. 소년보호사건은 가정법원 또는 지방법원의 소년부 단독판사가 담당한다. 소년형사사건은 필요적 변호사건에 해당한다.

소년법의 소년을 발견한 보호자 또는 학교 · 사회복리시설 · 보호관찰소(보호관찰지소를 포함)의 장은 이를 관할 소년부에 통고할 수 있고, 촉법소년과 우범소년이 있을 때에는 경찰서장은 직접 관할 소년부에 송치해야 한다(제4조).

소년부는 조사 또는 심리한 결과 금고 이상의 형에 해당하는 범죄사실이 발견된 경우 그 동기와 죄질이 형사처분을 할 필요가 있다고 인정하면 결정으로써 사건을 관할 지방법원에 대응한 검찰청 검사에게 송치해야 한다(제7조 제1항).

검사는 소년에 대한 피의사건을 수사한 결과 보호처분에 해당하는 사유가 있다고 인정한 경우에는 사건을 관할 소년부에 송치해야 하는데, 소년부는 송치된 사건을 조사 또는 심리한 결과 그 동기와 죄질이 금고 이상의 형사처분을 할 필요가 있다고 인정할 때에는 결정으로써 해당 검찰청 검사에게 송치할 수 있으며, 송치한 사건은 다시 소년부에 송치할 수 없다(제49조).

법원은 소년에 대한 피고사건을 심리한 결과 보호처분에 해당할 사유가 있다고 인정하면 결정으로써 사건을 관할 소년부에 송치해야 한다(제50조).

보호처분을 받은 소년은 다시 공소를 제기하거나 소년부에 송치할 수 없지만, 보호처분이 계속 중일 때에 사건 본인이 처분 당시 19세 이상인 것으로 밝혀진 경우에는 소년부 판사는 결정으로써 그 보호처분을 취소하고 공소를 제기할 수 있다(제53조).

다. 소년형사사건 처리절차

(1) 검사의 처분

(가) 검사의 결정전 조사

검사는 소년 피의사건에 대하여 소년부 송치, 공소제기, 기소유예 등의 처분을 결정하기 위하여 필요하다고 인정하면 피의자의 주거지 또는 검찰청 소재지를 관할하는 보호관찰소의 장, 소년분류심사원장 또는 소년원장에게 피의자의 품행, 경력, 생활환경이나 그 밖에 필요한 사항에 관한 조사를 요구할 수 있다(제49조의2).

(나) 선도조건부 기소유예

검사는 피의자에 대하여 다음에 해당하는 선도 등을 받게 하고, 피의사건에 대한 공소를 제기하지 않을 수 있는데, 이 경우 소년과 소년의 친권자 · 후견인 등 법정대리인의 동의를 받아야 한다(제49조의3). ①범죄예방자원봉사위원의 선도, ②소년의 선도 · 교육과 관련된 단체 · 시설에서의 상담 · 교육 · 활동 등. 이에 따라 보호소년 등의 처우에 관한 법률(약칭하여 보호소년법) 제3조 제2항 제4호는 '소년법 제49조의2에 따라 소년 피의사건에 대하여 검사가 조사를 의뢰한 소년의 품행 및 환경 등의 조사'를 소년분류심사원의 임무로 규정하고 있다.

(다) 공소시효의 정지

보호사건으로 심리 개시 결정이 있었던 때로부터 그 사건에 대한 보호처분의 결정이 확정될 때까지 공소시효는 그 진행이 정지된다(제54조). 보호사건으로 진행 중에 보호사건으로 처리하는 것이 부적절하다고 판단하여 형사사건으로 전환될 수 있기 때문에 이런 규정을 둔 것이다.

(2) 법원의 판단

(가) 조사의 위촉

법원은 소년에 대한 형사사건에 관하여 필요한 사항을 조사하도록 조사관에게 위촉할 수 있다(제56조).

(나) 사형과 무기형의 금지 및 부정기형의 허용

죄를 범할 당시 18세 미만인 소년에 대하여 사형 또는 무기형으로 처할 경우에는 15년의 유기징역으로 한다(제59조).

소년이 법정형으로 장기 2년 이상의 유기형에 해당하는 죄를 범한 경우에는 그 형의 범위에서 장기와 단기를 정하여 선고하지만, 장기는 10년, 단기는 5년을 초과하지 못하는데, 형의 집행유예나 선고유예를 선고할 때에는 부정기형을 선고할 수 없고, 소년에 대한 부정기형을 집행하는 기관의 장은 형의 단기가 지난 소년범의 행형성적이 양호하고 교정의 목적을 달성하였다고 인정되는 경우에는 관할 검찰청 검사의 지휘에 따라 그 형의 집행을 종료시킬 수 있다(제60조).

(3) 형의 집행과 가석방

보호처분이 계속 중일 때에 징역, 금고 또는 구류를 선고받은 소년에 대하여는 먼저 그 형을 집행한다(제64조). 징역 또는 금고를 선고받은 소년에 대하여는 특별히 설치된 교도소 또는 일반 교도소 안에 특별히 분리된 장소에서 그 형을 집행하지만, 소년이 형의 집행 중에 23세가 되면 일반 교도소에서 집행할 수 있다(제63조). 18세 미만인 소년에게는 형법 제70조에 따른 노역장유치선고를 하지 못하지만, 판결선고 전 구속되었거나 소년분류심사원에 위탁된 경우는 그 구속 또는 위탁의 기간에 해당하는 기간은 노역장에 유치된 것으로 보아 환형처분을 할 수 있다(제62조).

징역 또는 금고를 선고받은 소년이 다음 기간이 지난 경우 가석방을 허가할 수 있다(제65조). ①무기형의 경우에는 5년, ②15년 유기형의 경우에는 3년, ③부정기형의 경우에는 단기의 3분의 1. 징역 또는 금고를 선고받은 소년이 가석방된 후 그 처분이 취소되지 않고 가석방 전에 집행을 받은 기간과 같은 기간이 지난 경우에는 형의 집행을 종료한 것으로 하지만, 15년의 형기나 부정기형의 장기의 기간이 먼저 지난 경우에는 그 때에 형의 집행을 종료한 것으로 한다(제66조).

(4) 자격에 관한 법령의 적용

소년이었을 때 범한 죄로 형의 선고를 받은 자가 그 집행을 종료하거나 면제받은 경우 또는 형의 선고유예나 집행유예를 선고받은 경우 자격에 관한 법령을 적용할 때 장래에 향하여 형의 선고를 받지 않은 것으로 본다(제67조 제1항).

• 기출문제 •

형사특별절차에 관한 설명 중 옳지 않은 것으로만 묶인 것은? (다툼이 있는 경우 판례에 의함) [2020년 경찰간부후보생시험 형소법 문39]

가. 피고인이 정식재판을 청구한 사건에서 약식명령의 형보다 중한 종류의 형을 선고하는 경우에는 판결서에 양형의 이유를 적어야 한다.
나. 약식명령을 발부한 법관이 그 정식재판 절차의 항소심 판결에 관여하는 것은 제척사유에 해당한다.
다. 「경범죄처벌법」의 범칙행위에 대하여 경찰서장이 통고처분을 한 후 그 통고처분에서 정한 범칙금 납부기간이 경과하지 않았다면 원칙적으로 즉결심판을 청구할 수 없다.
라. 즉결심판에 대하여 피고인만이 정식재판을 청구한 사건에 대하여도 불이익변경금지원칙

이 적용되므로 즉결심판의 형보다 무거운 형을 선고하지 못한다.
마. 경찰서장의 청구에 의해 즉결심판을 받은 피고인으로부터 적법한 정식재판의 청구가 있더라도 경찰서장의 즉결심판청구를 공소제기와 동일한 소송행위로 볼 수는 없다.

① 가, 나　　② 다, 라　　③ 가, 마　　④ 다, 마

【해설】 가: ×(형소법 제457조의2: 피고인이 정식재판을 청구한 사건에 대하여는 약식명령의 형보다 중한 종류의 형을 선고하지 못하고, 약식명령의 형보다 중한 형을 선고하는 경우에는 판결서에 양형의 이유를 적어야 한다.) 나: ○(85도281; 2011도17) 다: ○(2017도13409: 경범죄처벌법에 따른 범칙자의 절차적 지위를 보장할 필요가 있으므로 범칙금 납부기간이 경과하지 않았다면 원칙적으로 즉결심판을 청구할 수 없다.) 라: ○(98도2550. 이 판결은 '즉결심판절차에 있어서 이 법에 특별한 규정이 없는 한 그 성질에 반하지 아니한 것은 형사소송법의 규정을 준용한다'는 즉결심판법 제19조에 근거한 것인데, 약식명령에 관한 불이익변경금지원칙이 형종변경금지원칙으로 바뀌어서 이 판결도 변경될 것으로 예상한다.) 마: ×(2017도10368: 경찰서장의 청구에 의해 즉결심판을 받은 피고인으로부터 적법한 정식재판의 청구가 있는 경우 경찰서장의 즉결심판청구는 공소제기와 동일한 소송행위이므로 공판절차에 의하여 심판하여야 한다. **【정답】** ③

특별형사절차에 관한 설명 중 옳지 않은 것은? (다툼이 있는 경우 판례에 의함)

[2015년 변호사시험 형사법 문29]

① 약식명령 청구의 대상은 지방법원의 관할에 속하는 벌금, 과료, 몰수에 처할 수 있는 사건이다.
② 약식명령을 내린 판사가 그 정식재판 절차의 항소심판결에 관여함은 「형사소송법」 제17조 제7호 소정의 '법관이 사건에 관하여 전심재판 또는 그 기초되는 조사, 심리에 관여한 때'에 해당하여 제척의 원인이 된다.
③ 검사의 약식명령 청구와 동시에 증거서류 및 증거물이 법원에 제출되었다고 하여 공소장일본주의를 위반하였다고 할 수 없고, 그 후 약식명령에 대한 정식재판청구가 제기되었음에도 법원이 증거서류 및 증거물을 검사에게 반환하지 않고 보관하고 있다고 하여 그 이전에 이미 적법하게 제기된 공소제기절차가 위법하게 된다고 할 수 없다.
④ 즉결심판절차에서는 사법경찰관이 작성한 피의자신문조서에 대하여 피고인이 내용을 인정하지 않더라도 증거로 사용할 수 있다.
⑤ 즉결심판절차에서도 자백보강법칙은 적용되므로, 피고인의 자백만 있고 보강증거가 없으면 유죄를 선고할 수 없다.

【해설】 ⑤×(즉결심판법 제10조: 자백보강법칙, 사경작성피신조서, 진술서면 등과 관련한

규정이 적용되지 않는다) ①ㅇ(제448조) ②ㅇ(2011도17: 약식절차와 정식재판은 동일한 심급 내에 있는 서로 다른 절차이기 때문이다.) ③ㅇ(2007도3906) ④ㅇ(즉결심판법 제10조)
【정답】 ⑤

즉결심판과 약식명령에 대한 설명으로 가장 적절하지 않은 것은? (다툼이 있는 경우 판례에 의함) [2019년 제2차 순경시험 형소법 문20]

① 경찰서장의 청구에 의해 즉결심판을 받은 피고인으로부터 적법한 정식재판의 청구가 있는 경우 경찰서장의 즉결심판청구는 공소제기와 동일한 소송행위이므로 공판절차에 의하여 심판하여야 한다.

② 피고인이 정식재판을 청구한 즉결심판 사건에 대하여 검사가 법원에 사건기록과 증거물을 그대로 송부하지 아니하고 즉결심판이 청구된 위반 내용과 동일성 있는 범죄사실에 대하여 약식명령을 청구하였다면, 이는 공소제기절차가 법률의 규정에 위반하여 무효인 때 또는 공소가 제기된 사건에 대하여 다시 공소가 제기되었을 때에 해당한다.

③ 약식명령은 그 재판서를 피고인에게 송달함으로써 효력이 발생하고, 변호인이 있는 경우라도 반드시 변호인에게 약식명령 등본을 송달해야 하는 것은 아니다.

④ 약식명령에 대하여 정식재판절차에서 유죄판결이 선고되어 확정된 경우 피고인 등은 약식명령이 아니라 유죄의 확정판결을 대상으로 재심을 청구하여야 하나, 피고인 등이 약식명령에 대하여 재심을 청구하여 재심결정이 확정되었다면 재심절차를 진행하는 법원은 재심이 개시된 대상을 유죄의 확정판결로 변경할 수 있다.

【해설】 ④×(2011도10626: 약식명령은 정식재판청구에 따른 판결이 있는 때는 그 효력을 잃는다. 따라서 약식명령에 대하여 정식재판절차에서 유죄판결이 선고되어 확정되었음에도 피고인이 약식명령에 대해 재심의 청구를 한 것인데 법원도 약식명령에 대해 재심개시결정을 했고 검사나 피고인 등이 모두 불복하지 아니함으로써 그 결정이 확정된 경우, 재심절차를 진행하는 법원은 재심이 개시된 대상을 유죄의 확정판결로 변경할 수는 없고, 이 경우 재심개시결정은 재심을 개시할 수 없는 약식명령을 대상으로 한 것이므로, 그 재심개시결정에 따라 재심절차를 진행하는 법원으로서는 심판의 대상이 없어 아무런 재판을 할 수 없다.) ①ㅇ(2017도10368) ②ㅇ(2017도10368) 즉결심판청구 형식의 공소제기 후에 약식명령청구 형식의 공소제기가 다시 이루어진 이중기소로 볼 수 있다. ③ㅇ(2017모1557) **【정답】** ④

약식절차에 대한 설명 중 가장 적절한 것은? (다툼이 있는 경우 판례에 의함)

[2020년 제1차 순경시험 형소법 문20]

① 지방법원은 그 관할에 속한 사건에 대하여 검사의 청구가 있는 때에는 공판절차 없이 약식명령으로 피고인을 벌금, 구류, 과료 또는 몰수에 처할 수 있으며, 이 경우에는 추징 기타 부수의 처분을 할 수 있다.

② 변호인이 약식명령에 대해 정식재판청구서를 제출할 것으로 믿고 피고인이 스스로 적법한 정식재판의 청구기간 내에 정식재판청구서를 제출하지 못하였다면 그것은 피고인 또는 대리인이 책임질 수 없는 사유로 인하여 정식재판의 청구기간 내에 정식재판을 청구하지 못한 때에 해당한다.

③ 약식명령의 고지는 검사와 피고인에 대한 재판서의 송달에 의하도록 규정하고 있으므로 약식명령은 그 재판서를 피고인에게 송달함으로써 효력이 발생하고, 변호인이 있는 경우라도 반드시 변호인에게 약식명령 등본을 송달해야 하는 것은 아니다.

④ 피고인이 정식재판을 청구한 사건에 대하여는 약식명령의 형보다 중한 형을 선고하지 못한다.

【해설】 ③○(2017모1557) ①×(제448조: 구류로는 처벌할 수 없다.) ②×(2017모1557: 해당하지 않는다.) ④×(제457조의2의 불이익변경금지원칙이 형종상향금지원칙으로 개정됨.) 2017. 12. 19. 개정 형소법은 '피고인이 정식재판을 청구한 사건에 대해서는 약식명령의 형보다 중한 형을 선고하지 못한다'는 종전의 불이익변경금지원칙을 형종상향금지원칙으로 변경한다. 이에 따라 피고인이 정식재판을 청구한 경우 약식명령을 받은 벌금형을 징역형으로 바꿀 수는 없으나 벌금형의 액수를 상향하여 선고할 수 있다. 약식명령에 대해서도 불이익변경금지원칙을 인정하는 것은 옳지 않다는 지적을 수용하면서도 불이익변경금지원칙을 완전히 폐지하면 약식명령에 대한 정식재판청구가 위축될 수 있다는 점을 감안한 것이다. **【정답】** ③

국민참여재판에 관한 설명 중 옳지 않은 것은? (다툼이 있는 경우 판례에 의함) [2020년 변호사시험 형사법 문25]

① 법원은 공소사실의 일부 철회 또는 변경으로 인하여 국민참여재판의 대상사건에 해당하지 아니하게 된 경우에도 국민참여재판을 계속 진행함이 원칙이다.

② 국민참여재판에 관하여 변호인이 없는 때에는 「형사소송법」 제33조 제1항 각호(구속, 미성년자, 70세 이상 등)의 어느 하나에 해당하는 경우가 아니더라도 법원은 직권으로 변호인을 선정하여야 한다.

③ 국민참여재판에서 배심원은 사실의 인정, 법령의 적용 및 형의 양정에 관한 의견을 제시할 권한은 있으나, 법원의 증거능력에 관한 심리에 관여할 수는 없다.

④ 제1심 법원이 국민참여재판 대상사건의 피고인에게 국민참여재판을 원하는지 확인

하지 아니한 채 통상의 공판절차에 따라 재판을 진행하였더라도, 항소심 제1회 공판기일에 이에 대하여 이의가 없다는 피고인과 변호인의 진술만으로도 제1심의 공판절차상 하자가 치유되므로, 같은 날 변론을 종결한 후 다음 공판기일에 피고인의 항소를 기각하는 판결을 선고하더라도 이는 적법하다.

⑤ 공소장 부본을 송달받은 날부터 7일 이내에 의사확인서를 제출하지 아니한 피고인도 제1회 공판기일이 열리기 전까지는 국민참여재판 신청을 할 수 있고, 법원은 그 의사를 확인하여 국민참여재판으로 진행할 수 있다.

【해설】 ④×(2012도1225: 국민참여재판절차에 대한 충분한 안내와 그 희망 여부에 관해 숙고할 수 있는 상당한 시간이 부여된 상황에서 피고인이 국민참여재판을 원하지 않는다고 하면서 1심의 절차적 위법을 문제삼지 않겠다는 의사를 명백히 표시한 경우가 아닌 한 1심의 하자는 치유되지 않는다.) ①○(국민의 형사재판 참여에 관한 법률[약칭하여 국민참여재판법] 제6조) ②○(국민참여재판법 제7조) ③○(국민참여재판법 제44조와 제46조) ⑤○(2009모1032) **【정답】** ④

국민참여재판에 관한 설명 중 옳지 않은 것으로만 묶인 것은? (다툼이 있는 경우 판례에 의함) [2020년 경찰간부후보생시험 형소법 문38]

가. 국민참여재판 대상사건의 공소제기가 있으면 법원은 피고인이 국민참여재판을 원하는지 여부에 관한 의사를 서면 등의 방법으로 반드시 확인하여야 한다.
나. 법원은 공범관계에 있는 피고인들 중 일부가 국민참여재판을 원하지 않아 국민참여재판을 진행하는 데 어려움이 있다고 판단한 경우 국민참여재판을 하지 않는 결정을 할 수 있다.
다. 「국민의 형사재판 참여에 관한 법률」에 따라 사건을 국민참여재판으로 진행 또는 배제하기로 하는 법원의 결정에 대해서는 즉시항고할 수 있다.
라. 국민참여재판에서 배심원은 사실의 인정, 법령의 적용 및 형의 양정에 관한 의견을 제시할 권한은 있으나, 법원의 증거능력에 관한 심리에 관여할 수는 없다.
마. 국민참여재판을 진행하던 중 공소사실의 변경으로 대상사건에 해당하지 않게 된 경우 국민참여재판으로 진행할 수 없다.

① 가, 다　② 나, 마　③ 다, 라　④ 다, 마

【해설】 가: ○(국민참여재판법 제8조) 나: ○(국민참여재판법 제9조 제1항) 다: ×(국민참여재판법 제6조: 이런 결정에 대해서는 불복할 수 없다. 특히 국민참여재판으로 진행하기로 한 결정에 대해서는 검사의 즉시항고가 허용되지 않는다. 다만 국민참여재판으로 진행하지 않기로 한 결정이 국민참여재판법 제9조에 해당하는 경우에는 즉시항고가 허용된다. 이런 규정을 둔 것은 국민참여재판을 할 것인지 여부는 심리방식의 문제인데, 이로 인해 본안 심리가 지연될 수 있기 때문이다.) 라: ○(국민참여재판법 제44조와 제46조) 마: ×(국민참여재판법 제6조: 계속 진행할 수 있다.) **【정답】** ④

소년사건에 대한 설명으로 가장 적절한 것은? (다툼이 있는 경우 판례에 의함)

[2020년 제2차 순경시험 형소법 문19]

① 「소년법」 제60조 제2항의 적용대상인 '소년'인지 여부는 범죄행위시를 기준으로 판단한다.

② 검사는 소년과 소년의 친권자 · 후견인 등 법정대리인의 동의가 없더라도 피의자에 대하여 범죄예방자원봉사위원의 선도, 소년의 선도 · 교육과 관련된 단체 · 시설에서의 상담 · 교육 · 활동 등에 해당하는 선도 등을 받게 하고, 피의사건에 대한 공소를 제기하지 아니할 수 있다.

③ 「소년법」 제18조 제1항 제3호에 따른 소년분류심사원에 위탁하는 임시조치에 따른 위탁기간은 「형법」 제57조 제1항의 판결선고 전 구금일수에 포함되지 않는다.

④ 징역 또는 금고를 선고받은 소년에 대하여는 특별히 설치된 교도소 또는 일반 교도소 안에 특별히 분리된 장소에서 그 형을 집행한다. 다만, 소년이 형의 집행 중에 23세가 되면 일반 교도소에서 집행할 수 있다.

【해설】 ①×(2000도2704: 소년법 제60조 제2항의 소년감경규정과 관련하여 '소년'인지 여부는 사실심 판결 선고시를 기준으로 판단해야 한다. '소년'이라는 사실이 소년재판의 조건이므로 범행할 때는 물론 심판할 때도 소년이어야 한다는 논리이다. 범행할 때는 촉법소년이었는데 심판할 때는 범죄소년이 된 경우, 소년부가 검사에게 송치할 수 있는지 논란이 될 수 있다. 형법의 적용은 범죄행위시를 기준으로 하는데, 범행할 때 형사미성년자이었으므로 송치할 수 없다고 본다.) ②×(소년법 제49조의3: 동의가 필요하다. 유죄를 전제로 어떤 처분을 내리려면 헌법이 말하고 있는 적법절차에 따른 법원의 사법적 판단이 필요하다. 그런데 조건부기소유예 제도는 검찰의 독자적 판단으로 조건을 붙여서 불기소를 하는 방식이므로 이 원칙에 반한다. 그래서 이를 검찰사법이라고 부르는 것이다. 이러한 한계가 있으므로 소년과 그 법정대리인의 동의를 요건으로 제도를 설계한 것이다.) ③×(소년법 제61조: 포함된다. 소년분류심사원 위탁은 소년의 조사와 보호를 위한 것이지만 실질은 구금과 차이가 없다. 따라서 일종의 미결구금에 해당하므로 이 기간을 형의 집행에 반영하는 것이다.) ④○(소년법 제63조) **【정답】** ④

소년사건의 처리절차에 대한 설명으로 가장 적절하지 않은 것은?

[2021년 경찰간부후보생시험 형소법 문9]

① 소년이었을 때 범한 죄에 의하여 형의 선고유예를 받은 경우, 자격에 관한 법령을 적용할 때 장래에 향하여 형의 선고를 받지 아니한 것으로 보는데, 이는 형의 선고유예가 실효된 경우에도 마찬가지이다.

② 보호처분이 계속 중일 때에 징역, 금고 또는 구류를 선고받은 소년에 대하여는 먼저

그 형을 집행한다.

③ 소년에 대한 부정기형을 집행하는 기관의 장은 형의 단기가 지난 소년범의 행형 성적이 양호하고 교정의 목적을 달성하였다고 인정되는 경우에는 관할 검찰청 검사의 지휘에 따라 그 형의 집행을 종료시킬 수 있다.

④ 소년부 판사는 송치서와 조사관의 조사보고에 따라 사건을 심리할 필요가 있다고 인정하면 심리 개시 결정을 하여야 하는데, 이러한 결정이 있었던 때로부터 그 사건에 대한 보호처분의 결정이 확정될 때까지공소시효는 그 진행이 정지된다.

【해설】 ①×(2018. 9. 18. 신설된 소년법 제67조 제2항: 제1항에도 불구하고 형의 선고유예가 실효되거나 집행유예가 실효 · 취소된 때에는 그 때에 형을 선고받은 것으로 본다.) ②○(소년법 제64조) ③○(소년법 제60조) ④○(소년법 제54조) **【정답】** ①

• 탐구과제 •

– 국민참여재판은 사법의 민주화인가? 아니면 사법의 외주화인가?

– 촉법소년 폐지론은 타당한가?

20강 위헌결정 이후 폐지된 간통죄와 재심의 본질

간통죄의 위헌결정의 의미와 위헌결정으로 효력을 상실한 형벌규정의 효력 상실 시점이 언제인지, 또 간통죄의 심리 중에 간통죄의 효력이 상실되거나 간통죄에 대해 재심이 청구된 경우 어떤 재판을 해야 하는지 본다. 나아가서 간통죄에 대한 재심사건을 통해서 재심의 의의와 본질을 이해한다.

• 사례 •

甲은 2009. 1. 15. 서울중앙지방법원에서 간통죄와 상해죄로 징역 1년에 집행유예 2년을 선고받아 2009. 1. 23. 그 판결(재심대상판결)이 확정되었다. 그런데 간통죄에 관한 형법 제241조에 대한 헌법재판소의 위헌결정이 내려져서 2015. 3. 17. 재심대상판결에 대해 헌법재판소법 제47조 제3항, 제4항에 의한 재심청구를 하였다. 이에 제1심은 2015. 4. 16. 재심개시결정을 한 다음, 2015. 5. 29. 간통의 공소사실에 대하여는 위헌결정으로 형벌법규가 효력을 상실하였다는 이유로 무죄를 선고하고, 상해의 공소사실에 대하여는 벌금 400만 원을 선고하였다. 재심대상판결에 따른 집행유예기간이 도과한 이 사건에서 재심사유가 없는 상해의 공소사실에 대하여 새로이 형을 선고하는 것이 일사부재리원칙과 불이익변경금지원칙에 어긋나지 않는가?

• 해설 •

1. 간통죄의 위헌결정의 의미

> 제241조 (간통) ①배우자있는 자가 간통한 때에는 2년 이하의 징역에 처한다. 그와 상간한 자도 같다. ②전항의 죄는 배우자의 고소가 있어야 논한다. 단 배우자가 간통을 종용 또는 유서한 때에는 고소할 수 없다. 2015. 2. 26. 위헌 결정에 따라 2016. 1. 6. 삭제

간통행위는 도덕적 차원의 문제로서 간통죄는 성적 자기결정권의 지나친 제한이고 벌금형이 없어서 과잉금지원칙에 반한다는 이유로 제기한 위헌법률심판사건에서 헌법재판소는 2008. 10. 30. 합헌(위헌4인, 헌법불합치1인)이라고 보았으나(2007헌가17,21, 2008헌가7,26, 2008헌바21,47(병합)), 2015. 2. 26. 위헌 결정(위헌7인, 합

헌2인)이 나왔고(2009헌바17 등), 이에 따라 2016. 1. 6. 간통죄가 삭제되었다.

간통죄가 폐지되었다고 해서 간통자와 그 상간자의 민사책임이 부정되는 것은 아니다. 간통자의 배우자는 간통자와 상간자를 상대로 민법 제750조[154]의 불법행위를 근거로 한 손해배상청구를 할 수 있다.

2. 위헌결정으로 상실된 형벌조항의 소급적 효력 상실

가. 소급효금지원칙과 법률의 변경

소급효금지원칙이란 형법 제1조 제1항이 규정한 '범죄의 성립과 처벌은 행위시의 법률에 의한다'는 원칙을 말한다. 행위시법주의라고도 한다. 행위 후에 새롭게 제정된 법률, 곧 신법(新法)이 아니라 그 이전 법 곧, 구법(舊法)을 적용한다는 점에서 구법주의로서, 이는 신법주의와 구별된다.

그러나 법률의 변경으로 어떤 행위가 범죄가 아니거나 형이 구법보다 가볍게 된 경우는 재판시법주의(신법주의)에 따르는데, 다만 법률의 변경시점이 ⓐ범죄 후 재판확정 전인 때는, 그 변경된 법률에 따르고(형법 제1조 제2항), ⓑ재판확정 후인 때는, 형의 집행을 면제한다(형법 제1조 제3항). 여기서 형집행면제란 판결확정 후의 사유로 부과된 형을 집행하지 않는 것을 말한다. 이와 달리 형면제란 예컨대 친족상도례처럼 판결확정 전의 사유로 형을 부과하지 않는 것을 말한다.

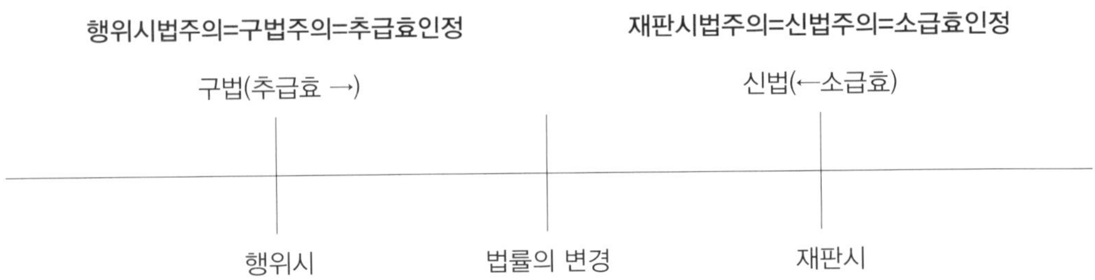

나. 위헌결정으로 상실된 형벌조항의 소급적 효력상실

위헌결정으로 상실된 형벌조항의 소급효는 인정하는 것이 옳다. 행위자에게 유리한

154) 제750조(불법행위의 내용) 고의 또는 과실로 인한 위법행위로 타인에게 손해를 가한 자는 그 손해를 배상할 책임이 있다.

경우에는 형법 제1조 제2항과 제3항의 재판시법주의에 따라야하기 때문이다. 헌법재판소법 제47조[155]도 위헌결정으로 상실된 형벌조항은 소급해서 효력이 상실된다는 점을 명백히 하고 있고(제3항), 이런 경우 재심을 청구할 수 있다(제4항)고 말하고 있다.

그런데 판례는 동일한 형벌조항이 과거 헌법재판소의 결정에 의해 합헌으로 선언되었으나 그 후의 사정변경 때문에 새로 위헌으로 결정된 경우에도 그 위헌결정은 소급효를 가지며, 종전의 합헌결정시점까지로 제한하는 것은 허용되지 않는다고 보았다(2010도5606; 2010도5605).

그러나 이 판결 이후 헌법재판소법 제47조가 2014. 5. 20. 개정되어(법률 제12597호) 이런 경우 소급효가 종전의 합헌 결정일의 다음 날부터 인정되게 되었다. 종래의 합헌결정 이전의 확정판결에 대한 무분별한 재심청구를 방지하고 합헌결정에 실린 당대의 법감정과 시대상황에 대한 고려를 존중하려는 데 그 취지가 있다.

따라서 간통죄의 위헌결정에 따른 간통죄의 효력 상실 시점은 간통죄가 제정된 1953. 9. 18.이 아니라 헌법재판소의 종전 합헌 결정(2007헌가17,21, 2008헌가7,26, 2008헌바21,47(병합))시점인 2008. 10. 30.의 다음 날이다. 헌법재판소법 제47조의 개정은 간통죄의 위헌결정을 앞두고 내려진 정책적 입법이라고 할 수 있다.

3. 위헌결정된 간통죄 사건에 대한 재판의 형식

가. 위헌결정과 재심

피고사건에 대한 종국재판이 확정되면 재판에 오류가 있더라도 더 이상 그 재판의 당부를 다툴 수 없는 것이 원칙이다. 그러나 예외적으로 확정재판의 오류를 바로잡을 수 있도록 한 제도가 있다. 재심과 비상상고이다. 비상구제절차라고 할 수 있다. 재심은 유죄의 확정판결에 중대한 사실인정의 오류가 있는 경우 그 선고를 받은 자의 이익을 위하여 이를 시정하는 비상구제절차를 말한다. 상소제도가 미확정재판에 대한 불복방법이라면, 재심절차와 비상상고는 확정판결에 대한 불복방법이다. 다만 재심절차는 사실인정의 오류를 바로 잡기 위한 제도(2005모47전합)인 반면, 비상상고는 법령적용의 오

155) 제47조(위헌결정의 효력) ① 법률의 위헌결정은 법원과 그 밖의 국가기관 및 지방자치단체를 기속(羈束)한다. ② 위헌으로 결정된 법률 또는 법률의 조항은 그 결정이 있는 날부터 효력을 상실한다. ③ 제2항에도 불구하고 형벌에 관한 법률 또는 법률의 조항은 소급하여 그 효력을 상실한다. 다만, 해당 법률 또는 법률의 조항에 대하여 종전에 합헌으로 결정한 사건이 있는 경우에는 그 결정이 있는 날의 다음 날로 소급하여 효력을 상실한다. 〈신설 2014.5.20.〉 ④ 제3항의 경우에 위헌으로 결정된 법률 또는 법률의 조항에 근거한 유죄의 확정판결에 대하여는 재심을 청구할 수 있다.

류를 바로 잡기 위한 제도이다.

그런데 헌법재판소법 제47조에 따르면 위헌결정을 받은 법률조항에 근거한 유죄의 확정판결에 대해서도 재심을 청구할 수 있다.

나. 종전 합헌결정일(2008. 10. 30.) 이후 간통행위에 대한 재심사건

종전에 합헌결정이 있는 경우 위헌결정의 효력이 발생하는 시점은 종전 합헌결정일(2008. 10. 30.) 익일부터이다. 따라서 형벌에 관한 법령이 헌법재판소의 위헌결정으로 인하여 소급하여 그 효력을 상실한 경우에 종전 합헌결정일 이후 간통행위에 대해 당해 법령을 적용하여 공소가 제기된 사건 또는 재심사건에 대해서는 무죄를 선고해야 하는데, 헌법불합치결정도 위헌결정이므로 마찬가지이고 개정요구시한까지 법률 개정이 이루어지지 않았다고 해서 달리 볼 것은 아니라고 판례는 본다(2008도7562전합 다수의견). 그러나 이 판결의 소수의견은 범죄 후 법령개폐로 형이 폐지된 경우에 해당하므로 형소법 제354조 제4호에 따라 면소판결을 해야 한다고 본다.

> 형소법 제326조(면소의 판결) 다음 경우에는 판결로써 면소의 선고를 하여야 한다.
> 1. 확정판결이 있은 때
> 2. 사면이 있은 때
> 3. 공소의 시효가 완성되었을 때
> 4. 범죄후의 법령개폐로 형이 폐지되었을 때

그런데 공소기각판결(97도1211)이나 면소판결(84도2106)에 대해 무죄판결을 구하는 상소는 상소이익이 없으므로 원칙적으로 허용되지 않지만, 위헌결정으로 효력이 상실된 형벌조항에 따라 소수의견처럼 면소판결이 내려진 경우는 예외적으로 무죄판결을 구하는 상소가 허용된다고 판례는 본다(2010도5986전합).

다. 종전 합헌결정일(2008. 10. 30.)과 그 이전 시점의 간통행위에 대한 재심사건

甲은 1996. 10. 중순, 1996. 11. 초순, 1997. 3. 초순, 1997. 6. 초순 각 간통하였다는 공소사실로 기소되었고, 제1심법원이 1999. 7. 8. 징역 6월에 집행유예 2년을 선고하였으며, 甲이 제기한 항소와 상고가 모두 기각되어 판결이 확정되었다. 그렇다면 2008. 10. 30. 합헌결정 이전 간통행위에 대한 재심의 공판절차에서 어떤 판결을 내려야하는가? 무죄판결인가, 아니면 면소판결인가.

간통죄에 대한 위헌결정의 효력은 종전 합헌결정일의 다음 날로 소급하여 상실하므로 종전 합헌결정일(2008. 10. 30.)과 그 이전 시점의 간통행위 당시에는 간통죄를 규정한 형법은 유효하다고 볼 수 있고, 그 당시 간통행위에 대한 재심사건의 경우는 행위 당시에 있던 법률 또는 법률의 조항이 행위 이후 재판 단계에서 폐지된 경우와 마찬가지로 볼 수 있다. 따라서 형소법 제326조 제4호에 해당하는 것으로 보아 면소판결을 선고하여야 한다고 판례는 본다(2019도15167).

4. 간통에 대한 재심사건(2015도15782)을 통해서 본 재심의 의의와 본질

가. 재심의 본질

재심절차는 재심의 청구를 받은 법원이 재심을 개시할지 여부를 심리하는 재심개시절차 또는 재심청구절차와 재심개시결정이 확정된 후에 재심대상사건을 심판하는 재심심판절차로 구별되는데, 재심개시절차에서는 재심사유가 있는지 여부만을 판단해야 하고, 재심사유가 재심대상판결에 영향을 미칠 가능성이 있는가라는 실체적 사유는 고려하지 않아야 한다(2008모77).

재심절차의 본질은 확정판결의 사실인정에 중대한 하자가 있는 경우 구체적 정의를 실현하기 위해 그 판결의 확정력으로 유지되는 법적 안정성을 후퇴시키고 사건 자체를 다시 심판하는 데 있다(2018도13382; 2009헌바430). 재심개시결정이 확정되면 재심법원은 그 심급에 따라 다시 심판하도록 하고 있다(제438조). 재심심판절차는 원판결의 당부를 심사하는 종전 소송절차의 후속절차가 아니라 사건 자체를 처음부터 다시 심판하는 완전히 새로운 소송절차이다(2015도15782). 그런데 형소법은 '유죄의 확정판결에 대하여 그 선고를 받은 자의 이익을 위한' 재심만을 허용하고 있다(제420조). 이익재심원칙을 규정한 것이다. 따라서 확정판결을 받은 자에게 불이익한 경우에는 사실인정의 오류가 있더라도 재심을 청구할 수 없다. 이런 이익재심원칙에 따라 재심심판절차에서도 불이익변경금지원칙이 적용된다(제439조).

나. 일사부재리원칙과 불이익변경금지원칙

불고불리(不告不理)원칙에 따라 법원은 검사가 공소제기하지 않은 범죄사실에 대해서는 심판할 수 없고, 공소불가분원칙(제248조 제2항)에 따라 범죄사실의 일부에 대한 공소는 그 효력이 전부에 미치며, 공소장변경은 공소사실의 동일성을 해하지 않는 한도에서만 가능하다(제298조 제1항).

실체재판이 확정되면 동일한 사건에 대해 재소가 금지되는 효과가 발생하고, 이런 재소(再訴)금지의 효력을 일사부재리(一事不再理, ne bis in idem)효력(헌법 제13조 제1항 후단: 모든 국민은 동일한 범죄에 대하여 거듭 처벌받지 아니한다)이라고 하는데, 일사부재리효력은 공소사실과 동일성이 인정되는 전체의 범죄사실에 미친다. 이에 따르면 1개의 범죄사실 모두가 당연히 법원의 심판대상이 되어야 하고, 일사부재리효력도 심판대상이 된 1개의 범죄사실에 대해서만 미쳐야 한다.

피고인이 항소 · 상소한 사건과 피고인을 위해 항소 · 상소한 사건에 대해서는 원심판결의 형보다 중한 형을 선고하지 못한다(제368조). 이를 불이익변경금지원칙이라고 하는데, 앞서 말했듯이 재심절차에서도 원판결의 형보다 중한 형을 선고하지 못한다(제439조). 따라서 재심대상사건에서 징역형의 집행유예를 선고하였음에도 재심사건에서 원판결보다 주형을 경하게 하고 집행유예를 없앤 경우, 불이익변경금지원칙에 위반된다(2016도1131).

다. 대법원의 판단

경합범 관계에 있는 수개의 범죄사실을 유죄로 인정하여 한 개의 형을 선고한 불가분의 확정판결의 경우는 그 중 일부의 범죄사실에 대해서만 재심청구의 이유가 있더라도 형식적으로는 1개의 형이 선고된 판결에 대한 것이므로 그 판결 전부에 대해 재심개시결정을 할 수밖에 없지만, 재심사유가 없는 범죄사실에 대해서는 재심개시결정의 효력이 그 부분을 형식적으로 심판의 대상에 포함시키는데 그치므로 재심법원은 그 부분을 다시 심리하여 유죄인정을 파기할 수 없고 그 부분에 관해 새로이 양형을 해야 하므로 양형을 위해 필요한 범위에 한해서만 심리를 할 수 있을 뿐이다(2016도1131; 2015도15782). 이런 점에서 위 사건에서 상해죄에 대해 새로운 양형을 하여 벌금 400만원을 선고한 것은 일사부재리원칙에 어긋나지 않는다.

재심판결이 확정되면 원판결은 당연히 효력을 잃는다. 이는 확정된 판결에 중대한 하자가 있는 경우 구체적 정의를 실현하기 위하여 그 판결의 확정력으로 유지되는 법적 안정성을 후퇴시키고 사건 자체를 다시 심판하는 재심의 본질에서 비롯된 것이다. 그러므로 재심판결이 확정됨에 따라 원판결이나 그 부수처분의 법률적 효과가 상실되고 형 선고가 있었다는 기왕의 사실 자체의 효과가 소멸하는 것은 재심의 본질상 당연한 것으로서, 원판결의 효력 상실 그 자체로 인하여 피고인이 어떠한 불이익을 입는다 하더라도 이를 두고 재심에서 보호되어야 할 피고인의 법적 지위를 해치는 것이라고 볼 것은 아니다. 따라서 원판결이 선고한 집행유예가 실효 또는 취소됨이 없이 유예기간이 지난 후에 새로운 형을 정한 재심판결이 선고되는 경우에도, 그 유예기간 경과로 인하여 원판결의 형 선고 효력이 상실되는 것은 원판결이 선고한 집행유예 자체의 법률적 효과로서 재심판결이 확정되면 당연히 실효될 원판결 본래의 효력일 뿐이므로, 이를 형의 집행과 같이 볼 수는 없고, 재심판결의 확정에 따라 원판결이 효력을 잃게 되는 결과 그 집행유예의 법률적 효과까지 없어진다 하더라도 재심판결의 형이 원판결의 형보다 중하지 않다면 불이익변경금지의 원칙이나 이익재심의 원칙에 반한다고 볼 수 없다(2015도15782).

• 기출문제 •

죄형법정주의의 형벌불소급원칙에 관한 다음 설명 중 옳지 않은 것은?(다툼이 있는 경우에는 판례에 의함) [2008년 사법시험 형법 문10.(배점 2)]

① 행위 당시의 판례에 의하면 처벌대상이 되지 아니하는 것으로 해석되었던 행위를 판례의 변경에 따라 확인된 내용의 형법조항에 근거하여 처벌할 수 있다.

② 범죄행위시와 재판시 사이에 수 차 법령의 개정으로 인한 형의 변경이 있을 경우에, 중간시법의 형이 행위시법의 형이나 재판시법의 형보다 가벼운 때에는 중간시법을 적용하더라도 소급효금지원칙에 위배되지 않는다.

③ 기존의 법을 변경해야 할 공익적 필요는 심히 중대한 반면에 그 법적 지위에 대한 개인적 신뢰를 보호해야 할 필요가 상대적으로 적어 개인의 신뢰이익을 관철하는 것이 객관적으로 정당화될 수 없는 경우에는 예외적으로 공소시효에 대한 진정소급입법이 허용될 수 있다.

④ 형의 집행을 유예하는 경우 명할 수 있는 보호관찰도 형사제재이므로 행위 이전에 규정되어 있지 않으면 재판시의 규정에 의하여 보호관찰을 받을 것을 명할 수 없다.

⑤ 기소된 공소사실에 대한 적용법조가 헌법재판소의 위헌결정으로 소급하여 실효된 경우, 그 피고 사건은 범죄로 되지 아니한 때에 해당하기 때문에 법원은 무죄를 선고하여야 한다.

【해설】 ①○(97도3349), ④×(97도703), ⑤○(99도3003) 【정답】 ④

형법의 적용에 관한 설명 중 옳은 것은? (다툼이 있는 경우 판례에 의함)

[2014년 사법시험 형법 문2.(배점 2)]

① 형의 경중의 비교는 원칙적으로 법정형을 표준으로 할 것이고 처단형이나 선고형에 의할 것이 아니며, 법정형의 경중을 비교함에 있어서 법정형 중 병과형 또는 선택형이 있을 때에는 모든 형의 경중을 비교하여야 한다.

② 2008. 12. 26. 개정 · 시행된 「특정범죄 가중처벌 등에 관한 법률」은 제2조 제2항에서 뇌물수수죄 등에 대하여 종전에 없던 벌금형을 필요적으로 병과하도록 하고 있으므로 뇌물수수 범행이 위 신설 규정의 시행 전후에 걸쳐 행하여진 경우 벌금형 산정 기준이 되는 수뢰액은 위 규정이 신설된 2008. 12. 26. 이후에 수수한 금액으로 한정된다고 보아야 한다.

③ 헌법재판소가 형벌에 관한 법률조항에 대해 헌법불합치 결정을 선고하면서 개정시한을 정하여 입법개선을 촉구하였는데 위 시한까지 법률 개정이 이루어지지 않았다면 위 법률조항을 적용하여 제기되었던 공소사실에 대해서는 유죄를 선고할 수 있다.

④ 형을 종전보다 가볍게 형벌법규를 개정하면서 그 부칙으로 개정된 법의 시행 전의 범죄에 대하여 종전의 형벌법규를 적용하도록 규정하는 것은 신법우선주의에 반한다.

⑤ "1개의 죄가 본법 시행전후에 걸쳐서 행하여진 때에는 본법 시행전에 범한 것으로 간주한다."라고 규정한 형법 부칙 제4조 제1항은 다른 법과의 관계에도 적용되기 때문에 「특정경제범죄 가중처벌 등에 관한 법률」 시행 전후에 상습으로 사기범행을 행한 경우, 위 법률 시행 이후에 취득한 재물의 가액이 위 법률에 규정된 하한을 넘고 있더라도 위 법률 시행 전의 법률에 따라 처벌하여야 한다.

【해설】 ②○(2011도4260) ①×(92도2194: 가장 중한 형을 비교해야 함) ④×(99도1695: 부칙규정이 우선 적용되므로 신법주의에 반하지 않음) ⑤×(86도1012전판의 다수의견: 위부칙은 신형법[1953. 9. 18 공포 법률 제293호] 시행에 즈음하여 구 형법과의 관계에서 그 적용범위를 규정한 이른바 경과법으로서 형법총칙 제8조에서 규정하는 "본법총칙"이 아닐 뿐 아니라 범죄의 성립과 처벌은 행위시의 법률에 의한다고 규정한 형법 제1조 제1항의 해석으로서도 행위종료시의 법률의 적용을 배제한 점에서 타당한 것이 아니므로 위 신구형법과의 관계가 아닌 다른 법과의 관계에서는 위 부칙을 적용 내지 유추적용할 수 없으므로, 이런 경우 법정형이 중한 위 특경가법위반죄에 나머지 행위를 포괄시켜 특경가법위반죄로 처단해야 한다. 소수의견: 형법 부칙 제4조 제1항은 범죄의 실행행위가 신 · 구 양법에 걸쳐서 행하여진 범죄의 행위시를 정한 것으로 형법의 적용범위, 범죄와 형벌등에 관한 것이어서 비록 그것이 부칙에 규정되어 있다고 하여 형법만의 경과규정에 불과한 것이 아니라 형법총칙규정 내

지는 그 보완규정이라고 풀이할 것이어서 이는 형법과 다른 법률과의 사이 또는 다른 법률의 개정과정에서 그 양법에 걸쳐서 행하여진 범죄에 대하여 그 행위시를 정함에 있어 다같이 적용되는 조문이다. 따라서 특경가법 시행 전후에 상습으로 사기범행을 행한 경우 위 법 시행 이후에 취득한 재물의 가액이 위 법 제3조 제1항 제3호 소정의 하한을 넘고 있더라도 위 법률시행전의 법률에 따라 처단해야 한다.) **【정답】** ②

재심에 대한 설명으로 옳지 않은 것은? (다툼이 있는 경우 판례에 의함)

[2020년 9급 국가직 형소법 문6]

① 재심심판절차에서 재심의 판결을 선고하고 그 재심판결이 확정된 때에 종전의 유죄의 확정판결은 효력을 상실한다.

② 재심심판절차에서는 특별한 사정이 없는 한 재심사건에 다른 사건의 공소사실을 추가하는 공소장변경을 하거나 다른 일반 사건을 병합하여 함께 심판하는 것이 허용되지 않는다.

③ 원판결의 증거가 된 증언이 나중에 확정판결에 의하여 허위임이 증명되더라도 허위 증언 부분을 제외하고 다른 증거에 의하여 그 범죄사실이 유죄로 인정될 개연성이 있으면 재심사유는 인정되지 않는다.

④ 재심이 개시된 사건에 적용되어야 할 형벌에 관한 법령이 헌법재판소의 위헌결정으로 소급하여 그 효력을 상실하였다면 재심사건에 대하여 무죄를 선고하여야 한다.

【해설】 ③×(2011도8529) ①○(2018도20698전합) ②○(2018도20698전합) ④○(2008도5986전합의 취지)) **【정답】** ③

재심에 대한 설명으로 옳지 않은 것은? (다툼이 있는 경우 판례에 의함)

[2020년 국가직 7급 형소법 문19]

① 「형사소송법」상 재심청구는 형의 집행을 정지하는 효력이 없지만, 관할법원에 대응한 검찰청 검사는 재심청구에 대한 재판이 있을 때까지 형의 집행을 정지할 수 있다.

② 경합범 관계에 있는 수개의 범죄사실을 유죄로 인정하여 1개의 형을 선고한 불가분의 확정판결에서 그 중 일부의 범죄사실에 대하여만 재심청구의 이유가 있는 것으로 인정된 경우, 그 판결 전부에 대하여 재심개시결정을 할 수밖에 없지만 재심사유가 없는 범죄사실에 대하여는 이를 다시 심리하여 유죄인정을 파기할 수 없고, 그 부분에 관하여는 양형을 위하여 필요한 범위에 한하여만 심리할 수 있을 뿐이다.

③ 특별사면으로 형 선고의 효력이 상실된 유죄의 확정판결은 「형사소송법」 제420조의 '유죄의 확정판결'에 해당하므로 재심청구의 대상이 될 수 있다.

④ 재심청구인이 재심청구를 한 후 그 청구에 대한 결정이 확정되기 전에 사망하더라도 재심청구절차가 재심청구인의 사망으로 종료하지 않는다.

【해설】 ①ㅇ(제428조) ②ㅇ(2015도15782. 간통죄 및 상해죄로 징역 1년에 집행유예 2년을 선고받아 확정된 후 위헌결정 받은 간통죄에 대해 재심이 청구되자 1개의 형이 선고된 불가분의 확정판결이므로 그 전부에 대해 재심개시결정을 할 수 밖에 없고 이후 재심판결이 확정되는데, 이로써 원판결이나 그 부수처분의 법률적 효과가 상실되고 형선고가 있었다는 기왕의 사실 자체의 효과가 소멸함에 따라, 집행유예가 실효 또는 취소됨이 없이 유예기간의 경과하여 원판결이 선고한 집행유예 자체의 법률적 효과가 상실되었음에도 불구하고 재심사유가 없는 상해에 대해서는 새로이 양형을 해야 하므로 이에 대해서는 벌금 400만원을, 간통에 대해서는 무죄를 선고한 사건이다. 재심확정판결로 원판결의 효력이 상실되는 것은 그 본질상 당연하고, 이로 인해 피고인이 불이익을 받는 것은 불가피하므로 이 사건의 경우 불이익변경금지원칙에 반하지 않는다고 판례가 본 것이다.) ③ㅇ(2011도1932전합) ④×(2014모739: 이 경우 재심청구인의 배우자나 친족 등에 의한 재심청구인 지위의 승계를 인정하거나 형사소송법 제438조와 같이 재심청구인이 사망한 경우에도 절차를 속행할 수 있는 규정이 없으므로, 재심청구절차는 재심청구인의 사망으로 당연히 종료하게 된다.) **【정답】** ④

재심에 관한 설명 중 옳지 않은 것은? (다툼이 있는 경우 판례에 의함)

[2020년 변호사시험 형사법 문33]

① 형사재판에서 재심은 유죄의 확정판결 및 유죄판결에 대한 항소 또는 상고를 기각한 확정판결에 대하여만 허용되며, 면소판결을 대상으로 한 재심청구는 부적법하다.

② 수사기관이 영장주의를 배제하는 위헌적 법령에 따라 영장 없는 체포 · 구금을 한 경우는 '공소의 기초된 수사에 관여한 검사나 사법경찰관이 그 직무에 관한 죄를 범한 것이 확정판결에 의하여 증명된 때'라는 재심사유에 해당하지 아니한다.

③ 재심심판절차는 원판결의 당부를 심사하는 종전 소송절차의 후속절차가 아니라 사건 자체를 처음부터 다시 심판하는 완전히 새로운 소송절차로서, 종전의 확정판결은 재심판결이 확정된 때 효력을 상실한다.

④ '재심에는 원판결의 형보다 중한 형을 선고하지 못한다.'라는 것은 단순히 원판결보다 무거운 형을 선고할 수 없다는 원칙일 뿐만 아니라, 실체적 정의를 실현하기 위하여 재심을 허용하지만 피고인의 법적 안정성을 해치지 않는 범위 내에서 재심이 이루어져야 한다는 취지이다.

⑤ 재심사유로서 '원판결이 인정한 죄보다 경한 죄를 인정할 경우'라 함은 원판결에서

인정한 죄와는 별개의 경한 죄를 말하는 것이지, 원판결에서 인정한 죄 자체에는 변함이 없고 다만 양형상의 자료에 변동을 가져올 사유에 불과한 경우를 말하는 것은 아니다.

【해설】 ②×(2015모3243: 형법 제124조의 불법체포 · 감금죄는 '공소의 기초된 수사에 관여한 검사나 사법경찰관이 그 직무에 관한 죄를 범한 것이 확정판결에 의하여 증명된 때'라는 재심사유가 규정하는 대표적인 직무범죄로서 헌법상 영장주의를 관철하기 위한 것인데, 영장주의를 배제하는 법령 자체가 위헌이라면 결국 헌법상 영장주의에 위반하여 체포 · 구금을 한 것과 다르지 않다.) ①○(2015모3243: 면소판결은 유죄 확정판결이라 할 수 없다.) ③○(2018도20698전합: 재심의 경우 종전의 확정판결의 효력이 상실되는 시점은 재심개시결정이 내려진 때가 아니라 재심판결이 확정된 때이다.) ④○(2015도15782) ⑤○(92모31) **【정답】** ②

• 탐구과제 •

- 간통죄를 비범죄화한 것은 옳은가?
- 재심과 비상상고의 차이는?

저자 **윤동호**

- 고려대학교 법과대학 법학사
- 한양대학교 법과대학 법학석사
- 고려대학교 법과대학 법학석사
- 한국형사정책연구원(2002. 3–2007. 2)
- 부경대학교 법학과 교수(2007. 3–2008. 7)
- 제주대학교 법학전문대학원 교수(2008. 8–2012. 8)
- 국민대학교 법과대학 교수(2012. 9–현재)
- 2011년 5급 공채 2차 시험 위원
- 2013년 사법고시 1차 시험 위원
- 2014년 사법고시 2차 시험 위원
- 2015년 사법고시 1차 형법시험 위원
- 2016년 행정고시 2차 형사소송법시험 위원
- 2017년 변호사시험 형법시험 위원
- 2017년 사법고시 2차 형법시험 위원

경찰형사법 특강 **가격 20,000원**

초판인쇄일 2022년 2월 25일
초판발행일 2022년 2월 28일

저자 윤동호
발행인 임홍재
발행처 국민대학교 출판부
주소 서울시 성북구 정릉로 77
전화 02–910–4242
팩스 02–910–4240
등록년월일 1975. 6. 17
등록번호 제6–33호
인쇄 동방인쇄공사

 ISBN 978–89–7812–510–9